全面推开营改增业务操作指引

国家税务总局全面推开营改增
督促落实领导小组办公室 编

中国税务出版社

图书在版编目（CIP）数据

全面推开营改增业务操作指引/国家税务总局全面推开营改增督促落实领导小组办公室编.
--北京：中国税务出版社，2016. 4
ISBN 978-7-5678-0424-1

Ⅰ. ①全… Ⅱ. ①国… Ⅲ. ①增值税-税收管理-中国 Ⅳ. ①F812. 424

中国版本图书馆 CIP 数据核字（2016）第 081896 号

书　　名： 全面推开营改增业务操作指引
作　　者： 国家税务总局全面推开营改增督促落实领导小组办公室　编
责任编辑： 王静波　庞　博　王忠丽
责任校对： 于　玲
技术设计： 刘冬珂
出版发行： 中国税务出版社
北京市丰台区广安路 9 号国投财富广场 1 号楼 11 层
邮政编码：100055
http：//www. taxation. cn
E-mail：swcb@ taxation. cn
发行中心电话：（010） 83362083/86/89
传真：（010） 83362046/47/48/49
经　　销： 各地新华书店
印　　刷： 北京联兴盛业印刷股份有限公司
规　　格： 787 毫米×1092 毫米　1/16
印　　张： 28
字　　数： 594000 字
版　　次： 2016 年 4 月第 1 版　2016 年 4 月第 1 次印刷
书　　号： ISBN 978-7-5678-0424-1
定　　价： 58. 00 元

序

全面推开营改增试点是党中央、国务院在我国经济发展新常态下做出的一项重大战略决策，不仅是税制改革的重大之举，也是今年各项改革的“重头戏”，对服务五大发展理念、助力供给侧结构性改革、推动产业结构转型升级和进一步减轻纳税人负担等都具有重要作用。

本轮营改增将覆盖建筑业、房地产业、金融业和生活服务业，关系国计民生。与以往的营改增试点相比，时间更紧迫，情况更复杂，任务更艰巨，各方期待更高。党中央、国务院对此高度重视。今年4月1日，李克强总理在税务总局、财政部考察营改增工作并主持召开座谈会时强调指出，全面实施营改增涉及政府与企业、中央与地方等各方面利益调整，不仅需要壮士断腕的勇气，而且要充分估计可能遇到的困难，认真总结前期试点经验，统筹做好改革方案设计，充分调动中央和地方两个积极性，确保改革后所有行业税负只减不增。

党中央、国务院的殷切期望，纳税人和社会各界的热切期盼，对税务部门既是关心和压力，更是鞭策和动力。为圆满完成这一改革重任，全国税务系统80万大军已全面进入奋力打好营改增攻坚战的决战状态。从税务总局到各省局、市局，再到分局和基层单位，广大税务干部都不辞劳苦倾力投入，夜以继日加班加点，为确保5月1日顺利实现税制转换，确保6月1日纳税申报成功，确保所有行业税负只减不增而进行精心细致的准备。由于全面推开营改增试点涉及面广、政策量大，对征管和服务的要求高，为促进各级税务干部对营改增业务学得准、学得深、学得透，帮助广大纳税人对新税制早熟悉、早掌握、早适应，税务总局营改增督促落实领导小组办公室组织编写了这本《全面推开营改增业务操作指引》。

本书共4个部分，近60万字，对增值税制度的基本情况进行了简要介绍，对财政部、税务总局联合制发的全面推开营业税改征增值税试点政策文件以及税务总局制发的行业税收管理办法作了详细解读，对纳税申报、发票领用、纳税服务、委托代征和技术保障等方面的业务进行了分项说明。可以说，这既是一本全面推开营改增试点的政策汇编，也是一本推进营改增顺利开展的操作指南。全体编写人员在紧锣密鼓地做好营改增各项准备工作的同时，努力克服各种困难，切实发扬连续奋战的精神，顺利地完成了编写任务。当然，由于时间仓促和能力所限，书中难免还有一些疏漏或不妥之处，敬请广大读者提出宝贵意见。

在本书即将付梓之际，全面推开营改增试点工作已进入决战决胜的冲刺阶段，希望各级税务机关和税务干部以此为契机，进一步学习钻研营改增业务，以精益求精的工匠精神，把业务学精、把政策学懂、把操作学灵，更加出色地承担好改革重任。同时，进一步做好对纳税人的培训，不仅要确保培训的全面性，更要提高培训的针对性，加大分行业、分类别的培训力度，确保培训质量和效果。希望广大纳税人也能进一步加强对营改增业务的学习，加深对增值税制度的理解，充分利用增值税抵扣机制，加大投资力度，调整经营策略，完善财务管理，在最大限度享受改革红利的同时，为长期更好发展打下坚实的基础。

俗话说：一人难挑千斤担，众人能移万座山。全面推开营改增试点是一项系统工程，是一项综合性、政策性极强的工作。圆满完成改革任务既需要全体税务干部上下同心、不懈努力，又需要广大纳税人理解配合、积极参与，更需要社会各界大力支持、携手共助。我们坚信，在党中央、国务院的坚强领导下，在各个方面的共同努力下，一定能把这场战略攻坚战打好打赢，把这项利国利民的大事办成办好，为当前和今后一个时期我国经济社会健康可持续发展贡献更多更大的力量。

王军

2016 年 4 月

目　　录

1　全面推开营改增概述

2　全面推开营改增政策解读

3 全面推开营改增相关业务支持与保障

4 全面推开营改增文件汇编

1 全面推开营改增概述

1.1 现行增值税基本制度

1.1.1 增值税基本原理

增值税，就是对经营者在生产经营活动中实现的增值额征收的一种间接税。

增值额，可以看作是购销差价，即纳税人生产经营活动所实现的不含税销售额与该纳税人外购不含税成本之间的差额。

从税制要素看，增值税的计税依据是课税对象的增值额，增值税纳税人是发生应税行为并承担或负担纳税义务的单位和个人，在抵扣机制上，通常采取扣税法，也有个别国家采取扣额法。

与其他流转税不同，增值税在税制要素设计方面具有自己的特点：

一是就增值额课征，税不重征。增值税在生产和销售过程的各个环节分段征收，在中间的每一环节，仅就增值部分征税，最终实现对最终消费环节全额征税，可有效避免重复征税问题。

二是普遍征收，环环相扣。增值税的特殊计税方法，使得在上一环节已经缴纳的税额可以在下一环节征税时扣除，使各个环节形成环环相扣的完整链条。

三是税收中性。理想的增值税是对创造和实现增值额的各领域的一切商品和服务等普遍征收，且一般采用单一税率，因此，增值税的课征对经济活动和消费行为通常不发生影响。

四是税负具有转嫁性。理想的增值税是对最终消费支出征税，对纳税人在生产经营的每一环节所征的税款都全部包含在消费者所支付的价格中，纳税人已缴纳的税款在每次销售时都将从消费者那里得到补偿，最终消费者才是增值税的实际负担者，这表明增值税具有明显的转嫁性。

1.1.2 增值税的类型

按增值额的内容、扣除项目的不同，增值税可以分为生产型增值税、收入型增值税和消费型增值税三种类型。

1. 生产型增值税。

生产型增值税，是指在计算增值额时，销售收入中只允许扣除购买的原材料等劳动对象的消耗部分，不允许扣除购进固定资产（包括动产和不动产）价款或其折旧，计税依据相当于工资、利息、租金、利润和折旧额之和。从整个社会来看，形成的增值额大体相当于国内生产总值额（GDP），故称为生产型增值税。

2. 收入型增值税。

收入型增值税，是指在计算增值额时，销售收入中既要扣除劳动对象的消耗部分，又要扣除固定资产（包括动产和不动产）投资价值的折旧部分，金额相当于工资、利息、租金和利润之和。从整个社会来看，形成的增值额相当于国民收入，故称为收入型增值税。

3. 消费型增值税。

消费型增值税，是指在计算增值额时，销售收入中既要扣除劳动对象消耗部分，还要扣除本期购进的全部固定资产（包括动产和不动产）的金额。这种类型的增值税对所有外购项目，即非本企业新创造的价值都实行彻底的购进扣税法，因此，它最能体现增值税的计税原理，是最典型的增值税。从整个社会来看，作为计税依据的增值额相当于全部消费品的价值，不包括原材料、固定资产等投资品价值，故称为消费型增值税。

1.1.3 增值税在世界范围开征的情况

自 1954 年法国正式开征增值税至今，增值税在国际上得到广泛采用，世界上已经有 160 多个国家和地区实行了增值税制度，范围遍及欧洲、拉美、亚洲等地，在 34 个 OECD 成员国中有 33 个国家征收了增值税。这些国家和地区开征的税种名称并不相同，如增值税、消费税、货物和劳务税等，但税制原理基本是相同的。在各国和地区实行的增值税中，比较典型的增值税类型有新西兰模式、欧洲模式等。

1. 新西兰模式。

自 1986 年 10 月 1 日开始，新西兰在全国范围内开征了货物与劳务税，在新西兰境内的税务登记者发生的销售货物、提供劳务以及进口货物的行为都属于征税范围，包括对政府机关也征税，这是当今实际实行增值税范围最广的一个国家。新西兰对增值税实行一档税率，统一为 15%，除对年销售额在 6 万新元以下的小企业不征税外，其余一律征税。由于新西兰的货物和劳务税制与理想的增值税非常接近，避免了先前税制中的税收减免和多税率引起的扭曲效应，也避免了由此产生的遵从和执法成本，实现了理论上增值税应有的财政、经济目标，因此被认为是“完美”的增值税，也被称为现代增值税类型的代表。

2. 欧洲模式。

欧洲模式的增值税是以法国的增值税模式为基础，在欧盟成员国实施的增值税。欧盟委员会颁布的增值税立法的第6号指令确定了欧洲增值税的基本框架，目标之一是通过减少税率的种类和数量，同时确定最高可接受税率和最低可接受税率，协调欧洲增值税制度，旨在使欧洲税法中的税收减免标准化并减少其数量，尽量废除一切影响产品和服务贸易正常进行的税收障碍，同等对待在各成员国之间的交易和一国内进行的交易。因此，欧盟各国的增值税制度基本上是统一的，但基于国家征税主权，在免税范围、适用零税率的范围、增值税税率等具体处理上也存在着一定差异。这些差异使欧盟各国的增值税征收管理在一定程度上变得复杂。

1.1.4 增值税在我国的开征及改革进程

我国的增值税是伴随改革开放政策的逐步实施和计划经济向市场经济转轨的进程，采取渐进方式分阶段建立起来的。它是既吸取国外增值税经验，又立足于本国经济体制改革的实际，一步一步向前推进的。增值税在我国大致经历了试点、确立、转型改革和扩围改革四个主要阶段。

第一阶段是增值税试点阶段。在1980年前后，我国开始在柳州、长沙、襄樊、上海等城市，选择重复征税矛盾最为突出的机器机械和农业机具两个行业进行增值税试点。1982年，上述两个行业的产品以及电风扇、缝纫机、自行车3项产品在全国范围内试行增值税。1984年，工商税制全面改革，国务院正式颁布了《中华人民共和国增值税条例（草案)》，增值税正式成为我国税制体系中的一个独立税种，与产品税、营业税并列作为流转税三税之一，征税范围也扩大到12类产品，在计税方法上，分甲乙两类产品分别试行“扣税法”和“扣额法”。1987年，增值税试行范围进一步扩大，将一部分轻工产品、建筑、有色金属和非金属矿产品纳入增值税征收范围，税目扩大到30个，并将计税方法统一为扣税法。1989年，又在扣税法基础上逐步统一实行了“价税分流购进扣税法”，即规定企业在成本利润会计核算中不再包括增值税因素。

第二阶段是增值税确立阶段。1994年1月《中华人民共和国增值税暂行条例》开始实施，扩大了增值税的征税范围——凡在我国境内销售货物或提供加工、修理修配劳务以及进出口货物都需征收增值税。增值税的征收范围扩大到货物生产、加工和销售范畴，并在生产、批发、零售和进口各个环节分别征收。增值税税制也得到进一步完善：一是结合我国当时的经济和财政状况，仍然实施生产型增值税；二是税率简化；三是延续价税分离的计税方法，采用发票抵免法计算增值税；四是将纳税人分为一般纳税人和小规模纳税人，一般纳税人按照税率适用一般计税方法，小规模纳税人按照征收率适用简易计税方法。

第三阶段是增值税由生产型向消费型转变阶段。2004 年 7 月 1 日起，东北三省开展了增值税转型改革试点，对东北地区从事以装备制造业、石油加工业、冶金业、船舶制造业、汽车制造业、农产品加工业为主的增值税一般纳税人，允许抵扣固定资产及相关进项税额，并采用增量抵扣的办法。自 2009 年 1 月 1 日起，在维持现行增值税税率不变的前提下，允许全国范围内的所有增值税一般纳税人抵扣其新购进设备所含进项税额，未抵扣完的进项税额可结转下期继续抵扣。

第四阶段是增值税的扩围改革阶段。为进一步深化税制改革，解决增值税和营业税并存导致的重复征税问题，自 2012 年 1 月 1 日起，上海开始实施交通运输业和部分现代服务业的增值税扩围改革试点。至 2014 年 6 月 1 日，营改增试点覆盖到全国“3+7”个行业，即交通运输业、邮政业、电信业 3 个大类行业和研发技术、信息技术、文化创意、物流辅助、有形动产租赁、鉴证咨询、广播影视 7 个现代服务业。自 2016 年 5 月 1 日起，全面推开营改增试点，将建筑业、房地产业、金融业、生活服务业一次性纳入试点范围，将新增不动产所含增值税全部纳入抵扣范围。至此，现行营业税将全部改征增值税。

1.1.5 我国的增值税制度

我国现行增值税制度的主体框架是经过 1994 年财政体制改革建立的，后经过若干次改革调整形成了现行制度。增值税一直是我国提供税收收入的第一大税种，为公共财政体制的建设提供了强有力的财力保障。

1. 纳税人。

现行增值税纳税人根据年应征增值税销售额是否超过规定标准，分为一般纳税人和小规模纳税人两类，实行不同的计税方法和管理制度。

2. 征税范围。

现行增值税征税范围可分为 3 类：一是在中国境内销售货物或者进口货物；二是在中国境内提供加工、修理修配劳务；三是在中国境内销售应税服务、无形资产或不动产。

3. 税率和征收率。

目前我国共设有 6%、11%、13%和 17% 4 档增值税税率，小规模纳税人按 3%征收率，适用简易计税方法计税。同时，目前还有一档 5%的征收率，适用于中外合作油气田，以及营改增过渡期内的房地产老项目、二手房、出租试点前取得的不动产等。此外，对部分货物、服务和无形资产出口实行零税率。

1.2 营业税改征增值税试点改革进程

为解决增值税和营业税并存导致的重复征税问题，贯通服务业内部和第二、三产业之间抵扣链条，推动服务业特别是研发等生产性服务业发展，促进产业分工优化，带动制造业升级，自2012年1月1日起，我国率先在上海开始实施营改增改革试点，将征收营业税的交通运输业和部分现代服务业改为征收增值税；2012年9月1日至12月1日，交通运输业（除铁路运输外）和部分现代服务业营改增试点由上海市分批次扩大至北京市、江苏省、安徽省、福建省（含厦门市）、广东省（含深圳市）、天津市、浙江省（含宁波市）、湖北省等8省（直辖市）；2013年8月1日起，交通运输业和部分现代服务业营改增试点推向全国，同时将广播影视服务纳入试点范围；2014年1月1日起，铁路运输业和邮政业在全国范围实施营改增试点；2014年6月1日起，电信业在全国范围实施营改增试点。至此，营改增试点已覆盖“3+7”个行业，即交通运输业、邮政业、电信业3个大类行业和研发技术、信息技术、文化创意、物流辅助、有形动产租赁、鉴证咨询、广播影视7个现代服务业。

2016年3月5日，国务院总理李克强在第十二届全国人民代表大会第四次会议上作《政府工作报告》，提出：今年将全面实施营改增，从5月1日起，将试点范围扩大到建筑业、房地产业、金融业、生活服务业，并将所有企业新增不动产所含增值税纳入抵扣范围，确保所有行业税负只减不增。2016年3月18日，国务院常务会议审议通过了全面推开营改增试点方案，明确自2016年5月1日起，全面推开营改增试点，将建筑业、房地产业、金融业、生活服务业一次性纳入试点范围，将新增不动产所含增值税全部纳入抵扣范围。即自2016年5月1日起，现行营业税全部改征增值税。

1.3 全面推开营业税改征增值税试点的基本内容

全面推开营改增试点，主要内容是“双扩”：一是将试点范围扩到建筑业、房地产业、金融业和生活服务业，实现增值税对货物和服务的全覆盖，试点完成后营业税将退出历史舞台；二是将所有企业新增不动产所含增值税纳入抵扣范围，比较完整地实现规范的消费型增值税制度。

1.4 全面推开营业税改征增值税试点的意义

营改增作为深化财税体制改革的重头戏和供给侧结构性改革的重要举措，前期试点已经取得了积极成效，全面推开营改增试点，有利于拉动经济，特别是在当前许多行业、企业出现经营困难的情况下，有利于给企业增加活力，给经济增加动力。故将其称为用政府收入的“减法”，换取企业效益的“加法”和市场活力的“乘法”。

一是更有利于促进经济的转型升级。这次全面推开营改增的政策取向，突出了推动服务业特别是研发等生产性服务业发展，可以有力地促进产业分工优化，拉长产业链，带动制造业升级。也可以说，营改增既是创新驱动的“信号源”，也是经济转型升级的强大“助推器”。二是营改增通过统一税制，贯通服务业内部和第二、三产业之间抵扣链条，从制度上消除重复征税，使税收的中性作用得以充分发挥。这有利于营造公平竞争的市场环境，对完善我国财税体制有长远意义。三是将不动产纳入抵扣范围，比较完整地实现了规范的消费型增值税制度，有利于扩大企业投资，增强企业经营活力。四是进一步减轻企业税负，是财税领域打出“降成本”组合拳的重要一招，用短期财政收入的“减”换取持续发展势能的“增”，为经济保持中高速增长、迈向中高端水平打下坚实基础。

2　全面推开营改增政策解读

2.1　《财政部　国家税务总局关于全面推开营业税改征增值税试点的通知》（财税〔2016〕36号）解读

2.1.1　《营业税改征增值税试点实施办法》解读

第一章　纳税人和扣缴义务人

第一条　在中华人民共和国境内（以下称境内）销售服务、无形资产或者不动产（以下称应税行为）的单位和个人，为增值税纳税人，应当按照本办法缴纳增值税，不缴纳营业税。

单位，是指企业、行政单位、事业单位、军事单位、社会团体及其他单位。

个人，是指个体工商户和其他个人。

【解读】

本条是关于适用《财政部　国家税务总局关于全面推开营业税改征增值税试点的通知》（财税〔2016〕36号，以下称36号文件）的纳税人和征收范围的基本规定。

本条规定主要包括以下两方面的内容：一是增值税纳税人；二是增值税的征收范围。

理解本条规定应从以下两个方面把握：

一、增值税的纳税人

增值税的纳税人，是指根据《营业税改征增值税试点实施办法》（以下称《试点实施办法》）规定应当缴纳增值税的单位或者个人，即在中华人民共和国境内销售服务、无形资产或者不动产的单位和个人。

（一）单位。

单位，是指企业、行政单位、事业单位、军事单位、社会团体及其他单位。

1. 这里的企业包括国有经济、集体经济、私营经济、联营经济、股份制经济、外商投资经济、港澳台投资经济、其他经济等形式的企业。

2. 行政单位、事业单位、军事单位、社会团体及其他单位，只要发生了应税行为就是增值税的纳税人，就应当缴纳增值税。

（二）个人。

个人，是指个体工商户和自然人。

二、增值税的征收范围

确定一项经济行为是否需要缴纳增值税，根据《试点实施办法》，除另有规定外，一般应同时具备以下四个条件：①应税行为是发生在中华人民共和国境内；②应税行为是属于《销售服务、无形资产、不动产注释》（以下称《注释》）范围内的业务活动；③应税服务是为他人提供的；④应税行为是有偿的。

（一）应税行为是发生在中华人民共和国境内。

该条件涉及征税权问题，只有属于境内应税行为的，我国政府才对其有征税权，否则不能征税。具体哪些行为属于境内应税行为，《试点实施办法》第十二条和第十三条进行了明确。具体条款内容如下：

第十二条规定：“在境内销售服务、无形资产或者不动产，是指：（一）服务（租赁不动产除外）或者无形资产（自然资源使用权除外）的销售方或者购买方在境内；（二）所销售或者租赁的不动产在境内；（三）所销售自然资源使用权的自然资源在境内；（四）财政部和国家税务总局规定的其他情形。”

第十三条规定：“下列情形不属于在境内销售服务或者无形资产：（一）境外单位或者个人向境内单位或者个人销售完全在境外发生的服务。（二）境外单位或者个人向境内单位或者个人销售完全在境外使用的无形资产。（三）境外单位或者个人向境内单位或者个人出租完全在境外使用的有形动产。（四）财政部和国家税务总局规定的其他情形。”

关于境内应税行为，详见第十二条和第十三条的政策解读。

（二）应税行为是属于《注释》范围内的业务活动。

应税行为分为三大类，即销售应税服务、销售无形资产和销售不动产。其中，应税服务包括交通运输服务、邮政服务、电信服务、建筑服务、金融服务、现代服务、生活服务。

（三）应税服务是为他人提供的。

“服务必须是为他人提供的”，是指应税服务的提供对象必须是其他单位或者个人，不是自己，即自我服务不征税。

这里所说的“自我服务”，包括以下两种情形：①单位或者个体工商户聘用的员工为本单位或者雇主提供取得工资的服务。②单位或者个体工商户为聘用的员工提供服务。

（四）应税行为是有偿的。

《试点实施办法》第十条和第十一条规定：销售服务、无形资产或者不动产，是指有偿提供服务、有偿转让无形资产或者不动产。有偿，是指取得货币、货物或者其他经济利益。

根据上述规定，有偿是构成增值税应税行为一个必要条件。

（五）例外情形。

上述四个增值税征税条件是判定一项经济行为是否需要在营改增试点实施后缴纳增值税的基本标准，目前还有两类例外情形：第一种是满足上述四个增值税征税条件但不需要缴纳增值税的情形；第二种是不同时满足上述四个增值税征税条件但需要缴纳增值税的情形。

1. 满足上述四个增值税征税条件但不需要缴纳增值税的情形，主要包括：①行政单位收取的同时满足规定条件的政府性基金或者行政事业性收费；②存款利息；③在资产重组过程中，通过合并、分立、出售、置换等方式，将全部或者部分实物资产以及与其相关联的债权、负债和劳动力一并转让给其他单位和个人，其中涉及的不动产、土地使用权转让行为。

2. 不同时满足上述四个增值税征税条件但需要缴纳增值税的情形，主要包括某些无偿的应税行为。

《试点实施办法》第十四条规定："下列情形视同销售服务、无形资产或者不动产：（一）单位或者个体工商户向其他单位或者个人无偿提供服务，但用于公益事业或者以社会公众为对象的除外。（二）单位或者个人向其他单位或者个人无偿转让无形资产或者不动产，但用于公益事业或者以社会公众为对象的除外。（三）财政部和国家税务总局规定的其他情形。"按照此条规定，向其他单位或者个人无偿提供服务、无偿转让无形资产或者不动产，除用于公益事业或者以社会公众为对象外，应视同发生应税行为，照章缴纳增值税。

（六）油气田企业发生应税行为的纳税规定。

根据《营业税改征增值税试点有关事项的规定》（以下称《试点有关事项的规定》）规定：油气田企业发生应税行为，应当按照《试点实施办法》缴纳增值税，不再执行《油气田企业增值税管理办法》（财税〔2009〕8 号）。

【政策主要变化点】

与《营业税改征增值税试点实施办法》（财税〔2013〕106 号印发，以下称《原试点实施办法》）相比，本条主要在以下两个方面进行了修改：

（一）将"应税服务"改为"应税行为"。

主要考虑：此次营改增试点范围新增了建筑业、房地产业、金融业、生活服务业等 4 个行业，征税范围由部分应税服务扩大到全部服务、无形资产和不动产，《原试点实施办法》中“应税服务”一词已不能涵盖销售无形资产和不动产，改为“应税行为”一词，用以涵盖服务、无形资产和不动产。

（二）将“提供”改为“销售”。

主要考虑：一是新纳入增值税的应税行为，既包括服务，也包括无形资产和不动产，“提供”一词无法涵盖无形资产和不动产；二是将原营业税的征税范围仿照增值税征税范围做了趋同性处理。《中华人民共和国营业税暂行条例》（以下称《营业税暂行条例》）中的应税行为包含了三个动作：提供、转让、销售。而国际上征收增值税的国家，在征税范围的表述上一般都较为简单，通常以货物和劳务的“供给”一词囊括所有的应税行为，这种表述既符合立法要求语言“简洁化”，也避免以多词描述应税行为而产生歧义。因此，本条将《营业税暂行条例》中“提供、转让、销售”三个词统一规范为“销售”，既简化、统一了表述，又与《中华人民共和国增值税暂行条例》（以下称《增值税暂行条例》）中应税行为的“销售”表述趋同。

【相关知识】

一、纳税人

纳税人，是指依照税法规定对国家直接负有纳税义务的单位和个人，又称纳税义务人、课税主体，是税收制度的一项基本要素。《中华人民共和国税收征收管理法》（以下称《税收征管法》）第四条规定：“法律、行政法规规定负有纳税义务的单位和个人为纳税人。”

二、纳税人的权利和义务

（一）纳税人的权利。

纳税人在履行纳税义务过程中，依法享有以下权利：知情权、保密权、税收监督权、纳税申报方式选择权、申请延期申报权、申请延期缴纳税款权、申请退还多缴税款权、依法享受税收优惠权、委托税务代理权、陈述与申辩权、对未出示税务检查证和税务检查通知书的拒绝检查权、税收法律救济权、依法要求听证的权利、索取有关税收凭证的权利等 14 项权利。

（二）纳税人的义务。

纳税人在履行纳税义务过程中，依法负有以下义务：依法进行税务登记的义务，依法设置账簿、保管账簿和有关资料以及依法开具、使用、取得和保管发票的义务，财务会计制度和会计核算软件备案的义务，按照规定安装、使用税控装置的义务，按时、如实申报的义务，按时缴纳税款的义务，代扣、代收税款的义务，接受依法检查的义务，及时提供信息的义务，以及报告其他涉税信息的义务。

第二条　单位以承包、承租、挂靠方式经营的，承包人、承租人、挂靠人

（以下统称承包人）以发包人、出租人、被挂靠人（以下统称发包人）名义对外经营并由发包人承担相关法律责任的，以该发包人为纳税人。否则，以承包人为纳税人。

【解读】

本条是关于采用承包、承租、挂靠经营方式，如何界定纳税人的规定。理解本条规定应从以下两个方面把握：

一、承包、承租、挂靠方式经营形式

（一）承包经营。

企业承包经营是发包方在不改变企业所有权的前提下，将企业发包给经营者承包，经营者以企业名义从事经营活动，并按合同分享经营成果的经营形式。

（二）承租经营。

企业承租经营，是在所有权不变的前提下，出租方将企业租赁给承租方经营，承租方向出租方交付租金并对企业实行自主经营，在租赁关系终止时，返还所租财产。

企业承包经营与企业承租经营相比，主要存在以下差异：

1. 基本内容不同。

企业承包合同的基本内容，是承包上缴利润指标以及由此产生的当事人之间的其他权利义务关系；企业租赁合同的基本内容，是承租方对企业财产进行租赁经营，并向出租方交纳租金。

2. 适用范围不同。

从适用范围上看，承包经营合同多适用于大中型企业，而承租经营合同则多适用于小型企业。

3. 抵押财产的提供与否不同。

在承包经营合同中，承包方提供抵押财产不是合同的有效条件。而在承租经营合同中，一般会明确承租人所提供的抵押财产。

4. 对亏损的补偿来源不同。

发生亏损时，承包企业只要用企业的自有资金补偿即可，而租赁合同的承租方则须以抵押财产进行补偿。

5. 新增资产的归属不同。

在承包经营的情况下，承包期间新增资产的所有权性质与承包前的企业所有权性质是一致的；而在租赁经营的情况下，租赁期间承租方用其收入追加投资所添置的资产，则属于承租方。

（三）挂靠经营。

1. 挂靠经营的定义。

挂靠经营，是指企业、合伙组织等与另一个经营主体达成依附协议，挂靠方通常以被挂靠方的名义对外从事经营活动，被挂靠方提供资质、技术、管理等方面的服务并定期向挂靠方收取一定管理费用的经营方式。

2. 挂靠经营的主要特征。

（1）它是一种借用行为。挂靠经营是挂靠方以被挂靠人的名义进行经营，所以，挂靠经营的关系实质上是一种借用关系，这种借用关系的内容主要表现为资质、技术、管理经验等无形财产方面的借用，而不是有形财产方面的借用。

（2）它是一种独立核算行为。挂靠经营是一种自主经营的行为，而自主经营的最大特点在于独立核算。

（3）它是一种临时性行为。挂靠经营是一种借用行为，而这种借用的性质决定了挂靠经营的暂时性。

二、承包、承租、挂靠方式下的纳税人界定的原则

采用承包、承租、挂靠经营方式时，区分以下两种情况界定纳税人：

（一）同时满足以下两个条件的，以发包人为纳税人：

1. 以发包人名义对外经营。

2. 由发包人承担相关法律责任。

（二）不同时满足上述两个条件的，以承包人为纳税人。

【政策主要变化点】

本条与《原试点实施办法》相比，无变化。

第三条　纳税人分为一般纳税人和小规模纳税人。

应税行为的年应征增值税销售额（以下称应税销售额）超过财政部和国家税务总局规定标准的纳税人为一般纳税人，未超过规定标准的纳税人为小规模纳税人。

年应税销售额超过规定标准的其他个人不属于一般纳税人。年应税销售额超过规定标准但不经常发生应税行为的单位和个体工商户可选择按照小规模纳税人纳税。

【解读】

本条是关于试点纳税人分类、划分标准的规定。理解本条规定应从以下四个方面把握：

一、纳税人分类

我国现行增值税对纳税人实行分类管理，本次营改增改革试点过程中，仍然沿用了这种管理模式，以发生应税行为的年应税销售额为标准，将纳税人分为一般纳税人和小规模纳税人，二者在计税方法、适用税率（征收率）、凭证管理等方面都不相同。

二、划分一般纳税人和小规模纳税人的标准

《试点有关事项的规定》第一条第（五）项规定：“《试点实施办法》第三条规定的年应税销售额标准为500万元（含本数）。财政部和国家税务总局可以对年应税销售额标准进行调整”。即：年应税销售额超过500万元的纳税人为一般纳税人；年应税销售额未超过500万元的纳税人为小规模纳税人。

三、年应税销售额的含义

（一）年应税销售额，是指纳税人在连续不超过12个月的经营期内累计应征增值税销售额，包括减免税销售额以及按规定允许从销售额中差额扣除的部分。如果该销售额为含税的，应按照适用税率（征收率）换算为不含税的销售额。试点实施后，增值税小规模纳税人偶然发生的转让不动产的销售额，不计入应税行为年应税销售额。

（二）试点纳税人营改增试点实施前的应税行为年应税销售额按以下公式换算：

应税行为年应税销售额=连续不超过12个月应税行为营业额合计÷（1+3%）

按规定差额征收营业税的试点纳税人，上述公式中“应税行为营业额”按未扣除前的营业额计算。

试点实施前，试点纳税人偶然发生的转让不动产的营业额，不计入应税行为年应税销售额。

（三）试点纳税人兼有销售货物、提供加工修理修配劳务和应税行为的，应税货物及劳务销售额与应税行为销售额应分别计算，分别适用增值税一般纳税人资格认定标准。

四、特殊规定

（一）年应税销售额超过规定标准的其他个人不属于一般纳税人。

（二）不经常发生应税行为的单位和个体工商户可选择按照小规模纳税人纳税。

（三）兼有销售货物、提供加工修理修配劳务和应税行为，且不经常发生销售货物、提供加工修理修配劳务和应税行为的单位和个体工商户，可选择按照小规模纳税人纳税。

（四）增值税小规模纳税人偶然发生的转让不动产的销售额，不计入应税行为年销售额。

【政策主要变化点】

本条与《原试点实施办法》相比，主要是将“应税服务”改为“应税行为”。主要原因是：本次营改增改革已扩大到服务、无形资产、不动产，征税范围由“应税服务”扩大到“应税行为”。

【相关知识】

一、原增值税纳税人（指按照《增值税暂行条例》缴纳增值税的纳税人）中一般纳税人的标准：

（一）从事货物生产或者提供应税劳务的纳税人，以及以从事货物生产或者提供应税劳务为主，并兼营货物批发或者零售的纳税人，年应征增值税销售额（以下称应税销售额）在50万元以下（含本数）的；

（二）除第（一）项规定以外的纳税人，年应税销售额在80万元以下的。

以从事货物生产或者提供应税劳务为主，是指纳税人的年货物生产或者提供应税劳务的销售额占年应税销售额的比重在50%以上。

二、增值税一般纳税人办理资格登记的有关事项，参见《增值税一般纳税人资格认定管理办法》（国家税务总局令第22号）和《国家税务总局关于调整增值税一般纳税人管理有关事项的公告》（国家税务总局公告2015年第18号，以下称国家税务总局2015年第18号公告）有关规定。

第四条　年应税销售额未超过规定标准的纳税人，会计核算健全，能够提供准确税务资料的，可以向主管税务机关办理一般纳税人资格登记，成为一般纳税人。

会计核算健全，是指能够按照国家统一的会计制度规定设置账簿，根据合法、有效凭证核算。

【解读】

本条是关于符合条件的小规模纳税人可以办理一般纳税人资格登记的规定。理解本条应从以下四个方面掌握：

一、划分一般纳税人与小规模纳税人的一条重要指标，是纳税人会计核算制度健全并能够提供准确税务资料。实践中，纳税人只要建立健全了财务会计核算制度，能够提供准确的税务资料，即使其年应税销售额未超过规定标准，也可以向主管税务机关提出申请，登记为一般纳税人，适用一般计税方法计算应纳税额。

二、如何理解“会计核算健全”和“能够准确提供税务资料”。

（一）会计核算健全，是指能够按照国家统一的会计制度规定设置账簿，根据合法、有效凭证核算。主要是指：有专业财务会计人员，能按照财务会计制度规定设置总账和有关明细账进行会计核算，能准确核算增值税销售额、销项税额、进项税额和应纳税额等。

（二）能够准确提供税务资料，是指能够按规定如实填报增值税纳税申报表及其他相关资料，并按期进行申报纳税。

（三）纳税人应按照国家税务总局2015年第18号公告的规定，向主管税务机关提供是否“会计核算健全”的情况。

三、营改增试点实施前应税行为年应税销售额未超过500万元的试点纳税人，如会计核算健全，能够提供准确税务资料的，也可以向主管税务机关办理增值税一般纳税人资格登记。

试点纳税人试点实施前的应税行为年应税销售额按以下公式换算：

应税行为年应税销售额=连续不超过12个月应税行为营业额合计÷(1+3%)

按规定差额征收营业税的试点纳税人，上述公式中“应税行为营业额”按未扣除前的营业额计算。

试点实施前，试点纳税人偶然发生的转让不动产的营业额，不计入应税行为年应税销售额。

四、营改增试点纳税人在办理增值税一般纳税人资格登记后，发生增值税偷税、骗取出口退税和虚开增值税扣税凭证等行为的，主管税务机关可以对其实行不少于6个月的纳税辅导期管理。

有关辅导期管理的具体要求，请参考《国家税务总局关于印发〈增值税一般纳税人纳税辅导期管理办法〉的通知》（国税发〔2010〕40号）。

【政策主要变化点】

与《原试点实施办法》相比，本条将“资格认定”修改为“资格登记”。主要原因是：按照国务院简政放权的精神，国家税务总局发布了国家税务总局2015年第18号公告，将增值税一般纳税人的资格管理方式由实行认定制调整为实行登记制。

第五条　符合一般纳税人条件的纳税人应当向主管税务机关办理一般纳税人资格登记。具体登记办法由国家税务总局制定。

除国家税务总局另有规定外，一经登记为一般纳税人后，不得转为小规模纳税人。

【解读】

本条是关于增值税一般纳税人资格登记的规定。理解本条应从以下四个方面掌握：

一、本条所称符合一般纳税人条件，是指纳税人发生应税行为年应税销售额超过500万元，且不属于《试点实施办法》第三条规定的可不登记为一般纳税人情况的。

二、符合一般纳税人条件的纳税人，应当向主管税务机关申请资格登记，未申请办理一般纳税人资格登记手续的，应按销售额依照增值税税率计算应纳税额，不得抵扣进项税额，也不得使用增值税专用发票（含税控机动车销售统一发票）。

三、除国家税务总局另有规定外，一经登记为一般纳税人后，不得转为小规模纳税人。这项规定与《中华人民共和国增值税暂行条例实施细则》（以下称《增值税暂行条例实施细则》）中一般纳税人的管理模式一致，同时增加了国家税务总局可以设定特殊情况不适用上述办法的规定，截至目前，国家税务总局尚未发布不适用上述办法的特殊情况。

四、营改增试点实施前已取得增值税一般纳税人资格并兼有应税行为的试点纳税人，不需要重新登记一般纳税人资格，由主管税务机关制作、送达《税务事项通知书》，告知纳税人即可。其兼有的应税行为，除文件另有规定外，应按照一般计税方法计税。

【政策主要变化点】

与《原试点实施办法》相比，本条将“资格认定”改为“资格登记”。主要原因是：按照《国务院关于取消和调整一批行政审批项目等事项的决定》（国发〔2015〕11号）精神，国家税务总局对增值税一般纳税人管理有关事项进行了调整，并发布了国家税务总局2015年第18号公告，将增值税一般纳税人的资格管理方式由实行认定制调整为实行登记制。

第六条　中华人民共和国境外（以下称境外）单位或者个人在境内发生应税行为，在境内未设有经营机构的，以购买方为增值税扣缴义务人。财政部和国家税务总局另有规定的除外。

【解读】

本条是关于增值税扣缴义务人的规定。理解本条规定应从以下四个方面来把握：

一、以购买方为增值税扣缴义务人的前提，是境外单位或者个人在境内未设立经营机构；如果境外单位或者个人在境内设立了经营机构，应以其经营机构为增值税纳税人，不存在由扣缴义务人扣缴税款的问题。

二、扣缴义务人在扣缴增值税的时候，应按照以下公式计算应扣缴税额：

$$应扣缴税额=购买方支付的价款\div(1+税率)\times税率$$

需要注意的是，按照上述公式计算应扣缴税额时，无论购买方支付的价款是否超过500万元的一般纳税人标准，也无论扣缴义务人是一般纳税人还是小规模纳税人，一律按照境外单位或者个人发生应税行为的适用税率予以计算。

应税行为的适用税率为：①销售不动产、不动产租赁服务、土地使用权、运输服务、基础电信服务和邮政服务，税率为11%；②有形动产租赁服务，税率为17%；③其他应税行为，税率为6%。

三、境内购买方从境外单位或者个人购进服务、无形资产或者不动产的，其取得的解缴税款的完税凭证上注明的增值税额，准予从销项税额中抵扣。

四、扣缴义务发生时间为纳税人增值税纳税义务发生的当天。扣缴义务人应当向其机构所在地或者居住地主管税务机关申报缴纳扣缴的税款。

【政策主要变化点】

与《原试点实施办法》相比，本条取消了代理人扣缴增值税的规定。主要原因：

一是代理人的概念不清；二是购买方可能对境外销售方是否有境内代理人或者境内代理人是否已扣缴税款的情况不清楚，因此未予扣缴税款，在法律责任的确定上存在一定争议。

【相关知识】

扣缴义务人，是指负有代扣代缴他人应纳税款义务的单位或个人。

税收法律法规中有关扣缴义务人的规定，实际是一种为防止税款流失而采取的征管办法。确定扣缴义务人一般基于以下两个条件：一是税务部门对纳税人的应纳税款不易管理；二是纳税人的部分资金掌握在扣缴义务人手中。

扣缴义务人与委托代征单位是两个不同的法律概念，不能将两者混为一谈。《税收征管法》第三十条规定："扣缴义务人依照法律、行政法规的规定履行代扣、代收税款的义务。对法律、行政法规没有规定负有代扣、代收税款义务的单位和个人，税务机关不得要求其履行代扣、代收税款义务。扣缴义务人依法履行代扣、代收税款义务时，纳税人不得拒绝。纳税人拒绝的，扣缴义务人应当及时报告税务机关处理"。《委托代征管理办法》第二条规定，"委托代征是指税务机关根据《中华人民共和国税收征收管理法实施细则》有利于税收控管和方便纳税的要求，按照双方自愿、简便征收、强化管理、依法委托的原则和国家有关规定，委托有关单位和人员代征零星、分散和异地缴纳的税收的行为。"委托代征单位，是指根据《委托代征管理办法》第二条规定行使委托代征税款权利的单位。

扣缴义务人代扣代缴、代收代缴税款的义务是法定的，如果不作为，《税收征管法》规定，扣缴义务人应扣未扣、应收而不收税款的，由税务机关向纳税人追缴税款，对扣缴义务人处应扣未扣、应收未收税款50%以上3倍以下的罚款。

而委托代征的代征人法律责任有所不同。《委托代征管理办法》第二十二规定："因代征人责任未征或少征税款的，税务机关应向纳税人追缴税款，并可按《委托代征协议书》的约定向代征人按日加收未征少征税款万分之五的违约金，但代征人将纳税人拒绝缴纳等情况自纳税人拒绝之时起24小时内报告税务机关的除外。代征人违规多征税款的，由税务机关承担相应的法律责任，并责令代征人立即退还，税款已入库的，由税务机关按规定办理退库手续；代征人违规多征税款致使纳税人合法权益受到损失的，由税务机关赔偿，税务机关拥有事后向代征人追偿的权利。

代征人违规多征税款而多取得代征手续费的，应当及时退回。"

第七条　两个或者两个以上的纳税人，经财政部和国家税务总局批准可以视为一个纳税人合并纳税。具体办法由财政部和国家税务总局另行制定。

【解读】

本条是对两个或者两个以上的纳税人，可以视为一个纳税人合并纳税的规定。

本条规定意在借鉴国际上通行的增值税集团纳税制度，完善我国现行增值税税制。目前，集团纳税制度尚未在《增值税暂行条例》中体现，《试点实施办法》制定本条规定，对于完善现行增值税制度具有重要意义，同时也为试点过程中探索实施集团纳税制度提供了政策依据。

【政策主要变化点】

本条与《原试点实施办法》相比，无变化。

【相关知识】

集团纳税制度，是指在增值税制度安排上，允许具有共同控制性质的多个独立纳税人合并纳税。集团纳税制度可以减少税务机关直接管理的增值税纳税主体数量，降低税务机关的征收成本，也可以降低企业集团直接或间接的增值税遵从成本，有利于企业集团增加现金流，提高资金使用效率，优化企业架构。目前，欧盟、澳大利亚、新西兰等开征增值税的主要国家相继引入了集团纳税制度。

第八条　纳税人应当按照国家统一的会计制度进行增值税会计核算。

【解读】

本条是关于纳税人会计核算要求的规定。

为便于营改增试点纳税人进行会计核算，财政部印发了《营业税改征增值税试点有关企业会计处理规定》（财会〔2012〕13 号，以下称财会〔2012〕13 号文件），明确了营业税改征增值税试点有关企业会计处理问题。

【政策主要变化点】

本条与《原试点实施办法》相比，无变化。

【相关知识】

有关增值税会计处理的基本规定，请参考《财政部关于增值税会计处理的规定》（〔1993〕财会字第 83 号）。

有关欠交增值税税款和待抵扣增值税的会计处理规定，请参考《财政部关于对增值税会计处理有关问题补充规定的通知》（财会字〔1995〕22 号）。

有关营改增试点会计处理规定，请参考财会〔2012〕13 号文件。

第二章　征税范围

第九条　应税行为的具体范围，按照本办法所附的《销售服务、无形资产、不动产注释》执行。

【解读】

本条是关于应税行为具体范围的规定。理解本条规定应从以下三个方面掌握：

一、应税行为分为三大类，即：销售应税服务、销售无形资产和销售不动产。其中，应税服务包括交通运输服务、邮政服务、电信服务、建筑服务、金融服务、现代服务、生活服务。具体范围按照《注释》执行。

二、此次营改增改革是将全部营业税行业纳入增值税征收范围，因此，《注释》既包括已经实行营改增改革的应税行为，也包括此次新纳入营改增改革的金融业、建筑业、房地产业和生活性服务业，即涵盖了原营业税税目注释中的所有应税行为。

三、《注释》是在《原试点实施办法》所附《应税服务范围注释》基础上，结合《营业税税目注释（试行稿）》（国税发〔1993〕149号）以及《国民经济行业分类》（GB/T 4754—2011），主要依据涉税行为属性进行了税目划分，调整了《应税服务范围注释》中个别应税服务的税目归属，梳理完善了原营业税税目注释中金融保险业、建筑业、其他服务业、转让无形资产和销售不动产的具体范围，新增了原营业税税目注释中未能直接列明的新兴经济行为，以及未能纳入营业税征税范围的经济权益转让行为；同时，考虑到现代服务和生活服务存在新兴业态较多、新兴经济行为不断涌现的情况，以“其他现代服务”和“其他生活性服务”作为兜底。

现对上述《注释》的修改内容举例说明一下：

1. 将《应税服务范围注释》“研发和技术服务”中的“技术转让服务”，“文化创意服务”中的“商标和著作权转让服务”，划转至“销售无形资产”税目项下。

2. 将《应税服务范围注释》“研发和技术服务”中的“技术咨询服务”划转至“现代服务—鉴证咨询—咨询”税目项下。

3. 按照现行有关保险的法律法规规定，将“保险”的税目注释，由原营业税税目注释的“保险，是指通过契约形式集中起来的资金，用以补偿被保险人的经济利益的业务”的表述修订为“保险服务，是指投保人根据合同约定，向保险人支付保险费，保险人对于合同约定的可能发生的事故因其发生所造成的财产损失承担赔偿保险金责任，或者当被保险人死亡、伤残、疾病或者达到合同约定的年龄、期限等条件时承担给付保险金责任的商业保险行为。包括人身保险服务和财产保险服务”。

4. 与原营业税税目注释相比，新增“安全保护服务”项目，将已征收营业税但未在原营业税税目注释中直接列明的安全保护服务直接写入《注释》。

5. 新增“其他权益性无形资产”项目，将转让席位权等未能纳入原营业税征税范围的经济权益转让行为增加到《注释》中。

《注释》的具体调整内容请见《注释》有关政策解读。

【政策主要变化点】

本条与《原试点实施办法》相比，仅因征税范围扩大为“应税行为”而进行了文字性修改。

【相关知识】

一、税目的定义

税目，亦称“课税品目”或“征税品目”，是指税法中按照一定的标准和范围对课税对象进行划分从而确定的具体征税品种或项目，是课税对象的具体化。它反映了具体的征收范围，体现了征税广度，是一个税种课征制度组成的要素之一。例如，我国消费税的征税对象是生产、委托加工、进口和零售环节的特定消费品，现行消费税征税范围包括烟、酒、化妆品等15个税目。

不是所有的税种都规定税目，如房产税征税对象简单、明确，没有另行规定税目的必要。有的税种征税对象比较复杂，一般要先分大类，在类别之下再分税目、子目、细目。

凡是无税目的税种均有统一的税率，凡是有税目的税种均无统一税率。规定税目是为了明确具体的征税范围，规定征税的广度。

列入税目的就是应税产品或项目，没有列入税目的就不是应税的产品或项目，这样征税的界限就十分明确。

通过规定各种税目，可以对不同的产品或项目制定高低不同的税率，体现国家税收政策。理论上说，设计税目时，一方面须注意不同税目的划分界限要十分明确，不能模棱两可。否则，由于税目不同税率不同，在征税时，适用税目不明，就会发生混乱。另一方面应注意同一税目的税负水平尽量接近，如果同一税目的税负水平相差悬殊，征税后，就会发生税负过轻过重的不合理现象。

设计税目的方法有二：一是列举法，二是概括法。与此相对，税目可分为列举税目和概括税目。

二、税目的作用和目的

（一）税目的作用。

税目具有两方面的作用：一是明确征税的范围，体现征税的广度，凡属于列举税目之内的产品或收入即为课税对象，反之则为非应税对象；二是对具体征税项目进行归类和界定。

（二）税目的目的。

设置税目的目的，一是体现公平原则，根据不同项目的利润水平和国家经济政策，通过设置不同的税率进行税收调控；二是体现“简便”原则，对性质相同、利润水平相当且国家经济政策调控方向也相同的项目进行分类，以便按照项目类别设置税率。

第十条　销售服务、无形资产或者不动产，是指有偿提供服务、有偿转让无形资产或者不动产，但属于下列非经营活动的情形除外：

（一）行政单位收取的同时满足以下条件的政府性基金或者行政事业性收费。

1. 由国务院或者财政部批准设立的政府性基金，由国务院或者省级人民政府及其财政、价格主管部门批准设立的行政事业性收费；

2. 收取时开具省级以上（含省级）财政部门监（印）制的财政票据；

3. 所收款项全额上缴财政。

（二）单位或者个体工商户聘用的员工为本单位或者雇主提供取得工资的服务。

（三）单位或者个体工商户为聘用的员工提供服务。

（四）财政部和国家税务总局规定的其他情形。

【解读】

本条是关于增值税征税范围的规定。理解本条规定应从以下四个方面掌握：

一、纳税人只有发生有偿提供应税服务、有偿转让无形资产或者不动产的行为才能征收增值税。

二、非经营活动即使是有偿的，也不征收增值税。非经营活动包括：

（一）行政单位收取的同时满足规定条件的政府性基金或者行政事业性收费。

（二）单位或者个体工商户聘用的员工为本单位或者雇主提供取得工资的服务。

（三）单位或者个体工商户为聘用的员工提供服务。

（四）财政部和国家税务总局规定的其他情形。

三、如何理解“有偿”。

（一）有偿，是确立一项经济行为是否缴纳增值税的必要条件之一。

（二）有偿，包括取得货币、货物或者其他经济利益。

有偿的具体解读和案例参见第十一条的政策解读。

（三）例外情形。

按照《试点实施办法》第十四条的规定，单位或者个体工商户向其他单位或者个人无偿提供服务、无偿转让无形资产或者不动产，除用于公益事业或者以社会公众为对象的外，应视同销售服务、无形资产或者不动产，征收增值税。

四、如何理解单位或者个体工商户聘用的员工为本单位或者雇主提供取得工资的服务，虽然发生有偿行为但不属于增值税的征收范围。

在解读第一条时已述及，“应税服务必须是为他人提供的”是确立一项经济行为是否缴纳增值税的四个必备条件之一，也就是说服务的接受者是除自己以外的其他单位或者个人，即自我服务不征收增值税。员工为本单位或雇主提供服务就是属于自我服务的范畴。对于这条规定，可以从以下两方面来理解：

（一）只有单位或个体经营者聘用的员工为本单位或者雇主提供取得工资的服务

才属于非经营活动，不缴纳增值税，非本单位或个体经营者聘用的员工为本单位或者雇主提供的服务，属于应税行为，应照章缴纳增值税。

（二）员工为本单位或者雇主提供的服务不需要缴纳增值税，应限定为其提供的职务性服务，即取得工资范围内的服务。

前文介绍了员工应当具备哪些条件，但并不是说只要具备了员工的条件，对员工为本单位或者雇主提供的所有服务都不征税。例如，员工将自己的房屋出租给本单位使用收取房租、员工利用自己的交通工具为本单位运输货物收取运费、员工将自有资金贷给本单位使用收取利息等，如果不对这些情形征税，显然与增值税立法精神不符，也相对于其他单位和个人不公平，因此，员工为本单位或者雇主提供的非经营活动应仅限于员工为本单位或雇主提供的取得工资的职务性服务，员工向用人单位或雇主提供与工作（职务）无关的服务，凡属于《注释》范围的，仍应当征收增值税。

【政策主要变化点】

一、将“非经营活动”中“非企业性单位按照法律和行政法规的规定，为履行国家行政管理和公共服务职能收取政府性基金或者行政事业性收费的活动”改为“行政单位收取的同时满足以下条件的政府性基金或者行政事业性收费”。主要原因是：

（一）行政单位按照法律和行政法规的规定，收取政府性基金或者行政事业性收费的行为，本身就是在履行国家行政管理和公共服务职能，因此，无须赘述。

（二）政府性基金和行政事业性收费的收取主体包括国务院所属部门、地方政府及政府部门、事业单位和代行政府职能的社会团体，行政单位收取政府性基金和行政事业性收费的行为是政府行为，属于非经营活动，无须纳入增值税征税范围；而行政单位以外的单位收取政府性基金和行政事业性收费的行为，应纳入税收管理范围，但同时考虑到其收费行为是代行政府职能，因此应给予免税的政策，具体免税条款体现在《营业税改征增值税试点过渡政策的规定》（以下称《试点过渡政策的规定》）第一条第（十三）项“行政单位之外的其他单位收取的符合《试点实施办法》第十条规定条件的政府性基金和行政事业性收费”。

二、将“提供应税服务”修改为“提供取得工资的服务”，强调是员工提供的职务性服务，员工有偿提供非职务性服务属于应税行为。具体原因在政策解读中已经说明，不再赘述。

【相关知识】

一、政府性基金

《政府性基金管理暂行办法》规定：政府性基金，是指各级人民政府及其所属部门根据法律、行政法规和中共中央、国务院文件规定，为支持特定公共基础设施建设和公共事业发展，向公民、法人和其他组织无偿征收的具有专项用途的财政资金。

本条规定的属于非经营活动的政府性基金，必须是国务院或财政部批准设立的政府性基金。例如：铁路建设基金、民航发展基金、地方教育附加、文化事业建设费等。

二、行政事业性收费

《行政事业性收费标准管理暂行办法》规定：行政事业性收费，是指国家机关、事业单位、代行政府职能的社会团体及其他组织根据法律法规等有关规定，依照国务院规定程序批准，在实施社会公共管理，以及在向公民、法人提供特定公共服务过程中，向特定对象收取的费用。

本条规定的属于非经营活动的行政事业性收费，必须是由国务院或者省级人民政府及其财政、价格主管部门批准设立的行政事业性收费。例如：机动车号牌工本费、商标注册收费、银行业监管费、房屋所有权登记费等。

第十一条　有偿，是指取得货币、货物或者其他经济利益。

【解读】

本条是对有偿提供服务、有偿转让无形资产或者不动产中有偿的具体解释。

有偿，是指取得货币、货物或者其他经济利益。

何为“其他经济利益”？为便于理解，下面以案例形式介绍其他经济利益的范围。

案例 2.1-1：下列哪些行为属于增值税的征收范围？

A. A 公司将房屋与 B 公司土地交换。

B. C 银行将房屋出租给 D 饭店，而 D 饭店长期不付租金，后经双方协商，由银行在饭店就餐抵账。

C. E 房地产开发企业委托 F 建筑工程公司建造房屋，双方在结算价款时，房地产企业将若干套房屋给建筑公司冲抵工程款。

D. H 运输公司与 I 汽车修理公司商订，H 运输公司为 I 汽车修理公司免费提供运输服务，I 汽车修理公司为其免费提供汽车维修作为回报。

分析：

本案例 A 中，A 公司将不动产换取了 B 公司的土地使用权，此时虽没有取得货币，但相对于 A 公司而言，其取得了 B 公司的土地使用权；同样 B 公司也是以土地为代价换取了 A 公司房屋所有权，这里的土地使用权和房屋所有权就是其他经济利益。

本案例 B 中，C 银行将房屋出租给 D 饭店，而 D 饭店长期不付租金，后经双方协商，由银行在饭店就餐抵账，对C银行而言，出租房屋取得的是免费接受餐饮服务；对D饭店而言，提供餐饮服务取得的是免费使用房屋。这两者都涉及饮食服务和房屋出租等，也属其他经济利益，因此都应征收增值税。

本案例C中，看上去没有资金往来，但实际上E房地产开发企业取得的好处是接受了F建筑工程公司的建筑劳务，同样F建筑工程公司获得了房屋所有权，双方都取得了经济利益，因此也应当缴纳增值税。

本案例D中，H运输公司与I汽车修理公司商订，H运输公司为I汽车修理公司免费提供运输服务，I汽车修理公司为其免费提供汽车维修作为回报。这里运输服务和汽车维修都属于其他经济利益，因此对H公司提供的运输服务应征收增值税。

通过这个案例，可以对其他经济利益的概念有比较深入的理解，其他经济利益是指非货币、货物形式的收益，具体包括无形资产（包括特许权）、股权投资、不准备持有至到期的债券投资、服务以及有关权益等。

【政策主要变化点】

本条与《原试点实施办法》相比，无变化。

第十二条　在境内销售服务、无形资产或者不动产，是指：

（一）服务（租赁不动产除外）或者无形资产（自然资源使用权除外）的销售方或者购买方在境内；

（二）所销售或者租赁的不动产在境内；

（三）所销售自然资源使用权的自然资源在境内；

（四）财政部和国家税务总局规定的其他情形。

第十三条　下列情形不属于在境内销售服务或者无形资产：

（一）境外单位或者个人向境内单位或者个人销售完全在境外发生的服务。

（二）境外单位或者个人向境内单位或者个人销售完全在境外使用的无形资产。

（三）境外单位或者个人向境内单位或者个人出租完全在境外使用的有形动产。

（四）财政部和国家税务总局规定的其他情形。

【解读】

第十二条和第十三条是关于判定境内销售服务、无形资产或者不动产的原则的规定。

理解这两条可以从以下三个方面把握：

一、关于境内销售服务的判定原则

（一）境内的单位或者个人销售的服务（不含租赁不动产）属于在境内销售服务，即属人原则。

也就是说，境内的单位或者个人销售的服务（不含租赁不动产），无论服务购买方为境内单位或者个人还是境外单位或者个人，无论服务发生在境内还是境外，都属于在境内销售服务。

（二）境外单位或者个人向境内单位或者个人销售的未完全在境外发生的服务（不含租赁不动产），属于在境内销售服务。

对于境外单位或者个人来说，其销售的服务（不含租赁不动产）在以下两种情况下属于在境内销售服务，应照章缴纳增值税：

1. 境外单位或者个人向境内单位或者个人销售的完全在境内发生的服务，属于在境内销售服务。例如：境外某一工程公司到境内给境内某单位提供工程勘察勘探服务。

2. 境外单位或者个人向境内单位或者个人销售的未完全在境外发生的服务，属于在境内销售服务。例如：境外一咨询公司与境内某一公司签订咨询合同，就这家境内公司开拓境内、境外市场进行实地调研并提出合理化管理建议，境外咨询公司提供的咨询服务同时在境内和境外发生，属于在境内销售服务。

（三）境外单位或者个人销售的服务（不含租赁不动产），属于下列情形的，不属于在境内销售服务，不缴纳增值税：

1. 境外单位或者个人向境外单位或者个人销售服务。例如，美国一咨询公司为德国一公司提供咨询服务。

2. 境外单位或者个人向境内单位或者个人销售完全在境外发生的服务。例如，境内个人出境旅游时的餐饮、住宿服务。

3. 境外单位或者个人向境内单位或者个人出租完全在境外使用的有形动产。例如，境外汽车租赁公司向赴境外旅游的中国居民出租小汽车供其在境外自驾游。

（四）境内租赁不动产的判定原则。

只要所租赁的不动产在境内，无论出租方是否为境内单位或者个人，无论承租方是否为境内单位或者个人，均属于在境内租赁不动产。例如，英国一公司将其拥有的我国境内一处办公楼出租给韩国一公司。

二、关于境内销售无形资产的判定原则

（一）境内的单位或者个人销售的无形资产（不含自然资源使用权）属于在境内销售无形资产，即属人原则。

也就是说，境内的单位或者个人销售的无形资产（不含自然资源使用权），无论购买方为境内单位或者个人还是境外单位或者个人，无论无形资产是否在境内使用，都属于在境内销售无形资产。

（二）境外单位或者个人向境内单位或者个人销售的未完全在境外使用的无形资产（不含自然资源使用权），属于在境内销售无形资产。

对于境外单位或者个人来说，其销售的无形资产在以下两种情况下属于在境内销售无形资产，应照章缴纳增值税：

1. 境外单位或者个人向境内单位或者个人销售的完全在境内使用的无形资产，属于在境内销售无形资产。例如：境外 A 公司向境内 B 公司转让 A 公司在境内的连锁经营权。

2. 境外单位或者个人向境内单位或者个人销售的未完全在境外使用的无形资产，属于在境内销售无形资产。例如：境外 C 公司向境内 D 公司转让一项专利技术，该技术同时用于 D 公司在境内和境外的生产线。

（三）境外单位或者个人销售的无形资产（不含自然资源使用权），属于下列情形的，不属于在境内销售无形资产，不缴纳增值税：

1. 境外单位或者个人向境外单位或者个人销售无形资产（不含自然资源使用权）。例如，美国一公司向德国一公司转让一项非专利技术。

2. 境外单位或者个人向境内单位或者个人销售完全在境外使用的无形资产。例如，境外 E 公司向境内 F 公司转让一项专用于 F 公司所属印度子公司在印度生产线上的专利技术。

（四）境内销售自然资源使用权的判定原则。

只要所销售的自然资源使用权的自然资源在境内，无论销售方或购买方是否为境内单位或者个人，均属于在境内销售自然资源使用权。例如，法国一公司将其拥有的我国境内一处矿产的探矿权转让给一家境内公司。

三、关于境内销售不动产的判定原则

只要所销售的不动产在境内，无论销售方或购买方是否为境内单位或者个人，均属于在境内销售不动产。例如，意大利一公司将其在深圳拥有的一处办公楼销售给另一家意大利公司。

【政策主要变化点】

与《原试点实施办法》相比，增加了此次新纳入营改增试点范围的服务、无形资产和不动产境内外划分的判定原则。

第十四条　下列情形视同销售服务、无形资产或者不动产：

（一）单位或者个体工商户向其他单位或者个人无偿提供服务，但用于公益事业或者以社会公众为对象的除外。

（二）单位或者个人向其他单位或者个人无偿转让无形资产或者不动产，但用于公益事业或者以社会公众为对象的除外。

（三）财政部和国家税务总局规定的其他情形。

【解读】

本条是关于视同销售服务、无形资产或者不动产的具体规定。

解读第一条时曾述及，确定一项经济行为是否需要缴纳增值税，一般情况下要看是否同时具备四个条件，同时还有一些特例，本条就是对不同时满足四个征税条件但需要缴纳增值税的特例情况的规定，即：向他人无偿提供服务、转让无形资产或者不动产，应视同销售服务、无形资产或者不动产，照章缴纳增值税。理解本条应从以下四个方面把握：

一、从税制设计和加强征管的角度看，将无偿提供服务、转让无形资产或者不动产与有偿提供服务、转让无形资产或者不动产同等对待，均纳入征税范围，既可以体现税收的公平性，也可以堵塞税收漏洞，防止纳税人利用无偿行为不征税的规定逃避税收。

二、将以公益活动为目的或者以社会公众为对象的无偿提供服务、无偿转让无形资产或者不动产，排除在视同销售范围之外，主要是为了促进社会公益事业的发展。

三、要注意区别销售服务、无形资产或者不动产、视同销售服务、无形资产或者不动产以及非经营活动三者的不同，准确把握征税与不征税的处理原则。

四、根据国家指令无偿提供的航空运输服务、铁路运输服务，属于本条规定的以公益活动为目的的服务，不征收增值税。

【政策主要变化点】

与《原试点实施办法》相比，增加了此次新纳入营改增试点范围的服务、无形资产和不动产视同销售的内容。

【相关知识】

《增值税暂行条例实施细则》第四条规定：

单位或者个体工商户的下列行为，视同销售货物：

（一）将货物交付其他单位或者个人代销；

（二）销售代销货物；

（三）设有两个以上机构并实行统一核算的纳税人，将货物从一个机构移送其他机构用于销售，但相关机构设在同一县（市）的除外；

（四）将自产或者委托加工的货物用于非增值税应税项目；

（五）将自产、委托加工的货物用于集体福利或者个人消费；

（六）将自产、委托加工或者购进的货物作为投资，提供给其他单位或者个体工商户；

（七）将自产、委托加工或者购进的货物分配给股东或者投资者；

（八）将自产、委托加工或者购进的货物无偿赠送其他单位或者个人。

第三章 税率和征收率

第十五条 增值税税率：

（一）纳税人发生应税行为，除本条第（二）项、第（三）项、第（四）项规定外，税率为6%。

（二）提供交通运输、邮政、基础电信、建筑、不动产租赁服务，销售不动产，转让土地使用权，税率为11%。

（三）提供有形动产租赁服务，税率为17%。

（四）境内单位和个人发生的跨境应税行为，税率为零。具体范围由财政部和国家税务总局另行规定。

【解读】

本条是对销售应税服务、无形资产和不动产增值税税率的规定。

理解本条应从以下三个方面掌握：

一、增值税税率适用于一般纳税人按照一般计税方法计税的情况。即：一般纳税人销售服务、无形资产或者不动产，除按规定可以选择简易计税方法外，应按照一般计税方法和适用税率计算增值税销项税额。

二、销售服务、无形资产和不动产的增值税税率。

（一）销售服务的增值税税率：

1. 提供增值电信服务、金融服务、现代服务（租赁服务除外）、生活服务，税率为6%。

2. 提供交通运输服务、邮政服务、基础电信服务、建筑服务、不动产租赁服务，税率为11%。

3. 提供有形动产租赁服务，税率为17%。

4. 境内单位和个人跨境提供应税服务，符合规定条件的，税率为零。

（二）销售无形资产的增值税税率：

1. 转让土地使用权，税率为11%。

2. 转让土地使用权以外的其他无形资产，税率为6%。

3. 境内单位和个人跨境转让无形资产，符合规定条件的，税率为零。

（三）销售不动产的增值税税率为11%。

三、本条是增值税税率的基本规定，除此之外，还有一些特例情况。

（一）兼营。

试点纳税人销售货物、加工修理修配劳务、服务、无形资产或者不动产适用不同税率或者征收率的，应当分别核算适用不同税率或者征收率的销售额，未分别核算销售额的，按照以下方法适用税率或者征收率：

1. 兼有不同税率的销售货物、加工修理修配劳务、服务、无形资产或者不动产，从高适用税率。

2. 兼有不同征收率的销售货物、加工修理修配劳务、服务、无形资产或者不动产，从高适用征收率。

3. 兼有不同税率和征收率的销售货物、加工修理修配劳务、服务、无形资产或者不动产，从高适用税率。

具体规定参见《试点实施办法》第三十九条、《试点有关事项的规定》第一条第（一）项。

（二）混合销售。

一项销售行为如果既涉及服务又涉及货物，为混合销售。从事货物的生产、批发或者零售的单位和个体工商户的混合销售行为，按照销售货物缴纳增值税；其他单位和个体工商户的混合销售行为，按照销售服务缴纳增值税。

上述从事货物的生产、批发或者零售的单位和个体工商户，包括以从事货物的生产、批发或者零售为主，并兼营销售服务的单位和个体工商户在内。

有关具体规定参见《试点实施办法》第四十条。

【政策主要变化点】

与《原试点实施办法》相比，增加了此次新纳入营改增试点范围的服务、无形资产和不动产的增值税税率。

【相关知识】

一、税率的概念

税率，是税额与课税对象之间的数量关系或比例关系，是指课税的尺度。税率是税法的核心要素，是计算应纳税额的尺度，体现税收负担的深度，是税制建设的中心环节。在课税对象和税基既定的条件下，税率的高低直接关系到国家财政收入和纳税人的负担；关系到国家、集体、个人三者的经济利益。税率的高低和税率形式的运用，是国家经济政策和税收政策的体现，是发挥税收经济杠杆作用的关键。

二、税率的种类

税率的种类一般可分为比例税率、累进税率、定额税率三种基本形式。此外，还有一些在特定条件下使用的零税率、负税率、累退税率、差额税率等。

（一）比例税率

比例税率，是指对同一征税对象不论数额大小，都按同一比例征税。流转税一般都实行比例税率。

比例税率的优点表现在：同一课税对象的不同纳税人税收负担相同，有利于公平竞争；计算简便，有利于税收的征收管理。但是，比例税率不能体现能力大者多征、能力小者少征的原则。

比例税率在具体运用上可分为以下几种：

1. 行业比例税率：即按不同行业规定不同的税率，同一行业采用同一税率。

2. 产品比例税率：即对不同产品规定不同税率，同一产品采用同一税率。

3. 地区差别比例税率：即对不同地区实行不同税率。

4. 幅度比例税率：即只规定一个幅度税率，各地可在此幅度内，根据本地区实际情况，选择、确定一个比例作为本地适用税率。

（二）定额税率

定额税率是税率的一种特殊形式。它不是按照课税对象规定征收比例，而是按照征税对象的计量单位规定固定税额，所以又称为固定税额，一般适用于从量计征的税种。如车船税、城镇土地使用税等。

定额税率的优点是：从量计征，而非从价计征，有利于鼓励纳税人提高产品质量，计算简便；但是，由于税额的规定同价格的变化情况脱离，在价格提高时，不能使国家财政收入随国民收入的增长而同步增长，在价格下降时，则会限制纳税人的生产经营积极性。在具体运用上又分为以下几种：

1. 地区差别税额：即为了照顾不同地区的自然资源、生产水平和盈利水平的差别，根据各地区经济发展的不同情况分别制定的不同税额。

2. 幅度税额：即只规定一个税额幅度，由各地根据本地区实际情况，在规定的幅度内，确定一个执行数额。

3. 分类分级税额：把课税对象划分为若干个类别和等级，对各类各级由低到高规定相应的税额，等级高的税额高，等级低的税额低，具有累进税的性质。

（三）累进税率

累进税率指按征税对象数额的大小划分若干等级，每个等级由低到高规定相应的税率，征税对象数额越大税率越高，数额越小税率越低。

累进税率因计算方法和依据的不同，又分以下几种：

1. 全额累进税率：即对征税对象的金额按照与之相适应等级的税率计算税额。在征税对象提高到一个级距时，对征税对象金额都按高一级的税率征税。

2. 全率累进税率：与全额累进税率的原理相同，只是税率累进的依据不同。全额累进税率的依据是征税对象的数额，而全率累进税率的依据是征税对象的某种比率，如销售利润率、资金利润率等。

3. 超额累进税率：即把征税对象按数额大小划分为若干等级，每个等级由低到高规定相应的税率，每个等级分别按该级的税率计税。

4. 超率累进税率：与超额累进税率的原理相同，只是税率累进的依据不是征税对象的数额而是征税对象的某种比率。

在以上几种不同形式的税率中，全额累进税率和全率累进税率的优点是计算简便，但在两个级距的临界点税负不合理。超额累进税率和超率累进税率的计算比较复杂，但累进程度缓和，税收负担较为合理。

第十六条 增值税征收率为3%，财政部和国家税务总局另有规定的除外。

【解读】

本条是对增值税征收率的规定。理解本条应从以下三个方面掌握：

一、征收率适用于两种情况：

（一）小规模纳税人。

（二）一般纳税人销售服务、无形资产或者不动产，按规定可以选择简易计税方法计税的。

二、销售服务、无形资产和不动产的征收率：

（一）按照简易计税方法计税的销售不动产、不动产经营租赁服务（除试点前开工的高速公路的车辆通行费），征收率为5%。

（二）其他情况，征收率为3%。

三、关于一般纳税人销售服务、无形资产或者不动产，可以选择简易计税方法计税的情形，按照《试点有关事项的规定》，主要包括以下几个方面：

（一）公共交通运输服务。

（二）经认定的动漫企业为开发动漫产品提供的动漫脚本编撰、形象设计、背景设计、动画设计、分镜、动画制作、摄制、描线、上色、画面合成、配音、配乐、音效合成、剪辑、字幕制作、压缩转码（面向网络动漫、手机动漫格式适配）服务，以及在境内转让动漫版权（包括动漫品牌、形象或者内容的授权及再授权）。

（三）电影放映服务、仓储服务、装卸搬运服务、收派服务和文化体育服务。

（四）以纳入营改增试点之日前取得的有形动产为标的物提供的经营租赁服务。

（五）在纳入营改增试点之日前签订的尚未执行完毕的有形动产租赁合同。

（六）以清包工方式提供的建筑服务。

（七）为甲供工程提供的建筑服务。

（八）销售2016年4月30日前取得的不动产。

（九）房地产开发企业销售自行开发的房地产老项目。

（十）出租2016年4月30日前取得的不动产。

（十一）其他情形。

【政策主要变化点】

与《原试点实施办法》相比，增加了“财政部和国家税务总局另有规定的除外”的表述。主要体现在《试点有关事项的规定》中按照简易计税方法计税的销售不动产、不动产经营性租赁服务适用5%征收率的情况。

第四章 应纳税额的计算

第一节 一般性规定

第十七条 增值税的计税方法，包括一般计税方法和简易计税方法。

【解读】

本条是关于增值税的计税方法的规定。理解本条规定应从以下两个方面掌握：

一、增值税有两种计税方法，分别是一般计税方法和简易计税方法。

二、这两种计税方法是如何计算应纳税额的，如何适用？

（一）一般计税方法是按照销项税额减去进项税额的差额计算应纳税额，适用于增值税一般纳税人。

（二）简易计税方法是按照销售额与征收率的乘积计算应纳税额，一般适用于小规模纳税人，一般纳税人销售服务、无形资产或者不动产，符合规定的，也可以适用简易计税方法。

【政策主要变化点】

与《原试点实施办法》相比，本条无变化。

第十八条 一般纳税人发生应税行为适用一般计税方法计税。

一般纳税人发生财政部和国家税务总局规定的特定应税行为，可以选择适用简易计税方法计税，但一经选择，36个月内不得变更。

【解读】

本条是关于一般纳税人计税方法的规定。

一般纳税人缴纳增值税，在适用计税方法时有以下两种情况：

一、财政部和国家税务总局规定的特定应税行为，可以选择适用简易计税方法计税，也可以选择适用一般计税方法计税。

以上所称特定应税行为，第十六条的政策解读中已经进行了介绍，不再赘述。

二、除财政部和国家税务总局规定的特定应税行为外，一般纳税人应按照一般计税方法计税。

【政策主要变化点】

与《原试点实施办法》相比，本条无变化。

第十九条 小规模纳税人发生应税行为适用简易计税方法计税。

【解读】

本条是关于小规模纳税人计税方法的规定。

小规模纳税人销售服务、无形资产或者不动产，一律按照简易计税方法计税。

【政策主要变化点】

与《原试点实施办法》相比，本条无变化。

第二十条 境外单位或者个人在境内发生应税行为，在境内未设有经营机构的，扣缴义务人按照下列公式计算应扣缴税额：

应扣缴税额=购买方支付的价款÷(1+税率)×税率

【解读】

本条是关于境外单位和个人在境内发生应税行为时如何计算应扣缴税额的规定。理解本条规定应从以下三个方面掌握：

一、本条适用于境外单位或者个人在境内销售服务、无形资产或者不动产，且没有在境内设立经营机构的情况。

二、本条仅适用于销售服务、无形资产或者不动产，即《注释》规定范围内的应税行为。

三、在计算应扣缴税额时，应将应税行为购买方支付的含税价款，换算为不含税价款，再乘以应税行为的增值税适用税率，计算出应扣缴的增值税税额。

这里需要注意的是，按照上述公式计算应扣缴税额时，无论购买方支付的价款是否超过500万元的一般纳税人标准，也无论扣缴义务人是一般纳税人或者小规模纳税人，一律按照境外单位或者个人发生应税行为的适用税率予以计算。

案例2.1-2：某境外公司为我国境内某纳税人提供咨询服务，合同价款106万元，且该境外公司没有在境内设立经营机构，应以服务购买方为增值税扣缴义务人，购买方应扣缴增值税计算如下：

应扣缴增值税额=106÷(1+6%)×6%=6（万元）

【政策主要变化点】

与《原试点实施办法》相比，本条仅有文字性修改，无实质性变化。

第二节 一般计税方法

第二十一条 一般计税方法的应纳税额，是指当期销项税额抵扣当期进项税额后的余额。应纳税额计算公式：

应纳税额=当期销项税额-当期进项税额

当期销项税额小于当期进项税额不足抵扣时，其不足部分可以结转下期继续抵扣。

【解读】

本条是关于增值税应纳税额计算方法的规定。理解本条规定应掌握：

目前我国增值税实行购进扣税法，也就是纳税人发生应税行为时按照销售额计算销项税额，购进货物、劳务、服务、无形资产或不动产时，以支付或负担的税款为进项税额，同时允许从销项税额中抵扣进项税额。这样，就相当于仅对发生应税行为的增值部分征税。当销项税额小于进项税额时，不足抵扣的部分可以结转下期继续抵扣。

案例 2.1-3：某增值税一般纳税人 2016 年 10 月取得货物运输收入 111 万元（含税），当月外购汽油 10 万元（不含税金额，取得增值税专用发票上注明的增值税额为 1.7 万元），购入运输车辆 20 万元（不含税金额，取得机动车销售统一发票上注明的增值税额为 3.4 万元），发生的联运支出 50 万元（不含税金额，取得增值税专用发票上注明的增值税额为 5.5 万元）。

该纳税人 2016 年 10 月的应纳税额 $=111\div(1+11\%)\times11\%-1.7-3.4-5.5$
$=0.4$（万元）

【政策主要变化点】

与《原试点实施办法》相比，本条无变化。

第二十二条　销项税额，是指纳税人发生应税行为按照销售额和增值税税率计算并收取的增值税额。销项税额计算公式：

销项税额 = 销售额×税率

【解读】

本条是关于销项税额的概念及其计算方法的规定。理解本条规定应从以下两个方面掌握：

一、从上述销项税额的计算公式中可以看出，销项税额是应税行为的销售额和增值税税率的乘积，在抵扣当期进项税额之后，形成当期的增值税应纳税额。

二、一般纳税人应在“应交税费”科目下设置“应交增值税”明细科目。在“应交增值税”明细账中，应设置“销项税额”专栏。

“销项税额”专栏，记录一般纳税人销售服务、无形资产或者不动产应收取的增值税额。一般纳税人销售服务、无形资产或者不动产应收取的销项税额，用蓝字登记；退回、中止或者折让应冲销销项税额，用红字登记。

【政策主要变化点】

与《原试点实施办法》相比，本条将“提供应税服务”改为“发生应税行为”，无主要变化。

第二十三条　一般计税方法的销售额不包括销项税额，纳税人采用销售额和销项税额合并定价方法的，按照下列公式计算销售额：

销售额＝含税销售额÷(1+税率)

【解读】

本条是关于含税销售额如何换算成不含税销售额的规定。理解本条规定应从以下两个方面掌握：

一、确定一般纳税人销售服务、无形资产或者不动产的销售额时，可能会遇到一般纳税人由于销售对象的不同、开具发票种类的不同而将销售额和销项税额合并定价的情况。对于这种情况，本条规定，一般纳税人采用销售额和销项税额合并定价方法的，按照销售额＝含税销售额÷(1+税率）这一公式计算不含税销售额。

二、在营业税改征增值税之前，由于营业税属于价内税，纳税人根据实际取得的价款确认营业额，按照营业额和营业税税率的乘积确认应缴营业税。在营业税改征增值税之后，由于增值税属于价外税，一般纳税人取得的含税销售额，需要先进行价税分离，将其换算成不含税销售额，再按照不含税销售额与增值税税率之间的乘积确认销项税额。

【政策主要变化点】

与《原试点实施办法》相比，本条无变化。

【相关知识】

一、价内税

（一）什么是价内税。

价内税就是税金包含在价格之中，作为价格的组成部分的税种。如营业税、消费税等。

在以产品销售收入额作为计税依据从价定率征收的情况下，价内税的计税依据是含税价格，它等于成本+利润+税金。

（二）价内税的优缺点。

价内税的优点：税金包含在价格之内，由于价格已定，国家可以通过调整价格内税收的比例来调控经济。

价内税的缺点：在实行自由价格的条件下，由于价格比较灵活，而税收则在一定时期内应保持稳定，把相对固定的流转税含在价格内，会使价格和税收产生相互牵制的作用，双方难以灵活调节。

（三）价内税的计算。

税款＝含税价格×税率

（四）实行价内税的税种，包括消费税、营业税等。

二、价外税

（一）什么是价外税。

价外税为价内税的对称。是指税款不包含在商品价格内，价税分列的税种。

一般说来，价外税是商品经济的产物。在市场经济条件下，生产经营者制定价格以生产价格为基础，生产价格由生产成本加平均利润两部分构成，这样国家以流通中商品为对象所征的税款，只能作为价格附加，成为价外税。

在我国，由于增值税实行价外税，而交叉征收的消费税又是作为增值税的税基，消费税实行价内税。

（二）价外税的优点。

价外税的优点：价税分开，透明度高，有利于发挥价格和税收各自的独特作用，便于消费者对价格和税收进行监督，同时也便于企业根据市场情况确定价格。

（三）价外税的计算。

价外税是由购买方承担税款，销售方取得的货款包括销售款和税款两部分。由于税款等于销售款乘以税率，而这里的销售款等于货款（即含税价格）减去税款，即不含税价格。

（四）价外税的计算公式。

$$税款=[含税价格÷(1+税率)]×税率=不含税价格×税率$$

（五）实行价外税的税种，包括增值税。

第二十四条　进项税额，是指纳税人购进货物、加工修理修配劳务、服务、无形资产或者不动产，支付或者负担的增值税额。

【解读】

本条是关于进项税额概念的规定。理解本条规定应从以下三个方面掌握：

一、进项税额的概念

（一）只有增值税一般纳税人，才涉及进项税额的抵扣问题，增值税小规模纳税人不涉及进项税额问题。

（二）产生进项税额的行为是纳税人购进货物、服务、无形资产、不动产或者接受加工修理修配劳务。

（三）进项税额是购买方支付或者负担的增值税额。

二、进项税额的会计核算

一般纳税人应在“应交税费”科目下设置“应交增值税”明细科目。在“应交增值税”明细账中，应设置“进项税额”专栏。

“进项税额”专栏，记录一般纳税人购进货物、服务、无形资产、不动产或者接受加工修理修配劳务而支付的、准予从销项税额中抵扣的增值税额。一般纳税人购进货物、服务、无形资产、不动产或者接受加工修理修配劳务支付的进项税额，用蓝字登记；退回中止或者折让应冲销的进项税额，用红字登记。

【政策主要变化点】

与《原试点实施办法》相比，本条增加了无形资产、不动产进项税额的表述。

第二十五条 下列进项税额准予从销项税额中抵扣：

（一）从销售方取得的增值税专用发票（含税控机动车销售统一发票，下同）上注明的增值税额。

（二）从海关取得的海关进口增值税专用缴款书上注明的增值税额。

（三）购进农产品，除取得增值税专用发票或者海关进口增值税专用缴款书外，按照农产品收购发票或者销售发票上注明的农产品买价和13%的扣除率计算的进项税额。计算公式为：

进项税额＝买价×扣除率

买价，是指纳税人购进农产品在农产品收购发票或者销售发票上注明的价款和按照规定缴纳的烟叶税。

购进农产品，按照《农产品增值税进项税额核定扣除试点实施办法》抵扣进项税额的除外。

（四）从境外单位或者个人购进服务、无形资产或者不动产，自税务机关或者扣缴义务人取得的解缴税款的完税凭证上注明的增值税额。

【解读】

本条是关于纳税人可抵扣增值税进项税额的规定。理解本条规定应从以下五个方面掌握：

一、准予从销项税额中抵扣的进项税额，应至少同时具备以下条件：

（一）发生允许从销项税额中抵扣进项税额的购进行为。

1. 允许从销项税额中抵扣进项税额的购进行为，包括购进货物、加工修理修配劳务、服务、无形资产或者不动产。

2. 下列项目的进项税额不得从销项税额中抵扣：

（1）用于简易计税方法计税项目、免征增值税项目、集体福利或者个人消费的购进货物、加工修理修配劳务、服务、无形资产和不动产。其中涉及的固定资产、无形资产、不动产，仅指专用于上述项目的固定资产、无形资产（不包括其他权益性无形资产）、不动产。

（2）非正常损失的购进货物，以及相关的加工修理修配劳务和交通运输服务。

（3）非正常损失的在产品、产成品所耗用的购进货物（不包括固定资产）、加工修理修配劳务和交通运输服务。

（4）非正常损失的不动产，以及该不动产所耗用的购进货物、设计服务和建筑服务。

（5）非正常损失的不动产在建工程所耗用的购进货物、设计服务和建筑服务。

纳税人新建、改建、扩建、修缮、装饰不动产，均属于不动产在建工程。

（6）购进的旅客运输服务、贷款服务、餐饮服务、居民日常服务和娱乐服务。

（7）财政部和国家税务总局规定的其他情形。

（二）取得合法有效的增值税扣税凭证。

具体要求见第二十六条。

（三）只有应税行为的代扣代缴税款可以凭完税凭证抵扣，且需要具备书面合同、付款证明和境外单位的对账单或者发票。否则，进项税额不得从销项税额中抵扣。

二、海关进口增值税专用缴款书上注明的增值税额可以抵扣的原因。

从海关取得的海关进口增值税专用缴款书上注明的增值税额准予抵扣。与增值税专用发票一样，海关进口增值税专用缴款书也是凭票抵扣制度的重要依据。海关征收进口环节增值税时，需要填发海关进口增值税专用缴款书，上面注明纳税人所缴纳的增值税额。相对于专用发票而言，进口环节增值税是纳税人向海关实实在在缴纳的税款，拿到海关进口增值税专用缴款书就意味着纳税人缴纳了增值税，根据增值税“征多少、扣多少”的机制原理，进口环节增值税理应作为进项税额抵扣。

三、农产品进项税额抵扣特殊规定的成因。

购进农产品，除取得增值税专用发票或者海关进口增值税专用缴款书外，可以适用按照农产品收购发票或者销售发票上注明的农产品买价和13%的扣除率计算进项税额的特殊规定。我国农业基础薄弱，农业生产者数量众多，分布较为分散，经营规模较小。而增值税实行凭票抵扣，一般要求有健全的会计核算制度，但农民做到这一点是很困难的。因此，为了保证增值税的有效运行，免除农民的纳税申报义务，简化税收征管，我国在农业生产环节实行免征增值税政策。按道理，纳税人购进免税农产品，因为农民没有缴纳增值税，因而购买方未“支付”进项税额，也就无税款可供抵扣。但是农民生产农产品所购买的燃料、农机具等生产资料是支付了增值税的，农产品价格中也就包含了一部分增值税，也就是说购进免税农产品的纳税人在一定程度上是“负担”了增值税的。此时，如果不允许购买免税农产品的纳税人计算进项税额扣除，那么将造成一定程度的重复征税，也可能导致农产品收购单位借此压低农产品价格从而减少农民收入，损害农民利益。为此，我国增值税制专门对纳税人购进免税农产品规定了一项特殊政策，即允许这部分免税农产品虚拟出一定的进项税额并计算抵扣。

四、适用一般计税方法的试点纳税人，2016 年 5 月 1 日后取得并在会计制度上按固定资产核算的不动产或者 2016 年 5 月 1 日后取得的不动产在建工程，其进项税额应自取得之日起分 2 年从销项税额中抵扣，第一年抵扣比例为 60%，第二年抵扣比例为 40%。

不动产分期抵扣的具体规定，参见《国家税务总局关于发布〈不动产进项税额分期抵扣暂行办法〉的公告》（国家税务总局公告2016年第15号）。

五、关于增值税扣税凭证。

（一）增值税专用发票。

从销售方取得的增值税专用发票上注明的增值税额准予抵扣。增值税专用发票具体包括以下两种：

1. 增值税专用发票。增值税专用发票是增值税一般纳税人销售货物、劳务、服务、无形资产或不动产开具的发票。

2. 税控机动车销售统一发票。税控机动车销售统一发票是增值税一般纳税人从事机动车零售业务开具的发票。

（二）海关进口增值税专用缴款书。

从海关取得的海关进口增值税专用缴款书上注明的增值税额准予抵扣。目前货物进口环节的增值税是由海关负责代征的，试点纳税人在进口货物办理报关进口手续时，需向海关申报缴纳进口增值税并从海关取得完税证明，其取得的海关进口增值税专用缴款书上注明的增值税额准予抵扣。试点纳税人取得海关进口增值税专用缴款书，按照《国家税务总局 海关总署关于实行海关进口增值税专用缴款书“先比对后抵扣”管理办法有关问题的公告》（国家税务总局 海关总署公告2013年第31号）执行“先比对，后抵扣”政策。

（三）农产品进项税额抵扣。

一般纳税人购进农产品抵扣进项税额存在以下五种情况：

1. 从一般纳税人购进农产品，按照取得的增值税专用发票上注明的增值税额，从销项税额中抵扣。

2. 进口农产品，按照取得的海关进口增值税专用缴款书上注明的增值税额，从销项税额中抵扣。

3. 购进农产品，按照取得的农产品收购发票或者销售发票上注明的农产品买价和13%的扣除率计算的进项税额，从销项税额中抵扣。

4. 从农户收购农产品，按照收购单位自行开具农产品收购发票上注明的农产品买价和13%的扣除率计算的进项税额，从销项税额中抵扣。

5.《财政部 国家税务总局关于在部分行业试行农产品增值税进项税额核定扣除办法的通知》（财税〔2012〕38号）规定，生产销售液体乳及乳制品、酒及酒精、植物油实行核定扣除。《国家税务总局关于在部分行业试行农产品增值税进项税额核定扣除办法有关问题的公告》（国家税务总局公告2012年第35号）明确了具体核定方法。

《财政部 国家税务总局关于扩大农产品增值税进项税额核定扣除试点行业范围的通知》（财税〔2013〕57号）规定，各地可根据实际情况自行扩大核定扣除范围。

（四）中华人民共和国税收完税凭证。

纳税人购买境外单位或者个人提供的服务、转让的无形资产或者不动产，从税务机关或者扣缴义务人取得的解缴税款的完税凭证上注明的增值税额准予抵扣。

“完税凭证”至少包括《税收缴款书》和《税收完税证明》两种票证。

【政策主要变化点】

与《原试点实施办法》相比，本条有以下变化：

一、删除了“货物运输业增值税专用发票”，主要原因是全面推行增值税发票新系统后，货物运输业增值税专用发票已统一为增值税专用发票。

二、将“接受的应税服务”改为“购进服务、无形资产或者不动产”。主要是此次销售无形资产和销售不动产纳入营改增试点范围。

三、将“税收缴款凭证”改为“完税凭证”。

【相关知识】

一、什么是增值税专用发票

增值税专用发票是为加强增值税的征收管理，根据增值税的特点而设计的，专供一般纳税人使用的一种特殊发票。专用发票与普通发票无论在作用还是使用范围等方面，都存在较大的差异，突出表现在两种发票的作用有根本的区别。专用发票既是纳税人经营活动的商事凭证，又是一般纳税人从销项税额中抵扣进项税额的扣税凭证。

从销售方取得的增值税专用发票上注明的增值税额准予抵扣。这是最为常见的增值税抵扣情形，表明我国的增值税实行凭发票注明税款抵扣的链条机制。

二、增值税专用发票的类别

增值税专用发票具体包括以下两种：

1. 增值税专用发票。增值税纳税人销售货物、劳务或者发生应税行为，可以开具增值税专用发票。

2. 税控机动车销售统一发票。增值税纳税人从事机动车零售业务，可以开具机动车销售统一发票。

第二十六条　纳税人取得的增值税扣税凭证不符合法律、行政法规或者国家税务总局有关规定的，其进项税额不得从销项税额中抵扣。

增值税扣税凭证，是指增值税专用发票、海关进口增值税专用缴款书、农产品收购发票、农产品销售发票和完税凭证。

纳税人凭完税凭证抵扣进项税额的，应当具备书面合同、付款证明和境外单位的对账单或者发票。资料不全的，其进项税额不得从销项税额中抵扣。

【解读】

本条是关于纳税人取得的增值税扣税凭证有关要求的规定。

自1994年实行增值税改革以来，为加强增值税管理（包括对增值税专用发票以及其他增值税扣税凭证的抵扣管理）国家税务总局陆续出台了若干税收规定，其中的一些税收规定目前仍然有效。这次营业税改征增值税试点纳税人发生的增值税涉税问题，除了应按照36号文件执行外，也应当执行上述原有增值税政策规定。因此，试点纳税人需注意这一原则，其中在增值税进项税额抵扣方面，应重点关注以下规定：

一、关于《增值税专用发票使用规定》

《增值税专用发票使用规定》是增值税一般纳税人如何领购、开具、缴销、报税、认证、抵扣增值税专用发票等有关问题的具体规定。

2015年4月1日起，全国范围内开始分步全面推行增值税发票升级版，纳税人将通过升级版开具发票。

2015年12月1日，为进一步适应经济社会发展和税收现代化建设需要，在新系统基础上，在全国范围推行增值税电子发票，重点在电商、电信、快递、公用事业等行业。

2016年1月1日起，货物运输业增值税专用发票停止使用。为避免浪费，方便纳税人发票使用衔接，货物运输业增值税专用发票最迟可以使用至2016年6月30日，7月1日起停止使用。

纳税人可以参考的主要文件包括：

（一）《国家税务总局关于修订〈增值税专用发票使用规定〉的通知》（国税发〔2006〕156号）。

（二）《国家税务总局关于在全国开展营业税改征增值税试点有关征收管理问题的公告》（国家税务总局公告2013年第39号）。

（三）《国家税务总局关于简化增值税发票领用和使用程序有关问题的公告》（国家税务总局公告2014年第19号）。

（四）《国家税务总局关于全面推行增值税发票系统升级版有关问题的公告》（国家税务总局公告2015年第19号）。

（五）《国家税务总局关于推行通过增值税电子发票系统开具的增值税电子普通发票有关问题的公告》（国家税务总局公告2015年第84号）。

（六）《国家税务总局关于停止使用货物运输业增值税专用发票有关问题的公告》（国家税务总局公告2015年第99号）。

二、关于增值税扣税凭证抵扣期限的规定

（一）关于增值税专用发票。

增值税一般纳税人取得的增值税专用发票（包括：增值税专用发票、税控机动车销售统一发票），应在开具之日起 180 日内到税务机关办理认证，并在认证通过的次月申报期内，向主管税务机关申报抵扣进项税额。

需要注意的是，为贯彻落实《深化国税、地税征管体制改革方案》精神，进一步优化纳税服务，方便纳税人办税，自 2016 年 3 月 1 日起，对纳税信用 A 级增值税一般纳税人取消增值税发票认证。

纳税人可以参考的主要文件包括：

1.《国家税务总局关于调整增值税扣税凭证抵扣期限有关问题的通知》（国税函〔2009〕617 号）。

2.《国家税务总局关于纳税信用 A 级纳税人取消增值税发票认证有关问题的公告》（国家税务总局公告 2016 年第 7 号）。

（二）关于海关进口增值税专用缴款书。

自 2013 年 7 月 1 日起，增值税一般纳税人（以下称纳税人）进口货物取得的属于增值税扣税范围的海关缴款书，需经税务机关稽核比对相符后，其增值税额方能作为进项税额在销项税额中抵扣。增纳税人进口货物取得的属于增值税扣税范围的海关缴款书，应按照《国家税务总局关于调整增值税扣税凭证抵扣期限有关问题的通知》（国税函〔2009〕617 号）规定，自开具之日起 180 天内向主管税务机关报送《海关完税凭证抵扣清单》（电子数据），申请稽核比对，逾期未申请的其进项税额不予抵扣。

纳税人可以参考的主要文件包括：

1.《国家税务总局关于调整增值税扣税凭证抵扣期限有关问题的通知》（国税函〔2009〕617 号）。

2.《财政部　国家税务总局关于铁路运输和邮政业营业税改征增值税试点有关政策的补充通知》（财税〔2013〕121 号）。

3.《国家税务总局　海关总署关于实行海关进口增值税专用缴款书“先比对后抵扣”管理办法有关问题的公告》（国家税务总局　海关总署公告 2013 年第 31 号）。

（三）未在规定期限内认证或者申报抵扣的情况。

增值税一般纳税人取得的增值税专用发票（包括：增值税专用发票、税控机动车销售统一发票）以及海关缴款书，未在规定期限内到税务机关办理认证或者申报抵扣的，不得作为合法的增值税扣税凭证，不得计算进项税额抵扣。

【政策主要变化点】

与《原试点实施办法》相比，本条将“税收缴款凭证”改为“完税凭证”。

第二十七条　下列项目的进项税额不得从销项税额中抵扣：

（一）用于简易计税方法计税项目、免征增值税项目、集体福利或者个人消费的购进货物、加工修理修配劳务、服务、无形资产和不动产。其中涉及的固定资产、无形资产、不动产，仅指专用于上述项目的固定资产、无形资产（不包括其他权益性无形资产）、不动产。

纳税人的交际应酬消费属于个人消费。

（二）非正常损失的购进货物，以及相关的加工修理修配劳务和交通运输服务。

（三）非正常损失的在产品、产成品所耗用的购进货物（不包括固定资产）、加工修理修配劳务和交通运输服务。

（四）非正常损失的不动产，以及该不动产所耗用的购进货物、设计服务和建筑服务。

（五）非正常损失的不动产在建工程所耗用的购进货物、设计服务和建筑服务。

纳税人新建、改建、扩建、修缮、装饰不动产，均属于不动产在建工程。

（六）购进的旅客运输服务、贷款服务、餐饮服务、居民日常服务和娱乐服务。

（七）财政部和国家税务总局规定的其他情形。

本条第（四）项、第（五）项所称货物，是指构成不动产实体的材料和设备，包括建筑装饰材料和给排水、采暖、卫生、通风、照明、通讯、煤气、消防、中央空调、电梯、电气、智能化楼宇设备及配套设施。

【解读】

本条是关于不得抵扣的进项税额的规定。理解本条规定应从以下四个方面把握：

一、用于简易计税方法计税项目、免征增值税项目、集体福利或者个人消费的购进货物、加工修理修配劳务、服务、无形资产和不动产，不得抵扣。

（一）不能抵扣的原因。

1. 增值税遵循征扣税一致的原则，征多少扣多少，未征税或免税则不扣税。

2. 购进的用于集体福利或个人消费的货物及其他应税行为，并非用于企业生产经营，也就无权要求抵扣税款，而应负担相应的税金。

（二）交际应酬消费。

个人消费包括纳税人的交际应酬消费。

交际应酬消费不属于生产经营中的生产投入和支出，是一种生活性消费活动，而增值税是对消费行为征税的，消费者即是负税者。因此，交际应酬消费需要负担对应的进项税额。同时，交际应酬消费和个人消费难以准确划分，征管中不宜掌握界限，如果对交际应酬消费和个人消费分别适用不同的税收政策，容易诱发偷避税行为。因此，为了简化操作，公平税负，对交际应酬消费所用的货物、加工修理修配劳务、服务、无形资产和不动产不得抵扣进项税额。

（三）固定资产、无形资产、不动产进项税额的处理原则。

固定资产、无形资产、不动产的进项税额抵扣原则与其他允许抵扣的项目相比有一定的特殊性。一般情况下，对纳税人用于适用简易计税方法计税项目、免征增值税项目、集体福利或者个人消费的购进货物、加工修理修配劳务、服务、无形资产和不动产的进项税额不得从销项税额中抵扣。但是，涉及的固定资产、无形资产、不动产，仅指专用于简易计税方法计税项目、免征增值税项目、集体福利或者个人消费的情况，对属于兼用于允许抵扣项目和上述不允许抵扣项目情况的，其进项税额准予全部抵扣。之所以如此规定，主要是因为固定资产、无形资产、不动产项目发生上述兼用情况的较多，且比例难以准确区分。以固定资产进项税额抵扣为例：纳税人购进一台发电设备，既可以用于增值税应税项目，也可以用于增值税免税项目，二者共用，且比例并不固定，难以准确区分。如果按照对其他项目进项税额的一般处理原则办理，不具备可操作性。因此，采取了有利于纳税人的如下特殊处理原则：

对纳税人涉及的固定资产、无形资产、不动产项目的进项税额，凡发生专用于简易计税方法计税项目、免征增值税项目、集体福利或者个人消费项目的，该进项税额不得予以抵扣；发生兼用于上述不允许抵扣项目情况的，该进项税额准予全部抵扣。

另外，由于其他权益性无形资产涵盖面非常广，往往涉及纳税人生产经营的各个方面，没有具体使用对象，因此，将其从不专用于简易计税方法计税项目、免征增值税项目、集体福利或者个人消费的购进的无形资产允许全部抵扣进项税额范围中剔除，即纳税人购进其他权益性无形资产用于简易计税方法计税项目、免征增值税项目、集体福利或者个人消费，其进项税额不得从销项税额中抵扣。

二、虽然取得合法的扣税凭证，但非正常损失的购进货物，以及相关的加工修理修配劳务和交通运输服务；非正常损失的在产品、产成品所耗用的购进货物（不包括固定资产）、加工修理修配劳务和交通运输服务；非正常损失的不动产，以及该不动产所耗用的购进货物、设计服务和建筑服务，上述所涉及的进项税额是不能抵扣的。

非正常损失，是指因管理不善造成货物被盗、丢失、霉烂变质，以及因违反法律法规造成货物或者不动产被依法没收、销毁、拆除的情形。这些非正常损失是由纳税人自身原因导致征税对象实体的灭失，为保证税负公平，其损失不应由国家承担，因而纳税人无权要求抵扣进项税额。这里所指的在产品，是指仍处于生产过程中的产品，与产成品对应，包括正在各个生产工序加工的产品和已加工完毕但尚未检验或已检验但尚未办理入库手续的产品。产成品，是指已经完成全部生产过程并验收入库，可以按照合同规定的条件送交订货单位，或者可以作为商品对外销售的产品。

三、一般纳税人购进的旅客运输服务、贷款服务、餐饮服务、居民日常服务和娱乐服务的进项税额。一般意义上，旅客运输服务、餐饮服务、居民日常服务和娱乐服务主要接受对象是个人。对于一般纳税人购买的旅客运输服务、餐饮服务、居民日常服务和娱乐服务，难以准确地界定接受劳务的对象是企业还是个人，因此，一般纳税人购进的旅客运输服务、餐饮服务、居民日常服务和娱乐服务的进项税额不得从销项税额中抵扣。

四、自2013年8月1日起，纳税人购进的应征消费税的摩托车、汽车、游艇视同购进固定资产允许抵扣进项税额。

【政策主要变化点】

与《原试点实施办法》相比，本条的主要变化点如下：

一、删除了“非增值税应税项目”。

主要原因：非增值税应税项目就是指纳税人发生的不征增值税但须缴纳营业税的应税行为，营业税全部改征增值税后，原来的“非增值税应税项目”不复存在。

二、将“专利技术、非专利技术、商誉、商标、著作权”统一归类到“无形资产”中。

主要原因：营改增全面试点后，《注释》中的无形资产已经包括了上述项目。

三、不动产纳入抵扣范围，新增“非正常损失的不动产，以及该不动产所耗用的购进货物、设计服务和建筑服务”条款。

主要原因：此次营改增将不动产纳入增值税征税范围。结合非正常损失的定义，可以推导出，并非所有发生毁损的不动产均不得进项抵扣，只有违反法律法规造成不动产被依法没收、销毁、拆除情形的，才需要对不动产的进项税额作进项转出的处理。

四、增加了“贷款服务、餐饮服务、居民日常服务、娱乐服务”。

主要原因：（一）贷款服务进项税额不得抵扣，也就是利息支出进项税额不得抵扣的规定，主要是考虑如果允许抵扣借款利息，从根本上打通融资行为的增值税抵扣链条，按照增值税“道道征道道扣”的原则，首先就应当对存款利息征税。但在现有条件下，难度很大，一方面涉及对居民存款征税，无法解决专用发票的开具问题；另一方面，也与当下实际存款利率为负的现状不符。

（二）餐饮服务、居民日常服务、娱乐服务，主要是用于个人消费，因此其进项税额不能从销项税额中抵扣。

五、住宿服务和旅游服务未列入不得抵扣项目，主要考虑是这两个行业属于公私消费参半的行业，因而用集体福利或个人消费来进行规范。

六、新增“财政部和国家税务总局规定的其他情形”。

七、增加第（四）项、第（五）项所称货物的解释。

第二十八条　不动产、无形资产的具体范围，按照本办法所附的《销售服务、无形资产或者不动产注释》执行。

固定资产，是指使用期限超过12个月的机器、机械、运输工具以及其他与生产经营有关的设备、工具、器具等有形动产。

非正常损失，是指因管理不善造成货物被盗、丢失、霉烂变质，以及因违反法律法规造成货物或者不动产被依法没收、销毁、拆除的情形。

【解读】

本条是关于固定资产、非正常损失的解释。

与原政策规定相比，《试点实施办法》删除了非增值税应税项目的表述。非增值税应税项目是相对于增值税应税项目的一个概念。在原《增值税暂行条例》的规定中，非增值税应税服务项目是指属于应征收营业税的项目。随着此次营业税改征增值税后，改征范围实现全覆盖，已经不存在非增值税应税项目。

固定资产是从会计核算角度对某一类货物的概括性称呼，其本质仍然是货物，在固定资产划分上，税法与会计的标准并不完全一致。目前税法对固定资产的规定为，使用期限超过12个月的机器、机械、运输工具以及其他与生产经营有关的设备、工具、器具等。和会计准则相比，不包括不动产及不动产在建工程（《企业会计准则》中所指“固定资产”，是指为生产商品、提供劳务、出租或经营管理而持有，并且使用寿命超过一个会计年度）。

【政策主要变化点】

与《原试点实施办法》相比，本条的主要变化点是：

一、营业税全部改征增值税后，不存在“非增值税应税项目”，本条予以删除。

二、将不动产的概念移至《注释》中。

三、将不动产在建工程移至第二十七条第五款后。

四、将“包括”改为“属于”。

五、新增明确不动产、无形资产的范围按照《注释》执行。

六、新增“不动产被没收、拆除”条款。

【相关知识】

一、《企业会计准则》中的“固定资产”的定义。

固定资产，是指同时具有下列特征的有形资产：

（一）为生产商品、提供劳务、出租或经营管理而持有的；

（二）使用寿命超过一个会计年度。

使用寿命，是指企业使用固定资产的预计期间，或者该固定资产所能生产产品或提供劳务的数量。

二、《企业会计准则》中的“固定资产”的确认条件。

固定资产同时满足下列条件的，才能予以确认：

（一）与该固定资产有关的经济利益很可能流入企业；

（二）该固定资产的成本能够可靠地计量。

第二十九条　适用一般计税方法的纳税人，兼营简易计税方法计税项目、免征增值税项目而无法划分不得抵扣的进项税额，按照下列公式计算不得抵扣的进项税额：

$$\frac{\text{不得抵扣的}}{\text{进项税额}}=\frac{\text{当期无法划分的}}{\text{全部进项税额}}\times\left(\frac{\text{当期简易计税方法}}{\text{计税项目销售额}}+\frac{\text{免征增值税}}{\text{项目销售额}}\right)\div\frac{\text{当期全部}}{\text{销售额}}$$

主管税务机关可以按照上述公式依据年度数据对不得抵扣的进项税额进行清算。

【解读】

本条是关于兼营简易计税方法计税项目、免税项目而无法划分的进项税额如何进行划分的规定。理解本条规定应主要从以下两方面掌握：

一、在纳税人现实生产经营活动中，兼营行为是很常见的，经常出现进项税额不能准确划分的情形。比较典型的就是耗用的水和电力。但同时也有很多进项税额是可以划分清楚用途的，例如：纳税人购进的一些原材料，用途是确定的，所对应的进项税额也就可以准确划分。因此，本条的公式只是对不能准确划分的进项税额进行划分计算的方法，对于能够准确划分的进项税额，直接按照归属进行区分。因此，纳税人全部不得抵扣的进项税额应按照下列公式计算：

$$\begin{matrix}\text{纳税人全部}\\\text{不得抵扣的}\\\text{进项税额}\end{matrix}=\begin{matrix}\text{当期可以直接}\\\text{划分的不得抵扣}\\\text{的进项税额}\end{matrix}+\begin{matrix}\text{当期无法}\\\text{划分的全部}\\\text{进项税额}\end{matrix}\times\left(\begin{matrix}\text{当期简易计}\\\text{税方法计税}\\\text{项目销售额}\end{matrix}+\begin{matrix}\text{免征增值}\\\text{税项目}\\\text{销售额}\end{matrix}\right)\div\begin{matrix}\text{当期}\\\text{全部}\\\text{销售额}\end{matrix}$$

二、按照销售额比例法进行换算是税收管理中常用的方法，与此同时还存在其他的划分方法。一般情况下，按照销售额的比例划分是较为简单的方法，可操作性比较强，便于纳税人和税务机关操作。

三、引入年度清算的概念。对于纳税人而言，进项税额转出是按月进行的，但由于年度内取得进项税额的不均衡性，有可能会造成按月计算的进项转出与按年度计算的进项转出产生差异，主管税务机关可在年度终了对纳税人进项转出计算公式进行清算，可对相关差异进行调整。

【政策主要变化点】

与《原试点实施办法》相比，本条的主要变化点是：

一、营业税全部改征增值税后，没有“非增值税应税劳务”，删除相关条款。

二、删除“非增值税应税劳务营业额”“当期全部营业额”。

第三十条 已抵扣进项税额的购进货物（不含固定资产）、劳务、服务，发生本办法第二十七条规定情形（简易计税方法计税项目、免征增值税项目除外）的，应当将该进项税额从当期进项税额中扣减；无法确定该进项税额的，按照当期实际成本计算应扣减的进项税额。

【解读】

本条是关于纳税人已抵扣进项税额发生用途改变而需要扣减的规定。理解本条规定应从以下两个方面掌握：

一、本条规定针对的是已经抵扣进项税额的情况。

二、由于经营情况复杂，纳税人有时会先抵扣进项税额，然后发生不得抵扣进项税额的情形，例如将购进货物申报抵扣后，又将其分配给本单位员工作为福利。为了保持征、扣税一致，规定了相应的进项税额应当从已申报的进项税额中予以扣减。方法为：

（一）对于能够确定需转出的进项税额，直接将该进项税额从当期进项税额中扣减；

（二）对于无法确定需转出的进项税额，则统一按照当期实际成本来计算应扣减进项税额。

【政策主要变化点】

与《原试点实施办法》相比，删除了“非增值税应税劳务”，主要原因是营业税全部改征增值税后，已没有非增值税应税劳务。

第三十一条 已抵扣进项税额的固定资产、无形资产或者不动产，发生本办法第二十七条规定情形的，按照下列公式计算不得抵扣的进项税额：

不得抵扣的进项税额=固定资产、无形资产或者不动产净值×适用税率

固定资产、无形资产或者不动产净值，是指纳税人根据财务会计制度计提折旧或摊销后的余额。

【解读】

本条是关于已抵扣进项税额的固定资产、无形资产或者不动产，发生用途改变后如何计算不得抵扣进项税额的规定。

在2009年全国实施增值税转型改革时，对原增值税纳税人已抵扣进项税额的固定资产发生《增值税暂行条例》第十条（一）至（三）项所列情形的，规定了不得抵扣进项税额的具体方法。自2012年以来，历次发布的营改增政策文件，均未对改

征增值税的纳税人已抵扣进项税额的固定资产发生上述情形如何处理进行明确，此次借全面实施营改增之际，将该规定补充进《试点实施办法》，并增加了无形资产和不动产，使税务机关和纳税人有据可依。

具体如何计算不得抵扣进项税额，参见《国家税务总局关于发布〈不动产进项税额分期抵扣暂行办法〉的公告》（国家税务总局公告2016年第15号）。

【政策主要变化点】

与《原试点实施办法》相比，本条属于新增条款。

【相关知识】

一、固定资产（不动产）折旧及相关概念

企业应当对所有固定资产计提折旧。

折旧，是指在固定资产使用寿命内，按照确定的方法对应计折旧额进行系统分摊。

应计折旧额，是指应当计提折旧的固定资产的原价扣除其预计净残值后的金额。已计提减值准备的固定资产，还应当扣除已计提的固定资产减值准备累计金额。

预计净残值，是指假定固定资产预计使用寿命已满并处于使用寿命终了时的预期状态，企业目前从该项资产处置中获得的扣除预计处置费用后的金额。

二、无形资产摊销及相关概念

使用寿命有限的无形资产，其应摊销金额应当在使用寿命内系统合理摊销。使用寿命不确定的无形资产不应摊销。

企业摊销无形资产，应当自无形资产可供使用时起，至不再作为无形资产确认时止。

无形资产的应摊销金额为其成本扣除预计残值后的金额。已计提减值准备的无形资产，还应扣除已计提的无形资产减值准备累计金额。

第三十二条　纳税人适用一般计税方法计税的，因销售折让、中止或者退回而退还给购买方的增值税额，应当从当期的销项税额中扣减；因销售折让、中止或者退回而收回的增值税额，应当从当期的进项税额中扣减。

【解读】

本条是关于纳税人扣减销项税额和进项税额的规定。理解本条规定应从以下方面掌握：

一、销售折让的定义。

《企业会计准则第14号——收入》第八条规定："销售折让，是指企业因售出商品的质量不合格等原因而在售价上给予的减让。"对增值税而言，销售折让其实是指纳税人提供应税行为后因为劳务成果（包括无形资产或者不动产）质量不合格等原因在售价上给予的减让。

二、一般纳税人开具增值税专用发票，发生销售退回、开票有误、应税行为中止以及发票抵扣联、发票联均无法认证等情形但不符合作废条件，或者因销货部分退回及发生销售折让，需要开具红字专用发票的，暂按以下方法处理：

专用发票已交付购买方，购买方可在增值税专用发票新系统中填开并上传《开具红字增值税专用发票信息表》(以下称《信息表》)。《信息表》所对应的蓝字专用发票应经税务机关认证（所购货物或服务等不属于增值税扣税项目范围的除外)。经认证结果为“认证相符”并且已经抵扣增值税进项税额的，购买方在填开《信息表》时不填写相对应的蓝字专用发票信息，应暂依《信息表》所列增值税税额从当期进项税额中转出，未抵扣增值税进项税额的可列入当期进项税额，待取得销售方开具的红字专用发票后，与《信息表》一并作为记账凭证；经认证结果“无法认证”“纳税人识别号认证不符”“专用发票代码、号码认证不符”，以及所购货物或服务不属于增值税扣税项目范围的，购买方不列入进项税额，不作进项税额转出，填开《信息表》时应填写相对应的蓝字专用发票信息。

专用发票尚未交付购买方或者购买方拒收的，销售方应于专用发票认证期限内在增值税发票新系统中填开并上传《信息表》。

主管税务机关通过网络接收纳税人上传的《信息表》，系统自动校验通过后，生成带有“红字发票信息表编号”的《信息表》，并将信息同步至纳税人端系统中。

销售方凭税务机关校验通过的《信息表》开具红字专用发票，在增值税发票系统升级版中以销项负数开具。红字专用发票应与《信息表》一一对应。

纳税人也可凭《信息表》电子信息或纸质资料到税务机关对《信息表》内容进行系统校验。

纳税人需要开具红字增值税普通发票的，可以在所对应的蓝字发票金额范围内开具多份红字发票。红字机动车销售统一发票需与原蓝字机动车销售统一发票一一对应。

三、纳税人可以参考的主要文件包括：

（一）《国家税务总局关于修订〈增值税专用发票使用规定〉的通知》(国税发〔2006〕156号)。

（二）《国家税务总局关于在全国开展营业税改征增值税试点有关征收管理问题的公告》(国家税务总局公告2013年第39号)。

（三）《国家税务总局关于简化增值税发票领用和使用程序有关问题的公告》(国家税务总局公告2014年第19号)。

（四）《国家税务总局关于全面推行增值税发票系统升级版有关问题的公告》(国家税务总局公告2015年第19号)。

【政策主要变化】

与《原试点实施办法》相比，本条的主要变化点是：将“发生服务中止、购进货物退出、折让而收回的增值税额”修改为“因销售折让、中止或者退回而收回的增值税额”，主要原因是，无形资产、不动产将纳入此次营改增试点范围。

【相关知识】

一、销售折让的账务处理

在通常情况下，销售行为在先，购货方希望售价减让在后，也就是说销售折让发生在销售收入已经确认之后，因此，销售折让发生时的账务处理，《企业会计准则第14号——收入》第八条规定：“企业已经确认销售商品收入的售出商品发生销售折让的，应当在发生时冲减当期销售商品收入。销售折让属于资产负债表日后事项的，适用《企业会计准则第29号——资产负债表日后事项》。”

二、增值税发票认证

增值税发票认证是指通过增值税发票税控系统对增值税发票所包含的数据进行识别、确认。纳税人通过增值税发票税控系统开具发票时，系统会自动将发票上的开票日期、发票号码、发票代码、购买方纳税人识别号、销售方纳税人识别号、金额、税额等要素，经过加密形成防伪电子密文打印在发票上。认证时，税务机关利用扫描仪采集发票上的密文和明文图像，或由纳税人自行采集发票电子信息传送至税务机关，通过认证系统对密文解密还原，再与发票明文进行比对，比对一致则通过认证。

发票认证是税务机关进行纳税申报管理、出口退税审核、发票稽核比对、异常发票核查以及税务稽查的重要依据，在推行“以票控税”、加强税收征管中发挥着重要作用。

三、取消增值税发票认证

2016年2月，国家税务总局印发《关于纳税信用A级纳税人取消增值税发票认证有关问题的公告》（国家税务总局公告2016年第7号），对纳税信用A级纳税人取消增值税发票认证。

第三十三条　有下列情形之一者，应当按照销售额和增值税税率计算应纳税额，不得抵扣进项税额，也不得使用增值税专用发票：

（一）一般纳税人会计核算不健全，或者不能够提供准确税务资料的。

（二）应当办理一般纳税人资格登记而未办理的。

【解读】

为了加强对符合一般纳税人条件的纳税人的管理，防止利用一般纳税人和小规模纳税人的两种不同的征税办法少缴税款，《试点实施办法》制定了一项特殊的规定：对一般纳税人会计核算不健全，或者不能够提供准确税务资料的，以及应当登记一般纳税人资格而未登记的（例如：年销售额超过小规模纳税人标准但未登记一般纳税人资格的），要按销售额依照增值税税率计算应纳税额，不得抵扣进项税额，也不得使用增值税专用发票。

【政策主要变化点】

与《原试点实施办法》相比，本条无变化。

第三节 简易计税方法

第三十四条 简易计税方法的应纳税额，是指按照销售额和增值税征收率计算的增值税额，不得抵扣进项税额。应纳税额计算公式：

应纳税额=销售额×征收率

【解读】

本条是关于简易计税方法应纳税额的规定。

采取简易计税方法计算应纳税额时，不得抵扣进项税额。销售额为不含税销售额，征收率为3%。

小规模纳税人一律采用简易计税方法计税，一般纳税人提供的特定应税服务可以选择适用简易计税方法。

例如：1. 试点纳税人中的一般纳税人提供的公共交通运输服务，可以选择按照简易计税方法计算缴纳增值税。公共交通运输服务，包括轮客渡、公交客运、地铁、城市轻轨、出租车、长途客运、班车。其中，班车，是指按固定路线、固定时间运营并在固定站点停靠的运送旅客的陆路运输服务。

2. 试点纳税人中的一般纳税人，以清包工方式提供的建筑服务，试点期间也可以选择适用简易计税方法计算缴纳增值税。

【政策主要变化点】

与《原试点实施办法》相比，本条无变化。

第三十五条 简易计税方法的销售额不包括其应纳税额，纳税人采用销售额和应纳税额合并定价方法的，按照下列公式计算销售额：

销售额=含税销售额÷(1+征收率)

【解读】

本条是关于简易计税方法下如何将含税销售额换算为不含税销售额的规定。

与一般计税方法相同，简易计税方法中的销售额也是不含税销售额。

案例2.1-4：某小规模纳税人提供餐饮服务含税销售额为103元，在计算时应先扣除税额，即：不含税销售额=103÷(1+3%)=100（元），则增值税应纳税额=100×3%=3（元）。

和原营业税计税方法的区别：原营业税应纳税额 = 103×5% = 5.15（元）。

【政策主要变化点】

与《原试点实施办法》相比，本条无变化。

第三十六条　纳税人适用简易计税方法计税的，因销售折让、中止或者退回而退还给购买方的销售额，应当从当期销售额中扣减。扣减当期销售额后仍有余额造成多缴的税款，可以从以后的应纳税额中扣减。

【解读】

本条是关于纳税人适用简易计税方法计税的发生销售折让等情况扣减销售额的规定。理解本条规定应从以下两个方面掌握：

一、适用对象

（一）小规模纳税人销售服务、无形资产或者不动产。

（二）一般纳税人销售服务、无形资产或者不动产可选择简易计税方法计税的应税行为。

二、开具增值税专用发票情况

一般纳税人销售服务、无形资产或者不动产并收取价款后，发生服务中止、折让或者退回而退还销售额给购买方，依照本条规定将所退的款项扣减当期销售额的，如果一般纳税人已就该项业务开具了增值税专用发票的，应按规定开具红字专用发票。

小规模纳税人销售服务、无形资产或者不动产并收取价款后，发生服务中止、折让或者退回而退还销售额给购买方，依照本条规定将所退的款项扣减当期销售额的，如果小规模纳税人已就该项业务委托税务机关为其代开了增值税专用发票的，应按规定申请开具红字专用发票。

案例 2.1-5：某小规模纳税人仅经营某项应税服务，2016 年 5 月发生一笔销售额为 1000 元的业务并就此缴纳税额，6 月该业务由于合理原因发生退款。（销售额皆为不含税销售额）

第一种情况：假设 6 月该应税服务销售额为 5000 元：

在 6 月的销售额中扣除退款的 1000 元，6 月最终的计税销售额为 5000 - 1000 = 4000（元），6 月缴纳的增值税为 4000×3% = 120（元）。

第二种情况：假设 6 月该应税服务销售额为 600 元，7 月该应税服务销售额为 5000 元：

6 月的销售额中扣除退款中的 600 元，6 月最终的计税销售额为 600 - 600 = 0，6 月应纳增值税额为 0×3% = 0；6 月销售额不足扣减而多缴的税款为 400×3% = 12（元），可以从以后纳税期扣减应纳税额。7 月企业实际缴纳的税额为 5000×3% - 12 = 138（元）。

纳税人可以参考的主要文件包括：《国家税务总局关于全面推行增值税发票系统升级版有关问题的公告》（国家税务总局公告 2015 年第 19 号）。

【政策主要变化点】

与《原试点实施办法》相比，本条的主要变化点是：

一、将“纳税人提供的适用简易计税方法计税的应税服务”修改为“纳税人适用简易计税方法计税的”。

二、将“因服务中止或者折让”修改为“因销售折让、中止或者退回”。

主要原因是此次将销售无形资产和不动产纳入营改增试点范围。

第四节　销售额的确定

第三十七条　销售额，是指纳税人发生应税行为取得的全部价款和价外费用，财政部和国家税务总局另有规定的除外。

价外费用，是指价外收取的各种性质的收费，但不包括以下项目：

（一）代为收取并符合本办法第十条规定的政府性基金或者行政事业性收费。

（二）以委托方名义开具发票代委托方收取的款项。

【解读】

本条是关于应税行为销售额的基本规定。理解本条规定应从以下三方面掌握：

一、一般销售方式下的销售额

（一）计算销售额的前提是发生应税行为，未发生应税行为取得的收入不作为销售额，无须缴纳增值税。

（二）销售额是不含税销售额，销售额中不含增值税额本身。不含税销售额按照以下公式换算：

销售额=含税销售额÷(1+税率或者征收率)

（三）销售额包括收取的全部价款和价外费用。

关于价外费用的具体范围，在《增值税暂行条例实施细则》中作了较详尽的列举，但是由于纳税人实际业务的复杂性，仍然会存在列举不尽的情况。因此，本条规定只对价外费用进行了概括性描述，没有进行逐一列举。同时，本条明确了对代收的符合条件的政府性基金和行政事业性收费，以及以委托方名义开具发票代委托方收取的款项不属于价外费用范畴。

例如：航空运输企业的应征增值税销售额不包括代收的机场建设费和代售其他航空运输企业客票而代收转付的价款。

（四）外币销售额的折算：发生的当天或者当月 1 日的人民币汇率中间价。

二、销售额的特殊规定

（一）折扣销售。

纳税人采取折扣方式销售服务、无形资产或不动产的，如果将价款和折扣额在同一张发票注明的，可按折扣后金额作为销售额，与货物的销售折扣规定一致；未在“金额”栏注明折扣额的，应该按折扣前金额作为销售额。

（二）发生销售折让、中止或者退回。

纳税人发生应税行为因销售折让、中止或者退回的，应扣减当期的销项税额（一般计税方法）或销售额（简易计税方法）。

（三）视同发生应税行为。

纳税人发生视同销售情形的，主管税务机关有权按照下列顺序确定销售额：

1. 按照纳税人最近时期销售同类应税行为的平均价格确定。

2. 按照其他纳税人最近时期行为同类应税行为的平均价格确定。

3. 按照组成计税价格确定。组成计税价格的公式为：

$$组成计税价格=成本\times(1+成本利润率)$$

成本利润率由国家税务总局确定。目前暂定为10%。

（四）差额确定销售额。

虽然全行业纳入了增值税的征收范围，但是目前仍然有无法通过抵扣机制避免重复征税的情况存在，因此引入了差额征税的办法，解决纳税人税收负担增加问题。属于差额确定销售额的项目如下：

1. 金融商品转让，按照卖出价扣除买入价后的余额为销售额。

2. 经纪代理服务，以取得的全部价款和价外费用，扣除向委托方收取并代为支付的政府性基金或者行政事业性收费后的余额为销售额。

3. 融资租赁和融资性售后回租业务。

（1）经人民银行、银监会或者商务部批准从事融资租赁业务的试点纳税人，提供融资租赁服务，以取得的全部价款和价外费用，扣除支付的借款利息（包括外汇借款和人民币借款利息）、发行债券利息和车辆购置税后的余额为销售额。

（2）经人民银行、银监会或者商务部批准从事融资租赁业务的试点纳税人，提供融资性售后回租服务，以取得的全部价款和价外费用（不含本金），扣除对外支付的借款利息（包括外汇借款和人民币借款利息）、发行债券利息后的余额作为销售额。

（3）试点纳税人根据2016年4月30日前签订的有形动产融资性售后回租合同，在合同到期前提供的有形动产融资性售后回租服务，可继续按照有形动产融资租赁服务缴纳增值税。

继续按照有形动产融资租赁服务缴纳增值税的试点纳税人，经人民银行、银监会或者商务部批准从事融资租赁业务的，根据2016年4月30日前签订的有形动产融资性售后回租合同，在合同到期前提供的有形动产融资性售后回租服务，可以选择以下方法之一计算销售额：

①以向承租方收取的全部价款和价外费用，扣除向承租方收取的价款本金，以及对外支付的借款利息（包括外汇借款和人民币借款利息）、发行债券利息后的余额为销售额。

②以向承租方收取的全部价款和价外费用，扣除支付的借款利息（包括外汇借款和人民币借款利息）、发行债券利息后的余额为销售额。

4. 航空运输企业的销售额，不包括代收的机场建设费和代售其他航空运输企业客票而代收转付的价款。

5. 试点纳税人中的一般纳税人（以下称一般纳税人）提供客运场站服务，以其取得的全部价款和价外费用，扣除支付给承运方运费后的余额为销售额。

6. 试点纳税人提供旅游服务，可以选择以取得的全部价款和价外费用，扣除向旅游服务购买方收取并支付给其他单位或者个人的住宿费、餐饮费、交通费、签证费、门票费和支付给其他接团旅游企业的旅游费用后的余额为销售额。

7. 试点纳税人提供建筑服务适用简易计税方法的，以取得的全部价款和价外费用扣除支付的分包款后的余额为销售额。

8. 房地产开发企业中的一般纳税人销售其开发的房地产项目（选择简易计税方法的房地产老项目除外），以取得的全部价款和价外费用，扣除受让土地时向政府部门支付的土地价款后的余额为销售额。

9. 一般纳税人销售其 2016 年 4 月 30 日前取得（不含自建）的不动产，可以选择适用简易计税方法，以取得的全部价款和价外费用减去该项不动产购置原价或者取得不动产时的作价后的余额为销售额。

10. 小规模纳税人销售其取得（不含自建）的不动产（不含个体工商户销售购买的住房和其他个人销售不动产），应以取得的全部价款和价外费用减去该项不动产购置原价或者取得不动产时的作价后的余额为销售额。

【政策主要变化点】

与《原试点实施办法》相比，本条的主要变化点是：

一、增加“财政部和国家税务总局另有规定的除外”。

二、删除“符合下列条件代为收取的政府性基金或者行政事业性收费”，主要原因是相关内容已放在第十条。

三、新增“以委托方名义开具发票代委托方收取的款项”不属于价外费用的规定。

第三十八条　销售额以人民币计算。

纳税人按照人民币以外的货币结算销售额的，应当折合成人民币计算，折合率可以选择销售额发生的当天或者当月 1 日的人民币汇率中间价。纳税人应当在事先确定采用何种折合率，确定后 12 个月内不得变更。

【解读】

本条是关于销售额应当以人民币计算的规定。

有关销售额应以人民币计算的要求包括：

一、销售额应当以人民币计算。纳税人以外币结算销售额的，应当折合成人民币计算。

二、纳税人可以选择以销售额发生的当天或者当月 1 日的人民币汇率中间价作为折合率，但应当在事先确定采用何种折合率，且确定后 12 个月内不得变更。

【政策主要变化点】

与《原试点实施办法》相比，本条无变化。

【相关知识】

人民币汇率中间价，是指中国外汇交易中心根据中国人民银行授权，每日计算和发布的人民币对美元等主要外汇币种汇率中间价。中间价是即期银行间外汇交易市场和银行挂牌汇价的最重要参考指标。

其中人民币对美元汇率中间价的形成方式为：交易中心于每日银行间外汇市场开盘前向外汇市场做市商询价，并将全部做市商报价作为人民币对美元汇率中间价的计算样本，去掉最高和最低报价后，将剩余做市商报价加权平均，得到当日人民币对美元汇率中间价，权重由交易中心根据报价方在银行间外汇市场的交易量及报价情况等指标综合确定。

第三十九条　纳税人兼营销售货物、劳务、服务、无形资产或者不动产，适用不同税率或者征收率的，应当分别核算适用不同税率或者征收率的销售额；未分别核算的，从高适用税率。

【解读】

本条是关于纳税人兼营时如何划分销售额的规定。

试点纳税人销售货物、加工修理修配劳务、服务、无形资产或者不动产适用不同税率或者征收率的，应当分别核算适用不同税率或者征收率的销售额，未分别核算销售额的，按照以下方法适用税率或者征收率：

一、兼有不同税率的销售货物、加工修理修配劳务、服务、无形资产或者不动产，从高适用税率。

二、兼有不同征收率的销售货物、加工修理修配劳务、服务、无形资产或者不动产，从高适用征收率。

三、兼有不同税率和征收率的销售货物、加工修理修配劳务、服务、无形资产或者不动产，从高适用税率。

案例 2.1-6：某试点一般纳税人既销售不动产，又提供经纪代理服务，均适用一般计税方法，如果该纳税人能够分别核算上述两项应税行为的销售额，则销售不动产适用 11%的增值税税率，提供经纪代理服务适用 6%的增值税税率；如果该纳税人没有分别核算上述两项应税行为的销售额，则销售不动产和提供经纪代理服务均从高适用 11%的增值税税率。

【政策主要变化点】

与《原试点实施办法》相比，本条增加了“纳税人兼营销售货物、劳务、服务、无形资产或者不动产”的表述。

第四十条　一项销售行为如果既涉及服务又涉及货物，为混合销售。从事货物的生产、批发或者零售的单位和个体工商户的混合销售行为，按照销售货物缴纳增值税；其他单位和个体工商户的混合销售行为，按照销售服务缴纳增值税。

本条所称从事货物的生产、批发或者零售的单位和个体工商户，包括以从事货物的生产、批发或者零售为主，并兼营销售服务的单位和个体工商户在内。

【解读】

本条是关于混合销售行为的规定。理解本条规定应从以下方面掌握：

一、为什么有混合销售的规定

原《增值税暂行条例》和《营业税暂行条例》及实施细则中有关混合销售的概念是一致的，即一项销售行为如果既涉及增值税应税货物又涉及营业税应税劳务，为混合销售行为。此次营改增后，营业税全部改征增值税，已不存在既涉及增值税应税货物又涉及营业税应税劳务的概念。但如果销售一个茶杯都要划分货物与设计，分别按 17%和 6%征税的话，又改变了税制改革的初衷，也使本来简单的问题复杂化。因此，《试点实施办法》增加了混合销售的表述，明确了处理原则，即一项销售行为如果既涉及服务又涉及货物，为混合销售。从事货物的生产、批发或者零售的单位和个体工商户的混合销售行为，按照销售货物缴纳增值税；其他单位和个体工商户的混合销售行为，按照销售服务缴纳增值税。

二、如何确定混合销售行为

从混合销售行为的定义可知，鉴别混合销售行为成立的标准是以一项销售行为是否既涉及服务又涉及货物为尺度的，那么，在实际情况中，应该如何来确定什么行为是混合销售行为呢?

混合销售行为成立的行为标准有两点，一是其销售行为必须是一项行为；二是该项行为必须既涉及服务又涉及货物，其“货物”是指《增值税暂行条例》中规定的有形动产，包括电力、热力和气体等；“服务”是指属于改征增值税范围的交通运输服务、建筑服务、金融服务、邮政服务、电信服务、现代服务、生活服务等。

在确定混合销售是否成立时，其行为标准中的上述两点必须是同时存在，如果一项销售行为只涉及销售服务，不涉及货物，这种行为就不是混合销售行为；如果涉及销售服务和涉及货物的行为，不是存在于一项销售行为之中，这种行为也不是混合销售行为。

【政策主要变化点】

与《原试点实施办法》相比，本条为新增条款。

第四十一条 纳税人兼营免税、减税项目的，应当分别核算免税、减税项目的销售额；未分别核算的，不得免税、减税。

【解读】

本条是关于兼营减免税项目时分别核算销售额的规定。

这一规定是为了使纳税人能够准确核算和反映免税、减税项目的销售额，将分别核算作为纳税人减免税的前置条件。未分别核算销售额的，按照《试点实施办法》的规定，不得享受免税、减税优惠。

【政策主要变化点】

与《原试点实施办法》相比，本条无变化。

第四十二条 纳税人发生应税行为，开具增值税专用发票后，发生开票有误或者销售折让、中止、退回等情形的，应当按照国家税务总局的规定开具红字增值税专用发票；未按照规定开具红字增值税专用发票的，不得按照本办法第三十二条和第三十六条的规定扣减销项税额或者销售额。

【解读】

本条是关于纳税人开具红字增值税专用发票的规定。理解本条规定应从以下两个方面掌握：

一、这一条款体现了权利与义务对等的原则，从销售方的角度看，发生退款时，计算缴纳增值税的销售额减少，因此可以扣减自己的销项税额，减少纳税义务；而从购买方的角度看，发生退款时对方应纳增值税减少，相应要扣减自己的进项税额。这样做，可以保证销售方按照扣减后的销售额计税，购买方同样按照扣减后的进项税额申报抵扣，避免发生销售方减少了销项税额但购买方不减少进项税额的情况，保证国家税款能够足额征收。

二、本条所述纳税人销售服务、无形资产或者不动产开具增值税专用发票情况，既包括一般纳税人自行开具增值税专用发票，也包括小规模纳税人委托税务机关代开增值税专用发票。

【政策主要变化点】

与《原试点实施办法》相比，本条无变化。

第四十三条 纳税人发生应税行为，将价款和折扣额在同一张发票上分别注明的，以折扣后的价款为销售额；未在同一张发票上分别注明的，以价款为销售额，不得扣减折扣额。

【解读】

本条是关于纳税人采取折扣方式提供应税服务如何征税的规定。理解本条规定应从以下两个方面掌握：

一、纳税人采取折扣方式销售服务、无形资产或者不动产的，如果将价款和折扣额在同一张发票上分别注明的，纳税人可以按价款减除折扣额后的金额作为销售额计算缴纳增值税；如果没有在同一张发票上分别注明的，纳税人不得按价款减除折扣额后的金额作为销售额，应按价款作为销售额计算缴纳增值税。

案例 2.1-7：纳税人提供应税服务的价款为 100 元、折扣额为 10 元，如果将价款和折扣额在同一张发票上分别注明的，以 90 元为销售额；如果未在同一张发票上分别注明的，以 100 元为销售额。

二、纳税人采取折扣方式销售服务、无形资产或者不动产，“价款和折扣额在同一张发票上分别注明”是指价款和折扣额在同一张发票上的“金额”栏分别注明的，以折扣后的价款为销售额征收增值税。未在同一张发票“金额”栏注明折扣额，而仅在发票的“备注”栏注明折扣额的，折扣额不得从价款中减除。

纳税人可以参考的主要文件包括：《国家税务总局关于折扣额抵减增值税应税销售额问题通知》(国税函〔2010〕56 号)。

【政策主要变化点】

与《原试点实施办法》相比，本条无变化。

第四十四条 纳税人发生应税行为价格明显偏低或者偏高且不具有合理商业目的的，或者发生本办法第十四条所列行为而无销售额的，主管税务机关有权按照下列顺序确定销售额：

（一）按照纳税人最近时期销售同类服务、无形资产或者不动产的平均价格确定。

（二）按照其他纳税人最近时期销售同类服务、无形资产或者不动产的平均价格确定。

（三）按照组成计税价格确定。组成计税价格的公式为：

组成计税价格=成本×(1+成本利润率)

成本利润率由国家税务总局确定。

不具有合理商业目的，是指以谋取税收利益为主要目的，通过人为安排，减少、免除、推迟缴纳增值税税款，或者增加退还增值税税款。

【解读】

本条是关于应税行为价格明显偏低或者偏高以及视同发生应税行为的销售额核定的规定。

“不具有合理商业目的”借鉴了国际税收管理的通用概念，对可能存在的以获取税收利益而非正常商业目的为唯一或者主要目标的行为进行限制，体现了公平税负的原则。“不具有合理商业目的”的安排是指违背立法意图，且主要目的在于获得包括减少、免除、推迟缴纳税款或者税法规定的其他支付款项，或者增加返还、退税收入或者税法规定的其他收入款项等税收利益的人为规划的一个或者一系列行动或者交易，包括任何明确或者隐含的、实际执行或者意图执行的合同、协议、计划、谅解、承诺或者保证等，以及根据它们而付诸实施的所有行动和交易。

【政策主要变化点】

与《原试点实施办法》相比，本条的主要变化点是：

一、将“提供应税服务”改为“发生应税行为”、将“所列视同提供应税服务”修改为“所列行为”、将“应税服务”修改为“服务、无形资产或者不动产”，主要原因是此次将服务、无形资产和不动产全部纳入增值税征税范围。

二、新增关于不具有合理商业目的的解释，主要是为了便于纳税人理解和基层税务机关执行。

【相关知识】

成本利润率，是反映盈利能力的另一项重要指标，是利润与成本之比。成本利润率还是反映企业投入产出水平的指标，可以综合衡量生产和销售产品的全部得与失的经济效果，为不断降低产品成本和提高成本利润率提供参考，不仅可以反映企业生产、经营管理效果的重要指标，也是制定价格的重要依据。

《国家税务总局关于印发〈增值税若干具体问题的规定〉的通知》（国税发〔1993〕154号）第二条第（四）项规定：“纳税人因销售价格明显偏低或无销售价格等原因，按规定需组成计税价格确定销售额的，其组价公式中的成本利润率为10%。但属于应从价定率征收消费税的货物，其组价公式中的成本利润率，为《消费税若干具体问题的规定》中规定的成本利润率。”

第五章　纳税义务、扣缴义务发生时间和纳税地点

第四十五条　增值税纳税义务、扣缴义务发生时间为：

（一）纳税人发生应税行为并收讫销售款项或者取得索取销售款项凭据的当天；先开具发票的，为开具发票的当天。

收讫销售款项，是指纳税人销售服务、无形资产或者不动产过程中或者完成后收到款项。

取得索取销售款项凭据的当天，是指书面合同确定的付款日期；未签订书面合同或者书面合同未确定付款日期的，为服务、无形资产转让完成的当天或者不动产权属变更的当天。

（二）纳税人提供建筑服务、租赁服务采取预收款方式的，其纳税义务发生时间为收到预收款的当天。

（三）纳税人从事金融商品转让，为金融商品所有权转移的当天。

（四）纳税人发生本办法第十四条规定情形的，其纳税义务发生时间为服务、无形资产转让完成的当天或者不动产权属变更的当天。

（五）增值税扣缴义务发生时间为纳税人增值税纳税义务发生的当天。

【解读】

本条是关于纳税义务发生时间确定原则的规定。理解本条规定应从以下四个方面掌握：

一、如何理解"先开具发票的，纳税义务发生时间为开具发票的当天"

纳税人发生应税行为，由于增值税实行凭专用发票抵扣税款的办法，购买方在取得销售方开具的专用发票后，即使尚未向提供方支付相关款项，仍然可以按照有关规定凭专用发票抵扣进项税额。因此，如果再以收讫销售款项或者取得索取销售款项凭据的当天作为销售方的纳税义务发生时间，就会造成增值税的征收与抵扣相脱节，即：销售方尚未申报纳税，购买方已经提前抵扣了税款。此外，为使纳税人开具增值税普通发票与开具专用发票的征税原则保持一致。本条规定：如果纳税人发生应税行为时先开具发票的，纳税义务发生时间为开具发票的当天。

需要注意的是，以开具发票的当天为纳税义务发生时间的前提，是纳税人发生应税行为。

二、如何理解"收讫销售款项，是指纳税人发生应税行为过程中或者完成后收到款项"

（一）按照收讫销售款项确认应税行为纳税义务发生时间的，应以发生应税行为为前提。

（二）收讫销售款项，是指在应税行为发生后收到的款项，包括在应税行为发生过程中或者完成后收取的款项。

（三）除了提供建筑服务、租赁服务采取预收款方式外，在发生应税行为之前收到的款项不属于收讫销售款项，不能按照该时间确认纳税义务发生。

三、如何理解取得索取销售款项凭据的当天

取得索取销售款项凭据的当天，是指书面合同确定的付款日期的当天；未签订书面合同或者书面合同未确定付款日期的，为应税行为完成的当天。

取得索取销售款项凭据的当天按照如下顺序掌握：

（一）签订了书面合同且书面合同确定了付款日期的，按照书面合同确定的付款日期的当天确认纳税义务发生；

（二）未签订书面合同或者书面合同未确定付款日期的，按照应税行为完成的当天确认纳税义务发生。

四、纳税义务发生时间中的特殊规定

（一）采取预收款方式提供建筑服务、租赁服务。

纳税人提供建筑服务、租赁服务采取预收款方式的，其纳税义务发生时间为收到预收款的当天。

纳税人提供建筑服务和租赁服务与提供其他应税服务的处理原则有所不同，如果纳税人采取预收款方式的，以收到预收款的当天作为纳税义务发生时间。

案例 2.1-8：某试点纳税人出租一辆小轿车，租金为 5000 元/月，一次性预收了对方一年的租金共 60000 元，则应在收到 60000 元租金的当天确认纳税义务发生，并按 60000 元确认收入。

（二）金融商品转让的纳税义务发生时间。

纳税人从事金融商品转让，纳税义务发生时间为金融商品所有权转移的当天。

（三）视同发生应税行为的纳税义务发生时间。

纳税人发生《试点实施办法》第十四条视同发生应税行为的，其纳税义务发生时间为应税行为完成的当天。

《试点实施办法》第十四条规定：除以公益活动为目的或者以社会公众为对象外，向其他单位或者个人无偿提供服务，以及向其他单位或者个人无偿转让无形资产或者不动产，应视同发生应税行为缴纳增值税。由于无偿提供应税服务、无偿转让无形资产或者不动产不存在收讫销售款项或者取得索取销售款项凭据的情况，因此，将其纳税义务发生时间确定为应税行为完成的当天。

【政策主要变化点】

与《原试点实施办法》相比，本条的主要变化点是：增加了新纳入营改增试点范围的建筑服务、金融服务、租赁服务、生活服务、销售无形资产和销售不动产的纳税义务发生时间的规定。

第四十六条　增值税纳税地点为：

（一）固定业户应当向其机构所在地或者居住地主管税务机关申报纳税。总机构和分支机构不在同一县（市）的，应当分别向各自所在地的主管税务机关申报纳税；经财政部和国家税务总局或者其授权的财政和税务机关批准，可以由总机构汇总向总机构所在地的主管税务机关申报纳税。

（二）非固定业户应当向应税行为发生地主管税务机关申报纳税；未申报纳税的，由其机构所在地或者居住地主管税务机关补征税款。

（三）其他个人提供建筑服务，销售或者租赁不动产，转让自然资源使用权，应向建筑服务发生地、不动产所在地、自然资源所在地主管税务机关申报纳税。

（四）扣缴义务人应当向其机构所在地或者居住地主管税务机关申报缴纳扣缴的税款。

【解读】

本条是关于纳税地点的规定。理解本条规定应从以下四个方面掌握：

一、固定业户应当向其机构所在地或者居住地主管税务机关申报纳税。

根据税收属地管辖原则，固定业户应当向其机构所在地的主管税务机关申报纳税，这是一般性规定。这里的机构所在地是指纳税人的注册登记地。如果固定业户设有分支机构，且不在同一县（市）的，应当分别向各自所在地的主管税务机关申报纳税。经财政部和国家税务总局或者其授权的财政和税务机关批准，可以由总机构汇总向总机构所在地的主管税务机关申报纳税。具体审批权限如下：

（一）总机构和分支机构不在同一省、自治区、直辖市的，经财政部和国家税务总局批准，可以由总机构汇总向总机构所在地的主管税务机关申报纳税。

（二）总机构和分支机构不在同一县（市），但在同一省、自治区、直辖市范围内的，经省、自治区、直辖市财政厅（局）、国家税务局审批同意，可以由总机构汇总向总机构所在地的主管税务机关申报纳税。

二、非固定业户应当向应税行为发生地的主管税务机关申报纳税；未申报纳税的，由其机构所在地或者居住地的主管税务机关补征税款。

三、其他个人提供建筑服务，销售或者租赁不动产，转让自然资源使用权，应向建筑服务发生地、不动产所在地、自然资源所在地税务机关申报纳税。既维持各地原来的财政收入不变，也方便了纳税人。

四、扣缴义务人应当向其机构所在地或者居住地的主管税务机关申报缴纳其扣缴的税款。

为促使扣缴义务人履行扣缴义务，同时方便其申报缴纳所扣缴税款，本条规定扣缴义务人向其机构所在地或者居住地的主管税务机关申报缴纳其扣缴的税款。

【政策主要变化点】

与《原试点实施办法》相比，本条的主要变化点是：增加了新纳入营改增试点范围的建筑服务、销售无形资产和销售不动产的纳税地点的特殊规定。

【相关知识】

什么是纳税地点？

纳税地点，是指纳税人依据税法规定向征税机关申报纳税的具体地点。它说明纳税人应向哪里的征税机关申报纳税，以及哪里的征税机关有权进行税收管辖的问题。我国税法上规定的纳税地点主要是机构所在地、居住地、经济活动发生地、财产所在地、报关地等。

第四十七条　增值税的纳税期限分别为1日、3日、5日、10日、15日、1个月或者1个季度。纳税人的具体纳税期限，由主管税务机关根据纳税人应纳税额的大小分别核定。以1个季度为纳税期限的规定适用于小规模纳税人、银行、财务公司、信托投资公司、信用社，以及财政部和国家税务总局规定的其他纳税人。不能按照固定期限纳税的，可以按次纳税。

纳税人以1个月或者1个季度为1个纳税期的，自期满之日起15日内申报纳税；以1日、3日、5日、10日或者15日为1个纳税期的，自期满之日起5日内预缴税款，于次月1日起15日内申报纳税并结清上月应纳税款。

扣缴义务人解缴税款的期限，按照前两款规定执行。

【解读】

本条是关于增值税的纳税期限的规定。

本条新增了银行、财务公司、信托投资公司、信用社以1个季度为1个纳税期的规定。

需要注意的是，《国家税务总局关于合理简并纳税人申报缴税次数的公告》（国家税务总局公告2016年第6号）规定，2016年4月1日起，增值税小规模纳税人原则上实行按季申报缴纳增值税。

【政策主要变化点】

与《原试点实施办法》相比，本条的主要变化点是：新增“银行、财务公司、信托投资公司、信用社”以1个季度为纳税期限。

【相关知识】

确定纳税期限，包含两方面的含义：一是确定结算应纳税款的期限，即多长时间纳一次税；二是确定缴纳税款的期限，即纳税期满后税款多长时间必须入库。

一、纳税期限

纳税期限，是指税收法律规定的，纳税人发生纳税义务后缴纳税款的法定期限。它是税收强制性、固定性在时间上的体现。纳税期限与具体的税种形式和应纳税额的大小有关，一般由税收法律、行政法规规定，税收法律、行政法规未明确规定纳税期限的，由税务机关按规定予以确定。

任何纳税人都必须如期纳税，否则就是违反税法，要受到法律制裁。确定纳税期限，要根据课税对象和国民经济各部门生产经营的不同特点来决定。如流转课税，当纳税人纳税义务发生后就应将税款缴入国库，但为了简化手续，便于纳税人经营管理和缴纳税款（降低税收征收成本和纳税成本），可以根据情况将纳税期限确定为1天、3天、5天、10天、15天、1个月或1个季度。

二、纳税申报期限

纳税申报期限是指法律、行政法规规定的或者税务机关根据法律、行政法规的规定确定的纳税人、扣缴义务人向税务机关申报应纳或者应解缴税款的期限。

纳税人以1个月或者1个季度为1个纳税期的，自期满之日起15日内申报纳税；以1日、3日、5日、10日或者15日为1个纳税期的，自期满之日起5日内预缴税款，于次月1日起15日内申报纳税并结清上月应纳税款。

《国家税务总局关于全面推开营业税改征增值税试点有关税收征收管理事项的公告》（国家税务总局公告2016年第23号）规定，2016年5月1日新纳入营改增试点范围的纳税人，2016年6月增值税纳税申报期延长至2016年6月27日。

第六章　税收减免的处理

第四十八条　纳税人发生应税行为适用免税、减税规定的，可以放弃免税、减税，依照本办法的规定缴纳增值税。放弃免税、减税后，36个月内不得再申请免税、减税。

纳税人发生应税行为同时适用免税和零税率规定的，纳税人可以选择适用免税或者零税率。

【解读】

本条是关于税收减免处理的规定。要理解本条规定应从以下六个方面掌握：

一、现行的增值税税收优惠主要包括：直接免税、减征税款、即征即退（税务机关负责）、先征后返（财政部门负责）等形式。

二、试点纳税人发生应税行为适用免税、减税规定的，可以放弃免税、减税，依照《试点实施办法》的规定缴纳增值税。放弃免税、减税后，36个月内不得再申请免税、减税。

三、放弃减免税权的增值税一般纳税人发生应税行为，可以按规定开具增值税专用发票。

四、纳税人一经放弃减免税权，其发生的全部应税行为均应按照适用税率或征收率征税，不得选择某一减免税项目放弃减免税权，也不得根据不同的对象选择部分应税行为放弃减免税权。

五、纳税人购进专用于免税项目的货物、加工修理修配劳务、应税服务、无形资产或者不动产取得的增值税扣税凭证，一律不得抵扣。

六、对于税务机关、财政监察专员办事机构、审计机关等执法机关根据税法有关规定查补的增值税等各项税款，必须全部收缴入库，均不得执行由财政和税务机关给予返还的优惠政策。具体规定参见《财政部　国家税务总局关于明确对查补税款不得享受先征后退政策的批复》(财税字〔1998〕80号)。

【政策主要变化点】

与《原试点实施办法》相比，本条的主要变化点是：将“优先适用零税率”修改为“选择适用免税或者零税率”。

【相关知识】

一、减免税的定义

减免税是对某些纳税人或课税对象的鼓励或照顾措施。减税是从应征税款中减征部分税款；免税是免征全部税款。

二、减免税的分类

(一) 按减免方式分类。

1. 税基式减免。这是通过直接缩小计税依据的方式实现的减税免税。

具体包括起征点、免征额、项目扣除等。如增值税政策规定对个人销售额未达到起征点的，可免征增值税。

2. 税率式减免。即通过直接降低税率的方式实现的减税免税。

具体包括重新确定税率、选用其他税率、零税率等形式。

3. 税额式减免。即通过直接减少应纳税额的方式实现的减税免税。

具体包括全部免征、减半征收、核定减免率等。

(二) 按照在税法中的地位分类。

1. 法定减免。是指各税种的基本法规规定的减免税，体现了该税种减免税的基本原则规定，具有长期的适用性。如《增值税暂行条例》第十五条的免税规定。

2. 特定减免。是根据涉税经济情况发展变化和发挥税收调节作用而规定的减税免税。特定减免主要有两种情况，一是在税收的基本法确定后，由于国家政治经济情况的发展变化所作的减免税补充规定；二是由于税收基本法中不能或不宜一一列举，而采用补充规定的减免税形式。按有效期限长短，特定减免可分为无期限和有期限，大多数特定减免税都是有期限的，减免税到了规定的期限，就应按规定恢复征税。

3. 临时减免。是指除法定减免和特定减免以外的其他临时性的减税免税。

第四十九条　个人发生应税行为的销售额未达到增值税起征点的，免征增值税；达到起征点的，全额计算缴纳增值税。

增值税起征点不适用于登记为一般纳税人的个体工商户。

【解读】

本条是关于增值税起征点的规定。理解本条规定应从以下三个方面掌握：

一、适用范围

增值税起征点仅适用于《试点实施办法》规定的个人，包括：个体工商户和其他个人，但不适用于登记为一般纳税人的个体工商户。即：增值税起征点仅适用于按照小规模纳税人纳税的个体工商户和其他个人。

二、销售额的确定

增值税起征点所称的销售额是指纳税人销售服务、无形资产或者不动产的销售额（不包括销售货物和提供加工修理修配劳务的销售额），销售额不包括其应纳税额，采用销售额和应纳税额合并定价方法的，按照下列公式计算销售额：

$$销售额=含税销售额÷(1+征收率)$$

三、达到增值税起征点的征税规定

纳税人达到增值税起征点的，应全额计算缴纳增值税，不应仅就超过增值税起征点的部分计算缴纳增值税。

案例 2.1-9：纳税人提供应税服务的起征点为 20000 元，某个体工商户（小规模纳税人）本月取得交通运输服务收入 20000 元（含税），该个体工商户本月应缴纳多少增值税？

分析：因为提供应税服务的起征点为 20000 元，该个体工商户本月交通运输服务不含税收入为 20000÷(1+3%)= 19417.48（元）。交通运输服务取得的收入未达到起征点，因此对该部分收入无须缴纳增值税。

【政策主要变化点】

与《原试点实施办法》相比，本条无变化。

第五十条　增值税起征点幅度如下：

（一）按期纳税的，为月销售额 5000—20000 元（含本数）。

（二）按次纳税的，为每次（日）销售额 300—500 元（含本数）。

起征点的调整由财政部和国家税务总局规定。省、自治区、直辖市财政厅（局）和国家税务局应当在规定的幅度内，根据实际情况确定本地区适用的起征点，并报财政部和国家税务总局备案。

对增值税小规模纳税人中月销售额未达到2万元的企业或非企业性单位，免征增值税。2017年12月31日前，对月销售额2万元（含本数）至3万元的增值税小规模纳税人，免征增值税。

【解读】

本条是关于增值税起征点幅度的规定。理解本条规定应从以下两个方面掌握：

一、为了鼓励小微企业的发展，目前全国适用于个人（不含登记为一般纳税人的个体工商户）的增值税起征点如下：

（一）销售货物的，为月应税销售额20000元；

（二）销售应税劳务的，为月应税销售额20000元；

（三）发生应税行为的，为月应税销售额20000元；

（四）按次纳税的，为每次（日）销售额300—500元。

二、增值税小规模纳税人中月销售额未达到2万元的企业、非企业性单位和个人，免征增值税。

2017年12月31日前，对月销售额2万元（含本数）至3万元的增值税小规模纳税人，免征增值税。

三、《国家税务总局关于全面推开营业税改征增值税试点有关税收征收管理事项的公告》（国家税务总局公告2016年第23号）第六条规定："（二）增值税小规模纳税人应分别核算销售货物，提供加工、修理修配劳务的销售额，和销售服务、无形资产的销售额。增值税小规模纳税人销售货物，提供加工、修理修配劳务月销售额不超过3万元（按季纳税9万元），销售服务、无形资产月销售额不超过3万元（按季纳税9万元）的，自2016年5月1日起至2017年12月31日，可分别享受小微企业暂免征收增值税优惠政策。

（三）按季纳税申报的增值税小规模纳税人，实际经营期不足一个季度的，以实际经营月份计算当期可享受小微企业免征增值税政策的销售额度。

按照本公告第一条第（三）项规定，按季纳税的试点增值税小规模纳税人，2016年7月纳税申报时，申报的2016年5月、6月增值税应税销售额中，销售货物，提供加工、修理修配劳务的销售额不超过6万元，销售服务、无形资产的销售额不超过6万元的，可分别享受小微企业暂免征收增值税优惠政策。

（四）其他个人采取预收款形式出租不动产，取得的预收租金收入，可在预收款对应的租赁期内平均分摊，分摊后的月租金收入不超过3万元的，可享受小微企业免征增值税优惠政策。"

【政策主要变化点】

与《原试点实施办法》相比，本条增加了月销售额未达到3万元的小规模纳税人免征增值税的表述。

第七章　征收管理

第五十一条　营业税改征的增值税，由国家税务局负责征收。纳税人销售取得的不动产和其他个人出租不动产的增值税，国家税务局暂委托地方税务局代为征收。

【解读】

本条是关于委托地方税务局代征增值税的规定。理解本条规定应从以下两个方面掌握：

一、纳税人销售服务、无形资产或者不动产在实施营改增试点前属于征收营业税的范围，由地方税务局负责征收。《试点实施办法》明确：销售服务、无形资产或者不动产由营业税改征的增值税，由国家税务局负责征收。即：纳税人销售服务、无形资产或者不动产不再向主管地方税务局申报缴纳营业税，应向主管国家税务局申报缴纳增值税。

另外，由于纳税人销售不动产和其他个人出租不动产涉及的税费种类多，既有增值税也有地税征收的契税、个人所得税等。如果这些税费同时由国税局和地税局征收，则纳税人办税极为不便，且目前地税机关对二手房交易和其他个人出租不动产有成熟的征管经验和征管流程。因此，对于纳税人销售不动产和其他个人出租不动产的增值税，暂委托地方税务局代为征收。

二、关于跨期业务的处理规定。

（一）试点纳税人发生应税行为，按照国家有关营业税政策规定差额征收营业税的，因取得的全部价款和价外费用不足以抵减允许扣除项目金额，截至纳入营改增试点之日前尚未扣除的部分，不得在计算试点纳税人增值税应税销售额时抵减，应当向原主管地税机关申请退还营业税。

（二）试点纳税人发生应税行为，在纳入营改增试点之日前已缴纳营业税，营改增试点后因发生退款减除营业额的，应当向原主管地税机关申请退还已缴纳的营业税。

（三）试点纳税人纳入营改增试点之日前发生的应税行为，因税收检查等原因需要补缴税款的，应按照营业税政策规定补缴营业税。

【政策主要变化点】

与《原试点实施办法》相比，本条为新增条款。

第五十二条　纳税人发生适用零税率的应税行为，应当按期向主管税务机关申报办理退（免）税，具体办法由财政部和国家税务总局制定。

【解读】

本条是对试点纳税人发生适用零税率应税行为的规定。

在满足《试点实施办法》规定的纳税义务发生时间有关规定以及国家对应税行为出口设定的有关条件后，免征其出口应税行为的增值税，对实际承担的增值税进项税额，抵减应纳税额，未抵减完的部分予以退还。具体免抵退税额计算按照《国家税务总局关于发布〈营业税改征增值税试点地区适用增值税零税率应税服务免抵退税管理办法（暂行）〉的公告》（国家税务总局公告2012年第13号）等文件执行。

【政策主要变化点】

与《原试点实施办法》相比，本条无变化。

第五十三条　纳税人发生应税行为，应当向索取增值税专用发票的购买方开具增值税专用发票，并在增值税专用发票上分别注明销售额和销项税额。

属于下列情形之一的，不得开具增值税专用发票：

（一）向消费者个人销售服务、无形资产或者不动产。

（二）适用免征增值税规定的应税行为。

【解读】

本条是关于纳税人销售服务、无形资产或者不动产开具增值税专业发票的规定。理解本条规定应从以下两个方面掌握：

增值税专用发票，是购买方支付增值税额并可按照增值税有关规定据以抵扣进项税额的凭证，是将上一环节纳税人已缴纳增值税税款传递给下一环节纳税人据以抵扣的重要链条。为此，《试点实施办法》明确：纳税人发生应税行为，应当向索取增值税专用发票的购买方开具增值税专用发票，并在增值税专用发票上分别注明销售额和销项税额。但是，有如下两种情况之一的，纳税人不得开具增值税专用发票：

一、向消费者个人销售服务、无形资产或者不动产

消费者个人是应税行为的最终消费者，也是增值税税款的最终负担者，无须取得增值税专用发票据以抵扣进项税额。因此，纳税人向消费者个人销售服务、无形资产或者不动产不得开具增值税专用发票，只能开具增值税普通发票。

二、适用免征增值税规定的应税行为

纳税人销售服务、无形资产或者不动产适用免征增值税规定的，在该环节不缴纳增值税，不存在将本环节已缴纳增值税税款传递给下一环节纳税人抵扣的问题。因此，纳税人销售服务、无形资产或者不动产适用免征增值税规定的，也不得开具增值税专用发票，只能开具增值税普通发票。

【政策主要变化点】

与《原试点实施办法》相比，本条将“提供应税服务”修改为“发生应税行为”。

第五十四条　小规模纳税人发生应税行为，购买方索取增值税专用发票的，

可以向主管税务机关申请代开。

【解读】

本条是关于小规模纳税人代开增值税专用发票的规定。

由于增值税小规模纳税人不能自行开具增值税专用发票，其销售服务、无形资产或者不动产，如果购买方索取增值税专用发票的，可以向主管税务机关申请代开增值税专用发票。但是，对小规模纳税人向消费者个人销售服务、无形资产或者不动产以及销售服务、无形资产或者不动产适用免征增值税规定的，不得申请代开增值税专用发票。

【政策主要变化点】

与《原试点实施办法》相比，本条将“提供应税服务”修改为“发生应税行为”。

第五十五条　纳税人增值税的征收管理，按照本办法和《中华人民共和国税收征收管理法》及现行增值税征收管理有关规定执行。

【解读】

本条是关于试点纳税人增值税的征收管理适用法律法规的基本规定。

按照《试点实施办法》和《税收征管法》及现行增值税征收管理有关规定执行。其中，现行增值税征收管理有关规定，不仅包括《试点实施办法》的相关配套增值税规定，也应当包括《试点实施办法》颁布实施以前已经下发且现行有效的增值税规定。

【政策主要变化点】

与《原试点实施办法》相比，本条无变化。

附：

《销售服务、无形资产、不动产注释》解读

一、销售服务

销售服务，是指提供交通运输服务、邮政服务、电信服务、建筑服务、金融服务、现代服务、生活服务。

【解读】

增加销售服务的定义，与《应税服务范围注释》（财税〔2013〕106 号，以下称《原注释》）相比，新增了建筑服务、金融服务、生活服务。

（一）交通运输服务。

交通运输服务，是指利用运输工具将货物或者旅客送达目的地，使其空间位置得到转移的业务活动。包括陆路运输服务、水路运输服务、航空运输服务和管道运输服务。

1. 陆路运输服务。

陆路运输服务，是指通过陆路（地上或者地下）运送货物或者旅客的运输业务活动，包括铁路运输服务和其他陆路运输服务。

（1）铁路运输服务，是指通过铁路运送货物或者旅客的运输业务活动。

（2）其他陆路运输服务，是指铁路运输以外的陆路运输业务活动。包括公路运输、缆车运输、索道运输、地铁运输、城市轻轨运输等。

出租车公司向使用本公司自有出租车的出租车司机收取的管理费用，按照陆路运输服务缴纳增值税。

2. 水路运输服务。

水路运输服务，是指通过江、河、湖、川等天然、人工水道或者海洋航道运送货物或者旅客的运输业务活动。

水路运输的程租、期租业务，属于水路运输服务。

程租业务，是指运输企业为租船人完成某一特定航次的运输任务并收取租赁费的业务。

期租业务，是指运输企业将配备有操作人员的船舶承租给他人使用一定期限，承租期内听候承租方调遣，不论是否经营，均按天向承租方收取租赁费，发生的固定费用均由船东负担的业务。

【解读】

与《原注释》相比，将“远洋运输的程租、期租业务”改为“水路运输的程租、期租业务”，扩大了程租、期租业务的范围，将所有船舶程租、期租业务均纳入水路运输的范围。

3. 航空运输服务。

航空运输服务，是指通过空中航线运送货物或者旅客的运输业务活动。

航空运输的湿租业务，属于航空运输服务。

湿租业务，是指航空运输企业将配备有机组人员的飞机承租给他人使用一定期限，承租期内听候承租方调遣，不论是否经营，均按一定标准向承租方收取租赁费，发生的固定费用均由承租方承担的业务。

航天运输服务，按照航空运输服务缴纳增值税。

航天运输服务，是指利用火箭等载体将卫星、空间探测器等空间飞行器发射到空间轨道的业务活动。

4. 管道运输服务。

管道运输服务，是指通过管道设施输送气体、液体、固体物质的运输业务活动。

无运输工具承运业务，按照交通运输服务缴纳增值税。

无运输工具承运业务，是指经营者以承运人身份与托运人签订运输服务合同，收取运费并承担承运人责任，然后委托实际承运人完成运输服务的经营活动。

【解读】

把无运输工具承运人提供的承运业务，从运输代理中区分出来，按照交通运输服务缴纳增值税。

（二）邮政服务。

邮政服务，是指中国邮政集团公司及其所属邮政企业提供邮件寄递、邮政汇兑和机要通信等邮政基本服务的业务活动。包括邮政普遍服务、邮政特殊服务和其他邮政服务。

1. 邮政普遍服务。

邮政普遍服务，是指函件、包裹等邮件寄递，以及邮票发行、报刊发行和邮政汇兑等业务活动。

函件，是指信函、印刷品、邮资封片卡、无名址函件和邮政小包等。

包裹，是指按照封装上的名址递送给特定个人或者单位的独立封装的物品，其重量不超过五十千克，任何一边的尺寸不超过一百五十厘米，长、宽、高合计不超过三百厘米。

2. 邮政特殊服务。

邮政特殊服务，是指义务兵平常信函、机要通信、盲人读物和革命烈士遗物的寄递等业务活动。

3. 其他邮政服务。

其他邮政服务，是指邮册等邮品销售、邮政代理等业务活动。

（三）电信服务。

电信服务，是指利用有线、无线的电磁系统或者光电系统等各种通信网络资源，提供语音通话服务，传送、发射、接收或者应用图像、短信等电子数据和信息的业务活动。包括基础电信服务和增值电信服务。

1. 基础电信服务。

基础电信服务，是指利用固网、移动网、卫星、互联网，提供语音通话服务的业务活动，以及出租或者出售带宽、波长等网络元素的业务活动。

2. 增值电信服务。

增值电信服务，是指利用固网、移动网、卫星、互联网、有线电视网络，提供短信和彩信服务、电子数据和信息的传输及应用服务、互联网接入服务等业务活动。

卫星电视信号落地转接服务，按照增值电信服务缴纳增值税。

（四）建筑服务。

建筑服务，是指各类建筑物、构筑物及其附属设施的建造、修缮、装饰，线路、管道、设备、设施等的安装以及其他工程作业的业务活动。包括工程服务、安装服务、修缮服务、装饰服务和其他建筑服务。

【解读】

原营业税税目注释中的“建筑业”包括建筑、安装、修缮、装饰、其他工程作业，此次编写《销售服务、无形资产、不动产注释》（以下称《注释》）时，参考了国家统计局发布的国家标准《国民经济行业分类》（GB/T 4754—2011），将建筑服务划分为“工程服务”“安装服务”“修缮服务”“装饰服务”“其他建筑服务”。

1. 工程服务。

工程服务，是指新建、改建各种建筑物、构筑物的工程作业，包括与建筑物相连的各种设备或者支柱、操作平台的安装或者装设工程作业，以及各种窑炉和金属结构工程作业。

【解读】

工程服务，涵盖房屋建筑服务、土木工程（包括铁路、道路、隧道和桥梁工程，水利和内河港口工程，海洋工程，工矿工程，架线和管道工程和其他土木工程）建筑服务。

2. 安装服务。

安装服务，是指生产设备、动力设备、起重设备、运输设备、传动设备、医疗实验设备以及其他各种设备、设施的装配、安置工程作业，包括与被安装设备相连的工作台、梯子、栏杆的装设工程作业，以及被安装设备的绝缘、防腐、保温、油漆等工程作业。

固定电话、有线电视、宽带、水、电、燃气、暖气等经营者向用户收取的安装费、初装费、开户费、扩容费以及类似收费，按照安装服务缴纳增值税。

【解读】

与营业税税目注释相比，本条将三网、水电气等收取的安装费、初装费等明确按照安装服务征税。

3. 修缮服务。

修缮服务，是指对建筑物、构筑物进行修补、加固、养护、改善，使之恢复原来的使用价值或者延长其使用期限的工程作业。

【解读】

原营业税税目注释“建筑业”修缮，是指对建筑物、构筑物进行修补、加固、养护、改善，使之恢复原来的使用价值或延长其使用期限的工程作业。二者解释一致。

4. 装饰服务。

装饰服务，是指对建筑物、构筑物进行修饰装修，使之美观或者具有特定用途的工程作业。

【解读】

原营业税税目注释“建筑业”装饰，是指对建筑物、构筑物进行修饰，使之美观或具有特定用途的工程作业。二者解释一致。

5. 其他建筑服务。

其他建筑服务，是指上列工程作业之外的各种工程作业服务，如钻井（打井）、拆除建筑物或者构筑物、平整土地、园林绿化、疏浚（不包括航道疏浚）、建筑物平移、搭脚手架、爆破、矿山穿孔、表面附着物（包括岩层、土层、沙层等）剥离和清理等工程作业。

【解读】

一、原营业税税目注释“建筑业”其他工程作业，是指上列工程作业以外的各种工程作业，如代办电信工程、水利工程、道路修建、疏浚、钻井（打井）、拆除建筑物或构筑物、平整土地、搭脚手架、爆破等工程作业。

二、航道疏浚服务属于“物流辅助服务——港口码头服务”。

（五）金融服务。

金融服务，是指经营金融保险的业务活动。包括贷款服务、直接收费金融服务、保险服务和金融商品转让。

【解读】

一、原营业税税目注释中“金融保险业”是指经营金融、保险的业务。征收范围包括：金融、保险。其中，金融包括贷款、融资租赁、金融商品转让、金融经纪业和其他金融业务。

二、此次编写《注释》时，将原金融保险业合并成金融服务，同时，根据目前金融业务的发展现状，对金融业务进行了梳理，分为“贷款服务”“直接收费金融服务”“保险服务”“金融商品转让”四大子目，并将“金融经纪业”中的金融代理服务纳入“商务辅助服务——经纪代理服务”范围，将“融资租赁”纳入“租赁服务”范围。

1. 贷款服务。

贷款，是指将资金贷与他人使用而取得利息收入的业务活动。

各种占用、拆借资金取得的收入，包括金融商品持有期间（含到期）利息（保本收益、报酬、资金占用费、补偿金等）收入、信用卡透支利息收入、买入返售金融商品利息收入、融资融券收取的利息收入，以及融资性售后回租、押汇、罚息、票据贴现、转贷等业务取得的利息及利息性质的收入，按照贷款服务缴纳增值税。

融资性售后回租，是指承租方以融资为目的，将资产出售给从事融资性售后回租业务的企业后，从事融资性售后回租业务的企业将该资产出租给承租方的业务活动。

以货币资金投资收取的固定利润或者保底利润，按照贷款服务缴纳增值税。

【解读】

一、原营业税税目注释中，贷款是指将资金贷与他人使用的业务。此次编写《注释》时，根据金融业务实质，进一步对贷款服务的范围进行了细化，明确将各种占用、拆借资金行为取得的收入均作为贷款利息收入征税，具体包括金融商品持有期间（含到期）利息收入（包括保本收益、报酬、资金占用费、补偿金等）、信用卡透支利息收入、买入返售金融商品利息收入、融资融券收取的利息收入，以及融资性售后回租、押汇、罚息、票据贴现、转贷等业务取得的利息收入。

二、纳税人提供贷款服务的销售额包括取得的全部利息及利息性质的收入。

三、需要注意的是，对于借款方接受贷款服务向贷款方支付的全部利息及利息性质的费用，以及与该笔贷款直接相关的投融资顾问费、手续费、咨询费等费用，其进项税额均不得从销项税额中抵扣。

四、与《原注释》相比，将融资性售后回租从“租赁服务”划转至“贷款服务”的征税范围。

五、融资性售后回租业务的销售额，按照《试点有关事项的规定》第一条第（三）项第5点规定执行。具体规定如下：

（一）经人民银行、银监会或者商务部批准从事融资租赁业务的试点纳税人，提供融资性售后回租服务，以取得的全部价款和价外费用（不含本金），扣除对外支付的借款利息（包括外汇借款和人民币借款利息）、发行债券利息后的余额作为销售额。

（二）试点纳税人根据2016年4月30日前签订的有形动产融资性售后回租合同，在合同到期前提供的有形动产融资性售后回租服务，可继续按照有形动产融资租赁服务缴纳增值税。

继续按照有形动产融资租赁服务缴纳增值税的试点纳税人，经人民银行、银监会或者商务部批准从事融资租赁业务的，根据2016年4月30日前签订的有形动产融资性售后回租合同，在合同到期前提供的有形动产融资性售后回租服务，可以选择以下方法之一计算销售额：

1. 以向承租方收取的全部价款和价外费用，扣除向承租方收取的价款本金，以及对外支付的借款利息（包括外汇借款和人民币借款利息）、发行债券利息后的余额为销售额。

纳税人提供有形动产融资性售后回租服务，计算当期销售额时可以扣除的价款本金，为书面合同约定的当期应当收取的本金。无书面合同或者书面合同没有约定的，为当期实际收取的本金。

试点纳税人提供有形动产融资性售后回租服务，向承租方收取的有形动产价款本金，不得开具增值税专用发票，可以开具普通发票。

2. 以向承租方收取的全部价款和价外费用，扣除支付的借款利息（包括外汇借款和人民币借款利息）、发行债券利息后的余额为销售额。

（三）经商务部授权的省级商务主管部门和国家经济技术开发区批准的从事融资租赁业务的试点纳税人，2016年5月1日后实收资本达到1.7亿元的，从达到标准的当月起按照上述第1、2点规定执行；2016年5月1日后实收资本未达到1.7亿元但注册资本达到1.7亿元的，在2016年7月31日前仍可按照上述第1、2点规定执行，2016年8月1日后开展的融资性售后回租业务不得按照上述第1、2点规定执行。

2. 直接收费金融服务。

直接收费金融服务，是指为货币资金融通及其他金融业务提供相关服务并且收取费用的业务活动。包括提供货币兑换、账户管理、电子银行、信用卡、信用证、财务担保、资产管理、信托管理、基金管理、金融交易场所（平台）管理、资金结算、资金清算、金融支付等服务。

3. 保险服务。

保险服务，是指投保人根据合同约定，向保险人支付保险费，保险人对于合同约定的可能发生的事故因其发生所造成的财产损失承担赔偿保险金责任，或者当被保险人死亡、伤残、疾病或者达到合同约定的年龄、期限等条件时承担给付保险金责任的商业保险行为。包括人身保险服务和财产保险服务。

人身保险服务，是指以人的寿命和身体为保险标的的保险业务活动。

财产保险服务，是指以财产及其有关利益为保险标的的保险业务活动。

4. 金融商品转让。

金融商品转让，是指转让外汇、有价证券、非货物期货和其他金融商品所有权的业务活动。

其他金融商品转让包括基金、信托、理财产品等各类资产管理产品和各种金融衍生品的转让。

【解读】

原营业税税目注释中“金融商品转让”，是指转让外汇、有价证券或非货物期货的所有权的行为。

此次编写《注释》时，增加了其他金融商品转让的概念，将基金、信托、理财产品等各类资产管理产品和各种金融衍生品的转让纳入“金融商品转让”范围。

（六）现代服务。

现代服务，是指围绕制造业、文化产业、现代物流产业等提供技术性、知识性服务的业务活动。包括研发和技术服务、信息技术服务、文化创意服务、物流辅助服务、租赁服务、鉴证咨询服务、广播影视服务、商务辅助服务和其他现代服务。

【解读】

与《原注释》相比，在修订《注释》“现代服务”范围时，调整了个别应税服务的税目归属，新增了原营业税税目注释中未能直接列明的新兴经济行为，将不动产租赁服务增加到“租赁服务”子目范围，同时增加了“商务辅助服务”和“其他现代服务”两个子目。

1. 研发和技术服务。

研发和技术服务，包括研发服务、合同能源管理服务、工程勘察勘探服务、专业技术服务。

（1）研发服务，也称技术开发服务，是指就新技术、新产品、新工艺或者新材料及其系统进行研究与试验开发的业务活动。

（2）合同能源管理服务，是指节能服务公司与用能单位以契约形式约定节能目标，节能服务公司提供必要的服务，用能单位以节能效果支付节能服务公司投入及其合理报酬的业务活动。

（3）工程勘察勘探服务，是指在采矿、工程施工前后，对地形、地质构造、地下资源蕴藏情况进行实地调查的业务活动。

（4）专业技术服务，是指气象服务、地震服务、海洋服务、测绘服务、城市规划、环境与生态监测服务等专项技术服务。

【解读】

一、与《原注释》相比，将“技术转让服务”纳入“销售无形资产”范围，将“技术咨询服务”纳入“鉴证咨询服务”。

二、新增“专业技术服务”。

2. 信息技术服务。

信息技术服务，是指利用计算机、通信网络等技术对信息进行生产、收集、处理、加工、存储、运输、检索和利用，并提供信息服务的业务活动。包括软件服务、电路设计及测试服务、信息系统服务、业务流程管理服务和信息系统增值服务。

（1）软件服务，是指提供软件开发服务、软件维护服务、软件测试服务的业务活动。

【解读】

将《原注释》中“软件咨询服务”从软件服务中删除，纳入“咨询服务”范围。

（2）电路设计及测试服务，是指提供集成电路和电子电路产品设计、测试及相关技术支持服务的业务活动。

（3）信息系统服务，是指提供信息系统集成、网络管理、网站内容维护、桌面管理与维护、信息系统应用、基础信息技术管理平台整合、信息技术基础设施管理、数据中心、托管中心、信息安全服务、在线杀毒、虚拟主机等业务活动。包括网站对非自有的网络游戏提供的网络运营服务。

【解读】

与《原注释》相比，新增了“网站内容维护”“在线杀毒”和“虚拟主机”业务。

（4）业务流程管理服务，是指依托信息技术提供的人力资源管理、财务经济管理、审计管理、税务管理、物流信息管理、经营信息管理和呼叫中心等服务的活动。

（5）信息系统增值服务，是指利用信息系统资源为用户附加提供的信息技术服务。包括数据处理、分析和整合、数据库管理、数据备份、数据存储、容灾服务、电子商务平台等。

【解读】

一、根据信息技术发展情况，新增“信息系统增值服务”。

二、将《原注释》“业务流程管理服务”中“电子商务平台”列入信息系统增值服务。

三、将《原注释》“业务流程管理服务”中“内部数据分析、内部数据挖掘、内部数据管理、内部数据使用”调整为“数据处理、分析和整合、数据库管理、数据备份、数据存储”后列入信息系统增值服务。

四、新增“容灾服务”。

3. 文化创意服务。

文化创意服务，包括设计服务、知识产权服务、广告服务和会议展览服务。

【解读】

将《原注释》“文化创意服务”中“商标和著作权转让服务”纳入“销售无形资产”范围。

（1）设计服务，是指把计划、规划、设想通过文字、语言、图画、声音、视觉等形式传递出来的业务活动。包括工业设计、内部管理设计、业务运作设计、供应链设计、造型设计、服装设计、环境设计、平面设计、包装设计、动漫设计、网游设计、展示设计、网站设计、机械设计、工程设计、广告设计、创意策划、文印晒图等。

【解读】

与《原注释》相比，新增了语言、图画、声音三种设计成果体现方式，同时，将内部管理设计、业务运作设计、供应链设计纳入“设计服务”范围。

(2) 知识产权服务，是指处理知识产权事务的业务活动。包括对专利、商标、著作权、软件、集成电路布图设计的登记、鉴定、评估、认证、检索服务。

【解读】

一、将《原注释》“知识产权服务”中的“知识产权代理”纳入“经纪代理服务”范围。

二、将《原注释》“知识产权服务”中的“知识产权咨询”纳入“鉴证咨询服务”范围。

(3) 广告服务，是指利用图书、报纸、杂志、广播、电视、电影、幻灯、路牌、招贴、橱窗、霓虹灯、灯箱、互联网等各种形式为客户的商品、经营服务项目、文体节目或者通告、声明等委托事项进行宣传和提供相关服务的业务活动。包括广告代理和广告的发布、播映、宣传、展示等。

(4) 会议展览服务，是指为商品流通、促销、展示、经贸洽谈、民间交流、企业沟通、国际往来等举办或者组织安排的各类展览和会议的业务活动。

4. 物流辅助服务。

物流辅助服务，包括航空服务、港口码头服务、货运客运场站服务、打捞救助服务、装卸搬运服务、仓储服务和收派服务。

【解读】

将《原注释》“物流辅助服务”中的“货物运输代理服务”“代理报关服务”两项纳入“经纪代理服务”范围。

(1) 航空服务，包括航空地面服务和通用航空服务。

航空地面服务，是指航空公司、飞机场、民航管理局、航站等向在境内航行或者在境内机场停留的境内外飞机或者其他飞行器提供的导航等劳务性地面服务的业务活动。包括旅客安全检查服务、停机坪管理服务、机场候机厅管理服务、飞机清洗消毒服务、空中飞行管理服务、飞机起降服务、飞行通讯服务、地面信号服务、飞机安全服务、飞机跑道管理服务、空中交通管理服务等。

通用航空服务，是指为专业工作提供飞行服务的业务活动，包括航空摄影、航空培训、航空测量、航空勘探、航空护林、航空吊挂播洒、航空降雨、航空气象探测、航空海洋监测、航空科学实验等。

【解读】

与《原注释》相比，增加“航空气象探测、航空海洋监测、航空科学实验等”。

(2) 港口码头服务，是指港务船舶调度服务、船舶通讯服务、航道管理服务、航道疏浚服务、灯塔管理服务、航标管理服务、船舶引航服务、理货服务、系解缆服务、停泊和移泊服务、海上船舶溢油清除服务、水上交通管理服务、船只专业清洗消毒检测服务和防止船只漏油服务等为船只提供服务的业务活动。

港口设施经营人收取的港口设施保安费按照港口码头服务缴纳增值税。

(3) 货运客运场站服务，是指货运客运场站提供货物配载服务、运输组织服务、中转换乘服务、车辆调度服务、票务服务、货物打包整理、铁路线路使用服务、加挂铁路客车服务、铁路行包专列发送服务、铁路到达和中转服务、铁路车辆编解服务、车辆挂运服务、铁路接触网服务、铁路机车牵引服务等业务活动。

【解读】

将《原注释》“货运客运场站服务”中的“车辆停放服务”纳入“不动产经营租赁服务”范围。

(4) 打捞救助服务，是指提供船舶人员救助、船舶财产救助、水上救助和沉船沉物打捞服务的业务活动。

(5) 装卸搬运服务，是指使用装卸搬运工具或者人力、畜力将货物在运输工具之间、装卸现场之间或者运输工具与装卸现场之间进行装卸和搬运的业务活动。

(6) 仓储服务，是指利用仓库、货场或者其他场所代客贮放、保管货物的业务活动。

(7) 收派服务，是指接受寄件人委托，在承诺的时限内完成函件和包裹的收件、分拣、派送服务的业务活动。

收件服务，是指从寄件人收取函件和包裹，并运送到服务提供方同城的集散中心的业务活动。

分拣服务，是指服务提供方在其集散中心对函件和包裹进行归类、分发的业务活动。

派送服务，是指服务提供方从其集散中心将函件和包裹送达同城的收件人的业务活动。

5. 租赁服务。

租赁服务，包括融资租赁服务和经营租赁服务。

【解读】

将《原注释》中“有形动产租赁服务”改为“租赁服务”，增加不动产租赁服务。即全面实施营改增后，“租赁服务”包括有形动产租赁和不动产租赁。

(1) 融资租赁服务，是指具有融资性质和所有权转移特点的租赁活动。即出租人根据承租人所要求的规格、型号、性能等条件购入有形动产或者不动产租赁给承租人，合同期内租赁物所有权属于出租人，承租人只拥有使用权，合同期满付清租金后，承租人有权按照残值购入租赁物，以拥有其所有权。不论出租人是否将租赁物销售给承租人，均属于融资租赁。

按照标的物的不同，融资租赁服务可分为有形动产融资租赁服务和不动产融资租赁服务。

融资性售后回租不按照本税目缴纳增值税。

【解读】

一、与《原注释》相比，有以下变化：一是新增不动产融资租赁；二是将“融资性售后回租”纳入“贷款服务”范围。

二、融资租赁服务的销售额，按照《试点有关事项的规定》第一条第（三）项第5点执行。具体规定如下：

（一）经人民银行、银监会或者商务部批准从事融资租赁业务的试点纳税人，提供融资租赁服务，以取得的全部价款和价外费用，扣除支付的借款利息（包括外汇借款和人民币借款利息）、发行债券利息和车辆购置税后的余额为销售额。

（二）经商务部授权的省级商务主管部门和国家经济技术开发区批准的从事融资租赁业务的试点纳税人，2016年5月1日后实收资本达到1.7亿元的，从达到标准的当月起按照上述第（一）点规定执行；2016年5月1日后实收资本未达到1.7亿元但注册资本达到1.7亿元的，在2016年7月31日前仍可按照上述第（一）点规定执行，2016年8月1日后开展的融资租赁业务不得按照上述第（一）点规定执行。

(2) 经营租赁服务，是指在约定时间内将有形动产或者不动产转让他人使用且租赁物所有权不变更的业务活动。

按照标的物的不同，经营租赁服务可分为有形动产经营租赁服务和不动产经营租赁服务。

将建筑物、构筑物等不动产或者飞机、车辆等有形动产的广告位出租给其他单位或者个人用于发布广告，按照经营租赁服务缴纳增值税。

车辆停放服务、道路通行服务（包括过路费、过桥费、过闸费等）等按照不动产经营租赁服务缴纳增值税。

【解读】

一、与《原注释》相比，有以下变化：

（一）增加不动产经营租赁。

（二）将原“港口码头服务”中“车辆停放服务”纳入“不动产经营租赁服务”。

（三）明确将不动产或有形动产的广告位出租属于“经营租赁服务”。

（四）明确“道路通行服务（包括过路费、过桥费、过闸费等）”属于“不动产经营租赁服务”。

二、纳税人出租其2016年4月30日前取得的不动产，可以选择适用简易计税方法，按照5%的征收率计算应纳税额。该不动产与纳税人机构所在地不在同一县（市）的，应在不动产所在地预缴税款。具体规定请参考《试点有关事项的规定》第一条第（九）项。

三、相关优惠政策。

公路经营企业中的一般纳税人收取试点前开工的高速公路的车辆通行费，可以选择适用简易计税方法，减按3%的征收率计算应纳税额。

水路运输的光租业务、航空运输的干租业务，属于经营租赁。

【解读】

与《原注释》相比，将“远洋运输”修改为“水路运输”，将光租业务的范围扩大到所有水路运输，即远洋、内河等所有水路运输的光租业务均按照“经营租赁”缴纳增值税。

光租业务，是指运输企业将船舶在约定的时间内出租给他人使用，不配备操作人员，不承担运输过程中发生的各项费用，只收取固定租赁费的业务活动。

干租业务，是指航空运输企业将飞机在约定的时间内出租给他人使用，不配备机组人员，不承担运输过程中发生的各项费用，只收取固定租赁费的业务活动。

6. 鉴证咨询服务。

鉴证咨询服务，包括认证服务、鉴证服务和咨询服务。

（1）认证服务，是指具有专业资质的单位利用检测、检验、计量等技术，证明产品、服务、管理体系符合相关技术规范、相关技术规范的强制性要求或者标准的业务活动。

（2）鉴证服务，是指具有专业资质的单位受托对相关事项进行鉴证，发表具有证明力的意见的业务活动。包括会计鉴证、税务鉴证、法律鉴证、职业技能鉴定、工程造价鉴证、工程监理、资产评估、环境评估、房地产土地评估、建筑图纸审核、医疗事故鉴定等。

【解读】

与《原注释》相比，新增“职业技能鉴定”和“工程监理”两项内容。

（3）咨询服务，是指提供信息、建议、策划、顾问等服务的活动。包括金融、软件、技术、财务、税收、法律、内部管理、业务运作、流程管理、健康等方面的咨询。

翻译服务和市场调查服务按照咨询服务缴纳增值税。

【解读】

与《原注释》相比，有以下变化：

（一）将《原注释》“信息技术服务——软件服务”中的“软件咨询服务”，“研发和技术服务”中的“技术咨询服务”纳入“咨询服务”范围。

（二）将《原注释》“咨询服务”中的“代理记账”纳入“商务辅助服务——经纪代理服务”范围。

（三）“咨询服务”范围中新增金融咨询、健康咨询和市场调查服务。

7. 广播影视服务。

广播影视服务，包括广播影视节目（作品）的制作服务、发行服务和播映（含放映，下同）服务。

（1）广播影视节目（作品）制作服务，是指进行专题（特别节目）、专栏、综艺、体育、动画片、广播剧、电视剧、电影等广播影视节目和作品制作的服务。具体包括与广播影视节目和作品相关的策划、采编、拍摄、录音、音视频文字图片素材制作、场景布置、后期的剪辑、翻译（编译）、字幕制作、片头、片尾、片花制作、特效制作、影片修复、编目和确权等业务活动。

（2）广播影视节目（作品）发行服务，是指以分账、买断、委托等方式，向影院、电台、电视台、网站等单位和个人发行广播影视节目（作品）以及转让体育赛事等活动的报道及播映权的业务活动。

(3) 广播影视节目（作品）播映服务，是指在影院、剧院、录像厅及其他场所播映广播影视节目（作品），以及通过电台、电视台、卫星通信、互联网、有线电视等无线或者有线装置播映广播影视节目（作品）的业务活动。

【解读】

将“广播影视节目（作品）发行服务”中的发行代理服务纳入“商务辅助服务——经纪代理服务”。

8. 商务辅助服务。

【解读】

“商务辅助服务”属于新增税目。

商务辅助服务，包括企业管理服务、经纪代理服务、人力资源服务、安全保护服务。

(1) 企业管理服务，是指提供总部管理、投资与资产管理、市场管理、物业管理、日常综合管理等服务的业务活动。

(2) 经纪代理服务，是指各类经纪、中介、代理服务。包括金融代理、知识产权代理、货物运输代理、代理报关、法律代理、房地产中介、职业中介、婚姻中介、代理记账、拍卖等。

货物运输代理服务，是指接受货物收货人、发货人、船舶所有人、船舶承租人或者船舶经营人的委托，以委托人的名义，为委托人办理货物运输、装卸、仓储和船舶进出港口、引航、靠泊等相关手续的业务活动。

【解读】

一、将原属于“物流辅助服务”项下的“货物运输代理服务”纳入“商务辅助服务——经纪代理服务”范围。

二、在定义中删除了“或者以自己的名义，在不直接提供货物运输服务的情况下”。

三、将“货物运输、船舶进出港口、联系安排引航、靠泊、装卸”修改为“货物运输、装卸、仓储和船舶进出港口、引航、靠泊”。

四、将“货物和船舶代理相关业务手续”修改为“相关手续”。

代理报关服务，是指接受进出口货物的收、发货人委托，代为办理报关手续的业务活动。

(3) 人力资源服务，是指提供公共就业、劳务派遣、人才委托招聘、劳动力外包等服务的业务活动。

(4) 安全保护服务，是指提供保护人身安全和财产安全，维护社会治安等的业务活动。包括场所住宅保安、特种保安、安全系统监控以及其他安保服务。

9. 其他现代服务。

其他现代服务，是指除研发和技术服务、信息技术服务、文化创意服务、物流辅助服务、租赁服务、鉴证咨询服务、广播影视服务和商务辅助服务以外的现代服务。

(七) 生活服务。

【解读】

“生活服务”属于新增子目，是将原营业税税目注释中“服务业”项下满足城乡居民日常生活需求提供的各类服务活动、“文化体育业”中与居民日常生活联系紧密的业务活动，以及“娱乐业”的业务活动合并为“生活服务”。

生活服务，是指为满足城乡居民日常生活需求提供的各类服务活动。包括文化体育服务、教育医疗服务、旅游娱乐服务、餐饮住宿服务、居民日常服务和其他生活服务。

1. 文化体育服务。

文化体育服务，包括文化服务和体育服务。

(1) 文化服务，是指为满足社会公众文化生活需求提供的各种服务。包括：文艺创作、文艺表演、文化比赛，图书馆的图书和资料借阅，档案馆的档案管理，文物及非物质遗产保护，组织举办宗教活动、科技活动、文化活动，提供游览场所。

(2) 体育服务，是指组织举办体育比赛、体育表演、体育活动，以及提供体育训练、体育指导、体育管理的业务活动。

2. 教育医疗服务。

教育医疗服务，包括教育服务和医疗服务。

(1) 教育服务，是指提供学历教育服务、非学历教育服务、教育辅助服务的业务活动。

学历教育服务，是指根据教育行政管理部门确定或者认可的招生和教学计划组织教学，并颁发相应学历证书的业务活动。包括初等教育、初级中等教育、高级中等教育、高等教育等。

非学历教育服务，包括学前教育、各类培训、演讲、讲座、报告会等。

教育辅助服务，包括教育测评、考试、招生等服务。

(2) 医疗服务，是指提供医学检查、诊断、治疗、康复、预防、保健、接生、计划生育、防疫服务等方面的服务，以及与这些服务有关的提供药品、医用材料器具、救护车、病房住宿和伙食的业务。

3. 旅游娱乐服务。

旅游娱乐服务，包括旅游服务和娱乐服务。

(1) 旅游服务，是指根据旅游者的要求，组织安排交通、游览、住宿、餐饮、购物、文娱、商务等服务的业务活动。

(2) 娱乐服务，是指为娱乐活动同时提供场所和服务的业务。

具体包括：歌厅、舞厅、夜总会、酒吧、台球、高尔夫球、保龄球、游艺（包括射击、狩猎、跑马、游戏机、蹦极、卡丁车、热气球、动力伞、射箭、飞镖）。

【解读】

本条对娱乐服务以正列举的方式明确了征税范围。

4. 餐饮住宿服务。

餐饮住宿服务，包括餐饮服务和住宿服务。

(1) 餐饮服务，是指通过同时提供饮食和饮食场所的方式为消费者提供饮食消费服务的业务活动。

(2) 住宿服务，是指提供住宿场所及配套服务等的活动。包括宾馆、旅馆、旅社、度假村和其他经营性住宿场所提供的住宿服务。

5. 居民日常服务。

居民日常服务，是指主要为满足居民个人及其家庭日常生活需求提供的服务，包括市容市政管理、家政、婚庆、养老、殡葬、照料和护理、救助救济、美容美发、按摩、桑拿、氧吧、足疗、沐浴、洗染、摄影扩印等服务。

6. 其他生活服务。

其他生活服务，是指除文化体育服务、教育医疗服务、旅游娱乐服务、餐饮住宿服务和居民日常服务之外的生活服务。

二、销售无形资产

销售无形资产，是指转让无形资产所有权或者使用权的业务活动。无形资产，是指不具实物形态，但能带来经济利益的资产，包括技术、商标、著作权、商誉、自然资源使用权和其他权益性无形资产。

技术，包括专利技术和非专利技术。

自然资源使用权，包括土地使用权、海域使用权、探矿权、采矿权、取水权和其他自然资源使用权。

其他权益性无形资产，包括基础设施资产经营权、公共事业特许权、配额、经营权（包括特许经营权、连锁经营权、其他经营权）、经销权、分销权、代理权、会员权、席位权、网络游戏虚拟道具、域名、名称权、肖像权、冠名权、转会费等。

【解读】

一、将《原注释》中“研发和技术服务——技术转让服务”“文化创意服务——商标和著作权转让服务”纳入“销售无形资产”。在原营业税税制下，属于“转让无形资产”税目。

二、在原营业税“转让无形资产”税目和《财政部　国家税务总局关于转让自然资源使用权营业税政策的通知》（财税〔2012〕6号）明确的“转让自然资源使用权”的基础上，增加了“其他权益类无形资产”子目，将一些未纳入征税范围的经济权益转让行为纳入征税范围。

三、销售不动产

销售不动产，是指转让不动产所有权的业务活动。不动产，是指不能移动或者移动后会引起性质、形状改变的财产，包括建筑物、构筑物等。

建筑物，包括住宅、商业营业用房、办公楼等可供居住、工作或者进行其他活动的建造物。

构筑物，包括道路、桥梁、隧道、水坝等建造物。

转让建筑物有限产权或者永久使用权的，转让在建的建筑物或者构筑物所有权的，以及在转让建筑物或者构筑物时一并转让其所占土地的使用权的，按照销售不动产缴纳增值税。

2.1.2 《营业税改征增值税试点有关事项的规定》解读

一、营改增试点期间，试点纳税人［指按照《营业税改征增值税试点实施办法》（以下称《试点实施办法》）缴纳增值税的纳税人］有关政策

【解读】

本条是关于试点纳税人的规定，执行时间为营改增试点期间。

（一）兼营。

试点纳税人销售货物、加工修理修配劳务、服务、无形资产或者不动产适用不同税率或者征收率的，应当分别核算适用不同税率或者征收率的销售额，未分

别核算销售额的，按照以下方法适用税率或者征收率：

1. 兼有不同税率的销售货物、加工修理修配劳务、服务、无形资产或者不动产，从高适用税率。

2. 兼有不同征收率的销售货物、加工修理修配劳务、服务、无形资产或者不动产，从高适用征收率。

3. 兼有不同税率和征收率的销售货物、加工修理修配劳务、服务、无形资产或者不动产，从高适用税率。

【解读】

本条是对《试点实施办法》第三十九条的细化解释。

（二）不征收增值税项目。

1. 根据国家指令无偿提供的铁路运输服务、航空运输服务，属于《试点实施办法》第十四条规定的用于公益事业的服务。

【解读】

与《营业税改征增值税试点有关事项的规定》（财税〔2013〕106 号印发，以下称《原试点有关事项的规定》）相比，本条款无变化。

2. 存款利息。

【解读】

延续营业税税目注释“金融保险业”中存款行为不征税的规定。

3. 被保险人获得的保险赔付。

【解读】

被保险人获得的保险赔付，并非被保险人发生应税行为取得的收入，因此，不属于增值税征税范围。

4. 房地产主管部门或者其指定机构、公积金管理中心、开发企业以及物业管理单位代收的住宅专项维修资金。

【解读】

本条延续了《国家税务总局关于住房专项维修基金征免营业税问题的通知》（国税发〔2004〕69 号）政策。

5. 在资产重组过程中，通过合并、分立、出售、置换等方式，将全部或者部分实物资产以及与其相关联的债权、负债和劳动力一并转让给其他单位和个人，其中涉及的不动产、土地使用权转让行为。

【解读】

本条是延续《国家税务总局关于纳税人资产重组有关营业税问题的公告》（国家税务总局公告2011年第51号）的政策。

（三）销售额。

1. 贷款服务，以提供贷款服务取得的全部利息及利息性质的收入为销售额。

【解读】

贷款服务的销售额为全部利息以及利息性质的收入，不含贷款本金。

2. 直接收费金融服务，以提供直接收费金融服务收取的手续费、佣金、酬金、管理费、服务费、经手费、开户费、过户费、结算费、转托管费等各类费用为销售额。

3. 金融商品转让，按照卖出价扣除买入价后的余额为销售额。

转让金融商品出现的正负差，按盈亏相抵后的余额为销售额。若相抵后出现负差，可结转下一纳税期与下期转让金融商品销售额相抵，但年末时仍出现负差的，不得转入下一个会计年度。

金融商品的买入价，可以选择按照加权平均法或者移动加权平均法进行核算，选择后36个月内不得变更。

金融商品转让，不得开具增值税专用发票。

【解读】

一、本条是原营业税政策的延续。

二、各类金融商品转让出现的正负差，在同一纳税期内允许互相抵减，抵减后的余额作为当期金融商品转让的销售额，如果当期抵减后的余额为负数时，当期申报的金融商品转让的销售额为零，同时，该负差可以结转至下一个纳税期与下期金融商品转让销售额相抵，至年末最后一个纳税期时，如果上期结转的负差与本期金融商品转让销售额相加后仍为负数，则该负差不得转入下一会计年度。

本条款所称纳税期，是指税款所属期。

4. 经纪代理服务，以取得的全部价款和价外费用，扣除向委托方收取并代为支付的政府性基金或者行政事业性收费后的余额为销售额。向委托方收取的政府性基金或者行政事业性收费，不得开具增值税专用发票。

【解读】

本条明确经纪代理服务的销售额中可以扣除向委托方收取并代为支付的政府性基金或者行政事业性收费。上述向委托方收取并代为支付的政府性基金或者行政事业性收费，在经纪代理服务提供者对外开具发票时，不得开具增值税专用发票。

5. 融资租赁和融资性售后回租业务。

(1) 经人民银行、银监会或者商务部批准从事融资租赁业务的试点纳税人，提供融资租赁服务，以取得的全部价款和价外费用，扣除支付的借款利息（包括外汇借款和人民币借款利息）、发行债券利息和车辆购置税后的余额为销售额。

【解读】

与《原试点有关事项的规定》相比，融资租赁服务仍采取差额的方式确定销售额，允许扣除的项目中删除保险费和安装费，主要原因是保险服务、安装服务已经纳入增值税征收范围，购买保险服务、安装服务时已支付或负担的增值税额，可以按规定作为进项税额予以抵扣，无须再采取从销售额中扣除的方式。

需要注意的是，按照上述规定差额确定销售额的试点纳税人，必须是经人民银行、银监会或者商务部批准从事融资租赁业务的企业，或者属于满足下列第（4）点规定的经商务部授权的省级商务主管部门和国家经济技术开发区批准的从事融资租赁业务的企业。

(2) 经人民银行、银监会或者商务部批准从事融资租赁业务的试点纳税人，提供融资性售后回租服务，以取得的全部价款和价外费用（不含本金），扣除对外支付的借款利息（包括外汇借款和人民币借款利息）、发行债券利息后的余额作为销售额。

【解读】

一、按照《注释》规定，融资性售后回租服务改为纳入“贷款服务”范围，适用6%的税率。

二、为保证营改增改革的平稳过渡，本条款规定对融资性售后回租服务继续以差额方式确定销售额。试点纳税人2016年4月30日前签订的有形动产融资性售后回租合同，按照本项第（3）点规定缴纳增值税。

三、根据《试点有关事项的规定》第一条第（三）项第1点的规定，贷款服务的销售额为提供贷款服务取得的全部利息及利息性质的收入，不含贷款本金。因此，提供融资性售后回租服务取得的全部价款和价外费用中也不包含本金。

四、需要注意的是，按照上述规定差额确定销售额的试点纳税人，必须是经人民银行、银监会或者商务部批准从事融资租赁业务的企业，或者属于满足下列第（4）点规定的经商务部授权的省级商务主管部门和国家经济技术开发区批准的从事融资租赁业务的企业。

（3）试点纳税人根据2016年4月30日前签订的有形动产融资性售后回租合同，在合同到期前提供的有形动产融资性售后回租服务，可继续按照有形动产融资租赁服务缴纳增值税。

继续按照有形动产融资租赁服务缴纳增值税的试点纳税人，经人民银行、银监会或者商务部批准从事融资租赁业务的，根据2016年4月30日前签订的有形动产融资性售后回租合同，在合同到期前提供的有形动产融资性售后回租服务，可以选择以下方法之一计算销售额：

①以向承租方收取的全部价款和价外费用，扣除向承租方收取的价款本金，以及对外支付的借款利息（包括外汇借款和人民币借款利息）、发行债券利息后的余额为销售额。

纳税人提供有形动产融资性售后回租服务，计算当期销售额时可以扣除的价款本金，为书面合同约定的当期应当收取的本金。无书面合同或者书面合同没有约定的，为当期实际收取的本金。

试点纳税人提供有形动产融资性售后回租服务，向承租方收取的有形动产价款本金，不得开具增值税专用发票，可以开具普通发票。

②以向承租方收取的全部价款和价外费用，扣除支付的借款利息（包括外汇借款和人民币借款利息）、发行债券利息后的余额为销售额。

【解读】

一、为保证营改增改革的平稳过渡，对于2016年4月30日前签订的有形动产融资性售后回租合同，仍采取“老合同老办法”的过渡政策。

二、对于2016年4月30日前签订的有形动产融资性售后回租合同，在合同到期前，纳税人提供的有形动产融资性售后回租服务，一是继续按照融资租赁服务适用17%的税率；二是在确定销售额时继续延续原政策，原政策有关规定参见《财政部　国家税务总局关于铁路运输和邮政业营业税改征增值税试点有关政策的补充通知》（财税〔2013〕121号）。

三、需要注意的是，按照上述规定差额确定销售额的试点纳税人，必须是经人民银行、银监会或者商务部批准从事融资租赁业务的企业，或者属于满足下列第（4）点规定的经商务部授权的省级商务主管部门和国家经济技术开发区批准的从事融资租赁业务的企业。

（4）经商务部授权的省级商务主管部门和国家经济技术开发区批准的从事融

资租赁业务的试点纳税人，2016年5月1日后实收资本达到1.7亿元的，从达到标准的当月起按照上述第（1）、（2）、（3）点规定执行；2016年5月1日后实收资本未达到1.7亿元但注册资本达到1.7亿元的，在2016年7月31日前仍可按照上述第（1）、（2）、（3）点规定执行，2016年8月1日后开展的融资租赁业务和融资性售后回租业务不得按照上述第（1）、（2）、（3）点规定执行。

【解读】

一、为配合工商制度改革对原政策进行了调整，由对“注册资本”的要求改为对“实收资本”的要求。

二、对2016年5月1日后实收资本未达到1.7亿元但注册资本达到1.7亿元的，给予了3个月过渡期。

6. 航空运输企业的销售额，不包括代收的机场建设费和代售其他航空运输企业客票而代收转付的价款。

【解读】

本条政策与《原试点有关事项的规定》相同。

7. 试点纳税人中的一般纳税人（以下称一般纳税人）提供客运场站服务，以其取得的全部价款和价外费用，扣除支付给承运方运费后的余额为销售额。

【解读】

与《原试点有关事项的规定》相比，有以下变化：

（一）将“自本地区试点实施之日起”删除。

（二）将“其从承运方取得的增值税专用发票注明的增值税，不得抵扣”删除，统一在“（三）销售额”第11点政策中以“纳税人取得的上述凭证属于增值税扣税凭证的，其进项税额不得从销项税额中抵扣”表述。

8. 试点纳税人提供旅游服务，可以选择以取得的全部价款和价外费用，扣除向旅游服务购买方收取并支付给其他单位或者个人的住宿费、餐饮费、交通费、签证费、门票费和支付给其他接团旅游企业的旅游费用后的余额为销售额。

选择上述办法计算销售额的试点纳税人，向旅游服务购买方收取并支付的上述费用，不得开具增值税专用发票，可以开具普通发票。

【解读】

一、本条延续了《营业税暂行条例》第五条“纳税人从事旅游业务的，以其取得的全部价款和价外费用扣除替旅游者支付给其他单位或者个人的住宿费、餐费、交通费、旅游景点门票和支付给其他接团旅游企业的旅游费后的余额为营业额”的政策，同时增加了“签证费”的扣除项目。

二、明确纳税人提供旅游服务，开具增值税专用发票时，发票金额中不得包含按规定扣除的项目金额。

9. 试点纳税人提供建筑服务适用简易计税方法的，以取得的全部价款和价外费用扣除支付的分包款后的余额为销售额。

【解读】

一、为保证营改增改革的平稳过渡，本条规定，对于适用简易计税方法计税的建筑服务，延续《营业税暂行条例》第五条“纳税人将建筑工程分包给其他单位的，以其取得的全部价款和价外费用扣除其支付给其他单位的分包款后的余额为营业额”的规定，以差额方式确定销售额并依3%的征收率缴纳增值税。

由于增值税是价外税，营业税是价内税，按照上述规定，对于适用简易计税方法计税的建筑服务，其增值税税负要略低于原营业税税负。

二、适用简易计税方法计税的建筑服务包括：

（一）一般纳税人以清包工方式提供的建筑服务。

（二）一般纳税人为甲供工程提供的建筑服务。

（三）一般纳税人为建筑工程老项目提供的建筑服务。

有关具体政策内容可以参考《试点有关事项的规定》第一条第（七）项。

10. 房地产开发企业中的一般纳税人销售其开发的房地产项目（选择简易计税方法的房地产老项目除外），以取得的全部价款和价外费用，扣除受让土地时向政府部门支付的土地价款后的余额为销售额。

房地产老项目，是指《建筑工程施工许可证》注明的合同开工日期在2016年4月30日前的房地产项目。

【解读】

一、为保证营改增改革的平稳过渡，本条规定，对于适用一般计税方法缴纳增值税的房地产项目，在确定销售额时可以扣除支付给政府部门的土地价款。具体扣除的计算方法和要求参见《国家税务总局关于发布〈房地产开发企业销售自行开发的房地产项目增值税征收管理暂行办法〉的公告》（国家税务总局公告2016年第18号）。

二、本条规定不适用于适用简易计税方法计税的房地产项目，即：一般纳税人销售房地产老项目选择适用简易计税方法的，以及小规模纳税人销售房地产项目，在确定销售额时，均不得扣除支付给政府部门的土地价款。

11. 试点纳税人按照上述4—10款的规定从全部价款和价外费用中扣除的价款，应当取得符合法律、行政法规和国家税务总局规定的有效凭证。否则，不得扣除。

上述凭证是指：

（1）支付给境内单位或者个人的款项，以发票为合法有效凭证。

（2）支付给境外单位或者个人的款项，以该单位或者个人的签收单据为合法有效凭证，税务机关对签收单据有疑议的，可以要求其提供境外公证机构的确认证明。

（3）缴纳的税款，以完税凭证为合法有效凭证。

（4）扣除的政府性基金、行政事业性收费或者向政府支付的土地价款，以省级以上（含省级）财政部门监（印）制的财政票据为合法有效凭证。

（5）国家税务总局规定的其他凭证。

纳税人取得的上述凭证属于增值税扣税凭证的，其进项税额不得从销项税额中抵扣。

【解读】

明确不得一票两用，如果某一增值税扣税凭证用于差额确定销售额时的销售额扣除凭证，则该增值税扣税凭证不得再作为进项税额的抵扣凭证。

（四）进项税额。

1. 适用一般计税方法的试点纳税人，2016年5月1日后取得并在会计制度上按固定资产核算的不动产或者2016年5月1日后取得的不动产在建工程，其进项税额应自取得之日起分2年从销项税额中抵扣，第一年抵扣比例为60%，第二年抵扣比例为40%。

取得不动产，包括以直接购买、接受捐赠、接受投资入股、自建以及抵债等各种形式取得不动产，不包括房地产开发企业自行开发的房地产项目。

融资租入的不动产以及在施工现场修建的临时建筑物、构筑物，其进项税额不适用上述分2年抵扣的规定。

【解读】

本条是不动产进项税额分期抵扣的规定，有关具体操作参见《国家税务总局关于发布〈不动产进项税额分期抵扣暂行办法〉的公告》（国家税务总局公告2016年第15号）。

2. 按照《试点实施办法》第二十七条第（一）项规定不得抵扣且未抵扣进项税额的固定资产、无形资产、不动产，发生用途改变，用于允许抵扣进项税额的应税项目，可在用途改变的次月按照下列公式计算可以抵扣的进项税额：

$$\text{可以抵扣的进项税额}=\frac{\text{固定资产、无形资产、不动产净值}}{1+\text{适用税率}}\times\text{适用税率}$$

上述可以抵扣的进项税额应取得合法有效的增值税扣税凭证。

【解读】

已按《试点实施办法》的有关规定作不抵扣的固定资产、无形资产、不动产的进项税额，在用途改变时，可以按照本条规定的办法计算允许抵扣进项税额。

关于不动产可以抵扣的进项税额的具体计算，参见《国家税务总局关于发布〈不动产进项税额分期抵扣暂行办法〉的公告》（国家税务总局公告 2016 年第 15 号）。

3. 纳税人接受贷款服务向贷款方支付的与该笔贷款直接相关的投融资顾问费、手续费、咨询费等费用，其进项税额不得从销项税额中抵扣。

（五）一般纳税人资格登记。

《试点实施办法》第三条规定的年应税销售额标准为500万元（含本数）。财政部和国家税务总局可以对年应税销售额标准进行调整。

（六）计税方法。

一般纳税人发生下列应税行为可以选择适用简易计税方法计税：

1. 公共交通运输服务。

公共交通运输服务，包括轮客渡、公交客运、地铁、城市轻轨、出租车、长途客运、班车。

班车，是指按固定路线、固定时间运营并在固定站点停靠的运送旅客的陆路运输服务。

2. 经认定的动漫企业为开发动漫产品提供的动漫脚本编撰、形象设计、背景设计、动画设计、分镜、动画制作、摄制、描线、上色、画面合成、配音、配乐、音效合成、剪辑、字幕制作、压缩转码（面向网络动漫、手机动漫格式适配）服务，以及在境内转让动漫版权（包括动漫品牌、形象或者内容的授权及再授权）。

动漫企业和自主开发、生产动漫产品的认定标准和认定程序，按照《文化部 财政部 国家税务总局关于印发〈动漫企业认定管理办法（试行）〉的通知》（文市发〔2008〕51号）的规定执行。

【解读】

"（六）计税方法"中第1、2点规定与《原试点有关事项的规定》政策内容一致。

3. 电影放映服务、仓储服务、装卸搬运服务、收派服务和文化体育服务。

【解读】

与《原试点有关事项的规定》相比，新增“文化体育服务”，也可选择简易计税方法计税。

4. 以纳入营改增试点之日前取得的有形动产为标的物提供的经营租赁服务。

【解读】

本条是《原试点有关事项的规定》第一条第（六）项第2点“试点纳税人中的一般纳税人，以该地区试点实施之日前购进或者自制的有形动产为标的物提供的经营租赁服务，试点期间可以选择按照简易计税方法计算缴纳增值税”政策的延续。

5. 在纳入营改增试点之日前签订的尚未执行完毕的有形动产租赁合同。

【解读】

本条是《原试点有关事项的规定》第一条第（七）项第1点“试点纳税人在本地区试点实施之日前签订的尚未执行完毕的租赁合同，在合同到期日之前继续按照现行营业税政策规定缴纳营业税”政策的延续，考虑到全面实施营改增后，营业税已全部改征增值税，因此，对于有形动产经营租赁老合同，给予可以选择简易计税方法计税的过渡政策。

（七）建筑服务。

【解读】

为保证建筑业营改增改革平稳过渡，对一般纳税人提供的建筑服务，本条款明确了三项可以选择适用简易计税方法计税的过渡政策，涉及条款为第1、2、3点。同时，考虑到建筑业营业税的纳税地点为建筑劳务发生地，改为征收增值税后，纳税地点以机构所在地为主要确定原则（其他个人提供建筑服务除外），如果不在征管上设置服务发生地预征的办法，可能导致建筑劳务发生地税源流失的问题，因此，本条款对于跨县（市）提供建筑服务，在征管上采取在服务发生地先预征税款的过渡安排，涉及条款为第4、5、6点。以下逐条进行解读。

1. 一般纳税人以清包工方式提供的建筑服务，可以选择适用简易计税方法计税。

以清包工方式提供建筑服务，是指施工方不采购建筑工程所需的材料或只采购辅助材料，并收取人工费、管理费或者其他费用的建筑服务。

【解读】

本条是关于清包工建筑工程可以选择简易计税方法计税的规定。理解本条规定可以从以下三个方面掌握：

一、按照统一后的增值税税制，一般纳税人提供建筑服务应适用一般计税方法和11%的税率，以当期销项税额减去当期进项税额计算应纳税额。以清包工方式提供的建筑服务，由于施工方不采购建筑工程所需材料或只采购辅助材料，且其大部分成本为人工成本，因此，施工方可以取得的用以抵扣的进项税额较少，按照一般计税方法计税，可能导致企业税负与原营业税税负相比大幅上升。为保证建筑业营改增改革的平稳过渡，本条规定一般纳税人的清包工建筑工程可以选择简易计税方法计税。

二、按照本条规定，以清包工方式提供建筑服务，是指施工方仅收取人工费、管理费或者其他费用，不采购建筑工程所需的材料或只采购辅助材料，建筑工程所需的主要材料或全部材料由建设方或上一环节工程发包方采购。

三、按照《试点有关事项的规定》第一条第（三）项第9点，适用简易计税方法的建筑服务，以取得的全部价款和价外费用扣除支付的分包款后的余额为销售额。上述规定同样适用于一般纳税人选择适用简易计税方法计税的清包工建筑服务。

2. 一般纳税人为甲供工程提供的建筑服务，可以选择适用简易计税方法计税。

甲供工程，是指全部或部分设备、材料、动力由工程发包方自行采购的建筑工程。

【解读】

本条是关于甲供工程建筑服务可以选择简易计税方法的规定。理解本条规定可以从以下三个方面掌握：

一、按照统一的增值税的税制，一般纳税人为甲供工程提供的建筑服务应适用一般计税方法和11%的税率，以当期销项税额减去当期进项税额计算应纳税额。甲供工程中，全部或部分设备、材料、动力由工程发包方自行采购，施工方可能采购部分设备、材料、动力，也可能完全不采购设备、材料、动力。如果施工方完全不采购设备、材料、动力，只提供纯劳务的建筑服务，其绝大部分成本为人工成本，则施工方几乎没有用以抵扣的进项税额，如果对施工方按照一般计税方法计税，可能导致企业税负较高。为保证建筑业营改增改革的平稳过渡，本条款规定一般纳税人为甲供工程提供的建筑服务可以选择简易计税方法计税。

二、按照本条规定，甲供工程，是指施工方可能采购部分设备、材料、动力，也可能完全不采购设备、材料、动力，所需全部或部分设备、材料、动力由工程发包方自行采购的工程项目。

三、按照《试点有关事项的规定》第一条第（三）项第9点，适用简易计税方法的建筑服务，以取得的全部价款和价外费用扣除支付的分包款后的余额为销售额。上述规定同样适用于一般纳税人选择适用简易计税方法计税的甲供工程建筑服务。

需要注意的是，纳税人为甲供工程提供建筑服务取得的全部价款和价外费用的确定原则，与营业税不同。

《营业税暂行条例实施细则》第十六条规定："纳税人提供建筑业劳务（不含装饰劳务）的营业额应当包括工程所用原材料、设备及其他物资和动力价款在内，但不包括建设方提供的设备的价款。"因此，甲供工程中，施工方提供建筑劳务的营业税计税依据既包括自身取得的工程款，也包括建设方提供的材料价款。

3. 一般纳税人为建筑工程老项目提供的建筑服务，可以选择适用简易计税方法计税。

建筑工程老项目，是指：

（1）《建筑工程施工许可证》注明的合同开工日期在2016年4月30日前的建筑工程项目；

（2）未取得《建筑工程施工许可证》的，建筑工程承包合同注明的开工日期在2016年4月30日前的建筑工程项目。

【解读】

本条是关于建筑工程老项目可以选择简易计税方法计税的规定。理解本条规定可以从以下四个方面掌握：

一、按照统一后的增值税税制，一般纳税人提供的建筑服务应适用一般计税方法和11%的税率，以当期销项税额减去当期进项税额计算应纳税额。对于建筑工程老项目，施工方的采购活动可能在营改增试点前已经完成或大部分完成，因此，其在2016年5月1日后没有可以抵扣的进项税额，或可以抵扣的进项税额很少，这种情形下如果对施工方按照一般计税方法计税，可能导致企业税负较高。为保证建筑业营改增改革的平稳过渡，本条规定一般纳税人为建筑工程老项目提供的建筑服务，可以选择适用简易计税方法计税。

二、建筑工程老项目，是指：

（1）《建筑工程施工许可证》注明的合同开工日期在2016年4月30日前的建筑工程项目；

（2）未取得《建筑工程施工许可证》的，建筑工程承包合同注明的开工日期在

2016 年 4 月 30 日前的建筑工程项目。

（3）《建筑工程施工许可证》未注明合同开工日期，但建筑工程承包合同注明的开工日期在 2016 年 4 月 30 日前的建筑工程项目。

三、《建筑工程施工许可证》。

《住房城乡建设部办公厅关于进一步加强建筑工程施工许可管理工作的通知》（建办市〔2014〕34 号）第四条明确："施工许可证样本由住房城乡建设部统一规定，各发证机关不得更改。自 2014 年 10 月 25 日起，统一使用新版施工许可证及其申请表"。建办市〔2014〕34 号规定的新版《建筑工程施工许可证》（见后附样本 1）样式，与旧版《建筑工程施工许可证》（见后附样本 2）相比，除了增加注明相关事项外，取消了注明开工日期，因此，2016 年 4 月 30 日前开工的建筑工程老项目，可能使用的是新版《建筑工程施工许可证》，也可能使用的是旧版《建筑工程施工许可证》。

为此，《国家税务总局关于发布〈纳税人跨县（市、区）提供建筑服务增值税征收管理暂行办法〉的公告》（国家税务总局公告 2016 年第 17 号）中明确："《建筑工程施工许可证》未注明合同开工日期，但建筑工程承包合同注明的开工日期在 2016 年 4 月 30 日前的建筑工程项目，属于建筑工程老项目。"

四、按照《试点有关事项的规定》第一条第（三）项第 9 点，适用简易计税方法的建筑服务，以取得的全部价款和价外费用扣除支付的分包款后的余额为销售额。上述规定同样适用于一般纳税人选择适用简易计税方法计税的建筑工程老项目。

【相关知识】

一、关于建筑工程施工许可管理

《建筑工程施工许可管理办法》（住房和城乡建设部令第 18 号，2014 年 10 月 25 日起施行）第二条规定：在中华人民共和国境内从事各类房屋建筑及其附属设施的建造、装修装饰和与其配套的线路、管道、设备的安装，以及城镇市政基础设施工程的施工，建设单位在开工前应当依照本办法的规定，向工程所在地的县级以上地方人民政府住房城乡建设主管部门（以下称发证机关）申请领取施工许可证。

工程投资额在 30 万元以下或者建筑面积在 300 平方米以下的建筑工程，可以不申请办理施工许可证。省、自治区、直辖市人民政府住房城乡建设主管部门可以根据当地的实际情况，对限额进行调整，并报国务院住房城乡建设主管部门备案。

按照国务院规定的权限和程序批准开工报告的建筑工程，不再领取施工许可证。

二、新版和旧版《建筑工程施工许可证》样式

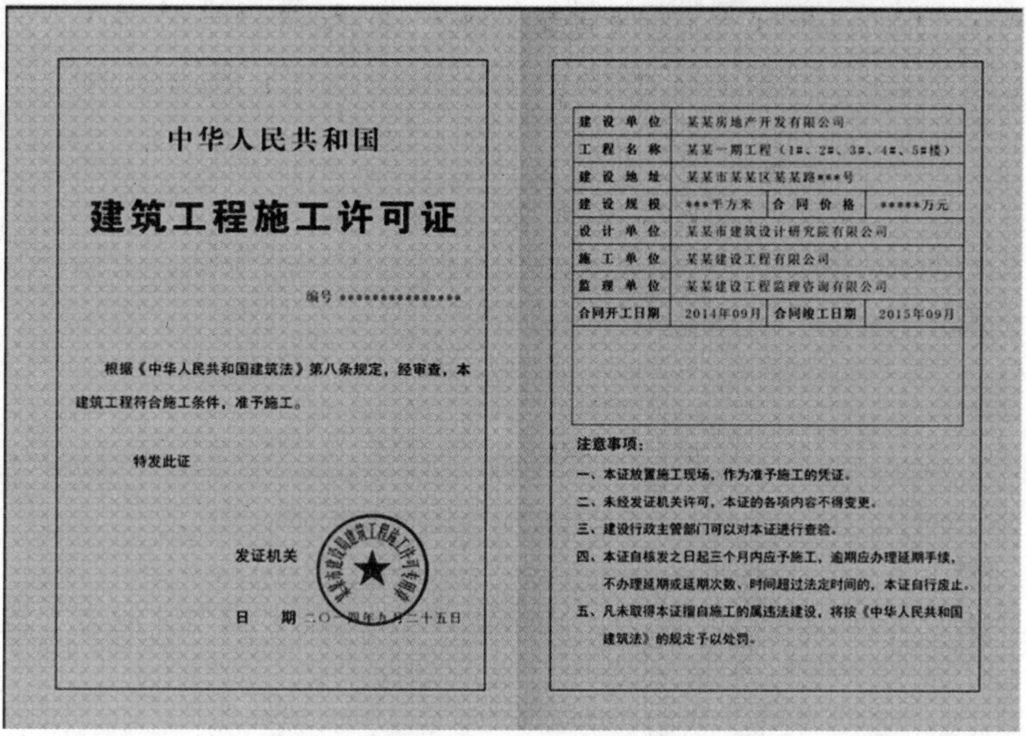

中华人民共和国

建筑工程施工许可证

编号 ***************

根据《中华人民共和国建筑法》第八条规定，经审查，本建筑工程符合施工条件，准予施工。

特发此证

发证机关

日　期 二○一四年九月二十五日

建设单位	某某房地产开发有限公司		
工程名称	某某一期工程（1#、2#、3#、4#、5#楼）		
建设地址	某某市某某区某某路***号		
建设规模	***平方米	合同价格	*****万元
设计单位	某某市建筑设计研究院有限公司		
施工单位	某某建设工程有限公司		
监理单位	某某建设工程监理咨询有限公司		
合同开工日期	2014年09月	合同竣工日期	2015年09月

注意事项：

一、本证放置施工现场，作为准予施工的凭证。

二、未经发证机关许可，本证的各项内容不得变更。

三、建设行政主管部门可以对本证进行查验。

四、本证自核发之日起三个月内应予施工，逾期应办理延期手续，不办理延期或延期次数、时间超过法定时间的，本证自行废止。

五、凡未取得本证擅自施工的属违法建设，将按《中华人民共和国建筑法》的规定予以处罚。

旧版《建筑工程施工许可》内页样本

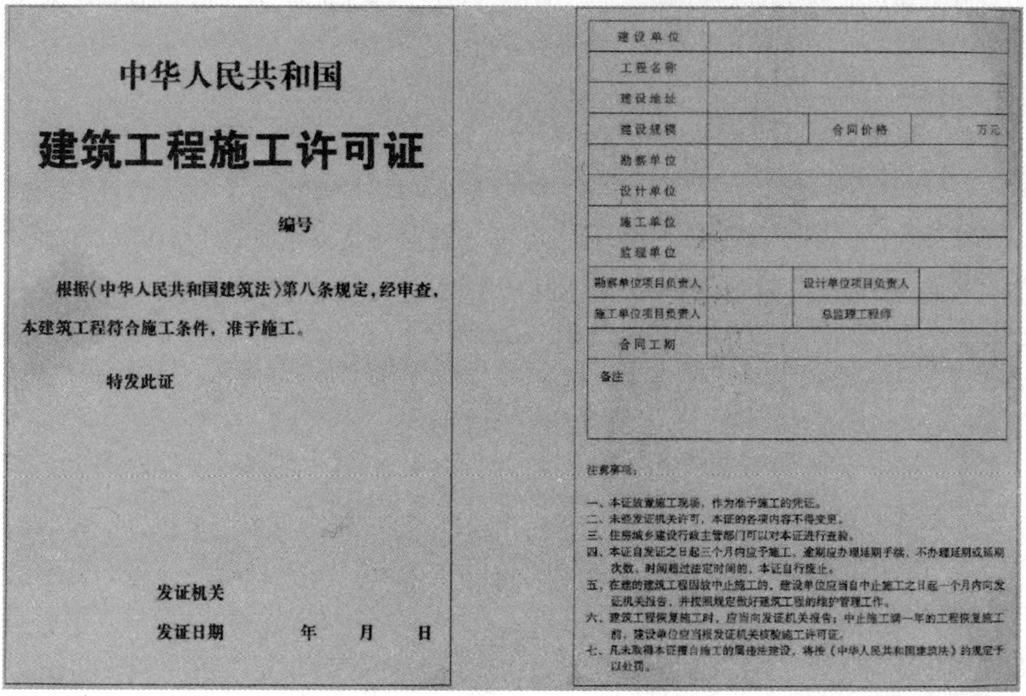

中华人民共和国

建筑工程施工许可证

编号

根据《中华人民共和国建筑法》第八条规定，经审查，本建筑工程符合施工条件，准予施工。

特发此证

发证机关

发证日期　　年　月　日

建设单位			
工程名称			
建设地址			
建设规模		合同价格	万元
勘察单位			
设计单位			
施工单位			
监理单位			
勘察单位项目负责人		设计单位项目负责人	
施工单位项目负责人		总监理工程师	
合同工期			
备注			

注意事项：

一、本证放置施工现场，作为准予施工的凭证。

二、未经发证机关许可，本证的各项内容不得变更。

三、住房城乡建设行政主管部门可以对本证进行查验。

四、本证自发证之日起三个月内应予施工，逾期应办理延期手续，不办理延期或延期次数、时间超过法定时间的，本证自行废止。

五、在建的建筑工程因故中止施工的，建设单位应当自中止施工之日起一个月内向发证机关报告，并按照规定做好建筑工程的维护管理工作。

六、建筑工程恢复施工时，应当向发证机关报告；中止施工满一年的工程恢复施工前，建设单位应当报发证机关核验施工许可证。

七、凡未取得本证擅自施工的属违法建设，将按《中华人民共和国建筑法》的规定予以处罚。

新版《建筑工程施工许可证》内页样本

4. 一般纳税人跨县（市）提供建筑服务，适用一般计税方法计税的，应以取得的全部价款和价外费用为销售额计算应纳税额。纳税人应以取得的全部价款和价外费用扣除支付的分包款后的余额，按照2%的预征率在建筑服务发生地预缴税款后，向机构所在地主管税务机关进行纳税申报。

5. 一般纳税人跨县（市）提供建筑服务，选择适用简易计税方法计税的，应以取得的全部价款和价外费用扣除支付的分包款后的余额为销售额，按照3%的征收率计算应纳税额。纳税人应按照上述计税方法在建筑服务发生地预缴税款后，向机构所在地主管税务机关进行纳税申报。

6. 试点纳税人中的小规模纳税人（以下称小规模纳税人）跨县（市）提供建筑服务，应以取得的全部价款和价外费用扣除支付的分包款后的余额为销售额，按照3%的征收率计算应纳税额。纳税人应按照上述计税方法在建筑服务发生地预缴税款后，向机构所在地主管税务机关进行纳税申报。

【解读】

上述三点内容是关于跨县（市）提供建筑服务如何缴纳增值税的规定。理解这三条规定可以从以下三个方面掌握：

一、考虑到建筑业营业税的纳税地点为建筑劳务发生地，改为征收增值税后，纳税地点以机构所在地为主要确定原则，如果不在征管上设置服务发生地预征的办法，可能导致建筑劳务发生地税源流失的问题，因此，第4、5、6点条款对于跨县（市）提供建筑服务，在征管上采取先在建筑服务发生地预征税款，再回机构所在地进行纳税申报的过渡安排。

二、纳税人跨县（市）提供建筑服务在预缴税款时，采取一般计税方法计税的，应以取得的全部价款和价外费用扣除支付的分包款后的余额为预缴税款的计算依据，预征率为2%；采取简易计税方法的，应以取得的全部价款和价外费用扣除支付的分包款后的余额为预缴税款的计算依据，预征率为3%。

三、有关跨县（市）提供建筑服务的税款计算、税收管理等具体规定，参见《国家税务总局关于发布〈纳税人跨县（市、区）提供建筑服务增值税征收管理暂行办法〉的公告》（国家税务总局公告2016年第17号）的规定。

（八）销售不动产。

【解读】

为保证房地产业营改增改革平稳过渡，对一般纳税人销售老不动产，本条明确可以选择适用简易计税方法计税的过渡政策，涉及条款为第1、2、7点。

同时，考虑到销售不动产的营业税纳税地点为不动产所在地，改为征收增值税后，纳税地点以机构所在地为主要确定原则（其他个人销售不动产除外），如果不在征管上设置不动产所在地预征的办法，可能导致不动产所在地税源流失的问题，因此，本条对于纳税人销售取得的不动产，在征管上采取在不动产所在地先预征税款的过渡安排。

对于房地产开发项目，考虑到房地产企业的进销项取得的时间一般间隔较长，为保证纳税人税款均衡入库，避免房地产企业在整个房地产开发项目开发销售期间，前期取得售房款较多、支付工程款较少而导致前期缴税多，后期取得售房款较少、支付工程款较多而导致后期进项留抵的情况发生，政策规定，对房地产开发企业销售房地产项目采取预收款方式的，在收到预收款时先预缴税款。

1. 一般纳税人销售其2016年4月30日前取得（不含自建）的不动产，可以选择适用简易计税方法，以取得的全部价款和价外费用减去该项不动产购置原价或者取得不动产时的作价后的余额为销售额，按照5%的征收率计算应纳税额。纳税人应按照上述计税方法在不动产所在地预缴税款后，向机构所在地主管税务机关进行纳税申报。

2. 一般纳税人销售其2016年4月30日前自建的不动产，可以选择适用简易计税方法，以取得的全部价款和价外费用为销售额，按照5%的征收率计算应纳税额。纳税人应按照上述计税方法在不动产所在地预缴税款后，向机构所在地主管税务机关进行纳税申报。

3. 一般纳税人销售其2016年5月1日后取得（不含自建）的不动产，应适用一般计税方法，以取得的全部价款和价外费用为销售额计算应纳税额。纳税人应以取得的全部价款和价外费用减去该项不动产购置原价或者取得不动产时的作价后的余额，按照5%的预征率在不动产所在地预缴税款后，向机构所在地主管税务机关进行纳税申报。

4. 一般纳税人销售其2016年5月1日后自建的不动产，应适用一般计税方法，以取得的全部价款和价外费用为销售额计算应纳税额。纳税人应以取得的全部价款和价外费用，按照5%的预征率在不动产所在地预缴税款后，向机构所在地主管税务机关进行纳税申报。

5. 小规模纳税人销售其取得（不含自建）的不动产（不含个体工商户销售购买的住房和其他个人销售不动产），应以取得的全部价款和价外费用减去该项不动产购置原价或者取得不动产时的作价后的余额为销售额，按照5%的征收率计算应纳税额。纳税人应按照上述计税方法在不动产所在地预缴税款后，向机构所在地主管税务机关进行纳税申报。

6. 小规模纳税人销售其自建的不动产，应以取得的全部价款和价外费用为销售额，按照5%的征收率计算应纳税额。纳税人应按照上述计税方法在不动产所在地预缴税款后，向机构所在地主管税务机关进行纳税申报。

【解读】

以上内容是关于纳税人销售不动产如何缴纳增值税的规定。结合国家税务总局公告 2016 年第 14 号、第 18 号，理解上述规定应从以下三个方面掌握：

一、征管方式。

除其他个人外的纳税人销售不动产，先向不动产所在地主管地税机关预缴税款，再向机构所在地主管国税机关申报纳税；其他个人销售不动产，直接向不动产所在地主管地税机关申报纳税。

这样规定出于两方面的考虑，一是按照目前的不动产管理模式，在登记环节需要“先税后证”，且地税部门多年来具有成熟的管理模式，在改革时间紧的情况下，由地税代征，既不改变纳税人的申报习惯，又能够提高改革效率。二是对涉及自然人的税款征收，地税部门经验丰富，且地税部门负责征管的个人所得税等其他税种，均需以此为抓手，为避免这类地方税税源流失，对不动产交易的增值税，明确由地税局代征。

二、销售额的确定

（一）对于取得的非自建的不动产：适用简易计税方法的，以取得的全部价款和价外费用减去该项不动产购置原价或者作价后的余额为销售额；适用一般计税方法下的，以取得的全部价款和价外费用为销售额。

（二）对于自建的不动产：均为取得的全部价款和价外费用为销售额。

三、预缴税款的计算

（一）对于取得的非自建的不动产，均以取得的全部价款和价外费用减去该不动产购置原价或者取得不动产时的作价后的余额为预缴税款的计算依据，在不动产所在地预缴税款。

（二）对于自建的不动产，均以取得的全部价款和价外费用为预缴税款的计算依据，在不动产所在地预缴税款。

具体参见《国家税务总局关于公布〈纳税人转让不动产增值税征收管理暂行办法〉的公告》（国家税务总局公告 2016 年第 14 号）和《国家税务总局关于公布〈房地产开发企业销售自行开发的房地产项目增值税征收管理暂行办法〉的公告》（国家税务总局公告 2016 年第 18 号）的规定。

7. 房地产开发企业中的一般纳税人，销售自行开发的房地产老项目，可以选择适用简易计税方法按照5%的征收率计税。

8. 房地产开发企业中的小规模纳税人，销售自行开发的房地产项目，按照

5%的征收率计税。

9. 房地产开发企业采取预收款方式销售所开发的房地产项目，在收到预收款时按照3%的预征率预缴增值税。

【解读】

以上三条是对房地产开发企业销售自行开发的房地产项目这种对特定纳税人的情形分别进行的相关政策规定。结合国家税务总局公告2016年第18号，理解上述规定可以从以下三个方面掌握：

一、房地产开发企业如果是一般纳税人，销售老项目，因为涉及部分成本的支出是在营业税下完成的而无法取得进项，因此给予了简易计税的选择权。同时明确，征收率和原营业税税率一致，为5%。

二、房地产开发企业如果是小规模纳税人，销售自行开发的房地产项目，不区分新老项目，统一按照5%的征收率计算缴纳增值税。

三、关于预收款的规定。原营业税制下，房地产开发企业收到预收款时即确认为纳税义务发生。按照增值税的一般规定，房地产开发企业收到的预收性质的款项，不需要确认纳税义务发生，但是考虑到房地产开发项目，收入和支出期间可能会有不匹配的情况，为平衡税款入库时间，本条规定房地产开发企业在收到预收款时，需要按照3%的预征率先预缴增值税。按照增值税纳税义务发生时间确认纳税义务发生时，已预缴的税款可以抵减应纳税额。

10. 个体工商户销售购买的住房，应按照附件3《营业税改征增值税试点过渡政策的规定》第五条的规定征免增值税。纳税人应按照上述计税方法在不动产所在地预缴税款后，向机构所在地主管税务机关进行纳税申报。

【解读】

理解本规定可以从以下两方面掌握：

一、个体工商户销售购买的住房，按照《试点过渡政策的规定》第五条规定执行相关政策。其规定为：

个人将购买不足2年的住房对外销售的，按照5%的征收率全额缴纳增值税；个人将购买2年以上（含2年）的住房对外销售的，免征增值税。上述政策适用于北京市、上海市、广州市和深圳市之外的地区。

个人将购买不足2年的住房对外销售的，按照5%的征收率全额缴纳增值税；个人将购买2年以上（含2年）的非普通住房对外销售的，以销售收入减去购买住房价款后的差额按照5%的征收率缴纳增值税；个人将购买2年以上（含2年）的普通住房对外销售的，免征增值税。上述政策仅适用于北京市、上海市、广州市和深圳市。

此项规定是延续了《财政部 国家税务总局关于调整房地产交易环节契税、营业税优惠政策的通知》（财税〔2016〕23号）的相关规定。

二、按照统一的征管原则，个体工商户销售购买的住房也需要在不动产所在地预缴税款，向机构所在地主管国税机关纳税申报。

11. 其他个人销售其取得（不含自建）的不动产（不含其购买的住房），应以取得的全部价款和价外费用减去该项不动产购置原价或者取得不动产时的作价后的余额为销售额，按照5%的征收率计算应纳税额。

【解读】

理解本规定可以从以下两方面掌握：

一、其他个人销售自建自用住房和销售购买的住房，在《试点过渡政策的规定》里已经作出了相应的规定，因此这里将此两种情形排除掉。除了这两种情形以外的，采用差额征税的办法按5%征收率计税。

二、明确其他个人销售不动产，与单位和个体工商户销售不动产的原则不同，纳税地点为不动产所在地，不需要在不动产所在地预缴税款，向机构所在地纳税申报。

（九）不动产经营租赁服务。

1. 一般纳税人出租其2016年4月30日前取得的不动产，可以选择适用简易计税方法，按照5%的征收率计算应纳税额。纳税人出租其2016年4月30日前取得的与机构所在地不在同一县（市）的不动产，应按照上述计税方法在不动产所在地预缴税款后，向机构所在地主管税务机关进行纳税申报。

【解读】

与建筑服务和销售不动产同样的考虑，对一般纳税人出租其2016年4月30日前取得不动产，可以选择简易计税方法。同时，为维持地方财力格局基本不变，在不动产所在地预缴税款，向机构所在地纳税申报。

2. 公路经营企业中的一般纳税人收取试点前开工的高速公路的车辆通行费，可以选择适用简易计税方法，减按3%的征收率计算应纳税额。

试点前开工的高速公路，是指相关施工许可证明上注明的合同开工日期在2016年4月30日前的高速公路。

【解读】

在《注释》中明确了高速公路的车辆通行费，应按不动产经营租赁征收增值税，适用11%税率。对试点前开工的高速公路，对其收取的车辆通行费，将《财政部国家税务总局关于公路经营企业车辆通行费收入营业税政策的通知》（财税〔2005〕

77号）中“自2005年6月1日起，对公路经营企业收取的高速公路车辆通行费收入统一减按3%的税率征收营业税。”规定延续，给予了可依照5%征收率减按3%征收的过渡政策。

3. 一般纳税人出租其2016年5月1日后取得的、与机构所在地不在同一县（市）的不动产，应按照3%的预征率在不动产所在地预缴税款后，向机构所在地主管税务机关进行纳税申报。

【解读】

一般纳税人出租其2016年5月1日后取得的不动产应适用一般计税方法，为维持地方财力格局基本不变，在不动产所在地按照3%预征率预缴税款，向机构所在地纳税申报。

4. 小规模纳税人出租其取得的不动产（不含个人出租住房），应按照5%的征收率计算应纳税额。纳税人出租与机构所在地不在同一县（市）的不动产，应按照上述计税方法在不动产所在地预缴税款后，向机构所在地主管税务机关进行纳税申报。

【解读】

除个人出租住房以及其他个人出租非住房以外，小规模纳税人出租其取得的不动产，按照5%的征收率计算应纳税额，同时考虑维持地方财力格局基本不变，在不动产所在地预缴税款，向机构所在地申报纳税。

5. 其他个人出租其取得的不动产（不含住房），应按照5%的征收率计算应纳税额。

【解读】

原营业税制下，其他个人出租非住房，按照5%税率计算缴纳营业税，营改增后基本维持了该政策口径，明确对其他个人出租非住房，按照5%的征收率计算应纳税额。

6. 个人出租住房，应按照5%的征收率减按1.5%计算应纳税额。

【解读】

《财政部 国家税务总局关于廉租住房经济适用住房和住房租赁有关税收政策的通知》（财税〔2008〕24号）规定：“对个人出租住房，不区分用途，在3%税率的基础上减半征收营业税”。也就是说实际缴纳税款的征收率是1.5%，本条是对此政策的平移，明确了对个人出租住房，征收率为5%但减按1.5%计算应纳税额。

需要注意的是，这里的“个人”包括了个体工商户和其他个人。

（十）一般纳税人销售其2016年4月30日前取得的不动产（不含自建），适用一般计税方法计税的，以取得的全部价款和价外费用为销售额计算应纳税额。上述纳税人应以取得的全部价款和价外费用减去该项不动产购置原价或者取得不动产时的作价后的余额，按照5%的预征率在不动产所在地预缴税款后，向机构所在地主管税务机关进行纳税申报。

【解读】

本条是对一般纳税人销售不动产（不含自建）采取一般计税方法计税的相关规定。主要把握以下几点：

一、以扣除不动产购置原价或者取得不动产时的作价后的余额计算预缴税款。

二、预征率为5%。

三、按照一般计税方法的基本规定计算应纳税额，其计税销售额为全部价款和价外费用。

房地产开发企业中的一般纳税人销售房地产老项目，以及一般纳税人出租其2016年4月30日前取得的不动产，适用一般计税方法计税的，应以取得的全部价款和价外费用，按照3%的预征率在不动产所在地预缴税款后，向机构所在地主管税务机关进行纳税申报。

【解读】

本条是对房地产开发企业销售房地产老项目以及一般纳税人出租老不动产适用一般计税方法计税的相关规定。主要把握以下几点：

一、以全部价款和价外费用计算预缴税款。

二、预征率为3%。

三、按照一般计税方法的基本规定计算应纳税额，其计税销售额为全部价款和价外费用。

一般纳税人销售其2016年4月30日前自建的不动产，适用一般计税方法计税的，应以取得的全部价款和价外费用为销售额计算应纳税额。纳税人应以取得的全部价款和价外费用，按照5%的预征率在不动产所在地预缴税款后，向机构所在地主管税务机关进行纳税申报。

【解读】

本条是对一般纳税人销售自建不动产适用一般计税方法计税的相关规定。主要把握以下几点：

一、以全部价款和价外费用计算预缴税款。

二、预征率为5%。

三、按照一般计税方法的基本规定计算应纳税额，其计税销售额为全部价款和价外费用。

（十一）一般纳税人跨省（自治区、直辖市或者计划单列市）提供建筑服务或者销售、出租取得的与机构所在地不在同一省（自治区、直辖市或者计划单列市）的不动产，在机构所在地申报纳税时，计算的应纳税额小于已预缴税额，且差额较大的，由国家税务总局通知建筑服务发生地或者不动产所在地省级税务机关，在一定时期内暂停预缴增值税。

【解读】

为平衡纳税人在预缴地和申报地之间税款平衡，避免占用企业资金，在做建筑服务发生地、不动产所在地预缴税款，机构所在地申报纳税的征管安排时，已就预缴税款的计算依据和预征率的设定做了充分的考虑，但是纳税人在经营情况千差万别，难免会存在申报的应纳税额小于已预缴的税款的情况，对此，本条明确如果纳税人在机构所在地申报纳税时，计算的应纳税额小于已预缴税额，且差额较大的，由国家税务总局通知建筑服务发生地或者不动产所在地省级税务机关，在一定时期内暂停预缴增值税。

（十二）纳税地点

属于固定业户的试点纳税人，总分支机构不在同一县（市），但在同一省（自治区、直辖市、计划单列市）范围内的，经省（自治区、直辖市、计划单列市）财政厅（局）和国家税务局批准，可以由总机构汇总向总机构所在地的主管税务机关申报缴纳增值税。

【解读】

本条是关于纳税地点的特殊规定，是《试点实施办法》第四十六条第（一）项关于“经财政部和国家税务总局或者其授权的财政和税务机关批准，可以由总机构汇总向总机构所在地的主管税务机关申报纳税”规定的“其授权的财政和税务机关”的具体说明。明确除财政部、国家税务总局外，省（自治区、直辖市、计划单列市）级的财政和税务部门是被授权单位，可以批准总分支机构均在同一省（自治区、直辖市、计划单列市），却不在同一县（市）的固定业户实行汇总纳税。

（十三）试点前发生的业务。

【解读】

此次全面推开营改增和前期历次营改增一样，是从一个时间点开始规定的，也称税制转换日。可是对于纳税人来说，经营期是连续的，不可能因为税制转换，让纳税人终止经营或分割经营。因此，在税制转换过渡期，对纳税人来说一定会涉及涉税事项试点前与试点后相关规定的衔接问题，同时还会涉及国、地税职能划分问题，为避免出现纳税人产生误读或者国、地税征管职权划分不清问题，此处对试点前发生的业务如何处理进行了明确。

1. 试点纳税人发生应税行为，按照国家有关营业税政策规定差额征收营业税的，因取得的全部价款和价外费用不足以抵减允许扣除项目金额，截至纳入营改增试点之日前尚未扣除的部分，不得在计算试点纳税人增值税应税销售额时抵减，应当向原主管地税机关申请退还营业税。

【解读】

在原营业税制度下，对特定情形给予了一些差额征收的政策，且由于纳税人个体收入和支出属期不同，会出现先取得收入，后可以差额的情况，也会出现收入确认少，差额确认多的情况。按照有关规定，国、地税的管辖权是确定的，并且每个税种对应的预算科目、预算级次都不一样，为了保证中央和地方财力划分、税款入库科目准确，明确了营业税下未减除完毕的部分，在营改增后不得在计算试点纳税人增值税应税销售额时抵减，应当向原主管地税机关申请退还营业税。

2. 试点纳税人发生应税行为，在纳入营改增试点之日前已缴纳营业税，营改增试点后因发生退款减除营业额的，应当向原主管地税机关申请退还已缴纳的营业税。

【解读】

与本项第1点解读相同，试点前的退款或退回等情形，不能减除增值税的应纳税额，虽然已不缴纳营业税，但可向原主管地税机关提出申请，由原主管地税机关退还已缴纳的营业税。

3. 试点纳税人纳入营改增试点之日前发生的应税行为，因税收检查等原因需要补缴税款的，应按照营业税政策规定补缴营业税。

【解读】

与本项第1、2点解读相同，本条明确了对于试点前应税行为的适用政策问题，属于营改增前的，按照营业税政策规定处理。

总的来说，对于试点前的业务，要准确划分国、地税征管权限、税款的属性、预算科目级次、适用的政策制度，原则上属于该由地税管辖的时期的，即使在试点后发生的或发现的，地税机关仍然要进行相应处理。

（十四）销售使用过的固定资产。

一般纳税人销售自己使用过的、纳入营改增试点之日前取得的固定资产，按照现行旧货相关增值税政策执行。

使用过的固定资产，是指纳税人符合《试点实施办法》第二十八条规定并根据财务会计制度已经计提折旧的固定资产。

【解读】

本条是对《原试点有关事项的规定》第一条第（八）项的延续。

（十五）扣缴增值税适用税率。

境内的购买方为境外单位和个人扣缴增值税的，按照适用税率扣缴增值税。

【解读】

本项明确了扣缴增值税适用的税率问题。为了保证进口服务、无形资产与境内提供服务、无形资产税负保持一致，以同样的价格参与市场竞争，明确境内的购买方为境外单位和个人扣缴增值税的，统一按照适用税率扣缴增值税。

（十六）其他规定。

1. 试点纳税人销售电信服务时，附带赠送用户识别卡、电信终端等货物或者电信服务的，应将其取得的全部价款和价外费用进行分别核算，按各自适用的税率计算缴纳增值税。

【解读】

本项沿用了《财政部　国家税务总局关于将电信业纳入营业税改征增值税试点的通知》（财税〔2014〕43号）中的规定。

2. 油气田企业发生应税行为，适用《试点实施办法》规定的增值税税率，不再适用《财政部　国家税务总局关于印发〈油气田企业增值税管理办法〉的通知》（财税〔2009〕8号）规定的增值税税率。

【解读】

鉴于本次全面推进营改增已经将增值税的征收范围扩大到所有销售服务、无形资产、不动产领域，因此，为保证税制公平统一，原《油气田企业增值税管理办法》中规定的所有生产性劳务，也应按照《试点实施办法》的规定计算缴纳增值税。

二、原增值税纳税人［指按照《中华人民共和国增值税暂行条例》（国务院令第538号）（以下称《增值税暂行条例》）缴纳增值税的纳税人］有关政策

【解读】

鉴于《试点实施办法》只适用于试点纳税人，出于原增值税纳税人和试点纳税人适用税制的公平性和统一性的考虑，按照《试点实施办法》确定的基本原则，对原增值税纳税人作出了一系列补充规定，具体参见《试点实施办法》相关条款的解读。

（一）进项税额

1. 原增值税一般纳税人购进服务、无形资产或者不动产，取得的增值税专用发票上注明的增值税额为进项税额，准予从销项税额中抵扣。

2016年5月1日后取得并在会计制度上按固定资产核算的不动产或者2016年5月1日后取得的不动产在建工程，其进项税额应自取得之日起分2年从销项税额中抵扣，第一年抵扣比例为60%，第二年抵扣比例为40%。

融资租入的不动产以及在施工现场修建的临时建筑物、构筑物，其进项税额不适用上述分2年抵扣的规定。

2. 原增值税一般纳税人自用的应征消费税的摩托车、汽车、游艇，其进项税额准予从销项税额中抵扣。

3. 原增值税一般纳税人从境外单位或者个人购进服务、无形资产或者不动产，按照规定应当扣缴增值税的，准予从销项税额中抵扣的进项税额为自税务机关或者扣缴义务人取得的解缴税款的完税凭证上注明的增值税额。

纳税人凭完税凭证抵扣进项税额的，应当具备书面合同、付款证明和境外单位的对账单或者发票。资料不全的，其进项税额不得从销项税额中抵扣。

4. 原增值税一般纳税人购进货物或者接受加工修理修配劳务，用于《销售服务、无形资产或者不动产注释》所列项目的，不属于《增值税暂行条例》第十条所称的用于非增值税应税项目，其进项税额准予从销项税额中抵扣。

5. 原增值税一般纳税人购进服务、无形资产或者不动产，下列项目的进项税额不得从销项税额中抵扣：

(1) 用于简易计税方法计税项目、免征增值税项目、集体福利或者个人消费。其中涉及的无形资产、不动产，仅指专用于上述项目的无形资产（不包括其他权益性无形资产）、不动产。

纳税人的交际应酬消费属于个人消费。

(2) 非正常损失的购进货物，以及相关的加工修理修配劳务和交通运输服务。

(3) 非正常损失的在产品、产成品所耗用的购进货物（不包括固定资产）、加工修理修配劳务和交通运输服务。

(4) 非正常损失的不动产，以及该不动产所耗用的购进货物、设计服务和建筑服务。

(5) 非正常损失的不动产在建工程所耗用的购进货物、设计服务和建筑服务。

纳税人新建、改建、扩建、修缮、装饰不动产，均属于不动产在建工程。

(6) 购进的旅客运输服务、贷款服务、餐饮服务、居民日常服务和娱乐服务。

(7) 财政部和国家税务总局规定的其他情形。

上述第（4）点、第（5）点所称货物，是指构成不动产实体的材料和设备，包括建筑装饰材料和给排水、采暖、卫生、通风、照明、通讯、煤气、消防、中央空调、电梯、电气、智能化楼宇设备及配套设施。

纳税人接受贷款服务向贷款方支付的与该笔贷款直接相关的投融资顾问费、手续费、咨询费等费用，其进项税额不得从销项税额中抵扣。

6. 已抵扣进项税额的购进服务，发生上述第5点规定情形（简易计税方法计税项目、免征增值税项目除外）的，应当将该进项税额从当期进项税额中扣减；无法确定该进项税额的，按照当期实际成本计算应扣减的进项税额。

7. 已抵扣进项税额的无形资产或者不动产，发生上述第5点规定情形的，按照下列公式计算不得抵扣的进项税额：

不得抵扣的进项税额=无形资产或者不动产净值×适用税率

8. 按照《增值税暂行条例》第十条和上述第5点不得抵扣且未抵扣进项税额的固定资产、无形资产、不动产，发生用途改变，用于允许抵扣进项税额的应税项目，可在用途改变的次月按照下列公式，依据合法有效的增值税扣税凭证，计算可以抵扣的进项税额：

$$\text{可以抵扣的进项税额}=\frac{\text{固定资产、无形资产、不动产净值}}{1+\text{适用税率}}\times\text{适用税率}$$

上述可以抵扣的进项税额应取得合法有效的增值税扣税凭证。

（二）增值税期末留抵税额。

原增值税一般纳税人兼有销售服务、无形资产或者不动产的，截止到纳入营改增试点之日前的增值税期末留抵税额，不得从销售服务、无形资产或者不动产的销项税额中抵扣。

【解读】

纳税人在生产经营中，兼营的行为非常普遍。原增值税（即纳税人因销售货物和提供加工修理修配劳务而缴纳的增值税）均为中央和地方共享税，营改增以后，为进一步理顺中央与地方的财政分配关系，《财政部 中国人民银行 国家税务总局关于营改增试点预算管理问题的通知》（财预〔2013〕275 号）明确，试点期间收入归属保持不变，原归属地方的营业税收入，改征增值税后仍全部归属地方。也就是说，同为增值税，目前存在两种预算分配格局。一种为全额地方，一种为中央地方共享。为维持现有中央和地方收入分配格局的稳定，此条规定了原增值税的期末留抵税额，只能抵扣试点以后发生的销售货物和劳务产生的销项税额，不能抵扣试点以后发生的其他应税行为产生的销项税额。

（三）混合销售。

一项销售行为如果既涉及货物又涉及服务，为混合销售。从事货物的生产、批发或者零售的单位和个体工商户的混合销售行为，按照销售货物缴纳增值税；其他单位和个体工商户的混合销售行为，按照销售服务缴纳增值税。

上述从事货物的生产、批发或者零售的单位和个体工商户，包括以从事货物的生产、批发或者零售为主，并兼营销售服务的单位和个体工商户在内。

【解读】

参见《试点实施办法》第四十条的政策解读。

2.1.3 《营业税改征增值税试点过渡政策的规定》解读

一、下列项目免征增值税

（一）托儿所、幼儿园提供的保育和教育服务。

托儿所、幼儿园，是指经县级以上教育部门审批成立、取得办园许可证的实施0—6 岁学前教育的机构，包括公办和民办的托儿所、幼儿园、学前班、幼儿班、保育院、幼儿院。

公办托儿所、幼儿园免征增值税的收入是指，在省级财政部门和价格主管部门审核报省级人民政府批准的收费标准以内收取的教育费、保育费。

民办托儿所、幼儿园免征增值税的收入是指，在报经当地有关部门备案并公示的收费标准范围内收取的教育费、保育费。

超过规定收费标准的收费，以开办实验班、特色班和兴趣班等为由另外收取的费用以及与幼儿入园挂钩的赞助费、支教费等超过规定范围的收入，不属于免征增值税的收入。

【解读】

本条延续了下列原营业税优惠政策相关规定。

一、根据《营业税暂行条例》第八条第（一）项规定，对托儿所、幼儿园提供的育养服务免征营业税。

二、根据《财政部　国家税务总局关于加强教育劳务营业税征收管理有关问题的通知》（财税〔2006〕3号，以下称财税〔2006〕3号文件）第二条规定：

（一）“托儿所、幼儿园”是指经县级以上教育部门审批成立、取得办园许可证的实施0—6岁学前教育的机构，包括公办和民办的托儿所、幼儿园、学前班、幼儿班、保育院、幼儿院；

（二）“提供养育服务”是指上述托儿所、幼儿园对其学员提供的保育和教育服务；

（三）对公办托儿所、幼儿园予以免征营业税的养育服务收入是指，在经省级财政部门和价格主管部门审核报省级人民政府批准的收费标准以内收取的教育费、保育费；

（四）对民办托儿所、幼儿园予以免征营业税的养育服务收入是指，在报经当地有关部门备案并公示的收费标准范围内收取的教育费、保育费；

（五）超过规定收费标准的收费，以开办实验班、特色班和兴趣班等为由另外收取的费用以及与幼儿入园挂钩的赞助费、支教费等超过规定范围的收入，不属于免征营业税的养育服务收入。

（二）养老机构提供的养老服务。

养老机构，是指依照民政部《养老机构设立许可办法》（民政部令第48号）设立并依法办理登记的为老年人提供集中居住和照料服务的各类养老机构；养老服务，是指上述养老机构按照民政部《养老机构管理办法》（民政部令第49号）的规定，为收住的老年人提供的生活照料、康复护理、精神慰藉、文化娱乐等服务。

【解读】

本条延续了下列原营业税优惠政策相关规定。

一、《营业税暂行条例》第八条第（一）项规定，对养老院提供的育养服务免征营业税。

二、《财政部 国家税务总局关于支持文化服务出口等营业税政策的通知》（财税〔2014〕118号，以下称财税〔2014〕118号文件）第二条对养老机构提供的养老服务免征营业税政策明确规定，养老机构是指依照《养老机构设立许可办法》（民政部令第48号）设立并依法办理登记的为老年人提供集中居住和照料服务的各类养老机构。

养老服务是指上述养老机构按照《养老机构管理办法》（民政部令第49号）的规定，为收住的老年人提供的生活照料、康复护理、精神慰藉、文化娱乐等服务。

（三）残疾人福利机构提供的育养服务。

【解读】

本条延续了《营业税暂行条例》第八条第（一）项的规定，对残疾人福利机构提供的育养服务免征营业税。

（四）婚姻介绍服务。

【解读】

本条延续了《营业税暂行条例》第八条第（一）项的规定，对婚姻介绍服务免征营业税。

（五）殡葬服务。

殡葬服务，是指收费标准由各地价格主管部门会同有关部门核定，或者实行政府指导价管理的遗体接运（含抬尸、消毒）、遗体整容、遗体防腐、存放（含冷藏）、火化、骨灰寄存、吊唁设施设备租赁、墓穴租赁及管理等服务。

【解读】

《营业税暂行条例》第八条第（一）项规定，对殡葬服务免征营业税，但在原营业税制下，并未对殡葬服务的范围做解释。

对殡葬服务免税的初衷，是对与老百姓基本生活紧密相关的服务项目予以免税。但是随着经济社会发展，人民物质生活的极大丰富，本来作为基本社会服务应该合理收费的某些项目，在某些追求奢华之风的群体的需求下，也提供偏离合理收费标准的增值服务。为了达到优惠政策的初衷，在营改增税制转换时，根据《国家发展改革

委 民政部关于进一步加强殡葬服务收费管理有关问题的指导意见》（发改价格〔2012〕673号），对殡葬服务可享受增值税免税政策做出了需合理定价的条件限制。

（六）残疾人员本人为社会提供的服务。

【解读】

本条延续了下列原营业税优惠政策相关规定。

一、《营业税暂行条例》第八条第（二）项规定，对残疾人员个人提供的劳务，免征营业税。

二、《营业税暂行条例实施细则》第二十二条第（一）款规定，《营业税暂行条例》第八条所称残疾人员个人提供的劳务，是指残疾人员本人为社会提供的劳务。

（七）医疗机构提供的医疗服务。

医疗机构，是指依据国务院《医疗机构管理条例》（国务院令第149号）及卫生部《医疗机构管理条例实施细则》（卫生部令第35号）的规定，经登记取得《医疗机构执业许可证》的机构，以及军队、武警部队各级各类医疗机构。具体包括：各级各类医院、门诊部（所）、社区卫生服务中心（站）、急救中心（站）、城乡卫生院、护理院（所）、疗养院、临床检验中心，各级政府及有关部门举办的卫生防疫站（疾病控制中心）、各种专科疾病防治站（所），各级政府举办的妇幼保健所（站）、母婴保健机构、儿童保健机构，各级政府举办的血站（血液中心）等医疗机构。

本项所称的医疗服务，是指医疗机构按照不高于地（市）级以上价格主管部门会同同级卫生主管部门及其他相关部门制定的医疗服务指导价格（包括政府指导价和按照规定由供需双方协商确定的价格等）为就医者提供《全国医疗服务价格项目规范》所列的各项服务，以及医疗机构向社会提供卫生防疫、卫生检疫的服务。

【解读】

《营业税暂行条例》第八条第（三）项规定，对医院、诊所和其他医疗机构提供的医疗服务，免征营业税。但在原营业税制下，并未对医疗机构和医疗服务的范围做解释。本条根据现行有关法规及部门规章的规定，进行梳理后，对医疗机构、医疗服务进行了界定。

（八）从事学历教育的学校提供的教育服务。

1. 学历教育，是指受教育者经过国家教育考试或者国家规定的其他入学方式，进入国家有关部门批准的学校或者其他教育机构学习，获得国家承认的学历证书的教育形式。具体包括：

（1）初等教育：普通小学、成人小学。

（2）初级中等教育：普通初中、职业初中、成人初中。

（3）高级中等教育：普通高中、成人高中和中等职业学校（包括普通中专、成人中专、职业高中、技工学校）。

（4）高等教育：普通本专科、成人本专科、网络本专科、研究生（博士、硕士）、高等教育自学考试、高等教育学历文凭考试。

2. 从事学历教育的学校，是指：

（1）普通学校。

（2）经地（市）级以上人民政府或者同级政府的教育行政部门批准成立、国家承认其学员学历的各类学校。

（3）经省级及以上人力资源社会保障行政部门批准成立的技工学校、高级技工学校。

（4）经省级人民政府批准成立的技师学院。

上述学校均包括符合规定的从事学历教育的民办学校，但不包括职业培训机构等国家不承认学历的教育机构。

3. 提供教育服务免征增值税的收入，是指对列入规定招生计划的在籍学生提供学历教育服务取得的收入，具体包括：经有关部门审核批准并按规定标准收取的学费、住宿费、课本费、作业本费、考试报名费收入，以及学校食堂提供餐饮服务取得的伙食费收入。除此之外的收入，包括学校以各种名义收取的赞助费、择校费等，不属于免征增值税的范围。

学校食堂是指依照《学校食堂与学生集体用餐卫生管理规定》（教育部令第14号）管理的学校食堂。

【解读】

本条延续了下列原营业税优惠政策相关规定。

一、《营业税暂行条例》第八条第（四）项规定，对学校和其他教育机构提供的教育劳务，免征营业税。

二、财税〔2006〕3号文件第一条规定：

（一）“学历教育”是指：受教育者经过国家教育考试或者国家规定的其他入学方式，进入国家有关部门批准的学校或者其他教育机构学习，获得国家承认的学历证书的教育形式。具体包括：

1. 初等教育：普通小学、成人小学；

2. 初级中等教育：普通初中、职业初中、成人初中；

3. 高级中等教育：普通高中、成人高中和中等职业学校（包括普通中专、成人中专、职业高中、技工学校）；

4. 高等教育：普通本专科、成人本专科、网络本专科、研究生（博士、硕士）、高等教育自学考试、高等教育学历文凭考试。

（二）“从事学历教育的学校”是指：普通学校以及经地、市级以上人民政府或者同级政府的教育行政部门批准成立、国家承认其学员学历的各类学校。

上述学校均包括符合规定的从事学历教育的民办学校，但不包括职业培训机构等国家不承认学历的教育机构。

（三）免征营业税的教育劳务收入按以下规定执行：

提供教育劳务取得的收入是指对列入规定招生计划的在籍学生提供学历教育劳务取得的收入，具体包括：经有关部门审核批准，按规定标准收取的学费、住宿费、课本费、作业本费、伙食费、考试报名费收入。

超过规定收费标准的收费以及学校以各种名义收取的赞助费、择校费等超过规定范围的收入，不属于免征营业税的教育劳务收入，一律按规定征税。

三、财税〔2014〕118号文件第三条规定：将《财政部　国家税务总局关于加强教育劳务营业税征收管理有关问题的通知》（财税〔2006〕3号）第一条第（三）项“提供教育劳务取得的收入是指对列入规定招生计划的在籍学生提供学历教育劳务取得的收入，具体包括：经有关部门审核批准，按规定标准收取的学费、住宿费、课本费、作业本费、伙食费、考试报名费收入”调整为“提供教育劳务取得的收入是指对列入规定招生计划的在籍学生提供学历教育劳务取得的收入，具体包括：经有关部门审核批准并按规定标准收取的学费、住宿费、课本费、作业本费、考试报名费收入，以及学校食堂提供餐饮服务取得的伙食费收入。学校食堂是指依照《学校食堂与学生集体用餐卫生管理规定》（教育部令第14号）管理的学校食堂”。

四、《财政部　国家税务总局关于职业教育等营业税若干政策问题的通知》（财税〔2013〕62号，以下称财税〔2013〕62号文件）第一条规定：将《财政部　国家税务总局关于加强教育劳务营业税征收管理有关问题的通知》（财税〔2006〕3号）第一条（二）项“从事学历教育的学校是指：普通学校以及经地、市级以上人民政府或者同级政府的教育行政部门批准成立、国家承认其学员学历的各类学校”修改为“从事学历教育的学校是指：（1）普通学校，及经地（市）级以上人民政府或者同级政府的教育行政部门批准成立、国家承认其学员学历的各类学校；（2）经省级及以上人力资源社会保障行政部门批准成立的技工学校、高级技工学校，以及经省级人民政府批准成立的技师学院”。

（九）学生勤工俭学提供的服务。

【解读】

本条延续了《营业税暂行条例》第八条第（四）项规定，对学生勤工俭学提供的劳务，免征营业税。

（十）农业机耕、排灌、病虫害防治、植物保护、农牧保险以及相关技术培训业务，家禽、牲畜、水生动物的配种和疾病防治。

农业机耕，是指在农业、林业、牧业中使用农业机械进行耕作（包括耕耘、种植、收割、脱粒、植物保护等）的业务；排灌，是指对农田进行灌溉或者排涝的业务；病虫害防治，是指从事农业、林业、牧业、渔业的病虫害测报和防治的业务；农牧保险，是指为种植业、养殖业、牧业种植和饲养的动植物提供保险的业务；相关技术培训，是指与农业机耕、排灌、病虫害防治、植物保护业务相关以及为使农民获得农牧保险知识的技术培训业务；家禽、牲畜、水生动物的配种和疾病防治业务的免税范围，包括与该项服务有关的提供药品和医疗用具的业务。

【解读】

本条延续了下列原营业税优惠政策相关规定。

一、《营业税暂行条例》第八条第（五）项规定，对农业机耕、排灌、病虫害防治、植物保护、农牧保险以及相关技术培训业务，家禽、牲畜、水生动物的配种和疾病防治，免征营业税。

二、《营业税暂行条例实施细则》第二十二条第（三）项规定，条例第八条所称农业机耕，是指在农业、林业、牧业中使用农业机械进行耕作（包括耕耘、种植、收割、脱粒、植物保护等）的业务；排灌，是指对农田进行灌溉或排涝的业务；病虫害防治，是指从事农业、林业、牧业、渔业的病虫害测报和防治的业务；农牧保险，是指为种植业、养殖业、牧业种植和饲养的动植物提供保险的业务；相关技术培训，是指与农业机耕、排灌、病虫害防治、植物保护业务相关以及为使农民获得农牧保险知识的技术培训业务；家禽、牲畜、水生动物的配种和疾病防治业务的免税范围，包括与该项劳务有关的提供药品和医疗用具的业务。

（十一）纪念馆、博物馆、文化馆、文物保护单位管理机构、美术馆、展览馆、书画院、图书馆在自己的场所提供文化体育服务取得的第一道门票收入。

（十二）寺院、宫观、清真寺和教堂举办文化、宗教活动。

【解读】

第（十一）项、第（十二）项延续了下列原营业税优惠政策相关规定。

一、《营业税暂行条例》第八条第（六）项规定，对纪念馆、博物馆、文化馆、文物保护单位管理机构、美术馆、展览馆、书画院、图书馆举办文化活动的门票收入，宗教场所举办文化、宗教活动的门票收入，免征营业税。

二、《营业税暂行条例实施细则》第二十二条第（四）项规定，《营业税暂行条例》第八条所称纪念馆、博物馆、文化馆、文物保护单位管理机构、美术馆、展览馆、书画院、图书馆举办文化活动，是指这些单位在自己的场所举办的属于文化体育业税目征税范围的文化活动。其门票收入，是指销售第一道门票的收入。宗教场所举办文化、宗教活动的门票收入，是指寺院、宫观、清真寺和教堂举办文化、宗教活动销售门票的收入。

（十三）行政单位之外的其他单位收取的符合《试点实施办法》第十条规定条件的政府性基金和行政事业性收费。

【解读】

在此次营改增试点的政策设计中，重新明确了政府性基金、行政事业性收费不征税的主体仅指行政单位。除行政单位以外的非企业性单位应为增值税的纳税人，但是考虑到政府性基金和行政事业性收费纳入财政体系管理的特殊性，且行政单位之外的其他单位的收费行为是代行政府职能，因此给予了增值税免税政策。

（十四）个人转让著作权。

【解读】

本条平移了《财政部　国家税务总局关于将铁路运输和邮政业纳入营业税改征增值税试点的通知》（财税〔2013〕106号，以下称财税〔2013〕106号文件）附件3第一条第（一）项的相关政策规定。

（十五）个人销售自建自用住房。

【解读】

本条延续了财税〔2013〕62号文件第二条规定，对个人销售自建自用住房，免征营业税。

（十六）2018年12月31日前，公共租赁住房经营管理单位出租公共租赁住房。

公共租赁住房，是指纳入省、自治区、直辖市、计划单列市人民政府及新疆生产建设兵团批准的公共租赁住房发展规划和年度计划，并按照《关于加快发展公共租赁住房的指导意见》（建保〔2010〕87号）和市、县人民政府制定的具体管理办法进行管理的公共租赁住房。

【解读】

本条延续了《财政部　国家税务总局关于公共租赁住房税收优惠政策的通知》（财税〔2015〕139号）规定，2018年12月31日前，对经营公共租赁住房所取得的租金收入，免征营业税。公共租赁住房经营管理单位应单独核算公共租赁住房租金收入，未单独核算的，不得享受免征营业税优惠政策。

享受上述税收优惠政策的公共租赁住房是指纳入省、自治区、直辖市、计划单列市人民政府及新疆生产建设兵团批准的公共租赁住房发展规划和年度计划，并按照《关于加快发展公共租赁住房的指导意见》（建保〔2010〕87号）和市、县人民政府制定的具体管理办法进行管理的公共租赁住房。

（十七）台湾航运公司、航空公司从事海峡两岸海上直航、空中直航业务在大陆取得的运输收入。

台湾航运公司，是指取得交通运输部颁发的“台湾海峡两岸间水路运输许可证”且该许可证上注明的公司登记地址在台湾的航运公司。

台湾航空公司，是指取得中国民用航空局颁发的“经营许可”或者依据《海峡两岸空运协议》和《海峡两岸空运补充协议》规定，批准经营两岸旅客、货物和邮件不定期（包机）运输业务，且公司登记地址在台湾的航空公司。

【解读】

本条平移了财税〔2013〕106号文件附件3第一条第（八）项的相关政策规定。

（十八）纳税人提供的直接或者间接国际货物运输代理服务。

1. 纳税人提供直接或者间接国际货物运输代理服务，向委托方收取的全部国际货物运输代理服务收入，以及向国际运输承运人支付的国际运输费用，必须通过金融机构进行结算。

2. 纳税人为大陆与香港、澳门、台湾地区之间的货物运输提供的货物运输代理服务参照国际货物运输代理服务有关规定执行。

3. 委托方索取发票的，纳税人应当就国际货物运输代理服务收入向委托方全额开具增值税普通发票。

【解读】

本条是对财税〔2013〕106号文件和《国家税务总局关于国际货物运输代理服务

有关增值税问题的公告》(国家税务总局公告 2014 年第 42 号，以下称国家税务总局 2014 年第 42 号公告）政策的梳理整合和平移。

财税〔2013〕106 号文件附件 3 第一条第（十四）项规定，对试点纳税人提供的国际货物运输代理服务，免征增值税。①试点纳税人提供国际货物运输代理服务，向委托方收取的全部国际货物运输代理服务收入，以及向国际运输承运人支付的国际运输费用，必须通过金融机构进行结算。②试点纳税人为大陆与香港、澳门、台湾地区之间的货物运输提供的货物运输代理服务参照国际货物运输代理服务有关规定执行。③委托方索取发票的，试点纳税人应当就国际货物运输代理服务收入向委托方全额开具增值税普通发票。④本规定自 2013 年 8 月 1 日起执行。2013 年 8 月 1 日至本规定发布之日前，已开具增值税专用发票的，应将专用发票追回后方可适用本规定。

国家税务总局 2014 年第 42 号公告规定："一、试点纳税人通过其他代理人，间接为委托人办理货物的国际运输、从事国际运输的运输工具进出港口、联系安排引航、靠泊、装卸等货物和船舶代理相关业务手续，可按照财税〔2013〕106 号文件附件 3 第一条第（十四）项免征增值税。二、试点纳税人提供上述国际货物运输代理服务，向委托人收取的全部代理服务收入，以及向其他代理人支付的全部代理费用，必须通过金融机构进行结算。三、试点纳税人为大陆与香港、澳门、台湾地区之间的货物运输间接提供的货物运输代理服务，参照上述规定执行。"

(十九）以下利息收入。

1. 2016 年 12 月 31 日前，金融机构农户小额贷款。

小额贷款，是指单笔且该农户贷款余额总额在 10 万元（含本数）以下的贷款。

所称农户，是指长期（一年以上）居住在乡镇（不包括城关镇）行政管理区域内的住户，还包括长期居住在城关镇所辖行政村范围内的住户和户口不在本地而在本地居住一年以上的住户，国有农场的职工和农村个体工商户。位于乡镇(不包括城关镇）行政管理区域内和在城关镇所辖行政村范围内的国有经济的机关、团体、学校、企事业单位的集体户；有本地户口，但举家外出谋生一年以上的住户，无论是否保留承包耕地均不属于农户。农户以户为统计单位，既可以从事农业生产经营，也可以从事非农业生产经营。农户贷款的判定应以贷款发放时的承贷主体是否属于农户为准。

【解读】

本条延续了《财政部　国家税务总局关于延续并完善支持农村金融发展有关税

收政策的通知》（财税〔2014〕102号）的规定："自2014年1月1日至2016年12月31日，对金融机构农户小额贷款的利息收入，免征营业税。"

"本通知所称农户，是指长期（一年以上）居住在乡镇（不包括城关镇）行政管理区域内的住户，还包括长期居住在城关镇所辖行政村范围内的住户和户口不在本地而在本地居住一年以上的住户，国有农场的职工和农村个体工商户。位于乡镇（不包括城关镇）行政管理区域内和在城关镇所辖行政村范围内的国有经济的机关、团体、学校、企事业单位的集体户；有本地户口，但举家外出谋生一年以上的住户，无论是否保留承包耕地均不属于农户。农户以户为统计单位，既可以从事农业生产经营，也可以从事非农业生产经营。农户贷款的判定应以贷款发放时的承贷主体是否属于农户为准。"

"本通知所称小额贷款，是指单笔且该户贷款余额总额在10万元（含）以下贷款。"

2. 国家助学贷款。

【解读】

本条延续了《中国人民银行 财政部 教育部 国家税务总局关于进一步推进国家助学贷款业务发展的通知》（银发〔2001〕245号）的规定，经国务院批准，免征国家助学贷款利息收入营业税。

3. 国债、地方政府债。

【解读】

本条关于国债利息免征增值税的规定，继续遵循《中华人民共和国国库券条例》第十二条"国库券的利息收入享受免税待遇"的原则。考虑到地方政府债与国债在性质和意义上具有一致性，因此也对地方政府债利息收入给予了增值税免税优惠。

4. 人民银行对金融机构的贷款。

【解读】

本条延续了《国家税务总局关于人民银行贷款业务不征收营业税的具体范围的通知》（国税发〔1994〕88号）的规定，对人民银行的贷款业务不征税，是指人民银行对金融机构的贷款业务，人民银行对企业贷款或委托金融机构贷款的业务应当征收营业税。

《中华人民共和国中国人民银行法》（以下称《银行法》）第二十三条规定，中国人民银行为执行货币政策，可以运用下列货币政策工具：……（四）向商业银行提供贷款；第二十八条规定，中国人民银行根据执行货币政策的需要，可以决定对商业银行贷款的数额、期限、利率和方式，但贷款的期限不得超过一年。

【相关知识】

中国人民银行是否可以向政府放贷？

中国人民银行的货币政策目标是保证货币币值的稳定，如果对政府发放贷款，政府除财政收入外没有其他收入，不能通过增加税收来归还银行贷款，只能用政府权力迫使银行用超发货币来对冲贷款，这会引起货币贬值，造成通货膨胀。因此，为保持货币币值稳定，《银行法》规定，中国人民银行不能向政府、政府部门提供贷款。

《银行法》第三十条规定，中国人民银行不得向地方政府、各级政府部门提供贷款，不得向非银行金融机构以及其他单位和个人提供贷款，但国务院决定中国人民银行可以向特定的非银行金融机构提供贷款的除外。中国人民银行不得向任何单位和个人提供担保。

5. 住房公积金管理中心用住房公积金在指定的委托银行发放的个人住房贷款。

【解读】

本条是对《财政部　国家税务总局关于住房公积金管理中心有关税收政策的通知》（财税〔2000〕94 号，以下称财税〔2000〕94 号文件）营业税政策的延续。

财税〔2000〕94 号文件规定，自 2000 年 9 月 1 日起，对住房公积金管理中心用住房公积金在指定的委托银行发放个人住房贷款取得的收入，免征营业税。

6. 外汇管理部门在从事国家外汇储备经营过程中，委托金融机构发放的外汇贷款。

【解读】

本条是对《财政部　国家税务总局关于对外汇管理部门委托贷款利息收入免征营业税的通知》（财税〔2000〕78 号，以下称财税〔2000〕78 号文件）营业税政策的延续。

财税〔2000〕78 号文件规定，自 2000 年 7 月 1 日起，对外汇管理部门在从事国家外汇储备经营过程中，委托金融机构发放的外汇贷款利息收入免征营业税。

7. 统借统还业务中，企业集团或企业集团中的核心企业以及集团所属财务公司按不高于支付给金融机构的借款利率水平或者支付的债券票面利率水平，向企业集团或者集团内下属单位收取的利息。

统借方向资金使用单位收取的利息，高于支付给金融机构借款利率水平或者支付的债券票面利率水平的，应全额缴纳增值税。

统借统还业务，是指：

（1）企业集团或者企业集团中的核心企业向金融机构借款或对外发行债券取得资金后，将所借资金分拨给下属单位（包括独立核算单位和非独立核算单位，下同），并向下属单位收取用于归还金融机构或债券购买方本息的业务。

（2）企业集团向金融机构借款或对外发行债券取得资金后，由集团所属财务公司与企业集团或者集团内下属单位签订统借统还贷款合同并分拨资金，并向企业集团或者集团内下属单位收取本息，再转付企业集团，由企业集团统一归还金融机构或债券购买方的业务。

【解读】

本条是对下列营业税政策的梳理和延续。

一、《财政部　国家税务总局关于非金融机构统借统还业务征收营业税问题的通知》（财税字〔2000〕7号）规定，为缓解中小企业融资难的问题，对企业主管部门或企业集团中的核心企业等单位（以下称统借方）向金融机构借款后，将所借资金分拨给下属单位（包括独立核算单位和非独立核算单位），并按支付给金融机构的借款利率水平向下属单位收取用于归还金融机构的利息不征收营业税。

统借方将资金分拨给下属单位，不得按高于支付给金融机构的借款利率水平向下属单位收取利息，否则，将视为具有从事贷款业务的性质，应对其向下属单位收取的利息全额征收营业税。

二、《国家税务总局关于贷款业务征收营业税问题的通知》（国税发〔2002〕13号）规定，企业集团或集团内的核心企业（以下称企业集团）委托企业集团所属财务公司代理统借统还贷款业务，从财务公司取得的用于归还金融机构的利息不征收营业税；财务公司承担此项统借统还委托贷款业务，从贷款企业收取贷款利息不代扣代缴营业税。

以上所称企业集团委托企业集团所属财务公司代理统借统还业务，是指企业集团从金融机构取得统借统还贷款后，由集团所属财务公司与企业集团或集团内下属企业签订统借统还贷款合同并分拨借款，按支付给金融机构的借款利率向企业集团或集团内下属企业收取用于归还金融机构借款的利息，再转付企业集团，由企业集团统一归还金融机构的业务。

三、《国家税务总局关于明确若干营业税问题的公告》（国家税务总局公告2015年第92号）规定，企业集团或企业集团中的核心企业以发行债券形式取得资金后，直接或委托企业集团所属财务公司开展统借统还业务时，按不高于债券票面利率水平向企业集团或集团内下属单位收取的利息，按照《财政部 国家税务总局关于非金融机构统借统还业务征收营业税问题的通知》（财税字〔2000〕7号）和《国家税务总局关于贷款业务征收营业税问题的通知》（国税发〔2002〕13号）的规定，不征收营业税。

（二十）被撤销金融机构以货物、不动产、无形资产、有价证券、票据等财产清偿债务。

被撤销金融机构，是指经人民银行、银监会依法决定撤销的金融机构及其分设于各地的分支机构，包括被依法撤销的商业银行、信托投资公司、财务公司、金融租赁公司、城市信用社和农村信用社。除另有规定外，被撤销金融机构所属、附属企业，不享受被撤销金融机构增值税免税政策。

【解读】

本条是《财政部 国家税务总局关于被撤销金融机构有关税收政策问题的通知》（财税〔2003〕141号，以下称财税〔2003〕141号文件）有关营业税政策的延续。

财税〔2003〕141号文件规定，享受税收优惠政策的主体是指经中国人民银行依法决定撤销的金融机构及其分设于各地的分支机构，包括被依法撤销的商业银行、信托投资公司、财务公司、金融租赁公司、城市信用社和农村信用社。除另有规定者外，被撤销的金融机构所属、附属企业，不享受本通知规定的被撤销金融机构的税收优惠政策。

对被撤销金融机构财产用来清偿债务时，免征被撤销金融机构转让货物、不动产、无形资产、有价证券、票据等应缴纳的增值税、营业税、城市维护建设税、教育费附加和土地增值税。

【政策主要变化点】

新增了“银监会”为有权对金融机构依法做出撤销决定的机构之一。

（二十一）保险公司开办的一年期以上人身保险产品取得的保费收入。

一年期以上人身保险，是指保险期间为一年期及以上返还本利的人寿保险、养老年金保险，以及保险期间为一年期及以上的健康保险。

人寿保险，是指以人的寿命为保险标的的人身保险。

养老年金保险，是指以养老保障为目的，以被保险人生存为给付保险金条件，并按约定的时间间隔分期给付生存保险金的人身保险。养老年金保险应当同时符合下列条件：

1. 保险合同约定给付被保险人生存保险金的年龄不得小于国家规定的退休年龄。

2. 相邻两次给付的时间间隔不得超过一年。

健康保险，是指以因健康原因导致损失为给付保险金条件的人身保险。

上述免税政策实行备案管理，具体备案管理办法按照《国家税务总局关于一年期以上返还性人身保险产品免征营业税审批事项取消后有关管理问题的公告》（国家税务总局公告2015年第65号）规定执行。

【解读】

本条是对《财政部　国家税务总局关于一年期以上返还性人身保险产品营业税免税政策的通知》（财税〔2015〕86号）有关营业税政策的延续和调整。

《国务院关于取消和调整一批行政审批项目等事项的决定》（国发〔2015〕11号）取消了一年期以上返还性人身保险业务免征营业税审批事项。审批事项取消后有关备案管理问题，国家税务总局在《关于一年期以上返还性人身保险产品免征营业税审批事项取消后有关管理问题的公告》（国家税务总局公告2015年第65号）中进行了明确。具体规定如下：

一、保险公司开办符合财税〔2015〕86号文件规定免税条件的一年期以上返还性人身保险产品，按以下规定向主管税务机关办理免征营业税备案手续：

（一）保险公司应在保险产品享受税收优惠政策的首个纳税申报期内，将备案资料送主管税务机关备案；

在符合减免税条件期间，若保险产品的备案资料内容未发生变化，保险公司不需要再行备案；

（三）保险公司提交的备案资料内容发生变化，如仍符合减免税规定，应在发生变化的次月纳税申报期内，向主管税务机关进行变更备案；如不再符合减免税规定，应当停止享受免税，按照规定进行纳税申报。

二、保险公司提交的备案资料包括：

（一）保监会对保险产品的备案回执或批复文件（复印件）；

（二）保险产品的保险条款；

（三）保险产品费率表；

（四）主管税务机关要求提供的其他相关资料。

三、保险公司对备案资料的真实性和合法性承担责任。主管税务机关对保险公司提供的备案资料的完整性进行审核，不改变保险公司真实申报的责任。

四、在本公告施行前，保险公司开办的一年期以上返还性人身保险产品，已列入财政部、国家税务总局发布的免征营业税名单的，不再办理备案手续。在本公告施行后，上述保险产品的内容发生改变，改变后仍符合免税条件的，应按本公告规定，向主管税务机关办理免税备案手续；改变后不再符合免税条件的，应及时向税务机关报告，并自发生改变之月起停止享受营业税免税优惠，按照规定进行纳税申报。

五、一年期以上返还性人身保险产品免征营业税的其他有关备案管理事项，按照《国家税务总局关于发布〈税收减免管理办法〉的公告》（国家税务总局公告 2015 年第 43 号）规定执行。

【政策主要变化点】

修改“保险公司开办的一年期以上返还性人身保险产品取得的保费收入”为“保险公司开办的一年期以上人身保险产品取得的保费收入”，删除了“返还性”三个字。

（二十二）下列金融商品转让收入。

将原营业税制度下对金融商品转让收入的免税政策进行了梳理归类，并分条列示。

1. 合格境外投资者（QFII）委托境内公司在我国从事证券买卖业务。

【解读】

本条是《财政部　国家税务总局关于合格境外机构投资者营业税政策的通知》（财税〔2005〕155 号，以下称财税〔2005〕155 号文件）有关营业税政策的延续。

财税〔2005〕155 号文件规定，对合格境外机构投资者（简称 QFII）委托境内公司在我国从事证券买卖业务取得的差价收入，免征营业税。

2. 香港市场投资者（包括单位和个人）通过沪港通买卖上海证券交易所上市 A 股。

【解读】

本条是《财政部　国家税务总局　证监会关于沪港股票市场交易互联互通机制试点有关税收政策的通知》（财税〔2014〕81 号，以下称财税〔2014〕81 号文件）有关免征营业税政策的延续和调整。将内地个人的转让收入免征营业税政策归类到本款第 5 点“个人从事金融商品转让收入免征营业税”。

本政策主要考虑：一是目前对 QFII 在境内从事证券买卖业务是免征营业税的，对香港市场单位投资者通过沪港通直接买卖上交所上市 A 股免征营业税，在政策上更为公平；二是对香港市场个人投资者按现行政策规定是免征营业税的，由于香港结算无法区分实际投资者是单位还是个人，单独对单位投资者征税难以操作。

财税〔2014〕81 号文件规定，内地和香港市场投资者通过沪港通买卖股票的：

（一）对香港市场投资者（包括单位和个人）通过沪港通买卖上交所上市 A 股取

得的差价收入，暂免征收营业税。

（二）对内地个人投资者通过沪港通买卖香港联交所上市股票取得的差价收入，按现行政策规定暂免征收营业税。

（三）对内地单位投资者通过沪港通买卖香港联交所上市股票取得的差价收入，按现行政策规定征免营业税。

3. 对香港市场投资者（包括单位和个人）通过基金互认买卖内地基金份额。

【解读】

本条是《财政部　国家税务总局　证监会关于内地与香港基金互认有关税收政策的通知》（财税〔2015〕125号，以下称财税〔2015〕125号文件）有关免征营业税政策的延续和调整。将内地个人的转让收入免征营业税政策归类到本款第5点“个人从事金融商品转让收入免征营业税”。

财税〔2015〕125号文件第三条规定：

1. 对香港市场投资者（包括单位和个人）通过基金互认买卖内地基金份额取得的差价收入，暂免征收营业税。

2. 对内地个人投资者通过基金互认买卖香港基金份额取得的差价收入，按现行政策规定暂免征收营业税。

3. 对内地单位投资者通过基金互认买卖香港基金份额取得的差价收入，按现行政策规定征免营业税。

4. 证券投资基金（封闭式证券投资基金，开放式证券投资基金）管理人运用基金买卖股票、债券。

【解读】

本条是《财政部　国家税务总局关于证券投资基金税收政策的通知》（财税〔2004〕78号，以下称财税〔2004〕78号文件）有关营业税政策的延续。

财税〔2004〕78号文件规定，自2004年1月1日起，对证券投资基金（封闭式证券投资基金，开放式证券投资基金）管理人运用基金买卖股票、债券的差价收入，继续免征营业税。

5. 个人从事金融商品转让业务。

【解读】

本条是《财政部　国家税务总局关于个人金融商品买卖等营业税若干免税政策的通知》（财税〔2009〕111号，以下称财税〔2009〕111号文件）有关营业税政策的延续。

财税〔2009〕111号文件规定，对个人（包括个体工商户及其他个人）从事外汇、有价证券、非货物期货和其他金融商品买卖业务取得的收入暂免征收营业税。

（二十三）金融同业往来利息收入。

1. 金融机构与人民银行所发生的资金往来业务。包括人民银行对一般金融机构贷款，以及人民银行对商业银行的再贴现等。

2. 银行联行往来业务。同一银行系统内部不同行、处之间所发生的资金账务往来业务。

3. 金融机构间的资金往来业务。是指经人民银行批准，进入全国银行间同业拆借市场的金融机构之间通过全国统一的同业拆借网络进行的短期（一年以下含一年）无担保资金融通行为。

4. 金融机构之间开展的转贴现业务。

金融机构是指：

（1）银行：包括人民银行、商业银行、政策性银行。

（2）信用合作社。

（3）证券公司。

（4）金融租赁公司、证券基金管理公司、财务公司、信托投资公司、证券投资基金。

（5）保险公司。

（6）其他经人民银行、银监会、证监会、保监会批准成立且经营金融保险业务的机构等。

【解读】

本条是《财政部　国家税务总局关于转发〈国务院关于调整金融保险业税收政策有关问题的通知〉的通知》（财税字〔1997〕45号，以下称财税字〔1997〕45号文件）、《财政部　国家税务总局关于金融业征收营业税有关问题的通知》（财税字〔1995〕79号，以下称财税字〔1995〕79号文件）、《财政部　国家税务总局关于金融业若干征税问题的通知》（财税字〔2000〕191号，以下称财税字〔2000〕191号文件）、《国家税务总局关于印发〈金融保险业营业税申报管理办法〉的通知》（国税发〔2002〕9号，以下称国税发〔2002〕9号文件）有关营业税政策的延续。

一、财税字〔1997〕45号文件规定，金融机构从事再贴现、转贴现业务取得的收入，属于金融机构往来，暂不征收营业税。

二、财税字〔1995〕79号文件规定，对金融机构往来业务暂不征收营业税。金融机构往来，是指金融企业联行、金融企业与人民银行及同业之间的资金往来业务。

三、财税字〔2000〕191号文件规定，暂不征收营业税的金融机构往来业务是指金融机构之间相互占用、拆借资金的业务，不包括相互之间提供的服务（如代结算、代发行金融债券等）。对金融机构相互之间提供服务取得的收入，应按规定征收营业税。

四、国税发〔2002〕9号文件规定，金融机构往来利息收入不征营业税，金融机构往来利息收入是指金融机构之间相互占用、拆借资金取得的利息收入。

【政策主要变化点】

与原营业税政策相比，明确享受增值税免税的金融机构间的资金往来业务，是指经人民银行批准，进入全国银行间同业拆借市场的金融机构之间通过全国统一的同业拆借网络进行的短期（一年以下含一年）无担保资金融通行为。

（二十四）同时符合下列条件的担保机构从事中小企业信用担保或者再担保业务取得的收入（不含信用评级、咨询、培训等收入）3年内免征增值税：

1. 已取得监管部门颁发的融资性担保机构经营许可证，依法登记注册为企（事）业法人，实收资本超过2000万元。

2. 平均年担保费率不超过银行同期贷款基准利率的50%。平均年担保费率=本期担保费收入÷(期初担保余额+本期增加担保金额)×100%。

3. 连续合规经营2年以上，资金主要用于担保业务，具备健全的内部管理制度和为中小企业提供担保的能力，经营业绩突出，对受保项目具有完善的事前评估、事中监控、事后追偿与处置机制。

4. 为中小企业提供的累计担保贷款额占其两年累计担保业务总额的80%以上，单笔800万元以下的累计担保贷款额占其累计担保业务总额的50%以上。

5. 对单个受保企业提供的担保余额不超过担保机构实收资本总额的10%，且平均单笔担保责任金额最多不超过3000万元人民币。

6. 担保责任余额不低于其净资产的3倍，且代偿率不超过2%。

担保机构免征增值税政策采取备案管理方式。符合条件的担保机构应到所在地县（市）主管税务机关和同级中小企业管理部门履行规定的备案手续，自完成备案手续之日起，享受3年免征增值税政策。3年免税期满后，符合条件的担保机构可按规定程序办理备案手续后继续享受该项政策。

具体备案管理办法按照《国家税务总局关于中小企业信用担保机构免征营业税审批事项取消后有关管理问题的公告》（国家税务总局公告2015年第69号）规定执行，其中税务机关的备案管理部门统一调整为县（市）级国家税务局。

【解读】

本条是对《工业和信息化部　国家税务总局关于中小企业信用担保机构免征营业税审批事项取消后有关问题的通知》（工信部联企业〔2015〕286号，以下称工信部联企业〔2015〕286号文件）、《国家税务总局关于中小企业信用担保机构免征营业税审批事项取消后有关管理问题的公告》（国家税务总局公告2015年第69号，以下称国家税务总局2015年第69号公告）有关营业税政策的延续。

一、工信部联企业〔2015〕286号文件规定：

（一）符合条件的担保机构从事中小企业信用担保或再担保业务取得的收入（不含信用评级、咨询、培训等收入）3年内免征营业税。

上述免征营业税政策涉及的审核批准工作程序取消，改为备案管理。

（二）第（一）条所称"符合条件"是指同时符合下列条件：

1. 已取得监管部门颁发的融资性担保机构经营许可证，依法登记注册为企（事）业法人，实收资本超过2000万元。

2. 平均年担保费率不超过银行同期贷款基准利率的50%。

平均年担保费率＝本期担保费收入÷（期初担保余额＋本期增加担保金额）×100%

3. 连续合规经营2年以上，资金主要用于担保业务，具备健全的内部管理制度和为中小企业提供担保的能力，经营业绩突出，对受保项目具有完善的事前评估、事中监控、事后追偿与处置机制。

4. 为中小企业提供的累计担保贷款额占其两年累计担保业务总额的80%以上，单笔800万元以下的累计担保贷款额占其累计担保业务总额的50%以上。

5. 对单个受保企业提供的担保余额不超过担保机构实收资本总额的10%，且平均单笔担保责任金额最多不超过3000万元人民币。

6. 担保责任余额不低于其净资产的3倍，且代偿率不超过2%。

（三）担保机构免征营业税政策采取备案管理方式。符合条件的担保机构应到所在地县（市）地方税务局和同级中小企业管理部门履行规定的备案手续，自完成备案手续之日起，享受3年免征营业税政策。3年免税期满后，符合条件的担保机构可按规定程序办理备案手续后继续享受该项政策。

二、国家税务总局2015年第69号公告规定：

（一）符合工信部联企业〔2015〕286号文件规定的免税条件的担保机构，按照以下规定，分别向所在地县（市）地方税务局及同级中小企业管理部门办理免征营业税备案手续：

1. 纳税人在享受税收优惠政策的首个申报期内，将备案材料送所在地县（市）地方税务局及同级中小企业管理部门备案。

2. 纳税人在符合减免税条件期间和免税政策期限内，备案材料内容未发生变化的，无须再行备案。

3. 纳税人享受免税的有关情况发生变化，变化后仍符合免税条件的，应在发生变化的次月申报期内，向所在地县（市）地方税务局及同级中小企业管理部门进行变更备案；变化后不再符合免税条件的，应当停止享受免税，按照规定进行纳税申报。

（二）纳税人提交的备案材料包括：

1. 免税的项目、依据、范围、期限等；

2. 营业执照和公司章程复印件；

3.《中小企业信用担保机构免征营业税备案登记表》。

（三）纳税人对报送材料的真实性和合法性承担责任，并应当完整保存本公告第（二）条要求的各项资料。纳税人在税务机关后续管理中不能提供上述资料的，不得继续享受本公告规定的免税政策，对已享受的减免税款应予补缴，并依照税收征管法的有关规定处理。

（四）纳税人所在地县（市）地方税务局及同级中小企业管理部门对纳税人提供的备案材料的完整性进行审核，不改变纳税人真实申报的责任。

（五）在本公告施行前，已列入工业和信息化部和国家税务总局下发的免征营业税中小企业信用担保机构名单的担保机构，不再办理免税备案手续。在本公告施行后，上述担保机构的经营情况发生改变，改变后仍符合免税条件的，应按本公告规定，向所在地县（市）地方税务局及同级中小企业管理部门办理免税备案手续；改变后不再符合免税条件的，应及时向税务机关报告，并自发生改变之月起停止享受营业税免税优惠，按照规定进行纳税申报。

（六）各省、自治区、直辖市和计划单列市地方税务局，可以按照本公告规定，补充制定本地区中小企业信用担保机构免征营业税审核工作程序取消后的后续管理实施办法。

（七）中小企业信用担保机构免征营业税政策的其他有关备案管理事项，按照《国家税务总局关于发布〈税收减免管理办法〉的公告》（国家税务总局公告2015年第43号）规定执行。

（二十五）国家商品储备管理单位及其直属企业承担商品储备任务，从中央或者地方财政取得的利息补贴收入和价差补贴收入。

国家商品储备管理单位及其直属企业，是指接受中央、省、市、县四级政府有关部门（或者政府指定管理单位）委托，承担粮（含大豆）、食用油、棉、糖、肉、盐（限于中央储备）等6种商品储备任务，并按有关政策收储、销售上述6种储备商品，取得财政储备经费或者补贴的商品储备企业。利息补贴收入，是指国家商品储备管理单位及其直属企业因承担上述商品储备任务从金融机构贷款，并从中央或者地方财政取得的用于偿还贷款利息的贴息收入。价差补贴收入包括销售价差补贴收入和轮换价差补贴收入。销售价差补贴收入，是指按照中央或者地方政府指令销售上述储备商品时，由于销售收入小于库存成本而从中央或者地方财政获得的全额价差补贴收入。轮换价差补贴收入，是指根据要求定期组织政策性储备商品轮换而从中央或者地方财政取得的商品新陈品质价差补贴收入。

【解读】

本条是对财税〔2013〕62号文件有关营业税政策的延续和调整。

财税〔2013〕62号文件规定，自2011年1月1日起，对国家商品储备管理单位及其直属企业承担商品储备任务，从中央或地方财政取得的利息补贴收入以及价差补贴收入，不征收营业税。

国家商品储备管理单位及其直属企业，是指接受中央、省、市、县四级政府有关部门（或政府指定管理单位）委托，承担粮（含大豆）、食用油、棉、糖、肉、盐（限于中央储备）等6种商品储备任务，并按有关政策收储、销售上述6种储备商品，取得财政储备经费或补贴的商品储备企业。

利息补贴收入是指，国家商品储备管理单位及其直属企业因承担上述商品储备任务从金融机构贷款，并从中央或地方财政取得的用于偿还贷款利息的贴息收入。价差补贴收入包括销售价差补贴收入和轮换价差补贴收入。销售价差补贴收入是指按照中央或地方政府指令销售上述储备商品时，由于销售收入小于库存成本而从中央或地方财政获得的全额价差补贴收入。轮换价差补贴收入是指根据要求定期组织政策性储备商品轮换而从中央或地方财政取得的商品新陈品质价差补贴收入。

（二十六）纳税人提供技术转让、技术开发和与之相关的技术咨询、技术服务。

1. 技术转让、技术开发，是指《销售服务、无形资产、不动产注释》中“转让技术”“研发服务”范围内的业务活动。技术咨询，是指就特定技术项目提供可行性论证、技术预测、专题技术调查、分析评价报告等业务活动。

与技术转让、技术开发相关的技术咨询、技术服务，是指转让方（或者受托方）根据技术转让或者开发合同的规定，为帮助受让方（或者委托方）掌握所转让（或者委托开发）的技术，而提供的技术咨询、技术服务业务，且这部分技术咨询、技术服务的价款与技术转让或者技术开发的价款应当在同一张发票上开具。

2. 备案程序。试点纳税人申请免征增值税时，须持技术转让、开发的书面合同，到纳税人所在地省级科技主管部门进行认定，并持有关的书面合同和科技主管部门审核意见证明文件报主管税务机关备查。

【解读】

本条是对财税〔2013〕106号文件附件3第一条第（四）项相关政策规定的平移。

【政策主要变化点】

将“审批程序”调整为“备案程序”。对“技术开发技术转让”进行了定义，是指《注释》中“转让技术”“研发服务”范围内的业务活动。

（二十七）同时符合下列条件的合同能源管理服务：

1. 节能服务公司实施合同能源管理项目相关技术，应当符合国家质量监督检验检疫总局和国家标准化管理委员会发布的《合同能源管理技术通则》（GB/T 24915—2010）规定的技术要求。

2. 节能服务公司与用能企业签订节能效益分享型合同，其合同格式和内容，符合《中华人民共和国合同法》和《合同能源管理技术通则》（GB/T 24915—2010）等规定。

【解读】

本条是财税〔2013〕106号文件附件3第一条第（五）项相关政策规定的平移。

（二十八）2017年12月31日前，科普单位的门票收入，以及县级及以上党政部门和科协开展科普活动的门票收入。

科普单位，是指科技馆、自然博物馆，对公众开放的天文馆（站、台）、气象台（站）、地震台（站），以及高等院校、科研机构对公众开放的科普基地。

科普活动，是指利用各种传媒以浅显的、让公众易于理解、接受和参与的方式，向普通大众介绍自然科学和社会科学知识，推广科学技术的应用，倡导科学方法，传播科学思想，弘扬科学精神的活动。

【解读】

本条是《财政部　国家税务总局关于延续宣传文化增值税和营业税优惠政策的通知》（财税〔2013〕87号，以下称财税〔2013〕87号文件）有关营业税政策的延续。

财税〔2013〕87号文件规定，自2013年1月1日起至2017年12月31日，对科普单位的门票收入，以及县（含县级市、区、旗）及县以上党政部门和科协开展的科普活动的门票收入免征营业税。

科普单位、科普活动和科普单位进口自用科普影视作品的认定仍按《科技部 财政部 国家税务总局 海关总署 新闻出版总署关于印发〈科普税收优惠政策实施办法〉的通知》(国科发政字〔2003〕416号)的有关规定执行。

“科普单位”，是指科技馆，自然博物馆，对公众开放的天文馆（站、台）、气象台（站）、地震台（站），以及高等院校、科研机构对公众开放的科普基地。

【政策主要变化点】

对科普活动新增了定义：科普活动，是指利用各种传媒以浅显的、让公众易于理解、接受和参与的方式，向普通大众介绍自然科学和社会科学知识，推广科学技术的应用，倡导科学方法，传播科学思想，弘扬科学精神的活动。

（二十九）政府举办的从事学历教育的高等、中等和初等学校（不含下属单位），举办进修班、培训班取得的全部归该学校所有的收入。

全部归该学校所有，是指举办进修班、培训班取得的全部收入进入该学校统一账户，并纳入预算全额上缴财政专户管理，同时由该学校对有关票据进行统一管理和开具。

举办进修班、培训班取得的收入进入该学校下属部门自行开设账户的，不予免征增值税。

【解读】

本条是《财政部 国家税务总局关于教育税收政策的通知》(财税〔2004〕39号，以下称财税〔2004〕39号文件）和财税〔2006〕3号文件有关营业税政策的延续。

一、财税〔2004〕39号文件规定，对政府举办的高等、中等和初等学校（不含下属单位）举办进修班、培训班取得的收入，收入全部归学校所有的，免征营业税。

二、财税〔2006〕3号文件规定：

（一）关于“对政府举办的高等、中等和初等学校（不含下属单位）举办进修班、培训班取得的收入，收入全部归学校所有的，免征营业税”问题：

1. “政府举办的高等、中等和初等学校（不含下属单位）”是指“从事学历教育的学校”（不含下属单位）。

2. “收入全部归学校所有”是指：举办进修班、培训班取得的收入进入学校统一账户，并作为预算外资金全额上缴财政专户管理，同时由学校对有关票据进行统一管理、开具。

进入学校下属部门自行开设账户的进修班、培训班收入，不属于收入全部归学校所有的收入，不予免征营业税。

（二）各类学校均应单独核算免税项目的营业额，未单独核算的，一律照章征收营业税。

（三）各类学校（包括全部收入为免税收入的学校）均应按照《税收征管法》的有关规定办理税务登记，按期进行纳税申报并按规定使用发票；享受营业税优惠政策的，应按规定向主管税务机关申请办理减免税手续。

（三十）政府举办的职业学校设立的主要为在校学生提供实习场所、并由学校出资自办、由学校负责经营管理、经营收入归学校所有的企业，从事《销售服务、无形资产或者不动产注释》中“现代服务”（不含融资租赁服务、广告服务和其他现代服务）、“生活服务”（不含文化体育服务、其他生活服务和桑拿、氧吧）业务活动取得的收入。

【解读】

本条是对财税〔2004〕39号文件有关营业税政策的延续。

财税〔2004〕39号文件规定，对政府举办的职业学校设立的主要为在校学生提供实习场所、并由学校出资自办、由学校负责经营管理、经营收入归学校所有的企业，对其从事营业税暂行条例“服务业”税目规定的服务项目（广告业、桑拿、按摩、氧吧等除外）取得的收入，免征营业税。

【政策主要变化点】

随着营改增试点的全面推开，原营业税税目注释已不再适用，本条将免税业务范围更新为从事《注释》中“现代服务”（不含融资租赁服务、广告服务和其他现代服务）、“生活服务”（不含文化体育服务、其他生活服务和桑拿、氧吧）业务活动。

（三十一）家政服务企业由员工制家政服务员提供家政服务取得的收入。

家政服务企业，是指在企业营业执照的规定经营范围中包括家政服务内容的企业。

员工制家政服务员，是指同时符合下列3个条件的家政服务员：

1. 依法与家政服务企业签订半年及半年以上的劳动合同或者服务协议，且在该企业实际上岗工作。

2. 家政服务企业为其按月足额缴纳了企业所在地人民政府根据国家政策规定的基本养老保险、基本医疗保险、工伤保险、失业保险等社会保险。对已享受新型农村养老保险和新型农村合作医疗等社会保险或者下岗职工原单位继续为其缴纳社会保险的家政服务员，如果本人书面提出不再缴纳企业所在地人民政府根据国家政策规定的相应的社会保险，并出具其所在乡镇或者原单位开具的已缴纳相关保险的证明，可视同家政服务企业已为其按月足额缴纳了相应的社会保险。

3. 家政服务企业通过金融机构向其实际支付不低于企业所在地适用的经省级人民政府批准的最低工资标准的工资。

【解读】

本条是对《财政部 国家税务总局关于员工制家政服务免征营业税的通知》（财税〔2011〕51号，以下称财税〔2011〕51号文件）、《财政部 国家税务总局关于员工制家政服务营业税政策的通知》（财税〔2016〕9号，以下称财税〔2016〕9号文件）有关营业税政策的延续。

一、财税〔2011〕51号文件规定：

（一）自2011年10月1日至2014年9月30日，对家政服务企业由员工制家政服务员提供的家政服务取得的收入免征营业税。

（二）本通知所称家政服务企业，是指在企业营业执照的规定经营范围中包括家政服务内容的企业。

（三）本通知所称员工制家政服务员，是指同时符合下列3个条件的家政服务员：

1. 依法与家政服务企业签订半年及半年以上的劳动合同或服务协议，且在该企业实际上岗工作；

2. 家政服务企业为其按月足额缴纳了企业所在地人民政府根据国家政策规定的基本养老保险、基本医疗保险、工伤保险、失业保险等社会保险。

对已享受新型农村养老保险和新型农村合作医疗等社会保险或者下岗职工原单位继续为其缴纳社会保险的家政服务员，如果本人书面提出不再缴纳企业所在地人民政府根据国家政策规定的相应的社会保险，并出具其所在乡镇或原单位开具的已缴纳相关保险的证明，可视同家政服务企业已为其按月足额缴纳了相应的社会保险。

3. 家政服务企业通过金融机构向其实际支付不低于企业所在地适用的经省级人民政府批准的最低工资标准的工资。

（四）本通知所称家政服务，是指婴幼儿及小学生看护、老人和病人护理、孕妇和产妇护理、家庭保洁（不含产品售后服务）、家庭烹饪。

（五）家政服务企业依法与员工制家政服务员签订半年及半年以上的劳动合同或服务协议，应当在合同签订后3个月内到当地营业税主管税务机关进行备案，经过备案的企业方可申请本通知规定的营业税优惠政策。

二、财税〔2016〕9号文件规定，《财政部　国家税务总局关于员工制家政服务免征营业税的通知》（财税〔2011〕51号）规定的员工制家政服务营业税免税政策，自2014年10月1日至2018年12月31日继续执行。

（三十二）福利彩票、体育彩票的发行收入。

【解读】

本条是《财政部　国家税务总局关于体育彩票发行收入税收问题的通知》（财税字〔1996〕77号，以下称财税字〔1996〕77号文件）、《财政部　国家税务总局关于发行福利彩票有关税收问题的通知》（财税〔2002〕59号，以下称财税〔2002〕59号文件）、《财政部　国家税务总局关于营业税若干政策问题的通知》（财税〔2003〕16号，以下称财税〔2003〕16号文件）原有营业税政策的延续。

一、财税字〔1996〕77号文件规定，根据现行《中华人民共和国营业税暂行条例》及其实施细则等有关规定，对体育彩票的发行收入不征营业税；对体育彩票代销单位代销体育彩票取得的手续费收入应按规定征收营业税。

二、财税〔2002〕59号文件规定，①福利彩票机构发行销售福利彩票取得的收入不征收营业税。对福利彩票机构以外的代销单位销售福利彩票取得的手续费收入应按规定征收营业税。②福利彩票机构发行销售福利彩票取得的收入，包括返还奖金、发行经费、公益金，暂免征收企业所得税。

三、财税〔2003〕16号文件明确，《财政部　国家税务总局关于发行福利彩票有关税收问题的通知》（财税〔2002〕59号）规定，"福利彩票机构发行销售福利彩票取得的收入不征收营业税"，其中的"福利彩票机构"包括福利彩票销售管理机构和与销售管理机构签有电脑福利彩票投注站代理销售协议书，并直接接受福利彩票销售管理机构的监督、管理的电脑福利彩票投注点。

注意：福利、体育彩票取得的发行销售收入免征增值税，但代销单位代销福利、体育彩票取得的手续费收入应按规定征收增值税。

（三十三）军队空余房产租赁收入。

【解读】

本条是对《财政部　国家税务总局关于暂免征收军队空余房产租赁收入营业税房产税的通知》（财税〔2004〕123号，以下称财税〔2004〕123号文件）有关营业税政策的延续。

财税〔2004〕123号文件规定，自2004年8月1日起，对军队空余房产租赁收入暂免征收营业税；暂免征收营业税的军队空余房产，在出租时必须悬挂《军队房地产租赁许可证》，以备查验。

（三十四）为了配合国家住房制度改革，企业、行政事业单位按房改成本价、标准价出售住房取得的收入。

【解读】

本条是对财税〔2013〕62号文件有关营业税政策的延续。

财税〔2013〕62号文件规定，对企业、行政事业单位按房改成本价、标准价出售住房的收入，免征营业税。

（三十五）将土地使用权转让给农业生产者用于农业生产。

【解读】

本条是对《财政部 国家税务总局关于对若干项目免征营业税的通知》（财税字〔1994〕2号，以下称财税字〔1994〕2号文件）有关营业税政策的延续。

财税字〔1994〕2号文件规定，将土地使用权转让给农业生产者用于农业生产，免征营业税。

（三十六）涉及家庭财产分割的个人无偿转让不动产、土地使用权。

家庭财产分割，包括下列情形：离婚财产分割；无偿赠与配偶、父母、子女、祖父母、外祖父母、孙子女、外孙子女、兄弟姐妹；无偿赠与对其承担直接抚养或者赡养义务的抚养人或者赡养人；房屋产权所有人死亡，法定继承人、遗嘱继承人或者受遗赠人依法取得房屋产权。

【解读】

本条是对《财政部 国家税务总局关于个人金融商品买卖等营业税若干免税政策的通知》（财税〔2009〕111号，以下称财税〔2009〕111号文件）有关营业税政策的延续，并对原文件中规定的可以免征营业税的情形统称为“家庭财产分割”。

财税〔2009〕111号文件规定，个人无偿赠与不动产、土地使用权，属于下列情形之一的，暂免征收营业税：

（一）离婚财产分割；

（二）无偿赠与配偶、父母、子女、祖父母、外祖父母、孙子女、外孙子女、兄弟姐妹；

（三）无偿赠与对其承担直接抚养或者赡养义务的抚养人或者赡养人；

（四）房屋产权所有人死亡，依法取得房屋产权的法定继承人、遗嘱继承人或者受遗赠人。

【相关知识】

《国家税务总局关于进一步简化和规范个人无偿赠与或受赠不动产免征营业税、个人所得税所需证明资料的公告》（国家税务总局公告2015年第75号）规定：

一、纳税人在办理个人无偿赠与或受赠不动产免征营业税、个人所得税手续时，应报送《个人无偿赠与不动产登记表》、双方当事人的身份证明原件及复印件（继承或接受遗赠的，只须提供继承人或接受遗赠人的身份证明原件及复印件）、房屋所有权证原件及复印件。属于以下四类情形之一的，还应分别提交相应证明资料。

（一）离婚分割财产的，应当提交：

1. 离婚协议或者人民法院判决书或者人民法院调解书的原件及复印件；

2. 离婚证原件及复印件。

（二）亲属之间无偿赠与的，应当提交：

1. 无偿赠与配偶的，提交结婚证原件及复印件；

2. 无偿赠与父母、子女、祖父母、外祖父母、孙子女、外孙子女、兄弟姐妹的，提交户口簿或者出生证明或者人民法院判决书或者人民法院调解书或者其他部门（有资质的机构）出具的能够证明双方亲属关系的证明资料原件及复印件。

（三）无偿赠与非亲属抚养或赡养关系人的，应当提交：

人民法院判决书或者人民法院调解书或者乡镇政府或街道办事处出具的抚养（赡养）关系证明或者其他部门（有资质的机构）出具的能够证明双方抚养（赡养）关系的证明资料原件及复印件。

（四）继承或接受遗赠的，应当提交：

1. 房屋产权所有人死亡证明原件及复印件；

2. 经公证的能够证明有权继承或接受遗赠的证明资料原件及复印件。

二、税务机关应当认真核对上述资料，资料齐全并且填写正确的，在《个人无偿赠与不动产登记表》上签字盖章，留存《个人无偿赠与不动产登记表》复印件和有关证明资料复印件，原件退还纳税人，同时办理免税手续。

（三十七）土地所有者出让土地使用权和土地使用者将土地使用权归还给土地所有者。

【解读】

本条是对《关于印发〈营业税税目注释（试行稿）〉的通知》（国税发〔1993〕149号）中无形资产税目注释的调整。

《营业税税目注释（试行稿）》中规定，对土地所有者出让土地使用权和土地使用者将土地使用权归还给土地所有者的行为，不征收营业税。

在此次营业税改征增值税试点政策设计时，考虑土地所有者出让土地使用权和土地使用者将土地使用权归还给土地所有者的行为，满足征收增值税的各个征税要素，不应排除在征税范围之外。但同时考虑到上述土地转让行为的特殊性，给予了增值税免税政策。

（三十八）县级以上地方人民政府或自然资源行政主管部门出让、转让或收回自然资源使用权（不含土地使用权）。

【解读】

本条是《财政部　国家税务总局关于转让自然资源使用权营业税政策的通知》（财税〔2012〕6号，以下称财税〔2012〕6号文件）有关营业税政策的调整。

财税〔2012〕6号文件规定：县级以上地方人民政府或自然资源行政主管部门出让、转让或收回自然资源使用权的行为，不征收营业税。

与第（三十七）项所述情形相同，县级以上地方人民政府或自然资源行政主管部门出让、转让或收回自然资源使用权，满足征收增值税的各个征税要素，不能排除在征税范围之外，但考虑到上述自然资源转让行为的特殊性，也给予增值税免税优惠。

由于第（三十七）项已单独列明享受免税的土地使用权转让行为，本条明确享受增值税免税的自然资源使用权不含土地使用权。

（三十九）随军家属就业。

1. 为安置随军家属就业而新开办的企业，自领取税务登记证之日起，其提供的应税服务3年内免征增值税。

享受税收优惠政策的企业，随军家属必须占企业总人数的60%（含）以上，并有军（含）以上政治和后勤机关出具的证明。

2. 从事个体经营的随军家属，自办理税务登记事项之日起，其提供的应税服务3年内免征增值税。

随军家属必须有师以上政治机关出具的可以表明其身份的证明。

按照上述规定，每一名随军家属可以享受一次免税政策。

【解读】

本条平移了财税〔2013〕106号文件附件3第一条第（十）项的有关政策规定。

【政策主要变化点】

根据国务院简政放权的要求，取消了“税务部门应当进行相应的审查认定”和“主管税务机关在企业或个人享受免税期间，应当对此类企业进行年度检查，凡不符合条件的，取消其免税政策”的规定。

【相关知识】

原营业税政策规定：

《财政部　国家税务总局关于随军家属就业有关税收政策的通知》（财税〔2000〕

84号）规定：

一、对为安置随军家属就业而新开办的企业，自领取税务登记证之日起，3年内免征营业税。

二、对从事个体经营的随军家属，自领取税务登记证之日起，3年内免征营业税。

三、享受税收优惠政策的企业，随军家属必须占企业总人数的60%（含）以上，并有军（含）以上政治和后勤机关出具的证明；随军家属必须有师以上政治机关出具的可以表明其身份的证明，但税务部门应进行相应的审查认定。

主管税务机关在企业或个人享受免税期间，应按现行有关税收规定，对此类企业进行年度检查，凡不符合条件的，应取消其免税政策。

每一随军家属只能按上述规定，享受一次免税政策。

（四十）军队转业干部就业。

1. 从事个体经营的军队转业干部，自领取税务登记证之日起，其提供的应税服务3年内免征增值税。

2. 为安置自主择业的军队转业干部就业而新开办的企业，凡安置自主择业的军队转业干部占企业总人数60%（含）以上的，自领取税务登记证之日起，其提供的应税服务3年内免征增值税。

享受上述优惠政策的自主择业的军队转业干部必须持有师以上部队颁发的转业证件。

【解读】

本条平移了财税〔2013〕106号文件附件3第一条第（十一）项的有关政策规定。

【政策主要变化点】

根据国务院简政放权的要求，取消了原试点政策中所有“经主管税务机关批准”的规定。

【相关知识】

原营业税政策规定：

《财政部　国家税务总局关于自主择业的军队转业干部有关税收政策问题的通知》（财税〔2003〕26号）规定：

一、从事个体经营的军队转业干部，经主管税务机关批准，自领取税务登记证之日起，3年内免征营业税。

二、为安置自主择业的军队转业干部就业而新开办的企业，凡安置自主择业的军队转业干部占企业总人数60%（含60%）以上的，经主管税务机关批准，自领取税务登记证之日起，3 年内免征营业税。

三、自主择业的军队转业干部必须持有师以上部队颁发的转业证件。

二、增值税即征即退

（一）一般纳税人提供管道运输服务，对其增值税实际税负超过 3%的部分实行增值税即征即退政策。

【解读】

本条是对财税〔2013〕106 号文件附件 3 第二条第（三）项有关政策规定的平移。

【政策主要变化点】

取消了原“2015 年 12 月 31 日前”的时间限制。

（二）经人民银行、银监会或者商务部批准从事融资租赁业务的试点纳税人中的一般纳税人，提供有形动产融资租赁服务和有形动产融资性售后回租服务，对其增值税实际税负超过 3%的部分实行增值税即征即退政策。商务部授权的省级商务主管部门和国家经济技术开发区批准的从事融资租赁业务和融资性售后回租业务的试点纳税人中的一般纳税人，2016 年 5 月 1 日后实收资本达到 1.7 亿元的，从达到标准的当月起按照上述规定执行；2016 年 5 月 1 日后实收资本未达到 1.7 亿元但注册资本达到 1.7 亿元的，在 2016 年 7 月 31 日前仍可按照上述规定执行，2016 年 8 月 1 日后开展的有形动产融资租赁业务和有形动产融资性售后回租业务不得按照上述规定执行。

（三）本规定所称增值税实际税负，是指纳税人当期提供应税服务实际缴纳的增值税额占纳税人当期提供应税服务取得的全部价款和价外费用的比例。

【解读】

本条基本平移了财税〔2013〕106 号文件附件 3 第二条第（四）项相关政策规定，注意在不动产纳入营改增试点以后，融资性售后回租业务仍可以享受即征即退政策，但仅限于有形动产的融资性售后回租，不包括不动产的融资性售后回租。

【政策主要变化点】

一、取消了原政策对融资性售后回租即征即退政策的时间限制。

二、对纳税人的注册资本金额要求调整为实收资本金额要求，并对未达标的纳税人规定了 3 个月的过渡期。

三、融资性售后回租虽然作为“贷款服务”征收增值税，但仍可按照上述规定享受即征即退增值税政策，但仅限于有形动产的融资性售后回租业务。

三、扣减增值税规定

（一）退役士兵创业就业。

1. 对自主就业退役士兵从事个体经营的，在3年内按每户每年8000元为限额依次扣减其当年实际应缴纳的增值税、城市维护建设税、教育费附加、地方教育附加和个人所得税。限额标准最高可上浮20%，各省、自治区、直辖市人民政府可根据本地区实际情况在此幅度内确定具体限额标准，并报财政部和国家税务总局备案。

纳税人年度应缴纳税款小于上述扣减限额的，以其实际缴纳的税款为限；大于上述扣减限额的，应以上述扣减限额为限。纳税人的实际经营期不足一年的，应当以实际月份换算其减免税限额。换算公式为：减免税限额=年度减免税限额÷12×实际经营月数。

纳税人在享受税收优惠政策的当月，持《中国人民解放军义务兵退出现役证》或《中国人民解放军士官退出现役证》以及税务机关要求的相关材料向主管税务机关备案。

2. 对商贸企业、服务型企业、劳动就业服务企业中的加工型企业和街道社区具有加工性质的小型企业实体，在新增加的岗位中，当年新招用自主就业退役士兵，与其签订1年以上期限劳动合同并依法缴纳社会保险费的，在3年内按实际招用人数予以定额依次扣减增值税、城市维护建设税、教育费附加、地方教育附加和企业所得税优惠。定额标准为每人每年4000元，最高可上浮50%，各省、自治区、直辖市人民政府可根据本地区实际情况在此幅度内确定具体定额标准，并报财政部和国家税务总局备案。

本条所称服务型企业是指从事《销售服务、无形资产、不动产注释》中“不动产租赁服务”“商务辅助服务”（不含货物运输代理和代理报关服务）、“生活服务”（不含文化体育服务）范围内业务活动的企业以及按照《民办非企业单位登记管理暂行条例》（国务院令第251号）登记成立的民办非企业单位。

纳税人按企业招用人数和签订的劳动合同时间核定企业减免税总额，在核定减免税总额内每月依次扣减增值税、城市维护建设税、教育费附加和地方教育附加。纳税人实际应缴纳的增值税、城市维护建设税、教育费附加和地方教育附加小于核定减免税总额的，以实际应缴纳的增值税、城市维护建设税、教育费附加和地方教育附加为限；实际应缴纳的增值税、城市维护建设税、教育费附加和地方教育附加大于核定减免税总额的，以核定减免税总额为限。

纳税年度终了，如果企业实际减免的增值税、城市维护建设税、教育费附加和地方教育附加小于核定的减免税总额，企业在企业所得税汇算清缴时扣减企业所得税。当年扣减不足的，不再结转以后年度扣减。

计算公式为：

企业减免税总额=∑每名自主就业退役士兵本年度在本企业工作月份÷12×定额标准

企业自招用自主就业退役士兵的次月起享受税收优惠政策，并于享受税收优惠政策的当月，持下列材料向主管税务机关备案：

（1）新招用自主就业退役士兵的《中国人民解放军义务兵退出现役证》或《中国人民解放军士官退出现役证》。

（2）企业与新招用自主就业退役士兵签订的劳动合同（副本），企业为职工缴纳的社会保险费记录。

（3）自主就业退役士兵本年度在企业工作时间表。

（4）主管税务机关要求的其他相关材料。

3. 上述所称自主就业退役士兵是指依照《退役士兵安置条例》（国务院、中央军委令第608号）的规定退出现役并按自主就业方式安置的退役士兵。

4. 上述税收优惠政策的执行期限为2016年5月1日至2016年12月31日，纳税人在2016年12月31日未享受满3年的，可继续享受至3年期满为止。

按照《财政部　国家税务总局　民政部关于调整完善扶持自主就业退役士兵创业就业有关税收政策的通知》（财税〔2014〕42号）规定享受营业税优惠政策的纳税人，自2016年5月1日起按照上述规定享受增值税优惠政策，在2016年12月31日未享受满3年的，可继续享受至3年期满为止。

财税〔2013〕106号文件，附件3第一条第（十二）项城镇退役士兵就业免征增值税政策，自2014年7月1日起停止执行。在2014年6月30日未享受满3年的，可继续享受至3年期满为止。

【解读】

本条是对《财政部　国家税务总局　民政部关于调整完善扶持自主就业退役士兵创业就业有关税收政策的通知》（财税〔2014〕42号，以下称财税〔2014〕42号文件）有关营业税政策的延续，同时明确增值税纳税人享受财税〔2013〕106号文件附件3第一条第（十二）项城镇退役士兵就业免征增值税政策，在2014年6月30日未享受满3年的，可继续享受至3年期满为止，即对未享受满3年的增值税纳税人优惠政策进行了平移，保持了政策的连续性。

财税〔2014〕42号文件规定：

一、对自主就业退役士兵从事个体经营的，在3年内按每户每年8000元为限额依次扣减其当年实际应缴纳的营业税、城市维护建设税、教育费附加、地方教育附加和个人所得税。限额标准最高可上浮20%，各省、自治区、直辖市人民政府可根据本地区实际情况在此幅度内确定具体限额标准，并报财政部和国家税务总局备案。

纳税人年度应缴纳税款小于上述扣减限额的，以其实际缴纳的税款为限；大于上述扣减限额的，应以上述扣减限额为限。纳税人的实际经营期不足一年的，应当以实际月份换算其减免税限额。换算公式为：

$$减免税限额=年度减免税限额\div 12\times 实际经营月数$$

纳税人在享受税收优惠政策的当月，持《中国人民解放军义务兵退出现役证》或《中国人民解放军士官退出现役证》以及税务机关要求的相关材料向主管税务机关备案。

二、对商贸企业、服务型企业、劳动就业服务企业中的加工型企业和街道社区具有加工性质的小型企业实体，在新增加的岗位中，当年新招用自主就业退役士兵，与其签订 1 年以上期限劳动合同并依法缴纳社会保险费的，在 3 年内按实际招用人数予以定额依次扣减营业税、城市维护建设税、教育费附加、地方教育附加和企业所得税优惠。定额标准为每人每年 4000 元，最高可上浮 50%，各省、自治区、直辖市人民政府可根据本地区实际情况在此幅度内确定具体定额标准，并报财政部和国家税务总局备案。

本条所称服务型企业是指从事现行营业税“服务业”税目规定经营活动的企业以及按照《民办非企业单位登记管理暂行条例》（国务院令第 251 号）登记成立的民办非企业单位。

纳税人按企业招用人数和签订的劳动合同时间核定企业减免税总额，在核定减免税总额内每月依次扣减营业税、城市维护建设税、教育费附加和地方教育附加。纳税人实际应缴纳的营业税、城市维护建设税、教育费附加和地方教育附加小于核定减免税总额的，以实际应缴纳的营业税、城市维护建设税、教育费附加和地方教育附加为限；实际应缴纳的营业税、城市维护建设税、教育费附加和地方教育附加大于核定减免税总额的，以核定减免税总额为限。

纳税年度终了，如果企业实际减免的营业税、城市维护建设税、教育费附加和地方教育附加小于核定的减免税总额，企业在企业所得税汇算清缴时扣减企业所得税。当年扣减不足的，不再结转以后年度扣减。

计算公式为：

$$企业减免税总额=\frac{\sum 每名自主就业退役士兵本年度在本企业工作月份}{12}\times 定额标准$$

企业自招用自主就业退役士兵的次月起享受税收优惠政策，并于享受税收优惠政策的当月，持下列材料向主管税务机关备案：

1. 新招用自主就业退役士兵的《中国人民解放军义务兵退出现役证》或《中国

人民解放军士官退出现役证》；

2. 企业与新招用自主就业退役士兵签订的劳动合同（副本），企业为职工缴纳的社会保险费记录；

3. 自主就业退役士兵本年度在企业工作时间表；

4. 税务机关要求的其他相关材料。

三、本通知所称自主就业退役士兵是指依照《退役士兵安置条例》（国务院、中央军委令第608号）的规定退出现役并按自主就业方式安置的退役士兵。

四、本通知的执行期限为2014年1月1日至2016年12月31日。本通知规定的税收优惠政策按照备案减免税管理，纳税人应向主管税务机关备案。税收优惠政策在2016年12月31日未享受满3年的，可继续享受至3年期满为止。《财政部　国家税务总局关于扶持城镇退役士兵自谋职业有关税收优惠政策的通知》（财税〔2004〕93号）自2014年1月1日起停止执行，其所规定的税收优惠政策在2013年12月31日未享受满3年的，可继续享受至3年期满为止。

财税〔2013〕106号文件附件3第一条第（十二）项城镇退役士兵就业免征增值税政策，自2014年7月1日起停止执行。在2014年6月30日未享受满3年的，可继续享受至3年期满为止。

五、如果企业招用的自主就业退役士兵既适用本通知规定的税收优惠政策，又适用其他扶持就业的税收优惠政策，企业可选择适用最优惠的政策，但不能重复享受。

【政策主要变化点】

随着营改增的全面推开，原营业税税目注释已不再适用，服务型企业的定义应由原营业税政策中“从事现行营业税‘服务业’税目规定经营活动的企业”调整为“从事《销售服务、无形资产、不动产注释》中‘不动产租赁服务’‘商务辅助服务’（不含货物运输代理和代理报关服务）、‘生活服务’（不含文化体育服务）范围内业务活动的企业”。

（二）重点群体创业就业。

1. 对持《就业创业证》（注明“自主创业税收政策”或“毕业年度内自主创业税收政策”）或2015年1月27日前取得的《就业失业登记证》（注明“自主创业税收政策”或附着《高校毕业生自主创业证》）的人员从事个体经营的，在3年内按每户每年8000元为限额依次扣减其当年实际应缴纳的增值税、城市维护建设税、教育费附加、地方教育附加和个人所得税。限额标准最高可上浮20%，各省、自治区、直辖市人民政府可根据本地区实际情况在此幅度内确定具体限额标准，并报财政部和国家税务总局备案。

纳税人年度应缴纳税款小于上述扣减限额的，以其实际缴纳的税款为限；大于上述扣减限额的，应以上述扣减限额为限。

上述人员是指：

（1）在人力资源社会保障部门公共就业服务机构登记失业半年以上的人员。

（2）零就业家庭、享受城市居民最低生活保障家庭劳动年龄内的登记失业人员。

（3）毕业年度内高校毕业生。高校毕业生是指实施高等学历教育的普通高等学校、成人高等学校毕业的学生；毕业年度是指毕业所在自然年，即1月1日至12月31日。

2. 对商贸企业、服务型企业、劳动就业服务企业中的加工型企业和街道社区具有加工性质的小型企业实体，在新增加的岗位中，当年新招用在人力资源社会保障部门公共就业服务机构登记失业半年以上且持《就业创业证》或2015年1月27日前取得的《就业失业登记证》（注明“企业吸纳税收政策”）人员，与其签订1年以上期限劳动合同并依法缴纳社会保险费的，在3年内按实际招用人数予以定额依次扣减增值税、城市维护建设税、教育费附加、地方教育附加和企业所得税优惠。定额标准为每人每年4000元，最高可上浮30%，各省、自治区、直辖市人民政府可根据本地区实际情况在此幅度内确定具体定额标准，并报财政部和国家税务总局备案。

按上述标准计算的税收扣减额应在企业当年实际应缴纳的增值税、城市维护建设税、教育费附加、地方教育附加和企业所得税税额中扣减，当年扣减不足的，不得结转下年使用。

本条所称服务型企业是指从事《销售服务、无形资产、不动产注释》中“不动产租赁服务”“商务辅助服务”（不含货物运输代理和代理报关服务）、“生活服务”（不含文化体育服务）范围内业务活动的企业以及按照《民办非企业单位登记管理暂行条例》（国务院令第251号）登记成立的民办非企业单位。

3. 享受上述优惠政策的人员按以下规定申领《就业创业证》：

（1）按照《就业服务与就业管理规定》（劳动和社会保障部令第28号）第六十三条的规定，在法定劳动年龄内，有劳动能力，有就业要求，处于无业状态的城镇常住人员，在公共就业服务机构进行失业登记，申领《就业创业证》。其中，农村进城务工人员和其他非本地户籍人员在常住地稳定就业满6个月的，失业后可以在常住地登记。

（2）零就业家庭凭社区出具的证明，城镇低保家庭凭低保证明，在公共就业服务机构登记失业，申领《就业创业证》。

(3) 毕业年度内高校毕业生在校期间凭学生证向公共就业服务机构按规定申领《就业创业证》，或委托所在高校就业指导中心向公共就业服务机构按规定代为其申领《就业创业证》；毕业年度内高校毕业生离校后直接向公共就业服务机构按规定申领《就业创业证》。

(4) 上述人员申领相关凭证后，由就业和创业地人力资源社会保障部门对人员范围、就业失业状态、已享受政策情况进行核实，在《就业创业证》上注明“自主创业税收政策”“毕业年度内自主创业税收政策”或“企业吸纳税收政策”字样，同时符合自主创业和企业吸纳税收政策条件的，可同时加注；主管税务机关在《就业创业证》上加盖戳记，注明减免税所属时间。

4. 上述税收优惠政策的执行期限为2016年5月1日至2016年12月31日，纳税人在2016年12月31日未享受满3年的，可继续享受至3年期满为止。

按照《财政部 国家税务总局 人力资源社会保障部关于继续实施支持和促进重点群体创业就业有关税收政策的通知》（财税〔2014〕39号）规定享受营业税优惠政策的纳税人，自2016年5月1日起按照上述规定享受增值税优惠政策，在2016年12月31日未享受满3年的，可继续享受至3年期满为止。

《财政部 国家税务总局关于将铁路运输和邮政业纳入营业税改征增值税试点的通知》（财税〔2013〕106号）附件3第一条第（十三）项失业人员就业增值税优惠政策，自2014年1月1日起停止执行。在2013年12月31日未享受满3年的，可继续享受至3年期满为止。

【解读】

本条是对下列促进重点群体创业就业营业税政策的延续和调整。

一、《财政部 国家税务总局 人力资源社会保障部关于继续实施支持和促进重点群体创业就业有关税收政策的通知》（财税〔2014〕39号）规定：

（一）对持《就业失业登记证》（注明“自主创业税收政策”或附着《高校毕业生自主创业证》）人员从事个体经营的，在3年内按每户每年8000元为限额依次扣减其当年实际应缴纳的营业税、城市维护建设税、教育费附加、地方教育附加和个人所得税。限额标准最高可上浮20%，各省、自治区、直辖市人民政府可根据本地区实际情况在此幅度内确定具体限额标准，并报财政部和国家税务总局备案。

纳税人年度应缴纳税款小于上述扣减限额的，以其实际缴纳的税款为限；大于上述扣减限额的，应以上述扣减限额为限。

本条所称持《就业失业登记证》（注明“自主创业税收政策”或附着《高校毕业

生自主创业证》）人员是指：①在人力资源社会保障部门公共就业服务机构登记失业半年以上的人员；②零就业家庭、享受城市居民最低生活保障家庭劳动年龄内的登记失业人员；③毕业年度内高校毕业生。高校毕业生是指实施高等学历教育的普通高等学校、成人高等学校毕业的学生；毕业年度是指毕业所在自然年，即1月1日至12月31日。

（二）对商贸企业、服务型企业、劳动就业服务企业中的加工型企业和街道社区具有加工性质的小型企业实体，在新增加的岗位中，当年新招用在人力资源社会保障部门公共就业服务机构登记失业1年以上且持《就业失业登记证》（注明“企业吸纳税收政策”）人员，与其签订1年以上期限劳动合同并依法缴纳社会保险费的，在3年内按实际招用人数予以定额依次扣减营业税、城市维护建设税、教育费附加、地方教育附加和企业所得税优惠。定额标准为每人每年4000元，最高可上浮30%，各省、自治区、直辖市人民政府可根据本地区实际情况在此幅度内确定具体定额标准，并报财政部和国家税务总局备案。

按上述标准计算的税收扣减额应在企业当年实际应缴纳的营业税、城市维护建设税、教育费附加、地方教育附加和企业所得税税额中扣减，当年扣减不足的，不得结转下年使用。

本条所称服务型企业是指从事现行营业税“服务业”税目规定经营活动的企业以及按照《民办非企业单位登记管理暂行条例》（国务院令第251号）登记成立的民办非企业单位。

（三）享受本通知第一条、第二条优惠政策的人员按以下规定申领《就业失业登记证》《高校毕业生自主创业证》等凭证：

1. 按照《就业服务与就业管理规定》（劳动和社会保障部令第28号）第六十三条的规定，在法定劳动年龄内，有劳动能力，有就业要求，处于无业状态的城镇常住人员，在公共就业服务机构进行失业登记，申领《就业失业登记证》。其中，农村进城务工人员和其他非本地户籍人员在常住地稳定就业满6个月的，失业后可以在常住地登记。

2. 零就业家庭凭社区出具的证明，城镇低保家庭凭低保证明，在公共就业服务机构登记失业，申领《就业失业登记证》。

3. 毕业年度内高校毕业生在校期间凭学校出具的相关证明，经学校所在地省级教育行政部门核实认定，取得《高校毕业生自主创业证》（仅在毕业年度适用），并向创业地公共就业服务机构申请取得《就业失业登记证》；高校毕业生离校后直接向创业地公共就业服务机构申领《就业失业登记证》。

4. 上述人员申领相关凭证后，由就业和创业地人力资源社会保障部门对人员范围、就业失业状态、已享受政策情况进行核实，在《就业失业登记证》上注明“自主创业税收政策”或“企业吸纳税收政策”字样，同时符合自主创业和企业吸纳税收政策条件的，可同时加注；主管税务机关在《就业失业登记证》上加盖戳记，注明减免税所属时间。

（四）本通知的执行期限为2014年1月1日至2016年12月31日。本通知规定的税收优惠政策按照备案减免税管理，纳税人应向主管税务机关备案。税收优惠政策在2016年12月31日未享受满3年的，可继续享受至3年期满为止。《财政部 国家税务总局关于支持和促进就业有关税收政策的通知》（财税〔2010〕84号）所规定的税收优惠政策在2013年12月31日未享受满3年的，可继续享受至3年期满为止。

（五）本通知所述人员不得重复享受税收优惠政策，以前年度已享受各项就业税收优惠政策的人员不得再享受本通知规定的税收优惠政策。如果企业的就业人员既适用本通知规定的税收优惠政策，又适用其他扶持就业的税收优惠政策，企业可选择适用最优惠的政策，但不能重复享受。

二、《财政部 税务总局 人力资源社会保障部 教育部关于支持和促进重点群体创业就业税收政策有关问题的补充通知》（财税〔2015〕18号）规定：

（一）将《就业失业登记证》更名为《就业创业证》，已发放的《就业失业登记证》继续有效，不再统一更换。《就业创业证》的发放、使用、管理等事项按人力资源社会保障部的有关规定执行。各地可印制一批《就业创业证》先向有需求的毕业年度内高校毕业生发放。

（二）取消《高校毕业生自主创业证》，毕业年度内高校毕业生从事个体经营的，持《就业创业证》（注明“毕业年度内自主创业税收政策”）享受税收优惠政策。

（三）毕业年度内高校毕业生在校期间凭学生证向公共就业服务机构按规定申领《就业创业证》，或委托所在高校就业指导中心向公共就业服务机构按规定代为其申领《就业创业证》；毕业年度内高校毕业生离校后直接向公共就业服务机构按规定申领《就业创业证》。

三、本条同时明确，增值税纳税人享受财税〔2013〕106号文件附件3第一条第（十三）项失业人员就业增值税优惠政策，在2013年12月31日未享受满3年的，可继续享受至3年期满为止。即对未享受满3年的增值税纳税人优惠政策进行了平移，保持了政策的连续性。

【政策主要变化点】

与第三条第（一）项一样，将服务型企业的定义应由原营业税政策中“从事现行营业税‘服务业’税目规定经营活动的企业”调整为“从事《销售服务、无形资产、不动产注释》中‘不动产租赁服务’‘商务辅助服务’（不含货物运输代理和代理报关服务)、‘生活服务’(不含文化体育服务) 范围内业务活动的企业”。

四、金融企业发放贷款后，自结息日起90天内发生的应收未收利息按现行规定缴纳增值税，自结息日起90天后发生的应收未收利息暂不缴纳增值税，待实际收到利息时按规定缴纳增值税。

上述所称金融企业，是指银行（包括国有、集体、股份制、合资、外资银行以及其他所有制形式的银行)、城市信用社、农村信用社、信托投资公司、财务公司。

【解读】

增值税一贯遵循“权责发生制”原则，即金融企业应收贷款利息即使未实际收到也需要按规定申报缴纳增值税，但考虑金融行业内普遍存在逾期贷款利息收取困难的实际情况，对超过结息日90天的应收未收利息，参照“收付实现制”原则给予了特殊优惠，即在未实际收到利息时暂不缴纳增值税，待实际收到利息时缴纳增值税。

五、个人将购买不足2年的住房对外销售的，按照5%的征收率全额缴纳增值税；个人将购买2年以上（含2年）的住房对外销售的，免征增值税。上述政策适用于北京市、上海市、广州市和深圳市之外的地区。

个人将购买不足2年的住房对外销售的，按照5%的征收率全额缴纳增值税；个人将购买2年以上（含2年）的非普通住房对外销售的，以销售收入减去购买住房价款后的差额按照5%的征收率缴纳增值税；个人将购买2年以上（含2年）的普通住房对外销售的，免征增值税。上述政策仅适用于北京市、上海市、广州市和深圳市。

办理免税的具体程序、购买房屋的时间、开具发票、非购买形式取得住房行为及其他相关税收管理规定，按照《国务院办公厅转发建设部等部门关于做好稳定住房价格工作意见的通知》(国办发〔2005〕26号)、《国家税务总局 财政部 建设部关于加强房地产税收管理的通知》(国税发〔2005〕89号）和《国家税务总局关于房地产税收政策执行中几个具体问题的通知》(国税发〔2005〕172号）的有关规定执行。

【解读】

本条明确了个人住房转让的有关增值税优惠政策，是对原个人住房转让营业税优惠政策的延续。

除北京、上海、广州、深圳外，全国其他地区均执行《财政部 国家税务总局 住房城乡建设部关于调整房地产交易环节契税、营业税优惠政策的通知》(财税

〔2016〕23号）的规定，即个人将购买不足2年的住房对外销售的，全额征收营业税；个人将购买2年以上（含2年）的住房对外销售的，免征营业税。

北京、上海、广州、深圳执行《财政部　国家税务总局关于调整个人住房转让营业税政策的通知》（财税〔2015〕39号）的规定，即个人将购买不足2年的住房对外销售的，全额征收营业税；个人将购买2年以上（含2年）的非普通住房对外销售的，按照其销售收入减去购买房屋的价款后的差额征收营业税；个人将购买2年以上（含2年）的普通住房对外销售的，免征营业税。

六、上述增值税优惠政策除已规定期限的项目和第五条政策外，其他均在营改增试点期间执行。如果试点纳税人在纳入营改增试点之日前已经按照有关政策规定享受了营业税税收优惠，在剩余税收优惠政策期限内，按照本规定享受有关增值税优惠。

【解读】

本条明确了《试点过渡政策的规定》所有增值税优惠政策的执行时间。

2.1.4 《跨境应税行为适用增值税零税率和免税政策的规定》解读

一、中华人民共和国境内（以下称境内）的单位和个人销售的下列服务和无形资产，适用增值税零税率：

（一）国际运输服务。

国际运输服务，是指：

1. 在境内载运旅客或者货物出境。

2. 在境外载运旅客或者货物入境。

3. 在境外载运旅客或者货物。

【解读】

一、什么是国际运输？

（一）起点或终点在境外的运单、提单或客票等所对应的各航段或路段的运输服务，属于国际运输服务。

（二）起点或终点在港澳台的运单、提单或客票等所对应的各航段或路段的运输服务，属于港澳台运输服务。

（三）从境内载运旅客或货物至国内海关特殊监管区域及场所、从国内海关特殊监管区域及场所载运旅客或货物至国内其他地区或者国内海关特殊监管区域及场所，不属于增值税零税率运输服务适用范围。

二、国际运输的收入如何确认?

(一) 以铁路运输方式载运旅客的，为按照铁路合作组织清算规则清算后的实际运输收入。

(二) 以铁路运输方式载运货物的，为按照铁路运输进款清算办法，对“发站”或“到站（局）”名称包含“境”字的货票上注明的运输费用以及直接相关的国际联运杂费清算后的实际运输收入。

(三) 以航空运输方式载运货物或旅客的，如果国际运输或港澳台运输各航段由多个承运人承运的，为中国航空结算有限责任公司清算后的实际收入；如果国际运输或港澳台运输各航段由一个承运人承运的，为提供航空运输服务取得的收入。

三、国际运输服务应取得哪些资质条件?

(一) 提供国际运输服务。以水路运输方式的，应提供《国际船舶运输经营许可证》；以航空运输方式的，应提供经营范围包括“国际航空客货邮运输业务”的《公共航空运输企业经营许可证》或经营范围包括“公务飞行”的《通用航空经营许可证》；以公路运输方式的，应提供经营范围包括“国际运输”的《道路运输经营许可证》和《国际汽车运输行车许可证》；以铁路运输方式的，应提供经营范围包括“许可经营项目：铁路客货运输”的《企业法人营业执照》或其他具有提供铁路客货运输服务资质的证明材料。

(二) 提供港澳台运输服务。以公路运输方式提供内地往返香港、澳门的交通运输服务的，应提供《道路运输经营许可证》及持《道路运输证》的直通港澳运输车辆的物权证明；以水路运输方式提供内地往返香港、澳门交通运输服务的，应提供获得港澳线路运营许可船舶的物权证明；以水路运输方式提供大陆往返台湾交通运输服务的，应提供《台湾海峡两岸间水路运输许可证》及持《台湾海峡两岸间船舶营运证》船舶的物权证明；以航空运输方式提供港澳台运输服务的，应提供经营范围包括“国际、国内（含港澳）航空客货邮运输业务”的《公共航空运输企业经营许可证》或者经营范围包括“公务飞行”的《通用航空经营许可证》；以铁路运输方式提供内地往返香港的交通运输服务的，应提供经营范围包括“许可经营项目：铁路客货运输”的《企业法人营业执照》或其他具有提供铁路客货运输服务资质的证明材料。

(三) 采用程租、期租和湿租方式租赁交通运输工具用于国际运输服务和港澳台运输服务的，应提供程租、期租和湿租合同或协议。

(四) 境内的单位和个人取得交通部门颁发的《国际班轮运输经营资格登记证》或加注国际客货运输的《水路运输许可证》，并以水路运输方式提供国际运输服务的，适用增值税零税率政策。

四、如何办理国际运输退免税申请？

提供国际运输服务、港澳台运输服务的，需填报《增值税零税率应税服务（国际运输/港澳台运输）免抵退税申报明细表》，并提供下列原始凭证的原件及复印件：

（一）以水路运输、航空运输、公路运输方式的，提供增值税零税率应税服务的载货、载客舱单或其他能够反映收入原始构成的单据凭证。以航空运输方式且国际运输和港澳台运输各航段由多个承运人承运的，还需提供《航空国际运输收入清算账单申报明细表》。

（二）以铁路运输方式的，客运的提供增值税零税率应税服务的国际客运联运票据、铁路合作组织清算函件及《铁路国际客运收入清算函件申报明细表》；货运的提供铁路进款资金清算机构出具的《国际铁路货运进款清算通知单》，启运地的铁路运输企业还应提供国际铁路联运运单，以及“发站”或“到站（局）”名称包含“境”字的货票。

（三）采用程租、期租、湿租服务方式租赁交通运输工具从事国际运输服务和港澳台运输服务的，还应提供程租、期租、湿租的合同或协议复印件。向境外单位和个人提供期租、湿租服务，按规定由出租方申报退（免）税的，可不提供第（一）项原始凭证。

上述（一）、（二）项原始凭证（不包括《航空国际运输收入清算账单申报明细表》和《铁路国际客运收入清算函件申报明细表》），经主管税务机关批准，增值税零税率应税服务提供者可只提供电子数据，原始凭证留存备查。

（二）航天运输服务。

【解读】

一、航天运输服务应取得哪些资质条件？

提供航天运输服务的，应提供经营范围包括“商业卫星发射服务”的《企业法人营业执照》或其他具有提供商业卫星发射服务资质的证明材料。

二、如何办理国际运输退免税申请？

提供航天运输服务的，需填报《增值税零税率应税服务（航天运输）免抵退税申报明细表》，并提供下列资料及原始凭证的原件及复印件：

（一）签订的提供航天运输服务的合同；

（二）从与之签订航天运输服务合同的单位取得收入的收款凭证；

（三）《提供航天运输服务收讫营业款明细清单》。

（三）向境外单位提供的完全在境外消费的下列服务：

1. 研发服务。

2. 合同能源管理服务。

3. 设计服务。

4. 广播影视节目（作品）的制作和发行服务。

5. 软件服务。

6. 电路设计及测试服务。

7. 信息系统服务。

8. 业务流程管理服务。

9. 离岸服务外包业务。

离岸服务外包业务，包括信息技术外包服务（ITO）、技术性业务流程外包服务（BPO）、技术性知识流程外包服务（KPO），其所涉及的具体业务活动，按照《销售服务、无形资产、不动产注释》相对应的业务活动执行。

10. 转让技术。

【解读】

上述项目源自财税〔2013〕106号文件、《财政部　国家税务总局关于影视等出口服务适用增值税零税率政策的通知》（财税〔2015〕118号）等相关政策规定，增加了“完全在境外消费”的限制条件。

“完全在境外消费”是指：

（一）服务的实际接受方在境外，且与境内的货物和不动产无关。

（二）无形资产完全在境外使用，且与境内的货物和不动产无关。

（三）财政部和国家税务总局规定的其他情形。

【政策主要变化点】

一、新增“完全在境外消费的”的限制条件。

二、授权财政部和国家税务总局规定的其他服务。

（四）财政部和国家税务总局规定的其他服务。

二、境内的单位和个人销售的下列服务和无形资产免征增值税，但财政部和国家税务总局规定适用增值税零税率的除外：

（一）下列服务：

1. 工程项目在境外的建筑服务。

【解读】

本条是对原建筑服务出口营业税免税政策的延续。

《财政部　国家税务总局关于个人金融商品买卖等营业税若干免税政策的通知》

（财税〔2009〕111 号，以下称财税〔2009〕111 号文件）第三条规定，对境内单位或者个人在境外提供建筑业劳务暂免征收营业税。

2. 工程项目在境外的工程监理服务。

【解读】

本条是对原工程监理服务出口营业税免税政策的延续。

《财政部　国家税务总局关于外派海员等劳务免征营业税的通知》（财税〔2012〕54 号）第一条第（二）款规定，对境内单位提供的、标的物在境外的建设工程监理劳务，免征营业税。

3. 工程、矿产资源在境外的工程勘察勘探服务。

【解读】

本条是对财税〔2013〕106 号文附件 4 第七条第（一）款相关政策规定的平移。

4. 会议展览地点在境外的会议展览服务。

【解读】

本条是对财税〔2013〕106 号文件附件 4 第七条第（二）款相关政策规定的平移。

5. 存储地点在境外的仓储服务。

【解读】

本条是对财税〔2013〕106 号文件附件 4 第七条第（三）款相关政策规定的平移。

6. 标的物在境外使用的有形动产租赁服务。

【解读】

本条是对财税〔2013〕106 号文件附件 4 第七条第（四）款相关政策规定的平移。

7. 在境外提供的广播影视节目（作品）的播映服务。

【解读】

本条是对财税〔2013〕106 号文件附件 4 第七条第（六）款相关政策规定的平移。

8. 在境外提供的文化体育服务、教育医疗服务、旅游服务。

【解读】

一、本条“文化体育服务”免税是对原文化体育服务出口营业税免税政策的延续。

财税〔2009〕111号文件第三条规定，对境内单位或者个人在境外提供文化体育劳务（除播映外）暂免征收营业税。由于在《注释》中“播映”已不属于“文化体育服务”的范围，因此不需要再从中剔除。

二、本条“教育医疗服务”“旅游服务”为新增内容。上述两项服务的发生地属于境内还是境外比较容易判定，因此，对其给予出口免税政策，在实际执行中便于操作。

（二）为出口货物提供的邮政服务、收派服务、保险服务。

为出口货物提供的保险服务，包括出口货物保险和出口信用保险。

【解读】

为出口货物提供的保险服务的免税政策是对《营业税暂行条例》第八条“境内保险机构为出口货物提供的保险产品”以及《营业税暂行条例实施细则》第二十二条“为出口货物提供的保险产品，包括出口货物保险和出口信用保险”规定的延续。

（三）向境外单位提供的完全在境外消费的下列服务和无形资产：

1. 电信服务。

2. 知识产权服务。

3. 物流辅助服务（仓储服务、收派服务除外）。

4. 鉴证咨询服务。

5. 专业技术服务。

6. 商务辅助服务。

7. 广告投放地在境外的广告服务。

8. 无形资产。

【解读】

上述1—7项应税服务的服务发生地不易判定，在确定是否属于出口服务或无形资产的原则上，规定了两个须同时具备的条件：一是向境外单位销售；二是完全在境外消费。

【政策主要变化点】

一、新增专业技术服务、商务辅助服务和销售无形资产。

二、增加了“完全在境外消费”的限制条件。

（四）以无运输工具承运方式提供的国际运输服务。

【解读】

属于新增条款。对向境外单位以无运输工具承运方式提供的国际运输服务给予出口免税政策，主要原因是：《试点过渡政策的规定》第一条第（十八）款规定，纳税人提供的直接或间接国际货物运输代理服务免征增值税。为保持政策平衡，对向境外单位以无运输工具承运方式提供的国际运输服务给予免税政策。

（五）为境外单位之间的货币资金融通及其他金融业务提供的直接收费金融服务，且该服务与境内的货物、无形资产和不动产无关。

【解读】

属于新增条款。例如，境内某一银行为法国和德国的两家公司提供相互资金结算服务。

（六）财政部和国家税务总局规定的其他服务。

三、按照国家有关规定应取得相关资质的国际运输服务项目，纳税人取得相关资质的，适用增值税零税率政策，未取得的，适用增值税免税政策。

境内的单位或个人提供程租服务，如果租赁的交通工具用于国际运输服务和港澳台运输服务，由出租方按规定申请适用增值税零税率。

境内的单位和个人向境内单位或个人提供期租、湿租服务，如果承租方利用租赁的交通工具向其他单位或个人提供国际运输服务和港澳台运输服务，由承租方适用增值税零税率。境内的单位或个人向境外单位或个人提供期租、湿租服务，由出租方适用增值税零税率。

境内单位和个人以无运输工具承运方式提供的国际运输服务，由境内实际承运人适用增值税零税率；无运输工具承运业务的经营者适用增值税免税政策。

【解读】

一、有关国际运输的相关资质要求，请参考《国家税务总局关于发布〈适用增值税零税率应税服务退（免）税管理办法〉的公告》（国家税务总局公告2014年第11号）。

二、境内的单位或个人提供程租、期租、湿租服务的零税率或免税政策，是对财税〔2013〕106号文件规定的平移。

三、境内单位和个人以无运输工具承运方式提供的国际运输服务，由境内实际承运人实际提供国际运输服务，因此境内实际承运人适用增值税零税率；无运输工具承运业务的经营者适用增值税免税政策。

四、境内的单位和个人提供适用增值税零税率的服务或者无形资产，如果属于适用简易计税方法的，实行免征增值税办法。如果属于适用增值税一般计税方法的，生产企业实行免抵退税办法，外贸企业外购服务或者无形资产出口实行免退税办法，外贸企业直接将服务或自行研发的无形资产出口，视同生产企业连同其出口货物统一实行免抵退税办法。

服务和无形资产的退税率为其按照《试点实施办法》第十五条第（一）至（三）项规定适用的增值税税率。实行退（免）税办法的服务和无形资产，如果主管税务机关认定出口价格偏高的，有权按照核定的出口价格计算退（免）税，核定的出口价格低于外贸企业购进价格的，低于部分对应的进项税额不予退税，转入成本。

【解读】

本条是对财税〔2013〕106号文件规定的平移。明确了境内的单位和个人提供适用增值税零税率的服务或者无形资产，在不同情况下，实行免抵退税办法还是免税办法的规定。

五、境内的单位和个人销售适用增值税零税率的服务或无形资产的，可以放弃适用增值税零税率，选择免税或按规定缴纳增值税。放弃适用增值税零税率后，36个月内不得再申请适用增值税零税率。

【解读】

本条是对财税〔2013〕106号文件规定的平移。明确了纳税人可以放弃适用零税率的规定。适用零税率在不同情况下，实行免抵退税办法还是免税办法的规定。

六、境内的单位和个人销售适用增值税零税率的服务或无形资产，按月向主管退税的税务机关申报办理增值税退（免）税手续。具体管理办法由国家税务总局商财政部另行制定。

【解读】

有关《适用增值税零税率应税服务退（免）税管理办法》，参见《国家税务总局关于发布〈适用增值税零税率应税服务退（免）税管理办法〉的公告》（国家税务总局公告 2014 年第 11 号）、《国家税务总局关于〈适用增值税零税率应税服务退（免）税管理办法〉的补充公告》（国家税务总局公告 2015 年第 88 号）。

七、本规定所称完全在境外消费，是指：

（一）服务的实际接受方在境外，且与境内的货物和不动产无关。

（二）无形资产完全在境外使用，且与境内的货物和不动产无关。

（三）财政部和国家税务总局规定的其他情形。

【解读】

完全在境外消费，应按照以下两个方面掌握：

一、完全在境外消费的服务，是指服务的实际接受方在境外，且与境内的货物和不动产无关。

例如，境内 A 咨询公司与美国 B 集团签订法律咨询合同，如果实际是为 B 集团在我国境内的子公司提供的法律咨询，则该咨询服务不属于完全在境外消费的咨询服务。

二、完全在境外消费的无形资产，是指无形资产完全在境外使用，且与境内的货物和不动产无关。

例如，境内 C 公司向印度 D 公司转让一项有关高铁轨道铺设的专利技术，用于 D 公司在印度建设的高铁项目，则该专利技术属于完全在境外消费的无形资产。

八、境内单位和个人发生的与香港、澳门、台湾有关的应税行为，除本文另有规定外，参照上述规定执行。

【解读】

本条明确境内单位和个人发生的与香港、澳门、台湾有关的应税行为，适用本规定。即与香港、澳门和台湾之间的应税行为的往来视同跨境应税行为。

九、2016 年 4 月 30 日前签订的合同，符合《财政部　国家税务总局关于将铁路运输和邮政业纳入营业税改征增值税试点的通知》（财税〔2013〕106 号）附件 4 和《财政部　国家税务总局关于影视等出口服务适用增值税零税率政策的通知》（财税〔2015〕118 号）规定的零税率或者免税政策条件的，在合同到期前可以继续享受零税率或者免税政策。

【解读】

本条规定在试点之前签订的合同在合同到期前仍适用老政策的规定。

2.2 《纳税人转让不动产增值税征收管理暂行办法》解读

2.2.1 背景和目的

原营业税税制下，纳税人转让不动产应向不动产所在地主管地税机关申报缴纳营业税。本次营改增后，纳税人转让不动产纳入增值税征收范围。增值税的纳税地点一般按照机构所在地确定，因为纳税人回到机构所在地申报纳税，才可以进行完整的进、销项核算，并准确计算增值税应纳税额。但是，由于转让不动产业务与不动产所在地联系紧密，且该业务涉及的其他税费大多仍由地税机关征收，为尽量避免出现税源转移，方便纳税人办税，在制定税制改革总体方案时，除适用增值税一般规定以外，在《财政部 国家税务总局关于全面推开营业税改征增值税试点的通知》（财税〔2016〕36 号，以下称 36 号文件）、《营业税改征增值税试点实施办法》（以下称《试点实施办法》）和《营业税改征增值税试点有关事项的规定》（以下称《试点有关事项的规定》）中作出一些特殊的规定。具体如下：

纳税地点：《试点实施办法》《试点有关事项的规定》明确，纳税人转让不动产，需要在不动产所在地预缴税款，回机构所在地申报纳税。

征收机关：《试点实施办法》第五十一条规定："营业税改征的增值税，由国家税务局负责征收。纳税人销售取得的不动产和其他个人出租不动产的增值税，国家税务局暂委托地方税务局代为征收。"即纳税人转让不动产，国家税务局委托地方税务局代为征收。

《试点实施办法》《试点有关事项的规定》对纳税人转让不动产业务的纳税地点和征收机关进行特殊规定，主要出于如下考虑：

1. 原《中华人民共和国营业税暂行条例》（以下称《营业税暂行条例》）规定，纳税人销售、出租不动产，应当向不动产所在地的主管地税机关申报纳税。为保证税制平稳过渡，尽量避免税源转移，《试点实施办法》《试点有关事项的规定》规定，转让不动产，需要在不动产所在地缴纳税款。

需要说明的是，自然人只有居住地，没有机构所在地，且自然人也不需要定期申报纳税，只有发生应税行为时，才需要计算缴纳增值税。因此，对于自然人转让不动产，只需在不动产所在地缴纳税款，不需要回居住地申报缴纳增值税。《试点实施办法》第四十六条对纳税地点也明确规定，其他个人提供建筑服务，销售或者租赁不动产，转让自然资源使用权，应向建筑服务发生地、不动产所在地、自然资源所在地主管税务机关申报纳税。

但因除自然人以外的纳税人，都有机构所在地，纳税人需要向机构所在地主管税务机关就其全部经营业务进行纳税申报，主管税务机关才可以全面掌握、了解纳税人的经营行为，纳税人也只有回到机构所在地申报纳税，才可以完整地核算全部业务的进项税额和销项税额，准确计算应缴税款。因此，除自然人以外的纳税人，转让不动产，需在不动产所在地预缴税款，而后回机构所在地申报纳税，纳税人在不动产所在地已经预缴的税款，可以在应纳税额中抵减。

2. 由于二手房交易中征收的税款包括增值税和地税部门征收的契税、个人所得税等税种，如果由国税部门征收二手房交易的增值税，则纳税人一项交易要跑两个税务部门交税，办税极不便利，且目前地税部门已经对二手房交易有成熟的征管经验和征管流程，为保证营改增平稳过渡，方便纳税人办税，将纳税人转让取得的不动产，委托地方税务局征收。

纳税人转让不动产，既涉及不动产所在地预缴，又涉及回机构所在地后按照规定的方法计算缴纳增值税款；既涉及地方税务局征收，又涉及向主管国家税务局申报纳税。如何在不动产所在地计算预缴纳税，如何在国家税务局计算申报，已经预缴的税款如何处理，纳税人需要代开发票的，需要向国税机关申请还是向地税机关申请等问题，需要出台专门的规定予以明确。这就是国家税务总局出台《纳税人转让不动产增值税征收管理暂行办法》（国家税务总局公告 2016 年第 14 号，以下称《办法》）的背景。

2.2.2 基本概念及原则

2.2.2.1 基本概念

在《办法》中，重复出现了单位、个体工商户、其他个人，不动产、住房等概念。为准确理解文件，避免出现偏差，首先解释以下几个基本概念。

1. 纳税人

（1）单位与个人

单位，是指企业、行政单位、事业单位、军事单位、社会团体及其他单位。单位，也就是企业和非企业性单位之和。

个人，是指个体工商户和其他个人。其他个人，也就是自然人。个人，也就是个体工商户和自然人之和。

从身份性质划分，纳税人分为单位和个人。《中华人民共和国增值税暂行条例》及实施细则、《营业税暂行条例》及实施细则、36号文件，以及各种增值税、营业税文件中，“单位与个人”的概念，都是一致的。

企业、非企业性单位、个体工商户、自然人，共同构成了全部增值税、营业税纳税人范围，也可以说，单位、个体工商户和其他个人，共同组成了所有的增值税、营业税纳税人。

（2）增值税一般纳税人和小规模纳税人

从纳税人类别来分，增值税纳税人分为一般纳税人和小规模纳税人。

《试点实施办法》第三条规定，纳税人分为一般纳税人和小规模纳税人。应税行为的年应征增值税销售额超过财政部和国家税务总局规定标准的纳税人为一般纳税人，未超过规定标准的纳税人为小规模纳税人。年应税销售额超过规定标准的其他个人不属于一般纳税人。年应税销售额超过规定标准但不经常发生应税行为的单位和个体工商户可选择按照小规模纳税人纳税。

《试点有关事项的规定》明确，《试点实施办法》第三条规定的年应税销售额标准为500万元。财政部和国家税务总局可以对年应税销售额标准进行调整。

按照以上规定，纳税人分一般纳税人和小规模纳税人分别适用不同的计税方法及开票、申报等管理规定。

（3）按单位和个人说明一般纳税人和小规模纳税人的划分

企业：可以是增值税一般纳税人或者小规模纳税人。

非企业性单位：可以是增值税一般纳税人和小规模纳税人。《增值税暂行条例实施细则》第二十九条规定：“非企业性单位、不经常发生应税行为的企业可选择按小规模纳税人纳税。”《试点实施办法》第三条规定：“年应税销售额超过规定标准但不经常发生应税行为的单位和个体工商户可选择按照小规模纳税人纳税。”也就是说，年应税销售额有无超过规定标准、是否经常发生应税行为等都成为判断非企业性单位是一般纳税人还是小规模纳税人的条件。

个体工商户：个体工商户也可以是增值税一般纳税人和小规模纳税人。在实际业务中，个体工商户以小规模纳税人居多。

其他个人：自然人，都是小规模纳税人。

2. 不动产

不动产，是指不能移动或者移动后会引起性质、形状改变的财产，包括建筑物、构筑物等。

（1）建筑物

建筑物，包括住房、商业营业用房、其他建筑物。

住房，包括普通住宅、高级公寓、别墅等居住用建筑物。

商业营业用房，包括各种商用店铺、商业楼宇、写字楼、饭店、旅店、购物中心、电影院、展览中心等建筑物。

其他建筑物，指住房、商业营业用房以外的建筑物，包括工业厂房、仓库、学校等。

（2）构筑物

构筑物，包括道路、桥梁、隧道、水坝等建造物。

2.2.2.2　遵循的原则

在《办法》中，纳税地点、征收机关等税收要素按照以下原则确定。

1. 纳税地点

纳税人转让不动产，除自然人以外，应在不动产所在地预缴，机构所在地申报纳税。自然人转让不动产，只需在不动产所在地缴纳税款即可。

2. 征收机关

《试点实施办法》第五十一条明确，营业税改征的增值税，由国家税务局负责征收。纳税人销售取得的不动产和其他个人出租不动产的增值税，国家税务局暂委托地方税务局代为征收。

3. 对本次营改增前取得的不动产给予过渡政策

不动产的建设周期和使用期限都很长，与一般的产品生产、服务提供不同，不动产的建设、使用，跨本次营改增前后期间的可能性大。对于本次营改增前取得的不动产，由于没有相应的进项税额抵扣，部分纳税人在改革后很可能出现税负上升。为保证税制平稳过渡，对老项目给予了增值税的过渡政策。如纳税人为增值税一般纳税人，销售2016年5月1日前取得的不动产，可以选择简易征收办法。

老项目是指纳税人在改革前，即2016年4月30日前取得的不动产，在改革后即5月1日以后进行销售的业务。

4. 过渡政策中增值税征收率为原营业税税率

根据原营业税政策，纳税人转让不动产，适用5%营业税税率。转让不动产的增值税征收率也为5%。纳税人经营老项目，都可以按照过渡政策，适用5%征收率采取简易计税方法计税。

需要说明的是，由于增值税是价外税，增值税5%的征收率换算价内税为4.76%，低于营业税5%的税率，因此，适用简易计税方法的转让不动产业务的增值税税负，较营改增前略有下降。例如：某纳税人签订销售不动产合同，价税合计100万元。营业税税率5%时，此人应缴纳的营业税为：$100\times5\%=5$（万元）；增值税征收率为5%时，此人应缴纳的增值税为：$100\div(1+5\%)\times5\%=4.76$（万元）。增值税应将含税价转换为不含税价后，再进行应纳税额的计算。可见，营改增后，纳税人转让不动产适用简易计税方法的，税负有所下降。

2.2.3 《纳税人转让不动产增值税征收管理暂行办法》解读

第一条 根据《财政部 国家税务总局关于全面推开营业税改征增值税试点的通知》（财税〔2016〕36号）及现行增值税有关规定，制定本办法。

【解读】

本条是关于制定《办法》的法律依据。

《办法》作为36号文件的配套文件，目的是在现行增值税有关规定的总体框架下，将36号文件的相关内容进行细化，在实际操作层面上，对36号文件中确立的基本原则和制度作出进一步明确和细化，区分不同情况，作出便于税务机关和纳税人更好地理解和执行的规定，以增强政策文件的可操作性。

第二条 纳税人转让其取得的不动产，适用本办法。

本办法所称取得的不动产，包括以直接购买、接受捐赠、接受投资入股、自建以及抵债等各种形式取得的不动产。

房地产开发企业销售自行开发的房地产项目不适用本办法。

【解读】

本条明确了《办法》适用的范围，以及《办法》与《房地产开发企业销售自行开发的房地产项目增值税征收管理暂行办法》之间的关系。一是纳税人转让取得的不动产，适用该《办法》；房地产开发企业销售自行开发的房地产项目，不适用本《办法》。二是取得的不动产包括直接购买、接受捐赠、接受投资入股、自建以及抵债等各种形式取得的不动产。纳税人销售自己拥有所有权的不动产时，适用该《办法》。三是房地产开发企业销售自行开发的房地产项目，不适用本《办法》，而是适用《房地产开发企业销售自行开发的房地产项目增值税征收管理暂行办法》。例如：如果一个房地产开发企业，开发一批商铺，销售出90%，剩余有10套商铺尚未售出。房地产开发企业办理权属登记，将该10套商铺登记在自己企业名下，以自己名义对外出租。3年后，该商区房产价格上涨，有买家提出要购买商铺。房地产开发企业决定将该10套商铺再出售，此时，该10套商铺已经登记在房地产开发企业名下，再次销售时，不是尚未办理权属登记的、房地产开发项目的房产，因此，房地产企业应适用该《办法》，而不是按《房地产开发企业销售自行开发的房地产项目增值税征收管理暂行办法》办理相关税务事项。

第三条 一般纳税人转让其取得的不动产，按照以下规定缴纳增值税：

（一）一般纳税人转让其2016年4月30日前取得（不含自建）的不动产，可以选择适用简易计税方法计税，以取得的全部价款和价外费用扣除不动产购置原价或者取得不动产时的作价后的余额为销售额，按照5%的征收率计算应纳税额。纳税人应按照上述计税方法向不动产所在地主管地税机关预缴税款，向机构所在地主管国税机关申报纳税。

（二）一般纳税人转让其2016年4月30日前自建的不动产，可以选择适用简易计税方法计税，以取得的全部价款和价外费用为销售额，按照5%的征收率计算应纳税额。纳税人应按照上述计税方法向不动产所在地主管地税机关预缴税款，向机构所在地主管国税机关申报纳税。

（三）一般纳税人转让其2016年4月30日前取得（不含自建）的不动产，选择适用一般计税方法计税的，以取得的全部价款和价外费用为销售额计算应纳税额。纳税人应以取得的全部价款和价外费用扣除不动产购置原价或者取得不动产时的作价后的余额，按照5%的预征率向不动产所在地主管地税机关预缴税款，向机构所在地主管国税机关申报纳税。

（四）一般纳税人转让其2016年4月30日前自建的不动产，选择适用一般计税方法计税的，以取得的全部价款和价外费用为销售额计算应纳税额。纳税人应以取得的全部价款和价外费用，按照5%的预征率向不动产所在地主管地税机关预缴税款，向机构所在地主管国税机关申报纳税。

（五）一般纳税人转让其2016年5月1日后取得（不含自建）的不动产，适用一般计税方法，以取得的全部价款和价外费用为销售额计算应纳税额。纳税人应以取得的全部价款和价外费用扣除不动产购置原价或者取得不动产时的作价后的余额，按照5%的预征率向不动产所在地主管地税机关预缴税款，向机构所在地主管国税机关申报纳税。

（六）一般纳税人转让其2016年5月1日后自建的不动产，适用一般计税方法，以取得的全部价款和价外费用为销售额计算应纳税额。纳税人应以取得的全部价款和价外费用，按照5%的预征率向不动产所在地主管地税机关预缴税款，向机构所在地主管国税机关申报纳税。

第四条　小规模纳税人转让其取得的不动产，除个人转让其购买的住房外，按照以下规定缴纳增值税：

（一）小规模纳税人转让其取得（不含自建）的不动产，以取得的全部价款和价外费用扣除不动产购置原价或者取得不动产时的作价后的余额为销售额，按照5%的征收率计算应纳税额。

（二）小规模纳税人转让其自建的不动产，以取得的全部价款和价外费用为销售额，按照5%的征收率计算应纳税额。

除其他个人之外的小规模纳税人，应按照本条规定的计税方法向不动产所在地主管地税机关预缴税款，向机构所在地主管国税机关申报纳税；其他个人按照本条规定的计税方法向不动产所在地主管地税机关申报纳税。

【解读】

第三条、第四条梳理归纳了纳税人转让不动产的预缴税款、应纳税款、纳税地点等政策问题。纳税人是一般纳税人还是小规模纳税人，不动产是自建还是外购，不动产是本次营改增前取得的，还是本次营改增后取得的，增值税一般纳税人对于老房产是选择简易计税方法，还是一般计税方法，在不同情况下，预缴税款的计算，应纳税额的计算，纳税地点等，应适用不同的政策规定。依据这些规定，纳税人转让不动产应分别向地税机关和国税机关办理下列涉税事项：

一、地税机关

纳税人转让不动产，全部需要在不动产所在地主管地税机关预缴或者缴纳税款。

（一）预缴增值税

除其他个人转让不动产外，其他纳税人转让不动产，不论是增值税一般纳税人还是小规模纳税人，不论是单位还是个人，不论是2016年5月1日前取得的不动产还是5月1日以后取得的不动产，都需要在不动产所在地主管地税机关预缴增值税。

1. 非自建不动产

对于纳税人（不包括其他个人）销售非自建的不动产，应以取得的全部价款和价外费用扣除不动产购置原价或者取得不动产时的作价后的余额，按照5%的预征率（或者征收率）向不动产所在地主管地税机关预缴税款。

案例2.2-1：某纳税人（非自然人），2016年6月30日转让其2013年购买的1层写字楼，取得转让收入1000万元（含税，下同）。纳税人2013年购买时的价格为700万元，保留有合法有效凭证。如果该纳税人为增值税一般纳税人，应如何在不动产所在地地税机关计算预缴税额，如该纳税人为小规模纳税人又如何计算？

分析：纳税人向地税机关预缴税款时，不需要区分纳税人性质，也不需要区分房产取得的时间是本次营改增改革前还是改革后，只区分所转让的不动产，是否属于自建的不动产。在该案例中，纳税人转让的不动产为2013年外购，属于非自建，应以取得的全部价款和价外费用扣除不动产购置原价或者取得不动产时的作价后的余额=1000-700=300（万元），换算为不含税价后，按照5%的预征率（或者征收率）向不动产所在地主管地税机关预缴税款。

2. 自建不动产

对于纳税人（不包括其他个人）转让自建的不动产，应以取得的全部价款和价外费用，按照5%的预征率（或征收率）向不动产所在地主管地税机关预缴税款。

案例2.2-2：某纳税人（非自然人），2016年6月30日转让其2013年自己建造的厂房1间，取得转让收入1000万元。纳税人2013年建造厂房的成本为700万元。如果该纳税人为增值税一般纳税人，应如何在不动产所在地地税机关计算预缴税额，如该纳税人为小规模纳税人又如何计算？

分析：在该案例中，纳税人转让的不动产为2013年自建的，因此，应以取得的全部价款和价外费用，即1000万元，换算为不含税价后，按照5%的预征率（或者征收率）向不动产所在地主管地税机关预缴税款。关于700万元的建造成本价格，在计算转让自建不动产的预缴税款时，不允许从销售额中扣除。

（二）申报缴纳增值税

其他个人即自然人转让不动产，直接向不动产所在地主管地税机关申报纳税。

1. 非自建不动产

对于其他个人销售非自建的不动产，应以取得的全部价款和价外费用扣除不动产购置原价或者取得不动产时的作价后的余额，按照5%的征收率向不动产所在地主管地税机关申报纳税。

2. 自建不动产

对于其他个人转让自建的不动产，应以取得的全部价款和价外费用，按照5%的征收率向不动产所在地主管地税机关申报纳税。

二、国税机关

（一）征收范围

除其他个人以外的纳税人转让取得的不动产，除向不动产所在地地税机关预缴增值税款，还需要向其机构所在地主管国税机关申报纳税。

（二）计税方法

1. 纳税人适用简易计税方法，包括一般纳税人销售2016年4月30日前取得的不动产，选择简易计税方法计算增值税的，以及小规模纳税人转让取得的不动产。当纳税人适用简易计税方法时，需考虑不动产属于自建还是非自建。

（1）非自建不动产：对于非自建的不动产，纳税人以取得的全部价款和价外费用扣除不动产购置原价或者取得不动产时的作价后的余额为销售额，按照5%的征收率计算应纳税额并向其机构所在地主管国税机关申报。

案例2.2-3：某纳税人（非自然人），2016年6月30日转让其2013年购买的写字楼1层，取得转让收入1000万元。纳税人2013年购买时的价格为700万元。假设该纳税人为增值税一般纳税人，并对转让该房产选择了简易计税方法。该纳税人该项业务如何申报增值税？

分析：纳税人转让的不动产为2013年外购的房产，属于非自建的老房产，纳税人为增值税一般纳税人，可以选择简易计税方法或者一般计税方法。案例明确纳税人转让该房产选择简易计税方法，则应按照全部价款和价外费用扣除不动产购置原价或者取得不动产时作价后的余额为销售额，按照5%的征收率计算应纳税额。即销售额＝1000－700＝300（万元），换算为不含税价后，按照5%的征收率计算应纳税额，向其机构所在地主管国税机关申报增值税。

对照案例2.2－1可以看出，纳税人选择简易计税方法，向不动产所在地主管地税机关预缴的税款，与向机构所在地申报的应纳税额，应是一致的。

（2）自建不动产：对于自建的不动产，纳税人应以取得的全部价款和价外费用为销售额，按照5%的征收率计算应纳税额，并向其机构所在地主管国税机关申报。

案例2.2－4：某纳税人（非自然人），2016年6月30日转让其2013年自己建造的厂房1间，取得转让收入1000万元。纳税人2013年建造厂房的成本为700万元。假设该纳税人为增值税一般纳税人，并对转让该房产选择了简易计税方法。该项业务如何申报增值税？

分析：纳税人转让的不动产为2013年的房产，为自建老房产，纳税人为增值税一般纳税人，可以选择简易计税方法或者一般计税方法。题目明确纳税人转让该房产选择简易计税方法，则应将全部价款和价外费用作为销售额，按照5%的征收率计算应纳税额。即1000万元，换算为不含税价后，按照5%的征收率计算应纳税额，向其机构所在地主管国税机关申报增值税。

对照案例2.2－2可以看出，纳税人选择简易计税方法后，向不动产所在地主管地税机关预缴的税款，与向机构所在地计算申报的应纳税额，应是一致的。

2. 转让不动产适用一般计税方法的情况，包括一般纳税人销售2016年4月30日前取得的不动产，选择一般计税方法计算增值税的；也包括一般纳税人销售2016年5月1日后取得的不动产。当纳税人适用一般计税方法时，非自建不动产和自建不动产的销项税额计算规定是一致的：即以取得的全部价款和价外费用为销售额，按照适用税率11%计算销项税额。

案例2.2－5：某纳税人（非自然人），2016年6月30日转让其2013年购买的写字楼1层，取得转让收入1000万元。纳税人2013年购买时的价格为700万元。假设该纳税人为增值税一般纳税人，对转让该房产选择了一般计税方法。该纳税人在不动产所在地地税机关预缴税款后，回到机构所在地如何计算应纳税额？

分析：纳税人转让的不动产为2013年外购的房产，属于非自建的老房产，纳税人为增值税一般纳税人，可以选择简易计税方法或者一般计税方法。本题明确纳税人转让该房产选择一般计税方法，则应将全部价款和价外费用为销售额，按照11%的税率计算应纳税额。即应纳税额＝1000÷（1＋11%）×11%－进项税额。需要说明的是，该房产购买于2013年，不能取得合法有效增值税扣税凭证扣除房产的税款，但纳税人可以扣除销售不动产所产生的咨询费等所含的增值税进项税额。当然，进项税额也包括纳税人当期取得的所有符合规定允许抵扣的进项税额。

案例 2.2-6：某纳税人（非自然人），2016 年 6 月 30 日转让其 2013 年自己建造的厂房 1 间，取得转让收入 1000 万元。纳税人 2013 年建造厂房的成本为 700 万元。假设该纳税人为增值税一般纳税人，对转让该房产选择了一般计税方法。该纳税人在不动产所在地地税机关预缴税款后，回到机构所在地如何计算应纳税额？

分析：纳税人转让的不动产为 2013 年自建的房产，为自建老房产，纳税人为增值税一般纳税人，可以选择简易计税方法或者一般计税方法。本题明确纳税人转让该房产选择一般计税方法，则纳税人应将全部价款和价外费用为销售额，按照 11%的税率计算应纳税额。即应纳税额 = 1000÷(1+11%)×11%−进项税额。需要说明的是，该房产建于 2013 年，自建房产时未能取得合法有效增值税扣税凭证，或者已经取得的增值税扣税凭证按现行规定也不能抵扣房产的税款，但纳税人可以扣除销售不动产所产生的咨询费等所含的增值税进项税额。

可以看出，纳税人选择一般计税方法后，向不动产所在地主管地税机关预缴的税款，与向机构所在地计算申报的应纳税额，可能存在差异。

第五条　个人转让其购买的住房，按照以下规定缴纳增值税：

（一）个人转让其购买的住房，按照有关规定全额缴纳增值税的，以取得的全部价款和价外费用为销售额，按照 5%的征收率计算应纳税额。

（二）个人转让其购买的住房，按照有关规定差额缴纳增值税的，以取得的全部价款和价外费用扣除购买住房价款后的余额为销售额，按照 5%的征收率计算应纳税额。

个体工商户应按照本条规定的计税方法向住房所在地主管地税机关预缴税款，向机构所在地主管国税机关申报纳税；其他个人应按照本条规定的计税方法向住房所在地主管地税机关申报纳税。

【解读】

本条是对个人转让住房的规定。按照有关规定全额缴纳增值税的，以取得的全部价款和价外费用为销售额，按照 5%的征收率计算应纳税额；按照有关规定差额缴纳增值税的，以取得的全部价款和价外费用扣除购买住房价款后的余额为销售额，按照 5%的征收率计算应纳税额。

个人包括个体工商户和其他个人。个体工商户应按照本条规定的计税方法向住房所在地主管地税机关预缴税款，向机构所在地主管国税机关申报纳税；其他个人，即自然人，应按照该条规定的计税方法向住房所在地主管地税机关申报纳税。

第六条　其他个人以外的纳税人转让其取得的不动产，区分以下情形计算应向不动产所在地主管地税机关预缴的税款：

（一）以转让不动产取得的全部价款和价外费用作为预缴税款计算依据的，计算公式为：

$$应预缴税款=全部价款和价外费用\div(1+5\%)\times5\%$$

（二）以转让不动产取得的全部价款和价外费用扣除不动产购置原价或者取得不动产时的作价后的余额作为预缴税款计算依据的，计算公式为：

$$应预缴税款=\left(\begin{matrix}全部价款和\\价外费用\end{matrix}-\begin{matrix}不动产购置原价或者\\取得不动产时的作价\end{matrix}\right)\div(1+5\%)\times5\%$$

【解读】

本条明确了预缴税款的计算方法：一是除其他个人以外的纳税人转让其取得的不动产，需要预缴税款。其他个人，即自然人，不需要预缴，直接在不动产所在地主管地税机关缴纳。因此，本条仅针对除其他个人以外的纳税人，也就是单位和个体工商户。二是需要预缴税款的纳税人，在地税机关预缴时，均按照5%征收率进行换算，不区分纳税人是否为一般纳税人，也不区分纳税人是适用一般计税方法还是简易计税方法。

第七条　其他个人转让其取得的不动产，按照本办法第六条规定的计算方法计算应纳税额并向不动产所在地主管地税机关申报纳税。

【解读】

本条是对其他个人转让不动产的规定。自然人销售不动产不需要预缴税款。自然人全部属于小规模纳税人，小规模纳税人转让不动产的征收率为5%。因此，自然人转让不动产，直接以差额或者全额依照5%征收率计算应纳税额，在不动产所在地主管地税机关缴纳税款即可。

案例2.2-7：张某户口所在地为北京，在深圳工作，长期在深圳居住。并且在海南三亚买了1套海景房，价值80万元。2016年，张某将三亚的房产以100万元卖出。假设张某销售该海景房可以享受差额征税政策，则应如何计算应纳税额？张某应向何地的国税机关或地税机关缴纳税款？是否需要回户口所在地或者长期居住地申报纳税？

分析：张某销售该海景房可以享受差额征税政策，则应纳税额=(100−80)÷(1+5%)×5%=0.95（万元）。张某应在不动产所在地海南三亚就该笔税款向不动产所在地地税部门申报纳税，不需要再回居住地申报缴纳，也就是说，张某销售海南三亚的房产，向三亚地税部门申报纳税后，无须向其户口所在地（北京）或者长期居住地（深圳）税务部门申报。

案例 2.2-8：假设案例 2.2-7 中纳税人销售该海景房只能全额征税，则应如何计算应纳税额？张某应向何地的哪个税务机关缴纳税款？是否需要回户口所在地或者长期居住地申报纳税？

分析：张某销售该海景房应按照价款和价外费用全额征税，则应纳税额 $=100\div(1+5\%)\times5\%=4.76$（万元）。张某仍应就其销售该海景房取得的收入向不动产所在地三亚地税部门申报纳税，无须向其户口所在地（北京）或者长期居住地（深圳）税务部门申报。

第八条　纳税人按规定从取得的全部价款和价外费用中扣除不动产购置原价或者取得不动产时的作价的，应当取得符合法律、行政法规和国家税务总局规定的合法有效凭证。否则，不得扣除。

上述凭证是指：

（一）税务部门监制的发票。

（二）法院判决书、裁定书、调解书，以及仲裁裁决书、公证债权文书。

（三）国家税务总局规定的其他凭证。

【解读】

本条明确了扣除不动产购置原价或者取得不动产时的作价的凭证要求，基本平移原营业税政策的规定。一是纳税人适用差额计税政策时，应当取得符合法律、行政法规和国家税务总局规定的合法有效凭证，如果纳税人未能取得合法有效凭证的，则不得享受差额计税政策，应就转让不动产取得的全部价款和价外费用，计算缴纳增值税。二是纳税人预缴税款或者申报纳税时，按规定从取得的全部价款和价外费用中扣除不动产购置原价或者取得不动产时的作价的，应出具合法有效凭证。也就是说，纳税人在向不动产所在地主管地税机关预缴或者向主管税务机关缴纳税款时，必须提供其扣除不动产购置原价或者取得不动产时作价的合法有效凭证，纳税人如果不能提供，或者提供的凭证，不符合该条规定的合法有效凭证的范畴，则应该全额计算缴纳或者预缴税款。三是合法有效凭证包括：税务部门监制的发票；法院判决书、裁定书、调解书，以及仲裁裁决书、公证债权文书；以及国家税务总局规定的其他凭证。“国家税务总局规定的其他凭证”，这是对今后可能出现的情况的一个兜底条款。

第九条　纳税人转让其取得的不动产，向不动产所在地主管地税机关预缴的增值税税款，可以在当期增值税应纳税额中抵减，抵减不完的，结转下期继续抵减。

纳税人以预缴税款抵减应纳税额，应以完税凭证作为合法有效凭证。

【解读】

本条是纳税人回机构所在地后如何抵减在不动产所在地已预缴税款的规定。一是此条中的纳税人，指除其他个人以外的纳税人，也就是单位和个体工商户。因为只有单位和个体工商户，才需要回机构所在地，就其全部经营业务向主管国税机关申报纳税。二是除其他个人以外的纳税人，当期销售不动产，在不动产所在地主管地税机关预缴税款后，回机构所在地向主管国税机关申报纳税时，可以在增值税应纳税额中，抵减在不动产所在地地税机关已经预缴的税款，若当期未能抵减完，则可以结转下期继续抵减。三是纳税人在不动产所在地地税机关预缴税款后，应取得并妥善保管完税凭证（注明有增值税），以完税凭证作为抵减应纳税额的合法有效凭证。

沿用前述案例，了解完整的业务需要如何计算纳税：

案例 2. 2-9：某北京西城区纳税人（非自然人），2016 年 6 月 30 日转让其 2013 年购买的写字楼 1 层，取得转让收入 1000 万元（含税，下同）。写字楼位于北京西城区。纳税人 2013 年购买时的价格为 700 万元，取得了合法有效的营业税发票《销售不动产统一发票》。假设纳税人其他业务 6 月的应纳增值税额为 70 万元。如果该纳税人为增值税一般纳税人，对该笔业务选择简易计税方法，应如何在不动产所在地地税机关计算预缴税额？应如何在机构所在地申报纳税？

分析：按照前面的分析及规定的计算方法，纳税人在北京西城区地税机关应预缴税额=(1000−700)÷(1+5%)×5%=14. 29（万元）。

纳税人向北京市西城区主管国税机关申报纳税时，也应按照全部价款和价外费用扣除不动产购置原价或者取得不动产时作价后的余额为销售额，按照 5%的征收率计算应纳税额。纳税人在申报时，应同时加上其他业务的增值税应纳税额。

应纳税额=(1000−700)÷(1+5%)×5%(转让不动产)+70(其他业务)=84. 29(万元)

也就是说，纳税人在 7 月申报期内，将转让不动产及其他业务应共同申报纳税，应纳税额合计为 84. 3 万元。纳税人可凭在北京西城地税机关缴纳税款的完税凭证，抵减纳税人应纳税额的 14. 29 万元，仍需缴纳增值税 70 万元。

案例 2. 2-10：延续案例 2. 2-9，如果纳税人在 2013 年购买房产时，未取得《销售不动产统一发票》，也未取得任何符合《办法》第八条规定的合法有效的凭证，则应如何在不动产所在地地税机关计算预缴税额？应如何在机构所在地申报纳税？

分析：按照《办法》第八条规定，纳税人如未能取得合法有效的凭证，则不能享受差额计税政策。按照前面的分析及计算规定，纳税人在北京西城区地税机关应预缴税额=1000÷(1+5%)×5%=47. 62（万元）。

同理，纳税人向北京市西城区国家税务局申报纳税时，也因为未取得合法有效的凭证，只能全额计税，也应将全部价款和价外费用作为销售额，按照 5%的征收率计算应纳税额。纳税人在申报时，应同时加上其他业务的增值税应纳税额。

应纳税款=1000÷(1+5%)×5%(转让不动产)+70(其他业务)= 117.62（万元）

纳税人在7月申报期内，将转让不动产及其他业务申报纳税，计算的应纳税额合计为117.62万元。纳税人可凭在北京西城区地税机关缴纳税款的完税凭证，抵减纳税人应纳税额的47.62万元，纳税人仍需缴纳增值税70万元。

如果上述纳税人为增值税小规模纳税人，在举例的业务中，纳税人的预缴税款、应纳税额计算，纳税申报、已经缴纳税款的抵减等，是一样的。

接下来，看一个自建的案例：

案例2.2-11：某纳税人（非自然人）为北京西城区纳税人，2016年6月30日转让其2013年自己建造的厂房1间，取得转让收入1000万元，厂房也在北京市西城区。纳税人2013年建造厂房的成本为700万元。假设纳税人其他业务6月的应纳增值税额为70万元。如果该纳税人为增值税一般纳税人，纳税人对该笔业务选择简易计税方法，应如何在不动产所在地地税机关计算预缴税额？应如何在机构所在地申报纳税？

分析：按照前面的分析及计算规定，纳税人在北京西城区地税机关应预缴税额=1000÷(1+5%)×5%=47.62（万元）。

纳税人向北京市西城区国家税务局申报纳税时，也应将全部价款和价外费用作为销售额，按照5%的征收率计算应纳税额。纳税人在申报时，应同时加上其他业务的增值税应纳税额。

应纳税额=1000÷(1+5%)×5%(转让不动产)+70(其他业务)= 117.62（万元）

纳税人在7月申报期内，转让不动产及其他业务共同申报纳税，计算的应纳税额合计为117.62万元。纳税人可凭在北京西城区地税机关缴纳税款的完税凭证，抵减纳税人应纳税额的47.62万元，仍需缴纳增值税70万元。

接下来看一下一般纳税人选择一般计税方法的案例：

案例2.2-12：接案例2.2-9，某纳税人转让的仍是老房产，非自建，但纳税人选择一般计税方法。某北京西城区纳税人（非自然人），2016年6月30日转让其2013年购买的写字楼1层，取得转让收入1000万元。写字楼位于北京西城区。纳税人2013年购买时的价格为700万元，取得了合法有效的营业税发票《销售不动产统一发票》。假设纳税人其他业务6月的应纳增值税额为70万元。如果该纳税人为增值税一般纳税人，纳税人对该笔业务选择一般计税方法，应如何在不动产所在地地税机关计算预缴税额？应如何在机构所在地申报纳税？

分析：按照前面的分析，纳税人在北京西城区地税机关预缴税款时，只需考虑所转让的不动产是非自建不动产，且取得了合法有效扣除凭证进行计算。

预缴税额=(1000-700)÷(1+5%)×5%=14.29（万元）

纳税人向北京市西城区国家税务局申报纳税时，按照假设，纳税人依一般计税方法计算应纳税额，由于2013年购入时，取得的是《销售不动产统一发票》，不属于增值税扣税凭证，不能抵扣进项税额，纳税人在进行纳税申报时，应同时加上其他业务的增值税应纳税额。

应纳税额＝1000÷(1+11%)×11%(转让不动产)+70(其他业务)＝169.10（万元）

纳税人在7月申报期内，将转入不动产及其他业务应共同申报纳税，应纳税额合计为169.10万元。纳税人可凭在北京西城区地税机关缴纳税款的完税凭证，抵减纳税人应纳税额的14.29万元，纳税人仍需缴纳154.81万元。

案例2.2-13：接案例2.2-11，老房产，自建，纳税人选择一般计税方法。某纳税人（非自然人）为北京西城区纳税人，2016年6月30日转让其2013年自己建造的厂房1间，取得转让收入1000万元，厂房也在北京市西城区。纳税人2013年建造厂房的成本为700万元。仍假设纳税人其他业务6月的应纳增值税额为70万元。如果该纳税人为增值税一般纳税人，纳税人对该笔业务选择一般计税方法，应如何在不动产所在地地税机关计算预缴税额？应如何在机构所在地申报纳税？

分析：同案例2.2-11的分析，在北京西城区地税机关预缴税款时预缴税款＝1000÷(1+5%)×5%＝47.62（万元）

按照假设，纳税人按照一般计税方法计税应纳税额，由于是2013年自建的房产，营改增后不能取得有效的增值税扣税凭证，不能抵扣进项税额，纳税人向北京市西城区国家税务局申报纳税时：

应纳税额＝1000÷(1+11%)×11%(转让不动产)+70(其他业务)＝169.10（万元）

纳税人在7月申报期内，将转让不动产及其他业务应共同申报纳税，应纳税额合计为169.10万元。纳税可凭在北京西城区地税机关缴纳税款的完税凭证，抵减纳税人应纳税额的47.62万元，纳税人仍需缴纳121.48万元。

接下来，看两个营改增后取得房产的案例：

案例2.2-14：北京西城区某纳税人为增值税一般纳税人，2018年10月30日转让其2016年6月购买的写字楼1层，取得转让收入1000万元。写字楼位于北京西城区。纳税人购买时价格为777万元，取得了增值税专用发票，注明税款为77万元。该纳税人2018年10月的其他销项税额为70万元，进项税额为30万元，留抵税额为33万元。则纳税人对此转让不动产业务应如何在不动产所在地地税机关计算预缴税额？应如何在机构所在地申报纳税？

分析：因该房产属于外购的非自建不动产，按照规定，在北京西城区地税机关预缴税款时：

预缴税款＝(1000−777)÷(1+5%)×5%＝10.62（万元）

纳税人向北京市西城区国家税务局申报纳税时，将所有业务合并申报。

应纳税额＝1000÷(1+11%)×11%(转让不动产)+70(其他业务销项税额)−30(进项税额)−33(留抵税额)＝106.10(万元)

纳税人在 2018 年 11 月申报期内，将转让不动产及其他业务应共同申报纳税，应纳税额合计为 106.10 万元。纳税人可凭在北京西城区地税机关缴纳税款的完税凭证，抵减纳税人应纳税额的 10.62 万元，纳税人仍需缴纳增值税 95.48 万元。

案例 2.2-15：假设北京西城区某纳税人为增值税小规模纳税人，2018 年 10 月 30 日转让其 2016 年 6 月购买的写字楼 1 层，取得转让收入 1000 万元。写字楼位于北京西城区。纳税人购买时的价格为 777 万元，取得了增值税普通发票。该纳税人 2018 年 10 月的其他业务的销售额为 5 万元。则纳税人对此转让不动产业务应如何在不动产所在地地税机关计算预缴税额？应如何在机构所在地申报纳税？

分析：同样，该房产属于外购的非自建不动产，按照规定，在北京西城区地税机关预缴税额＝(1000−777)÷(1+5%)×5%＝10.62（万元）

纳税人为小规模纳税人，11 月纳税申报期内，向北京市西城区国税局合并申报其应纳税款：

应纳税额＝(1000−777)÷(1+5%)×5%+5÷(1+3%)×3%＝10.77（万元）

纳税人在 11 月申报期内，将转让不动产及其他业务应共同申报纳税，应纳税额合计为 10.77 万元，同时，纳税人可凭在北京西城区地税机关缴纳税款的完税凭证，抵减纳税人应纳税额的 10.62 万元，纳税人仍需缴纳增值税 0.15 万元。

第十条　小规模纳税人转让其取得的不动产，不能自行开具增值税发票的，可向不动产所在地主管地税机关申请代开。

第十一条　纳税人向其他个人转让其取得的不动产，不得开具或申请代开增值税专用发票。

【解读】

第十条、第十一条规定是关于发票开具的问题，具体解读详见《增值税发票使用和开具有关问题解析》。

第十二条　纳税人转让不动产，按照本办法规定应向不动产所在地主管地税机关预缴税款而自应当预缴之月起超过 6 个月没有预缴税款的，由机构所在地主管国税机关按照《中华人民共和国税收征收管理法》及相关规定进行处理。

纳税人转让不动产，未按照本办法规定缴纳税款的，由主管税务机关按照《中华人民共和国税收征收管理法》及相关规定进行处理。

【解读】

此为罚则条款。纳税人转让不动产，未按规定申报纳税的，应按照《中华人民共和国税收征收管理法》等规定进行处罚。

2.3 《不动产进项税额分期抵扣暂行办法》解读

2.3.1 背景和目的

我国增值税改革的总体目标，是按照税收中性原则，建立规范的消费型增值税制度，实现征税范围对货物和服务的全覆盖，彻底消除重复征税，简并税率和简化税制，最终实现增值税法定。本次全面推开营改增，基本内容是实现“双扩”：一是扩大试点范围，实现货物和服务行业的全覆盖；二是将不动产纳入抵扣范围，全面实现向消费型增值税的转型。这也是朝着增值税改革总体目标迈出的重要一步。

继上一轮增值税转型改革将企业购进机器设备所含增值税纳入抵扣范围之后，本次改革又将不动产纳入抵扣范围，无论是制造业、商业等原增值税纳税人，还是营改增试点纳税人，都允许将新增不动产所含增值税纳入抵扣，重复征税因素进一步消除，比较完整地实现了规范的消费型增值税制度，有利于扩大企业投资规模，增强企业经营活力，改革的红利也得以更加充分地释放。通过外购、自建、租入等方式增加不动产的增值税纳税人，都将因此而获益；同时原增值税纳税人、前期已试点行业纳税人也会从中获益，税负会进一步下降。

但是，考虑到全国建筑安装工程类固定资产投资的体量巨大，在照顾到企业减负的同时，还应充分考虑财政的承受能力。因此，在《财政部 国家税务总局关于全面推开营业税改征增值税试点的通知》（财税〔2016〕36号，以下称36号文件）的《营业税改征增值税试点有关事项的规定》（以下称《试点有关事项的规定》）中第一条“（四）进项税额”明确规定，适用一般计税方法的试点纳税人，2016年5月1日后取得并在会计制度上按固定资产核算的不动产或者2016年5月1日后取得的不动产在建工程，其进项税额应自取得之日起分2年从销项税额中抵扣，第一年抵扣比例为60%，第二年抵扣比例为40%。房地产开发企业自行开发的房地产项目、融资租入的不动产以及在施工现场修建的临时建筑物、构筑物，其进项税额不适用上述分2年抵扣的规定。

在36号文件中，关于这部分内容，表述比较简单，但在实践中，可能出现的情况非常多，也比较复杂，税企双方在面对某种情形时，如何进行处理，有必要出台配套管理办法予以支撑。因此，国家税务总局在36号文件基础上，又以公告的形式发布《不动产进项税额分期抵扣暂行办法》（国家税务总局公告2016年第15号发布，以下称《办法》），专门对不动产进项税额分2年抵扣政策，在实际操作层面上，区分不同情况，作出进一步的明确和细化，也进一步落实和体现了现行政策对不动产抵扣政策的时间性差异特征。《办法》的具体内容包括分年抵扣不动产范围、抵扣的时点、不动产发生用途转变时进项税额的处理、部分特殊情形的政策口径，以及对抵扣凭证、纳税人会计核算以及设置管理台账的要求等内容。

2.3.2 《不动产进项税额分期抵扣暂行办法》解读

第一条 根据《财政部 国家税务总局关于全面推开营业税改征增值税试点的通知》（财税〔2016〕36号）及现行增值税有关规定，制定本办法。

【解读】

本条是关于制定《办法》的法律依据的规定。

《办法》作为36号文件的配套文件，目的是在现行增值税有关规定的总体框架下，将36号文件的相关内容进行细化，在实际操作层面上，对36号文件中确立的基本原则和制度作出进一步的明确和细化，区分不同情况，作出便于税务机关和纳税人更好地理解和执行解释说明，以增强政策文件的可操作性。

第二条 增值税一般纳税人（以下称纳税人）2016年5月1日后取得并在会计制度上按固定资产核算的不动产，以及2016年5月1日后发生的不动产在建工程，其进项税额应按照本办法有关规定分2年从销项税额中抵扣，第一年抵扣比例为60%，第二年抵扣比例为40%。

取得的不动产，包括以直接购买、接受捐赠、接受投资入股以及抵债等各种形式取得的不动产。

纳税人新建、改建、扩建、修缮、装饰不动产，属于不动产在建工程。

房地产开发企业自行开发的房地产项目，融资租入的不动产，以及在施工现场修建的临时建筑物、构筑物，其进项税额不适用上述分2年抵扣的规定。

【解读】

本条明确了《办法》的适用范围，即纳税人2016年5月1日后取得的不动产，或发生的不动产在建工程，什么情况下需要分2年抵扣，什么情况下不需要分2年抵扣。这里的不动产，是指不能移动或者移动后会引起性质、形状改变的财产，包括建筑物、构筑物等。建筑物，包括住宅、商业营业用房、办公楼等可供居住、工作或者进行其他活动的建造物；构筑物，包括道路、桥梁、隧道、水坝等建造物。

一、需要分2年抵扣的不动产。

（一）增值税一般纳税人在试点实施后取得的不动产（包括以直接购买、接受捐赠、接受投资入股以及抵债等各种形式取得的不动产），并在会计制度上按固定资产核算的不动产。

（二）增值税一般纳税人在试点实施后发生的不动产在建工程（包括新建、改建、扩建、修缮、装饰不动产）。

案例2.3-1：2016年6月5日，某增值税一般纳税人购进办公大楼1座，该大楼用于公司办公，记入“固定资产”科目，并于次月开始计提折旧。6月20日，该纳税人取得该大楼的增值税专用发票并认证相符，专用发票注明的增值税税额为1000万元。纳税人2016年6月应抵扣进项税额如何处理？

分析：根据《办法》的相关规定，1000万元进项税额中的60%将在本期（2016年6月）抵扣，剩余的40%于取得扣税凭证的当月起第13个月（2017年6月）抵扣。

（一）纳税人2016年6月对该不动产应抵扣进项税额的处理如下：

1. 增值税扣税凭证按一般性规定处理。

购买该大楼时取得的增值税专用发票，应于2016年7月申报期申报6月所属期增值税时：

（1）纳税人购入不动产取得的增值税专用发票，应填入《增值税纳税申报表（一般纳税人适用）》附列资料（二）“认证相符的税控增值税专用发票”“其中：本期认证相符且本期申报抵扣”栏次中。

（2）该份增值税专用发票还应作为当期不动产扣税凭证填入“本期用于购建不动产的扣税凭证”栏次（购建是指购进和自建）。

通过上述两步，一是能够保证“一窗式”比对相符；二是先将不动产进项税额全额扣减，通过后续步骤实现分期抵扣。

（3）将该份增值税专用发票记入《不动产和不动产在建工程抵扣台账》，并记录初次抵扣时间。

2. 计算填报应于本期抵扣的进项税额。

进项税额＝1000×60%＝600（万元）

该600万元，应于2016年7月申报期申报6月所属期增值税税款时，从当期销项税额中抵扣。

（1）将不动产进项税额全额1000万元，填入《增值税纳税申报表（一般纳税人适用）》附列资料（五）“本期不动产进项税额增加额”栏次，并作为增加项记入“期末待抵扣不动产进项税额”栏次。

（2）该600万元填入《增值税纳税申报表（一般纳税人适用）》附列资料

（五）“本期可抵扣不动产进项税额”栏次，并作为减少项记入“期末待抵扣不动产进项税额”栏次。

(3) 该600万元填入《增值税纳税申报表（一般纳税人适用）》附列资料（二）“本期不动产允许抵扣进项税额”栏次。

(4) 本期《增值税纳税申报表（一般纳税人适用）》附列资料（二）“本期不动产允许抵扣进项税额”栏次，所填税额作为增加项填入“当期申报抵扣进项税额合计”栏次，并填入主表中“进项税额——本月数”栏次。

（二）纳税人2017年6月对该不动产待抵扣进项税额到期处理：

待抵扣进项税额处理：

该大楼待抵扣的进项税额 = 1000×40% = 400（万元）

2017年7月申报6月所属期增值税时，该400万元的进项税额到了允许抵扣的期限，可从当期销项税额中抵扣。

1. 该400万元对应的增值税专用发票在《不动产和不动产在建工程抵扣台账》中记录完成抵扣信息。

2. 该400万元应从当期“应交税金——待抵扣进项税额”科目转入“应交税金——应交增值税（进项税额）”科目。

3. 该400万元应于2017年7月申报期申报6月所属期增值税时，填入《增值税纳税申报表（一般纳税人适用）》附列资料（五）“本期可抵扣不动产进项税额”栏次，并作为减少项填入“期末待抵扣不动产进项税额”栏次。

4. 该400万元应于2017年7月申报期申报6月所属期增值税时，填入《增值税纳税申报表（一般纳税人适用）》附列资料（二）“本期不动产允许抵扣进项税额”栏次，所填税额作为增加项填入“当期申报抵扣进项税额合计”栏次，并填入主表“进项税额——本月数”栏次。

二、不需要分2年抵扣的不动产（可一次性全额抵扣）。

（一）房地产开发企业销售自行开发的房地产项目。工厂购买的厂房和房地产开发公司开发的楼盘，虽然同属于不动产，但在进项税额的抵扣上应区别对待。前者属于可以为企业长期创造价值、长期保持原有形态的实物资产；而后者在实质上则属于企业生产出来用于销售的产品，属性不同，对后者施行分年抵扣显然不合适，允许其一次性抵扣。

（二）融资租入的不动产。以融资租入形式取得不动产，其支付的租金一般情况下均是分期支付的，因此，租金对应的进项税也是分期抵扣的，没有必要再对每期取得的租金进项分2年抵扣，因此，允许一次性全额抵扣。

（三）施工现场修建的临时建筑物、构筑物。为了保证施工正常进行，建筑企业大多需要在施工现场建设一些临时性的简易设施，比如，工棚、物料库、现场办公房等。临时设施虽然也属于不动产的范畴，但存续时间短，施工结束后即要拆除清理，其性质与生产过程中的中间投入物更为接近。因此，对于施工现场的临时设施，允许一次性抵扣。

第三条　纳税人2016年5月1日后购进货物和设计服务、建筑服务，用于新建不动产，或者用于改建、扩建、修缮、装饰不动产并增加不动产原值超过50%的，其进项税额依照本办法有关规定分2年从销项税额中抵扣。

不动产原值，是指取得不动产时的购置原价或作价。

上述分2年从销项税额中抵扣的购进货物，是指构成不动产实体的材料和设备，包括建筑装饰材料和给排水、采暖、卫生、通风、照明、通讯、煤气、消防、中央空调、电梯、电气、智能化楼宇设备及配套设施。

【解读】

本条明确了试点后构成不动产实体的货物和服务，其进项税额也适用分2年抵扣的政策。"在建工程"这个会计科目，主要用来归集和核算企业建设、改造不动产的价值，需要通过这个科目核算的项目很多，包括人工、材料、机械费用等。本着有利于纳税人核算方便的原则，对分2年抵扣的不动产在建工程项目范围，主要限定在了构成不动产实体的货物，以及与不动产联系直接的设计服务、建筑服务。

（一）构成不动产实体的购进货物。

除建筑装饰材料，还包括给排水、采暖、卫生、通风、照明、通讯、煤气、消防、中央空调、电梯、电气、智能化楼宇设备及配套设施。之所以列举这些项目，也是为了与增值税转型改革时发布的《财政部　国家税务总局关于固定资产进项税额抵扣问题的通知》（财税〔2009〕113号，以下称财税〔2009〕113号文件）口径保持一致。财税〔2009〕113号文件中明确，建筑物或构筑物上的给排水、采暖、卫生、通风、照明、通讯、煤气、消防、中央空调、电梯、电气、智能化楼宇设备和配套设施，都作为以建筑物或者构筑物为载体的附属设备和配套设施，无论在会计处理上是否单独记账与核算，均应作为建筑物或者构筑物的组成部分。因此，作为建筑物或者构筑物的组成部分，这类货物适用分2年抵扣的政策。

（二）设计服务。

（三）建筑服务。

（二）、（三）这两类服务都是属于可明确判定与不动产项目直接相关的服务，因此适用分2年抵扣的政策。

案例2.3-2：某纳税人为增值税一般纳税人，其购进材料直接用于不动产"在建工程"项目，进项税额应如何处理？

分析：（一）该不动产在建工程项目为新建不动产。

根据《办法》的相关规定，该项购进材料进项税额中的60%于当期抵扣，剩余40%于取得扣税凭证的当月起第13个月抵扣。

具体处理方法参照案例2.3-1。

（二）该不动产“在建工程”项目属于改建、扩建、修缮、装饰不动产，分别按照如下情况处理：

1. 如果购进的该部分材料成本未计入不动产原值（不动产原值，是指取得不动产时的购置原价或作价），则该项购进材料进项税额可于当期全部抵扣。

2. 如果购进的该部分材料成本计入不动产原值，那么仍应区分以下两种情况：

（1）购进该部分材料成本未超过不动产原值的50%，则该项购进材料的进项税额可于当期全部抵扣。

（2）购进该部分材料成本超过不动产原值的50%，根据《办法》的相关规定，该项购进材料进项税额中的60%于当期抵扣，剩余的40%于取得扣税凭证的第13个月抵扣。具体处理方法参照案例2.3-1。

第四条 纳税人按照本办法规定从销项税额中抵扣进项税额，应取得2016年5月1日后开具的合法有效的增值税扣税凭证。

上述进项税额中，60%的部分于取得扣税凭证的当期从销项税额中抵扣；40%的部分为待抵扣进项税额，于取得扣税凭证的当月起第13个月从销项税额中抵扣。

【解读】

本条明确了抵扣进项税额的扣税凭证的要求以及分2年抵扣的具体时间。

一、对纳税人2016年5月1日以后取得的不动产以及2016年5月1日以后发生的用于不动产在建工程的购进项目（货物、设计服务、建筑服务），需要分2年抵扣的，按照如下方法处理：

（一）进项税额60%的部分于取得扣税凭证的当期，记入“应交税金——应交增值税（进项税额）”科目，当期从销项税额中抵扣。

（二）进项税额40%的部分为待抵扣进项税额，记入“应交税金——待抵扣进项税额”科目，暂时挂账，于取得扣税凭证的当月起第13个月，将其转入“应交税金——应交增值税（进项税额）”科目，并从销项税额中抵扣。

二、纳税人抵扣不动产进项税额需要凭2016年5月1日以后开具的合法有效的增值税扣税凭证，也就是俗称的“凭票扣税”。

第五条 购进时已全额抵扣进项税额的货物和服务，转用于不动产在建工程的，其已抵扣进项税额的40%部分，应于转用的当期从进项税额中扣减，计入待抵扣进项税额，并于转用的当月起第 13 个月从销项税额中抵扣。

【解读】

本条明确已全额抵扣进项税额的货物和服务，转用于不动产在建工程的，其进项税额如何处理。纳税人购进的货物和服务，当期没有用于在建工程（例如，记入“原材料”“工程物资”等科目），在 2016 年 5 月 1 日之后用于不动产在建工程，按照如下方法处理：

（一）购进时允许全额抵扣。

（二）转用于分期抵扣的不动产项目时，其已抵扣进项税额的 40%部分，应于转用的当期从进项税额中转出，记入“待抵扣进项税额”科目，并于转用的当月起第 13 个月从销项税额中抵扣。

案例 2.3-3：2016 年 9 月 10 日，纳税人购入一批外墙瓷砖，取得增值税专用发票并认证相符，专用发票注明的增值税税额为 30 万元；因纳税人购进该批瓷砖时未决定是否用于不动产（可能用于销售），因此在购进的当期全额抵扣进项税额。11 月 20 日，纳税人将该批瓷砖耗用于新建的综合办公大楼在建工程。本题中进项税额应如何处理？

分析：根据《办法》的相关规定，该 30 万元进项税额在购进的当期可全额抵扣，在后期用于不动产在建工程时，该 30 万元进项税额中的 40%应于改变用途的当期，做进项税额转出处理，记入“待抵扣进项税额”科目，并于领用当月起第 13 个月，再重新计入进项税额允许抵扣。

（一）该批瓷砖购进时进项税额处理。

按照购进普通材料的处理方式，于购进的当月直接全额抵扣。

（二）2016 年 11 月该不动产进项税额处理：

1. 计算填报本期应转出的进项税额：

进项税额 = 30×40% = 12（万元）

该笔 12 万元的增值税进项税额，应于 2016 年 12 月申报期申报 11 月所属期增值税时做进项税额转出处理，填入《增值税纳税申报表（一般纳税人适用）》附列资料（二）“其他应作进项税额转出的情形”栏次。

2. 填报待抵扣进项税额处理：

（1）该 12 万元应记入当期“应交税金——待抵扣进项税额”科目核算。

（2）该 12 万元应于 2016 年 12 月申报 11 月所属期增值税时转入“待抵扣进项税额”科目，填入《增值税纳税申报表（一般纳税人适用）》附列资料（五）“本期转入的待抵扣不动产进项税额”栏次。

（三）待抵扣进项税额到期处理：

2017 年 12 月申报期申报 2017 年 11 月所属期增值税时，该 12 万元到抵扣期，可以从当期销项税额中抵扣。

1. 该12万元应从当期“应交税金——待抵扣进项税额”科目转入“应交税金——应交增值税（进项税额）”科目核算。

2. 该12万元应于2017年12月申报期申报2017年11月所属期增值税时，填入《增值税纳税申报表（一般纳税人适用）》附列资料（五）“本期可抵扣不动产进项税额”栏次，并作为减少项填入“期末待抵扣不动产进项税额”栏次。

3. 该12万元应于2017年12月申报期申报2017年11月所属期增值税时，填入《增值税纳税申报表（一般纳税人适用）》附列资料（二）“本期不动产允许抵扣进项税额”栏次，所填税额作为增加项填入“当期申报抵扣进项税额合计”栏次，并填入主表“进项税额——本月数”栏次。

案例2.3-4：改建、扩建、修缮、装饰不动产过程中领用前期购入并已全额抵扣的材料。如何抵扣进项税额？

分析：纳税人前期购进并已全额抵扣进项税额的材料，用于改建、扩建、修缮、装饰的不动产在建工程中，应按照是否计入不动产原值，是否超过原值50%的具体情况判定是否需要进行分期抵扣。如果需要进行分期抵扣的，具体处理方法参照案例2.3-3。

第六条　纳税人销售其取得的不动产或者不动产在建工程时，尚未抵扣完毕的待抵扣进项税额，允许于销售的当期从销项税额中抵扣。

【解读】

本条明确纳税人销售不动产或者不动产在建工程，尚未抵扣完毕的待抵扣进项税额，允许于销售当期一次性抵扣。

案例2.3-5：纳税人将直接购买、接受捐赠、接受投资入股以及抵债等各种形式取得的不动产，自建不动产，以及未完工的不动产在建工程，对外销售（包括视同销售）时，如果该不动产或者不动产在建工程，还存在对应的未到抵扣期的待抵扣进项税额，应在对外销售当期，申报抵扣该不动产或者不动产在建工程项目对应的未到抵扣期的全部待抵扣进项税额。

第七条　已抵扣进项税额的不动产，发生非正常损失，或者改变用途，专用于简易计税方法计税项目、免征增值税项目、集体福利或者个人消费的，按照下列公式计算不得抵扣的进项税额：

不得抵扣的进项税额＝(已抵扣进项税额+待抵扣进项税额)×不动产净值率

不动产净值率＝(不动产净值÷不动产原值)×100%

不得抵扣的进项税额小于或等于该不动产已抵扣进项税额的，应于该不动产改变用途的当期，将不得抵扣的进项税额从进项税额中扣减。

不得抵扣的进项税额大于该不动产已抵扣进项税额的，应于该不动产改变用途的当期，将已抵扣进项税额从进项税额中扣减，并从该不动产待抵扣进项税额中扣减不得抵扣进项税额与已抵扣进项税额的差额。

【解读】

本条明确，已抵扣进项税额的不动产，转用于不得抵扣项目时，其进项税额如何处理。已抵扣进项税额的不动产，发生非正常损失，或者改变用途，专门用于简易计税方法计税项目、免征增值税项目、集体福利或者个人消费，这种情况下，要将相应的进项税额做转出处理，具体是按照不动产净值率，计算不得抵扣的进项税额。

不动产净值率=（不动产净值÷不动产原值）×100%

不得抵扣进项税额=（已抵扣进项税额+待抵扣进项税额）×不动产净值率

（一）不得抵扣的进项税额小于或等于该不动产已抵扣进项税额的，应于该不动产改变用途的当期，将不得抵扣的进项税额从进项税额中扣减；待抵扣进项税额按原允许抵扣的所属期纳入抵扣。

（二）不得抵扣的进项税额大于该不动产已抵扣进项税额的，应于该不动产改变用途的当期，将已抵扣进项税额从进项税额中扣减，并从该不动产待抵扣进项税额中扣减不得抵扣进项税额与已抵扣进项税额的差额；扣减后的待抵扣进项税额余额按原允许抵扣的所属期纳入抵扣。

案例 2.3-6：2016 年 5 月 1 日，某纳税人买了 1 座楼办公用，花费 1000 万元，进项税额 110 万元，正常情况下，应在 5 月当月抵扣 66 万元，2017 年 5 月（第 13 个月）再抵扣剩余的 44 万元。可是在 2017 年 4 月，纳税人将办公楼改造成员工食堂。则进项税额如何抵扣？

分析：如果 2017 年 4 月该不动产的净值为 800 万元，不动产净值率就是 80%，不得抵扣的进项税额为 88 万元，大于已抵扣的进项税额 66 万元，按照政策规定，这时应将已抵扣的 66 万元进项税额转出，并在待抵扣进项税额中扣减不得抵扣进项税额与已抵扣进项税额的差额 22 万元（88-66）。余额 22 万元（44-22）在 2017 年 5 月仍允许抵扣。

如果 2017 年 4 月该不动产的净值为 500 万元，不动产净值率就是 50%，不得抵扣的进项税额为 55 万元，小于已抵扣的进项税额 66 万元，按照政策规定，这时将已抵扣的 66 万元进项税额转出 55 万元即可。剩余的 44 万元仍在 2017 年 5 月允许抵扣。

案例 2.3-7：2016 年 6 月 5 日，纳税人购入 1 座厂房，取得增值税专用发票并认证通过，专用发票上注明的金额为 10000 万元，增值税税额为 1100 万元。该厂房既用于增值税应税项目，又用于增值税免税项目。该纳税人按照固定资产管理该办公楼，假定分10年计提折旧，无残值。则案例中进项税额应如何处理？

分析：根据《办法》的相关规定，1100万元的增值税进项税额中的60%应于取得的当期抵扣，剩余的40%，应于取得扣税凭证的当月起第13个月抵扣。

该纳税人第一次允许抵扣的进项税额=1100×60%=660（万元）

该纳税人第二次允许抵扣的进项税额=1100×40%=440（万元）

该纳税人2016年7月申报期申报6月所属期增值税时，具体处理方法参照案例2.3-1。

如果纳税人此后将该厂房改变用途，专用于增值税免税项目，则需要按照如下情况分别处理：

（一）2016年10月改变用途。

1. 计算不动产净值率。

不动产净值率=[10000-10000÷(10×12)×4]÷10000=96.67%

2. 计算不得抵扣的进项税额。

不得抵扣的进项税额=1100×96.67%=1063.33(万元)

3. 不得抵扣的进项税额处理。

该厂房60%的进项税额660万元已经于2016年7月申报期申报6月所属期增值税时申报抵扣。

剩余440万元因未到抵扣期，仍属于待抵扣进项税额。

2016年10月改变用途时，对不得抵扣的进项税额作如下处理：

（1）不得抵扣的进项税额与已抵扣进项税额比较：

1063.33万元>660万元

（2）根据比较结果进行进项税额转出：

因为计算的不得抵扣的进项税额大于该不动产前期已抵扣进项税额，纳税人应在当期按照前期已抵扣进项税额进行进项税额转出处理。

①660万元应于2016年11月申报期申报10月所属期增值税时做进项税转出；

②该660万元应记入改变用途当期“应交税金——应交增值税（进项税额转出）”科目核算。

③剩余处理：

不得抵扣的进项税额差额=不得抵扣的进项税额-已抵扣进项税额

=1063.33-660=403.33（万元）

该403.33万元应于转变用途当期从待抵扣进项税额中扣减，填入《增值税纳税申报表（一般纳税人适用）》附列资料（五）“本期转出的待抵扣不动产进项税额”栏次，并作为减少项填入“期末待抵扣不动产进项税额”栏次。

剩余待抵扣进项税额=待抵扣进项税额-不得抵扣的进项税差额

=440-403.33=36.67（万元）

④该403.33万元应在改变用途当期从“应交税金——待抵扣进项税额”科目转入对应科目核算，无须填入《增值税纳税申报表（一般纳税人适用）》附列资料（二）。

4. 待抵扣进项税额到期处理：

具体处理方法参照案例2.3-1中第（二）条“待抵扣进项税额到期处理”。

（二）2017年10月改变用途。

1. 计算不动产净值率。

不动产净值率=[10000-10000÷(10×12)×16]÷10000=86.67%

2. 计算不得抵扣的进项税额。

不得抵扣的进项税额=1100×86.67%=953.33（万元）

3. 不得抵扣的进项税额处理。

该厂房60%的进项税额660万元已经于2016年7月申报期申报6月所属期增值税时申报抵扣。

该厂房40%的待抵扣进项税额440万元已经于2017年8月申报期申报7月所属期增值税时申报抵扣。

已抵扣进项税额总额=660+440=1100（万元）

2017年10月改变用途时，对不得抵扣的进项税额作如下处理：

（1）不得抵扣的进项税额与已抵扣进项税额比较：

953.33万元<1100万元

（2）根据比较结果进行进项税额转出：

因为计算的不得抵扣的进项税额小于该不动产前期已抵扣进项税额，纳税人应在当期按照不得抵扣的进项税额进行进项税额转出处理。

该953.33万元应于2017年11月申报期申报10月所属期增值税时做进项税转出。

该953.33万元应记入改变用途当期“应交税金——应交增值税（进项税额转出）”科目核算。

纳税人已抵扣进项税额的不动产发生非正常损失的，应按照上述转变用途专用于不得抵扣项目情况处理。

第八条　不动产在建工程发生非正常损失的，其所耗用的购进货物、设计服务和建筑服务已抵扣的进项税额应于当期全部转出；其待抵扣进项税额不得抵扣。

【解读】

本条明确，不动产在建工程发生非正常损失的，构成该不动产的货物和服务的进项税额如何处理。不动产在建工程发生非正常损失的，其所耗用的购进货物、设计服务和建筑服务的进项税额应全部转出，无论是已抵扣的，还是待抵扣的。

案例 2.3-8：纳税人不动产在建工程发生非正常损失的，除已抵扣的进项税应全部转出外，如果该不动产在建工程项目还存在对应的未到抵扣期的待抵扣进项税额，应如何处理？

分析：应在发生非正常损失当期，对该不动产在建工程项目对应的未到抵扣期的待抵扣进项税额全部扣减。具体处理方法参照案例 2.3-7（一）中 3.（2）项扣减待抵扣进项税额的第③、④步处理。

第九条　按照规定不得抵扣进项税额的不动产，发生用途改变，用于允许抵扣进项税额项目的，按照下列公式在改变用途的次月计算可抵扣进项税额。

可抵扣进项税额=增值税扣税凭证注明或计算的进项税额×不动产净值率

依照本条规定计算的可抵扣进项税额，应取得 2016 年 5 月 1 日后开具的合法有效的增值税扣税凭证。

按照本条规定计算的可抵扣进项税额，60%的部分于改变用途的次月从销项税额中抵扣，40%的部分为待抵扣进项税额，于改变用途的次月起第 13 个月从销项税额中抵扣。

【解读】

按照规定不得抵扣进项税额的不动产，2016 年 5 月 1 日以后发生用途改变，重新用于允许抵扣进项税额项目的，按照如下方法处理：

可抵扣进项税额=增值税扣税凭证注明或计算的进项税额×不动产净值率

不动产净值率=(不动产净值÷不动产原值)×100%

计算得出可抵扣进项税额，60%的部分于改变用途的次月从销项税额中抵扣，40%的部分为待抵扣进项税额，于改变用途的次月起第 13 个月从销项税额中抵扣。

某一不动产的用途发生改变，从用于“不得抵扣进项税额”的项目，转用于“允许抵扣进项税额项目”，相应的部分进项税额可允许抵扣。但允许抵扣的前提是，要求纳税人凭 2016 年 5 月 1 日以后开具的合法有效的增值税扣税凭证，也就是说，允许抵扣的前提是具备合法有效的抵扣凭证，作为抵扣进项税额的依据。

案例 2.3-9：2016 年 6 月 5 日，某纳税人购进办公楼 1 座共计 2220 万元（含税）。该大楼专用于进行技术开发使用，取得的收入均为免税收入，记入“固定资产”项目，并于次月开始计提折旧，假定分 10 年计提，无残值。6 月 20 日，该纳税人取得该大楼如下 3 份增值税发票：

增值税专用发票1份并认证相符，专用发票注明的金额为1000万元，税额110万元。

增值税专用发票1份一直未认证，专用发票注明的金额为600万元，税额66万元。

增值税普通发票1份，普通发票注明的金额为400万元，税额44万元。

本题中纳税人进项税额如何抵扣?

分析：根据《办法》相关规定，该大楼当期进项税额不得抵扣，记入对应科目核算。

2017年6月，纳税人将该大楼改变用途，用于允许抵扣项目，则需要按照不动产净值计算可抵扣进项税额后分期抵扣。

（一）可抵扣进项税额处理。

1. 计算不动产净值率

$$不动产净值率=[2220-2220\div(10\times12)\times12]\div2220=90\%$$

2. 计算可抵扣进项税额。

纳税人购进该大楼是共计取得3份增值税发票，其中2份增值税专用发票属于增值税扣税凭证，但其中1份增值税专用发票在用途改变前仍未认证相符，属于不得抵扣的增值税扣税凭证。因此，根据《办法》，该大楼允许抵扣的增值税扣税凭证注明税额为110万元。

$$\begin{aligned}可抵扣进项税额&=增值税扣税凭证注明或计算的进项税额\times不动产净值率\\&=110\times90\%=99\ (万元)\end{aligned}$$

3. 可抵扣进项税额处理。

根据《办法》的相关规定，该99万元进项税额中的60%于改变用途的次月抵扣，剩余的40%于改变用途的次月起，第13个月抵扣。

计算填报2017年7月应抵扣、待抵扣进项税额：

该大楼本期应抵扣进项税额=99×60%=59.4（万元）

该59.4万元应于2017年8月申报期申报7月所属期增值税时从销项税额中抵扣；应记入当期“应交税金——应交增值税（进项税额）”科目核算。

①将不动产进项税额全额99万元，填入《增值税纳税申报表（一般纳税人适用）》附列资料（二）第4栏“其他扣税凭证”、第8栏“其中：其他”。

②将不动产进项税额全额99万元，作为当期不动产扣税凭证填入第9栏“本期用于购建不动产的扣税凭证”（购建是指购进和自建）。

通过上述两步一是能够保证“一窗式”比对相符；二是先将不动产进项税额全额扣减，通过以下后续步骤实现分期抵扣。

③将不动产进项税额全额99万元，填入《增值税纳税申报表（一般纳税人适

用）》附列资料（五）第2栏“本期不动产进项税额增加额”，并作为增加项记入第5栏“期末待抵扣不动产进项税额”。

④计算的59.4万元填入《增值税纳税申报表（一般纳税人适用）》附列资料（五）第3栏“本期可抵扣不动产进项税额”，并作为减少项记入第5栏“期末待抵扣不动产进项税额”。

⑤计算的59.4万元填入《增值税纳税申报表（一般纳税人适用）》附列资料（二）第10栏“本期不动产允许抵扣进项税额”。

⑥本期《增值税纳税申报表（一般纳税人适用）》附列资料（二）第10栏“本期不动产允许抵扣进项税额”所填税额，作为增加项填入第12栏“当期申报抵扣进项税额合计”，并填入主表第12栏“进项税额——本月数”。

该大楼待抵扣进项税额为：

99×40%＝39.6（万元）

该39.6万元应通过当期“应交税金——待抵扣进项税额”科目核算。

（二）待抵扣进项税额到期处理：

2018年8月申报期申报7月所属期增值税时，该39.6万元到抵扣期，应从当期销项税额中抵扣。具体处理方法参照案例2.3-1中第（二）条“待抵扣进项税额到期处理”。

纳税人自建不动产，用于不得抵扣项目的，原来不允许抵扣且未抵扣的购进货物、设计服务和建筑服务进项税额，在不动产发生用途改变，用于允许抵扣项目时，应按照上述购进不动产改变用途情况处理。

第十条　纳税人注销税务登记时，其尚未抵扣完毕的待抵扣进项税额于注销清算的当期从销项税额中抵扣。

【解读】

税务登记又称纳税登记，是指税务机关根据税法规定，对纳税人的生产、经营活动进行登记管理的一项法定制度，也是纳税人依法履行纳税义务的法定手续。税务登记是税务机关对纳税人实施税收管理的首要环节和基础工作，是征纳双方法律关系成立的依据和证明，也是纳税人必须依法履行的义务。

根据《中华人民共和国税收征收管理法》（以下称《税收征管法》）、《中华人民共和国税收征收管理法实施细则》和《税务登记管理办法》的相关规定，注销税务登记，是指纳税人发生解散、破产、撤销以及其他情形，不能继续履行纳税义务时，向税务机关申请办理终止纳税人义务的税务登记管理制度。办理注销税务登记后，该当事人不再接受原税务机关的管理。

本着有利于纳税人的原则，纳税人在注销税务登记时，如果账上仍有尚未抵扣完毕的待抵扣进项税额，《办法》规定，允许其在注销清算的当期，提前予以抵扣。

第十一条　待抵扣进项税额记入“应交税金——待抵扣进项税额”科目核算，并于可抵扣当期转入“应交税金——应交增值税（进项税额）”科目。

对不同的不动产和不动产在建工程，纳税人应分别核算其待抵扣进项税额。

【解读】

本条第一款主要明确了纳税人有关会计核算要求。

《办法》第二条规定，增值税一般纳税人2016年5月1日后取得并在会计制度上按固定资产核算的不动产，以及2016年5月1日后发生的不动产在建工程，其进项税额应按照本办法有关规定分2年从销项税额中抵扣，第一年抵扣比例为60%，第二年抵扣比例为40%。

根据上述规定，纳税人在进行账务处理时，需要按如下步骤处理：将取得进项税额的40%作为待抵扣进项税额，记入“应交税金——待抵扣进项税额”科目，并于该不动产允许抵扣的当期，转入“应交税金——应交增值税（进项税额）”科目进行正常的申报抵扣。

本条第二款主要是要求纳税人对不同的不动产和不动产在建工程项目，应分别核算其“待抵扣进项税额”，也就是说，“待抵扣进项税额”科目应区分不同的不动产项目，分别予以详细记录和反映。

第十二条　纳税人分期抵扣不动产的进项税额，应据实填报增值税纳税申报表附列资料。

【解读】

按照《国家税务总局关于全面推开营业税改征增值税试点后增值税纳税申报有关事项的公告》（国家税务总局公告2016年第13号）相关规定填报。

第十三条　纳税人应建立不动产和不动产在建工程台账，分别记录并归集不动产和不动产在建工程的成本、费用、扣税凭证及进项税额抵扣情况，留存备查。

用于简易计税方法计税项目、免征增值税项目、集体福利或者个人消费的不动产和不动产在建工程，也应在纳税人建立的台账中记录。

【解读】

这一条主要明确了不动产分期抵扣的台账管理要求。台账原本是指摆放在台上供人翻阅的账簿，后来，经过不断的演化，现代企业管理中把一些资料也称为台账，如固定资产管理台账、企业安全生产台账、人事管理台账、商品购销台账等，这些台账不单是一些统计数字，还包括一些文件、工作计划、工作汇报、工作总结以及有关资料，分门别类，整理成册成本，便于平时日常查阅及上级检查。台账在企业管理过程中可发挥重要作用：第一，台账是企业规范管理的重要工具；第二，台账是企业管理的得力助手；第三，台账是企业创新的有效依据；第四，台账是提高企业工作执行力的实用工具；第五，台账是制度的积累，是规范的源头。一套台账管理系统，可以帮助企业及员工提高工作效率、理清事务头绪、及时查出问题、掌握工作大局，可以说，台账是一套全员增效的系统工具。

《办法》中规定，纳税人应建立不动产和不动产在建工程台账，分别记录并归集不动产和不动产在建工程的成本、费用、扣税凭证及进项税额抵扣情况，留存备查。这样做的目的是，不动产一般存续期间都较长，在存续期内，不动产的进项税额可能在“允许抵扣”和“不得抵扣”之间多次转换，因此通过台账对各不动产项目的具体情况分别记载，是非常必要的。

第十四条　纳税人未按照本办法有关规定抵扣不动产和不动产在建工程进项税额的，主管税务机关应按照《中华人民共和国税收征收管理法》及有关规定进行处理。

【解读】

本条规定为罚则。规定纳税人如果未按照本《办法》的有关规定，分别核算、分期抵扣不动产和不动产在建工程进项税额的，主管税务机关应按照《税收征管法》及有关规定进行处理。

2.4 《纳税人提供不动产经营租赁服务增值税征收管理暂行办法》解读

2.4.1 背景和目的

原营业税税制下，纳税人出租不动产应向不动产所在地主管地税机关申报缴纳营业税。营改增后，纳税人提供不动产经营租赁服务纳入增值税征收范围。增值税的纳税地点一般按照机构所在地确定，因为纳税人回到机构所在地申报纳税，才可以进行完整的进、销项核算，并准确计算增值税应纳税额。但是，由于不动产经营租赁业务与不动产所在地联系紧密，且该业务涉及的其他税费大多仍由地税机关征收，为保证税制平稳过渡，尽量避免出现税源转移，方便纳税人办税，在制定税制改革总体方案时，除适用增值税一般规定以外，《财政部 国家税务总局关于全面推开营业税改征增值税试点的通知》(财税〔2016〕36 号，以下称 36 号文件）附件 1《营业税改征增值税试点实施办法》（以下称《试点实施办法》）、附件 2《营业税改征增值税试点有关事项的规定》（以下称《试点有关事项的规定》）中作出一些特殊的规定。具体如下：

1. 纳税地点

《试点实施办法》《试点有关事项的规定》明确规定，纳税人提供不动产经营租赁服务，需要在不动产所在地预缴税款（部分情况除外，如纳税人出租不动产，机构所在地与不动产所在地在同一县的，不需要预缴税款，自然人出租不动产不需要预缴税款)，回机构所在地申报纳税。

2. 征收机关

《试点实施办法》第五十一条规定：“营业税改征的增值税，由国家税务局负责征收。纳税人销售取得的不动产和其他个人出租不动产的增值税，国家税务局暂委托地方税务局代为征收”。即自然人出租不动产业务，国家税务局委托地方税务局代为征收。

《试点实施办法》《试点有关事项的规定》对纳税人提供不动产经营租赁服务在纳税地点和征收机关等方面进行特殊规定，主要是出于如下考虑：

(1) 原《中华人民共和国营业税暂行条例》（以下称《营业税暂行条例》）规

定，纳税人出租不动产，应当向不动产所在地的主管税务机关申报纳税。为保证税制平稳过渡，尽量避免税源转移，《试点实施办法》《试点有关事项的规定》规定，纳税人提供不动产经营租赁服务，需要在不动产所在地缴纳税款。

由于自然人只有居住地，没有机构所在地，自然人出租不动产，只需在不动产所在地缴纳税款，不需要再回居住地申报缴纳。《试点实施办法》第四十六条纳税地点也明确规定，其他个人提供建筑服务、销售或者租赁不动产、转让自然资源使用权，应向建筑服务发生地、不动产所在地、自然资源所在地主管税务机关申报纳税。

但除自然人以外的纳税人，都有机构所在地，纳税人需要向机构所在地主管税务机关就其全部经营业务进行纳税申报，主管税务机关才可以全面掌握、了解纳税人的经营行为，纳税人也只有回到机构所在地申报纳税，才可以完整地核算全部业务的进项税额和销项税额，准确计算应缴税款。因此，除自然人以外的纳税人，发生出租不动产业务，当不动产与纳税人机构所在地不在同一县（市、区）的，需在不动产所在地预缴税款，回机构所在地申报纳税，纳税人在不动产所在地已经预缴的税款，可以在应纳税额中抵减。

（2）其他个人（即自然人）出租不动产业务，涉及营业税（改革前）、房产税、城建税、教育费附加、个人所得税、印花税等多个税种。上述税费均由地方税务局征收，多实行税费一体化管理。为方便纳税人办税，降低纳税人办税成本，其他个人（自然人）出租不动产应缴纳的增值税，由地方税务局代为征收。

纳税人提供不动产经营租赁服务，既涉及不动产所在地预缴，又涉及回机构所在地后按照规定的方法计算缴纳增值税款；既涉及地方税务局征收，又涉及国家税务局征收。如何在不动产所在地计算预缴纳税，纳税人如何计算申报，已经预缴的税款如何处理，纳税人需要代开发票的，需要向不动产所在地申请还是向机构所在地税务机关申请等问题，需要出台专门的规定予以明确。这就是制定《纳税人提供不动产经营租赁服务增值税征收管理暂行办法》（国家税务总局公告 2016 年第 16 号，以下称《办法》）的背景。

2.4.2 基本概念及原则

2.4.2.1 基本概念

1. 纳税人

（1）单位与个人

单位，是指企业、行政单位、事业单位、军事单位、社会团体及其他单位。单位，也就是企业和非企业性单位之和。

个人，是指个体工商户和其他个人。其他个人，也就是自然人。个人，也就是个体工商户和自然人之和。

企业、非企业性单位、个体工商户、自然人，共同构成了全部增值税、营业税纳税人范围，也可以说，单位、个体工商户和其他个人，共同组成了所有的增值税、营业税纳税人。

（2）增值税一般纳税人和小规模纳税人

从纳税人类别来分，增值税纳税人分为一般纳税人和小规模纳税人。

对照“单位和个人”来讲：

企业：可以是增值税一般纳税人或者小规模纳税人。

非企业性单位：可以是增值税一般纳税人和小规模纳税人。

个体工商户：个体工商户也可以是增值税一般纳税人和小规模纳税人。在实际业务中，个体工商户以小规模纳税人居多。

其他个人：自然人，都是小规模纳税人。

案例 2.4-1：以个人出租住房为例，《试点有关事项的规定》规定：个人出租住房，应按照5%的征收率减按1.5%计算应纳税额。

对于这条规定，应理解如下：

（1）自然人出租住房，按照5%征收率减按1.5%计算应纳税额；

（2）属于小规模纳税人的个体工商户，出租住房按照5%征收率减按1.5%计算应纳税额；

（3）属于一般纳税人的个体工商户，出租住房按照5%征收率减按1.5%计算应纳税额。

2. 不动产

不动产，是指不能移动或者移动后会引起性质、形状改变的财产，包括建筑物、构筑物等。

（1）建筑物，包括住宅、商业营业用房、其他建筑物。

住房，包括普通住宅、高级公寓、别墅等居住用建筑物。

商业营业用房，包括各种商用店铺、商业楼宇、写字楼、饭店、旅店、购物中心、电影院、展览中心等建筑物。

其他建筑物，指住房、商业营业用房外的建筑物，包括工业厂房、仓库、学校等。

（2）构筑物，包括道路、桥梁、隧道、水坝等建造物。

案例 2.4-2：以其他个人出租不动产（不含住房）为例，根据《纳税人提供不动产经营租赁服务增值税征收管理暂行办法》（国家税务总局公告 2016 年 16 号）规定：其他个人出租不动产（不含住房），按照5%的征收率计算应纳税额；其他个人出租住房，按照5%的征收率减按1.5%计算应纳税额。

这条规定的含义包括：

（1）其他个人，即自然人出租一个商铺等非住宅，应按照租金和5%征收率计算增值税；

（2）自然人出租住宅，则按照5%的征收率减按1.5%计算增值税。即不动产和住宅适用不同的计算方法。

2.4.2.2 遵循的原则

在《办法》中，纳税地点、征收机关等遵循一些共同的规律和原则。

1. 纳税地点

纳税人（除自然人以外）应在不动产所在地预缴，机构所在地申报纳税。自然人出租不动产，只需在不动产所在地缴纳税款。

2. 征收机关

其他个人出租不动产的增值税，委托地方税务局代为征收，需要强调的是，仅仅是自然人出租不动产，由地方税务局代为征收；单位和个体工商户出租不动产，仍由国家税务局征收。

案例2.4-3：北京市西城区的一个个体工商户，在天津市拥有一个商铺，该个体工商户将该商铺出租，是否需要预缴税款？如果需要，应向不动产所在地的主管国税机关应还是地税机关预缴呢？

分析：纳税人提供不动产经营租赁服务，不动产与机构所在地不在同一县（市、区）的，应在不动产所在地预缴税款。根据规定，自然人出租不动产涉及的增值税，委托地方税务局代为征收，而个体工商户出租不动产业务涉及的增值税，并未委托地方税务局代征，因此，该个体工商户应在天津预缴税款，应向该不动产所在地的国税机关预缴。

3. 对本次营改增前取得的不动产给予过渡政策

纳税人提供不动产经营租赁服务，对老项目均给予过渡政策。老项目是指纳税人在本次营改增前，即2016年4月30日前取得的不动产，在本次营改增后即2016年5月1日以后出租的业务。

4. 过渡政策中增值税征收率为原营业税税率

原营业税政策规定，纳税人提供不动产经营租赁服务，适用5%营业税税率。为保证税制平稳过渡，提供不动产经营租赁服务的增值税征收率也为5%。纳税人出租老项目，可以按照过渡政策，采取简易计税方法依5%的征收率计税。

需要说明的是，由于增值税是价外税，营业税是价内税，增值税5%的征收率换算成价内税的税率为4.76%，低于营业税5%的税率，因此，适用简易计税方法的不动产经营租赁服务的增值税税负，较营改增前略有下降。

2.4.3 《纳税人提供不动产经营租赁服务增值税征收管理暂行办法》解读

第一条　根据《财政部　国家税务总局关于全面推开营业税改征增值税试点的通知》(财税〔2016〕36号)及现行增值税有关规定，制定本办法。

【解读】

本条是制定《办法》的法律依据。

《办法》作为36号文件的配套文件，目的是在现行增值税有关规定的总体框架下，在实际操作层面上，对36号文件中确立的基本原则和制度作出进一步明确和细化，区分不同情况，作出便于税务机关和纳税人更好地理解和执行的规定，以增强政策文件的可操作性。

第二条　纳税人以经营租赁方式出租其取得的不动产（以下简称出租不动产），适用本办法。

取得的不动产，包括以直接购买、接受捐赠、接受投资入股、自建以及抵债等各种形式取得的不动产。

纳税人提供道路通行服务不适用本办法。

【解读】

本条明确了《办法》的适用范围。一是《办法》明确的是经营租赁方式出租不动产征收管理规定，不包括融资租赁方式出租不动产业务。融资租赁与经营租赁两者性质完全不同：融资租赁的目的是取得租赁标的物的所有权，而经营租赁的目的仅仅是获得租赁标的物一段时间内的使用权；融资租赁一般以融资额来计算租金，经营性租赁以租赁标的物占用的时间长短来计算租金；融资租入的不动产，在租入方进行会计核算，经营租赁方式租入的不动产，不在租入方核算，而在出租方核算，等等。因融资租赁与经营租赁两者性质完全不同，税收处理上也存在差异。《办法》仅规范了经营性租赁业务。二是取得的不动产，包括以直接购买、接受捐赠、接受投资入股、自建以及抵债等各种形式取得的不动产。三是纳税人提供道路通行服务不适用《办法》。《试点实施办法》规定，道路通行服务按照不动产经营租赁服务缴纳增值税。但如果纳税人提供道路通行服务，也要实行不动产所在地预缴税款，机构所在地申报缴纳的方法，将不利于方便纳税人办税。因为公路可能跨好几个县（市、区）甚至跨省，经营道路通行业务的纳税人每个县（市、区）都去预缴税款，是不可能实现的。因此，《办法》将纳税人提供的道路通行服务排除在外。

第三条 一般纳税人出租不动产，按照以下规定缴纳增值税：

（一）一般纳税人出租其2016年4月30日前取得的不动产，可以选择适用简易计税方法，按照5%的征收率计算应纳税额。

不动产所在地与机构所在地不在同一县（市、区）的，纳税人应按照上述计税方法向不动产所在地主管国税机关预缴税款，向机构所在地主管国税机关申报纳税。

不动产所在地与机构所在地在同一县（市、区）的，纳税人向机构所在地主管国税机关申报纳税。

【解读】

本条明确了一般纳税人出租不动产适用简易计税方法的相关政策规定。一是纳税人出租不动产，简易计税方法的征收率为5%。出租不动产原属于营业税“服务业——租赁”税目，营业税税率为5%。营业税属于价内税，增值税属于价外税，在价、税合计相同的前提下，增值税5%的征收率，只相当于营业税税率4.76%，改革直接减轻纳税人税收负担。二是出租不动产应在不动产所在地纳税。当增值税一般纳税人出租的不动产与其机构所在地不在同一县（市、区）的，则应在不动产所在地预缴税款，回机构所在地申报纳税。增值税一般纳税人出租的不动产与其机构所在地在同一县（市、区）的，纳税人在机构所在地缴纳的税款，满足不动产所在地纳税原则。为减轻纳税人的办税负担，在此情况下纳税人不需要预缴，直接在机构所在地申报缴纳出租不动产的收入，计算纳税即可。三是仅就“其他个人（即自然人）”出租不动产业务委托地税代征，因而除其他个人以外的纳税人出租不动产应预缴的税款，仍在国税机关缴纳。因此，一般纳税人出租不动产，在不动产所在地国税机关预缴税款，回机构所在地向主管国税机关申报纳税。

案例2.4-4：北京市西城区某纳税人为增值税一般纳税人，该纳税人于2013年购买了天津市一座写字楼用于出租。如果纳税人对出租该不动产业务选择简易计税方法。自2016年5月1日起，纳税人出租该写字楼，应如何计算纳税？如何预缴税款？

分析：纳税人机构所在地在北京市西城区，不动产在天津市，不动产所在地与机构所在地不在同一县（市、区），因此纳税人应向不动产所在地预缴税款。纳税人为增值税一般纳税人，不是自然人，纳税人出租不动产，则应向不动产所在地主管国税机关预缴税款。纳税人选择简易计税方法后，按照规定，应以收取的租金按照5%的征收率计算应纳税额，向不动产所在地天津市主管国税机关预缴税款，再以同样的计税方法向其机构所在地北京市西城区主管国税机关申报纳税。

案例2.4-5：北京市西城区某纳税人为增值税一般纳税人，该纳税人于2013年购买了西城区两层写字楼用于出租。如果纳税人对出租该不动产业务实行简易计税方法。自2016年5月1日起，纳税人出租该写字楼，应如何计算纳税？如何预缴税款？

分析：纳税人机构所在地在北京市西城区，不动产也在北京市西城区，不动产所在地与机构所在地在同一县（市、区），因此纳税人不需要预缴税款。纳税人以收取的租金按照5%的征收率计算应纳税额，向其机构所在地北京市西城区主管国税机关申报纳税即可。

（二）一般纳税人出租其2016年5月1日后取得的不动产，适用一般计税方法计税。

不动产所在地与机构所在地不在同一县（市、区）的，纳税人应按照3%的预征率向不动产所在地主管国税机关预缴税款，向机构所在地主管国税机关申报纳税。

不动产所在地与机构所在地在同一县（市、区）的，纳税人应向机构所在地主管国税机关申报纳税。

一般纳税人出租其2016年4月30日前取得的不动产适用一般计税方法计税的，按照上述规定执行。

【解读】

本条明确了一般纳税人出租不动产适用一般计税方法的相关政策规定。一是将预征率定为3%，小于小规模纳税人5%的征收率。主要考虑的是，据测算，增值税纳税人适用一般计算方法出租不动产，税负较原来营业税是降低的。出租不动产原营业税税率为5%，为尽量避免在不动产所在地产生多预缴的税款，对于纳税人适用一般计算方法出租不动产的，在不动产所在地的预征率定为3%，低于5%原营业税税率。二是出租不动产应在不动产所在地纳税。当增值税一般纳税人出租的不动产与其机构所在地不在同一县（市、区）的，则应在不动产所在地预缴税款，回机构所在地申报纳税。增值税一般纳税人出租的不动产与其机构所在地在同一县（市、区）的，为减轻纳税人的办税负担，纳税人不需要预缴，直接在申报期申报缴纳出租不动产的收入，计算纳税即可。三是委托地税机关代征的出租业务仅为“其他个人（即自然人）”出租不动产业务，除其他个人以外的纳税人，也就是单位和个体工商户出租不动产，仍在国税机关预缴税款，回机构所在地后向主管国税机关申报纳税。四是增值税一般纳税人出租改革前取得的不动产，也可以适用一般计算方法，按照规定计算预缴税款或应纳税额。也就是说，过渡政策给予纳税人自由选择权，对于改革前取得的不动产，纳税人可以自行选择简易计税办法，或者一般计税方法，纳税人可根据自身实际情况，作出最有于企业的选择。

案例2.4-6：北京市西城区某纳税人为增值税一般纳税人，该纳税人于2016年6

月购入天津市一座写字楼用于出租。自2016年7月1日起，纳税人出租该写字楼，应如何计算纳税？如何预缴税款？

分析：纳税人机构所在地在北京市西城区，不动产在天津市，不动产所在地与机构所在地不在同一县（市、区），因此纳税人应向不动产所在地预缴税款。纳税人为增值税一般纳税人，其出租不动产，应向不动产所在地主管国税机关预缴税款。因此，此纳税人出租营改增试点后取得的不动产，应适用一般计税方法，以收取的租金按照3%的预征率计算应预缴税额，向不动产所在地天津市的国税机关预缴税款，按照销项税额减去进项税额的方法计算应纳税额，回机构所在地向北京市西城区主管国税机关申报纳税。

案例2.4-7：接案例2.4-6，如果纳税人购买的是北京市西城区一层写字楼用于出租，自2016年5月1日起，纳税人出租该写字楼，应如何计算纳税？如何预缴税款？

分析：纳税人机构所在地在北京市西城区，不动产也在北京市西城区，不动产所在地与机构所在地在同一县（市、区），因此纳税人不需要预缴税款。增值税一般纳税人出租改革后取得的不动产，适用一般计税方法。即应按照销项减去进项的方法计算应纳税额，向主管国税机关申报纳税。

第四条　小规模纳税人出租不动产，按照以下规定缴纳增值税：

（一）单位和个体工商户出租不动产（不含个体工商户出租住房），按照5%的征收率计算应纳税额。个体工商户出租住房，按照5%的征收率减按1.5%计算应纳税额。

不动产所在地与机构所在地不在同一县（市、区）的，纳税人应按照上述计税方法向不动产所在地主管国税机关预缴税款，向机构所在地主管国税机关申报纳税。

不动产所在地与机构所在地在同一县（市、区）的，纳税人应向机构所在地主管国税机关申报纳税。

（二）其他个人出租不动产（不含住房），按照5%的征收率计算应纳税额，向不动产所在地主管地税机关申报纳税。其他个人出租住房，按照5%的征收率减按1.5%计算应纳税额，向不动产所在地主管地税机关申报纳税。

【解读】

本条明确了小规模纳税人出租不动产的相关政策规定。一是本条规定的前提是“小规模纳税人”出租不动产的增值税计算缴纳。第一款规定了小规模纳税人中的“单位和个体工商户”出租不动产如何计算缴纳增值税；第二款明确“其他个人”出租不动产如何计算缴纳增值税。二是小规模纳税人中“单位和个体工商户”出租不动产的基本规定是，适用简易计税方法，按照5%征收率计算应纳税额。三是36号文件规定“个人出租住房，应按照5%的征收率减按1.5%计算应纳税额”。个人包括个体工商户和其他个人。因此，在第一款小规模纳税人中“单位和个体工商户”出租不动产业务中，需要排除个体工商户出租住房。个体工商户出租住房，按照5%的征收率减按1.5%计算应纳税额。四是出租不动产应在不动产所在地纳税，当单位和个体工商户出租的不动产与其机构所在地不在同一县（市、区）的，则应在不动产所在地预缴税款，回机构所在地申报纳税。单位和个体工商户出租的不动产与其机构所在地在同一县（市、区）的，为减轻纳税人的办税负担，纳税人不需要预缴，直接申报纳税即可。五是个人减按1.5%计算应纳税额政策仅针对“住房”。第二款区分其他个人出租非住房和出租住房两部分来规定。其他个人出租不动产，包括住房，都应向不动产所在地主管地税机关申报纳税。

案例2.4-8：北京市西城区某个体工商户2013年购买天津市一套商铺用于出租。自2016年5月1日起，纳税人出租该商铺，应如何计算纳税？如何预缴税款？

分析：个体工商户机构所在地在北京市西城区，不动产在天津市，不动产所在地与机构所在地不在同一县（市、区），因此纳税人应向不动产所在地预缴增值税。纳税人为个体工商户，不是自然人，应向不动产所在地主管国税机关预缴增值税。在本案例中，纳税人出租商铺，不是住房，按照规定应以收取的租金按照5%的征收率计算应预缴税额，向不动产所在地天津市的国税机关预缴税款，按照同样的计税方法，向其机构所在地北京市西城区主管国税机关申报纳税。

案例2.4-9：接案例2.4-8，如果该个体工商户购买的是天津市的一套住房（住房登记在该个体工商户名下），自2016年5月1日起，纳税人出租该住房，应如何计算纳税？如何预缴税款？

分析：该个体工商户应以收取的租金减按照1.5%征收率计算应预缴税额，向不动产所在地天津市的国税机关预缴税款后，按照同样的计税方法，向其机构所在地北京市西城区主管国税机关申报纳税。

案例2.4-10：张某为北京市居民，2013年购买天津市一套商铺用于出租。自2016年5月1日起，张某出租该商铺，应如何计算纳税？如何预缴税款？

分析：《试点实施办法》明确，“其他个人出租不动产”委托地方税务局代为征收。自然人出租不动产，应向不动产所在地主管地税机关申报纳税。在本案例中，自然人出租商铺，不是住房，按照规定应以收取的租金按照5%的征收率计算应纳税额，向不动产所在地天津市的地税机关申报纳税。

案例2.4-11：接案例2.4-10，如果张某购买的是天津市的一套住房，自2016年5月1日起，张某出租该住房，应如何计算纳税？如何预缴税款？

分析：因张某出租的是住房，个人出租住房可以按照5%的征收率减按1.5%计算应纳税额，因此，张某应以收取的租金，按照5%的征收率减按1.5%计算应纳税额，向不动产所在地天津市的地税机关申报纳税。

第五条 纳税人出租的不动产所在地与其机构所在地在同一直辖市或计划单列市但不在同一县（市、区）的，由直辖市或计划单列市国家税务局决定是否在不动产所在地预缴税款。

【解读】

本条明确了预缴税款的特殊规定。一是本条中纳税人不包括其他个人。原因是其他个人出租不动产，不需要预缴税款，直接在不动产所在地申报纳税即可。二是按照一般规定，纳税人所出租的不动产，与其机构所在地不在同一县（市、区）的，需要在不动产所在地预缴税款，回机构所在地申报缴纳。三是为减轻纳税人负担，减少办税环节，对于不动产所在地与其机构所在地不在同一县（市、区）但在同一直辖市或计划单列市的，可由直辖市或计划单列市国家税务局决定是否需要预缴税款。

第六条 纳税人出租不动产，按照本办法规定需要预缴税款的，应在取得租金的次月纳税申报期或不动产所在地主管国税机关核定的纳税期限预缴税款。

【解读】

本条明确了出租不动产业务的纳税申报期。一是本条中“纳税人”不包括其他个人，指单位和个体工商户。二是纳税人预缴税款，应在取得租金的次月纳税申报期或不动产所在地主管国税机关核定的纳税期限预缴税款。具体来讲，一般情况下，出租不动产应在取得租金的次月纳税申报期内预缴税款。如纳税人5月收取的租金，应在6月申报期内，填写《增值税预缴税款表》并到不动产所在地主管国税机关预缴税款。

预缴税款的纳税期限，也可以由不动产所在地主管国税机关核定。《试点实施办法》第四十七条规定，增值税的纳税期限分别为1日、3日、5日、10日、15日、1个月或者1个季度。纳税人的具体纳税期限，由主管税务机关根据纳税人应纳税额的大小分别核定。以1个季度为纳税期限的规定适用于小规模纳税人、银行、财务公司、信托投资公司、信用社，以及财政部和国家税务总局规定的其他纳税人。不能按照固定期限纳税的，可以按次纳税。纳税人以1个月或者1个季度为1个纳税期的，自期满之日起15日内申报纳税；以1日、3日、5日、10日或者15日为1个纳税期的，自期满之日起5日内预缴税款，于次月1日起15日内申报纳税并结清上月应纳税款。主管国税机关可按照该规定核定纳税人出租不动产的纳税期限。

第七条　预缴税款的计算

（一）纳税人出租不动产适用一般计税方法计税的，按照以下公式计算应预缴税款：

应预缴税款=含税销售额÷(1+11%)×3%

（二）纳税人出租不动产适用简易计税方法计税的，除个人出租住房外，按照以下公式计算应预缴税款：

应预缴税款=含税销售额÷(1+5%)×5%

（三）个体工商户出租住房，按照以下公式计算应预缴税款：

应预缴税款=含税销售额÷(1+5%)×1.5%

【解读】

本条明确了预缴税款的计算方法。一是本条中“纳税人”仍不包括其他个人。二是纳税人出租不动产适用一般计税方法计税的，适用税率为11%，并按照3%预征率预缴税款，应预缴税款=含税销售额÷(1+11%)×3%；适用简易计税方法计税的，按照5%征收率预缴税款，应预缴税款=含税销售额÷(1+5%)×5%；个人出租住房，减按1.5%计算应纳税额，个体工商户出租住房，应预缴税款=含税销售额÷(1+5%)×1.5%。

案例2.4-12：北京市西城区某纳税人（增值税一般纳税人）2013年购买天津市10套商铺用于出租，每月租金收入20万元。自2016年5月1日起，纳税人出租该商铺，应如何计算预缴税款？

分析：纳税人机构所在地在北京市西城区，不动产在天津市，不动产所在地与机构所在地不在同一县（市、区），因此纳税人应向不动产所在地国税机关预缴税款。该纳税人为增值税一般纳税人，如果纳税人选择一般计税方法，按照本条第一款的规定计算预缴税款。

预缴税款=20÷(1+11%)×3%=0.54（万元）

如果纳税人选择简易计税方法，则按照本条第二款的规定计算预缴税款。

预缴税款=20÷(1+5%)×5%=0.95（万元）

案例2.4-13：接案例2.4-12，如果纳税人为个体工商户，购买的不是商铺，而是天津市的一套住房（住房登记在该个体工商户名下），每月租金3.5万元。自2016年5月1日起，纳税人出租该住房，应如何计算预缴税款？

分析：《试点有关事项的规定》规定，个人出租住房，按照5%的征收率减按1.5%计算应纳税额。按照本条第三款的规定，本案例中，个体工商户应以收取的租金减按1.5%征收率计算应预缴税额。

预缴税款=3.5÷(1+5%)×1.5%=0.05（万元）

第八条 其他个人出租不动产，按照以下公式计算应纳税款：

（一）出租住房：

$$应纳税款=含税销售额\div(1+5\%)\times1.5\%$$

（二）出租非住房：

$$应纳税款=含税销售额\div(1+5\%)\times5\%$$

【解读】

本条对其他个人出租不动产的应纳税额计算进行了明确。一是其他个人出租不动产，不需要预缴，直接在不动产所在地地税机关申报纳税。二是《试点有关事项的规定》明确，个人出租住房，按照5%的征收率减按1.5%计算应纳税额。因此，其他个人出租不动产，应区分住房和非住房，分别适用不同公式计算应纳税额。如果其他个人出租的是住房，则应将租金转换为不含税价后，按1.5%计算应纳税额；如果其他个人出租的是非住房，则应将租金转换为不含税价后，按5%计算应纳税额。其他个人出租不动产，统一按照5%征收率对含税价格进行换算。

案例2.4-14：张某为北京市居民，拥有3套北京市东城区住房，将两套住房出租，每月租金收入合计达3.3万元。张某应如何计算应纳税额？应向哪里的税务机关申报纳税？

分析：张某为其他个人，其他个人出租不动产业务，由地方税务部门代为征收增值税。个人出租住房，可以依5%的征收率减按1.5%计算应纳税额。

应纳税额=3.3÷(1+5%)×1.5%=0.05（万元）

张某应向住房所在地的主管地税机关，即北京东城区的地税机关申报纳税0.05万元。

案例2.4-15：接案例2.4-14，如果张某出租的不是住房，而是商铺，商铺也在北京市东城区。假设每月租金仍为3.3万元，张某应如何计算应纳税额？应向哪里的税务机关申报纳税？

分析：张某为其他个人，其他个人出租不动产业务，由地方税务部门代为征收增值税。个人出租不动产（不含住房），直接按照5%的征收率计算应纳税额。

应纳税额=3.3÷(1+5%)×5%=0.16（万元）

张某应向商铺所在地的主管地税机关，即北京东城区的地税机关申报纳税0.16万元。

第九条 单位和个体工商户出租不动产，按照本办法规定向不动产所在地主管国税机关预缴税款时，应填写《增值税预缴税款表》。

【解读】

本条是对预缴税款的操作规定。一是本条中仅针对“单位和个体工商户”，不包括“其他个人”，因为其他个人出租不动产，不需要预缴税款。二是单位和个体工商户在不动产所在地主管国税机关预缴税款时，需要填写《增值税预缴税款表》“预征项目和栏次”中的第三行“出租不动产”。《增值税预缴税款表》中还需要填写纳税人名称、纳税人识别号等信息。通过《增值税预缴税款表》，可以实现纳税人异地经营业务的信息传递，全面掌握纳税人的经营信息。

第十条　单位和个体工商户出租不动产，向不动产所在地主管国税机关预缴的增值税款，可以在当期增值税应纳税额中抵减，抵减不完的，结转下期继续抵减。

纳税人以预缴税款抵减应纳税额，应以完税凭证作为合法有效凭证。

【解读】

本条是有关纳税人已预缴税款可以抵减应纳税额的规定。一是除自然人以外的纳税人，即单位和个体工商户出租不动产，在不动产所在地主管国税机关预缴税款后，回机构所在地主管国税机关申报纳税时，可以在当期的增值税应纳税额中，抵扣在不动产所在地国税机关已经预缴的税款，若当期未能抵减完，可以结转下期继续抵减。二是纳税人在不动产所在地国税机关预缴税款后，应取得并妥善保管完税凭证，以完税凭证作为抵减应纳税额的合法有效凭证。

案例 2.4-16：北京市海淀区某纳税人为增值税一般纳税人，该纳税人于 2013 年购买了天津市一套商铺用于出租，购买时价格为 500 万元，取得不动产销售统一发票。纳税人每月收到的租金为 10 万元。假设该纳税人 2016 年 5 月其他业务的增值税应纳税额为 25 万元。2016 年 6 月申报期，纳税人应如何计算 5 月所属期的增值税应纳税额？应如何申报纳税？

分析：1. 假设该纳税人对出租商铺业务选择简易计税方法计税

根据规定，纳税人出租与机构所在地不在同一县（市、区）的不动产，需在不动产所在地预缴税款，则该纳税人应在天津市国税部门预缴的税款为：

预缴税款 $=10\div(1+5\%)\times5\%=0.48$（万元）

纳税人应取得天津市国税机关开具的完税凭证。

纳税人回机构所在地北京市海淀区后，计算 5 月的增值税应纳税额：

应纳税额 $=10\div(1+5\%)\times5\%$（出租业务）$+25$（其他业务）$=25.48$（万元）

纳税人应在 6 月纳税申报期内向其主管国税机关申报 5 月应纳税额 25.48 万元，同时以完税凭证为合法有效凭证，扣减已经在天津市预缴的 0.48 万元，即纳税人应缴纳增值税 25 万元。

2. 假设该纳税人对出租商铺业务选择一般计税方法计税

纳税人出租与机构所在地不在同一县（市、区）的不动产，需在不动产所在地预缴税款，该纳税人应在天津市国税部门预缴的税款为：

预缴税款=10÷(1+11%)×3%=0.27（万元）

纳税人应取得天津市国税机关开具的完税凭证。

纳税人回机构所在地后，计算5月的增值税应纳税额：

应纳税额=10÷(1+11%)×11%+25=25.99(万元)

由于纳税人在2013年购买的不动产，2016年5月没有相应的不动产进项税额抵扣。故纳税人应在6月纳税申报期内向主管国税机关申报5月应纳税额25.99万元，同时以完税凭证为合法有效凭证，扣减已经在天津市预缴的0.27万元，即纳税人应缴纳增值税25.72万元。

案例2.4-17：北京市海淀区某纳税人2016年5月1日购买了天津市一套商铺用于出租，购买时价格为555万元，取得增值税专用发票，注明增值税款55万元。纳税人立即将该商铺出租，每月租金收入为10万元，自2016年5月开始收取租金。假设该纳税人2016年5月其他业务的增值税应纳税额为25万元。2016年6月申报期，纳税人应如何计算5月所属期的增值税应纳税额？应如何申报纳税？

分析：1. 假设该纳税人为增值税一般纳税人

增值税一般纳税人出租试点后取得的不动产，适用一般计税方法，其应在天津市国税机关预缴税款：

预缴税款=10÷(1+11%)×3%=0.27（万元）

纳税人应取得天津市国税机关开具的完税凭证。

纳税人回机构所在地北京市海淀区，计算5月的增值税应纳税额：

应纳税额=10÷(1+11%)×11%-55×60%+25=-7.01（万元）

纳税人5月的增值税留抵税额为7.01万元，可留待以后纳税期继续抵扣。同时，纳税人在天津市预缴的0.27万元税款，也可以结转下期继续抵减。

2. 假设该纳税人为增值税小规模纳税人

增值税小规模纳税人出租试点后取得的不动产，仍适用简易计税方法，其应在天津市国税机关预缴税款：

预缴税款=10÷(1+5%)×5%=0.48（万元）

纳税人应取得天津市国税机关开具的完税凭证。

纳税人回机构所在地北京市海淀区后，计算5月的增值税应纳税额：

应纳税额=10÷(1+5%)×5%+25=25.48（万元）

纳税人应在6月纳税申报期内向主管国税机关申报5月应纳税额25.48万元，同时以完税凭证为合法有效凭证，扣减已经在天津市预缴的0.48万元，即纳税人应缴纳增值税25万元。

案例2.4-18：张某零售店为个体工商户，位于北京市西城区，张某零售店名下拥有北京市东城区3套住宅，均购于2012年，一直用于出租。月租金收入3.5万元。2016年8月，该个体工商户其他业务的销售额（含税）4.5万元。纳税人8月应如何计算纳税？

分析：1. 假设北京市国家税务局要求北京市纳税人出租与机构所在地不在同一县（区）不动产，在不动产所在地预缴税款。

个人出租住房按照5%征收率减按1.5%计算应纳税额。该个体工商户需在北京市东城区预缴税款：

预缴税款=3.5÷(1+5%)×1.5%=0.05（万元）

纳税人应取得东城区国税机关开具的完税凭证。

该纳税人8月应纳税额=3.5÷(1+5%)×1.5%+4.5÷(1+3%)×3%=0.18（万元）

该个体工商户应在9月15日前向主管国税机关申报8月应纳税额0.18万元，同时以完税凭证为合法有效凭证，扣减已经在东城区预缴的0.05万元，即纳税人应缴纳增值税0.13万元。

2. 假设北京市国家税务局对北京市纳税人出租与机构所在地不在同一县（区）的不动产，不要求预缴税款，直接在机构所在地申报纳税。

该个体工商户9月15日前直接向主管国税机关申报8月应纳税额0.18万元。

该纳税人8月应纳税额=3.5÷(1+5%)×1.5%+4.5÷(1+3%)×3%=0.18（万元）

第十一条　小规模纳税人中的单位和个体工商户出租不动产，不能自行开具增值税发票的，可向不动产所在地主管国税机关申请代开增值税发票。

其他个人出租不动产，可向不动产所在地主管地税机关申请代开增值税发票。

第十二条　纳税人向其他个人出租不动产，不得开具或申请代开增值税专用发票。

【解读】

第十一条、第十二条规定是关于发票开具的问题，具体解读参见《增值税发票使用和开具有关问题解析》。

第十三条　纳税人出租不动产，按照本办法规定应向不动产所在地主管国税机关预缴税款而自应当预缴之月起超过6个月没有预缴税款的，由机构所在地主管国税机关按照《中华人民共和国税收征收管理法》及相关规定进行处理。

纳税人出租不动产，未按照本办法规定缴纳税款的，由主管税务机关按照《中华人民共和国税收征收管理法》及相关规定进行处理。

【解读】

此条为罚则，纳税人未按照规定申报缴纳税款，需承担相应的法律责任。

2.5　《纳税人跨县（市、区）提供建筑服务增值税征收管理暂行办法》解读

2.5.1　背景和目的

建筑业，是我国国民经济的支柱性行业之一，也是我国国民经济的重要物资生产部门，建筑业的发展对稳增长和促就业均具有重要意义，建筑业营改增也因此受到了社会的广泛关注。建筑行业特点鲜明，流动性强，生产周期长，交叉作业和分包作业普遍，为保证建筑业顺利完成税制转换，在制定税制改革总体方案时，除适用增值税一般规定以外，还结合建筑业特点，从税制设计、征收方式、纳税服务等方面，对其制定了一揽子政策安排和征管措施，并在《财政部　国家税务总局关于全面推开营业税改征增值税试点的通知》（财税〔2016〕36号，以下称36号文件）这一政策主文件中予以明确。

此外，针对建筑企业异地提供建筑服务征管模式的特殊性，国家税务总局印发了《纳税人跨县（市、区）提供建筑服务增值税征收管理暂行办法》（国家税务总局公告2016年第17号，以下称《办法》），以建筑服务发生地预缴税款，机构所在地纳税申报为基本征管原则，按照纳税人类别、计税方法，分别对纳税人跨县（市、区）提供建筑服务应如何在服务发生地预缴、如何在机构所在地进行纳税申报、开具发票等内容作了细化明确。以便于纳税人执行和税务机关的征收管理。

2.5.2　基本政策规定

2.5.2.1　征税范围

营改增后建筑业的征税范围，与原营业税相比变化不大，在建筑服务税目下细分了工程服务、安装服务、修缮服务、装饰服务和其他建筑服务5个子目。其中，工程服务、修缮服务和装饰服务3个子目主要是围绕建筑物和构筑物提供的建筑服务。工程服务主要是建筑物和构筑物的新建、改建；修缮服务主要是建筑物和构筑物的修补、加固、养护、改善；装饰服务主要是建筑物和构筑物的修饰装修；安装服务主要包括各种设备的装配、安置等；其他建筑服务是除以上4个子目以外的其他建筑服务

的集合，如钻井、平整土地、园林绿化、拆除建筑物或者构筑物、爆破、穿孔等。具体的范围在36号文件所附《销售服务、无形资产、不动产注释》中作出了详细规定。

2.5.2.2 税率和征收率

建筑服务适用11%的增值税税率。原营业税制度下，建筑业适用3%的营业税税率，并以扣除建筑分包款之后的余额为计税营业额计算缴纳营业税。营改增后，考虑到建筑业的主要成本，如其采购的建筑材料、工程机械设备、接受的营改增应税服务支出等，均可以获得进项税额抵扣，因此，建筑服务适用11%的税率。同时，适用简易计税方法的建筑服务，适用3%的征收率，由于其进项税额不允许抵扣，因此，为保证税制平稳过渡，营改增后继续沿用了原营业税差额征税规定，即纳税人提供建筑服务适用简易计税方法计税的，如果其将部分建筑服务分包给了其他单位或个人，以其取得的全部价款和价外费用扣除支付的分包款后的余额为销售额计算缴纳增值税。由于增值税是价外税，3%的增值税征收率相当于2.91%的营业税税率，因此，可以说营改增后所有适用简易计税方法计税的建筑服务，其缴纳的增值税均略少于营改增前缴纳的营业税。

2.5.2.3 纳税地点

建筑服务的纳税地点遵循机构所在地纳税的基本原则，并辅以建筑服务发生地预缴机制。建筑业流动性强，跨区域作业非常普遍，原营业税纳税地点为建筑劳务发生地。营改增后，由于建筑服务发生地无法进行完整的进项、销项核算，并准确计算出增值税应纳税额，因此，纳税地点将按照增值税的统一原则，改为在机构所在地纳税。但是，纳税地点的调整将改变现有的税源格局，对于所有异地提供建筑服务的工程项目来说，税源均将由建筑服务发生地转移到机构所在地。为避免造成税源转移过大，对异地提供建筑服务，采取了先在建筑服务发生地实行预缴，然后回到机构所在地申报纳税的征管模式。

2.5.2.4 过渡性政策措施

考虑到建筑企业在经营模式、发展阶段、所处产业链条的位置不同等因素，部分建筑企业在改革后税负可能出现税负上升。尤其是在工程分包链条中，越往下人工成本越高，可抵扣的进项税额越少，税负增加的可能性越大。因此，国家税务总局制定了一系列过渡性政策和征管措施：

一是允许一般纳税人为建筑工程老项目提供的建筑服务选择简易计税方法计税。老项目，简单来说就是营改增试点前开工的建筑工程项目，36号文件中对老项目的定义也进行了清晰的界定。试点后开工的建筑工程，进项税额抵扣齐全，按照一般计税方法正常纳税即可。而试点前开工的建筑老项目，建筑企业已经发生的成本费用支出，不能抵扣进项税额。因此，允许建筑企业就建筑老项目选择简易计税方法计算缴纳增值税。该政策是针对建筑工程老项目的过渡性安排，随着时间的推进，待老项目全部完工后即可自然终止。

二是允许一般纳税人以清包工方式提供的建筑服务选择简易计税方法计税。清包工，是指施工方不采购建筑工程所需的材料或只采购辅助材料，并收取人工费、管理费或者其他费用的建筑服务。由于分包业务在建筑行业普遍存在，处在分包链条最底层的企业，主要以清包工的形式承揽工程，其成本费用支出基本是建筑工人的工资，可以抵扣的进项税额很少。因此，对一般纳税人的清包工业务，可以允许其选择简易计税方法计算缴纳增值税。

三是允许一般纳税人为甲供工程提供的建筑服务选择简易计税方法计税。甲供工程，是指全部或部分设备、材料、动力由工程发包方自行采购的建筑工程。营改增后，甲方如果是一般纳税人的话，会倾向于尽量扩大甲供材的采购，以增加自身可抵扣的进项税额。相应地，建筑企业可抵扣的进项税额必然减少。因此，允许甲方采购材料的建筑工程选择简易计税。

四是允许施工现场建设的临时设施一次性抵扣。按照规定，纳税人取得的不动产分2年抵扣进项税额。那么，不动产在什么情况下分年抵扣、什么情况下一次性抵扣，需要有一个清晰的界定以便于执行。比如，工厂购买的厂房和房地产开发公司开发的楼盘，虽然同属于不动产，但在进项税的抵扣上应区别对待。前者属于可以为企业长期创造价值、长期保持原有形态的实物资产，应当分年抵扣；后者在实质上属于企业生产出来用于销售的产品，应当一次性抵扣。建筑业也有其特殊性，为了保证施工正常进行，建筑企业大多需要在施工现场建设一些临时性的简易设施，如工棚、物料库、现场办公房等。临时设施虽然也属于不动产的范畴，但存续时间短，其性质与生产过程中的中间投入物更为接近。因此，对于施工现场修建的临时设施，包括临时建筑物和构筑物，视同自产产品连续用于再生产，允许其一次性抵扣进项税额。

五是明确甲供材不作为建筑企业的税基。在建筑工程中，出于质量控制的考虑，甲方一般会自行采购主要建筑材料，即甲供材。甲供材主要有两种模式：一是甲供材作为工程款的一部分，甲方采购后交给建筑企业使用，并抵减部分工程款（比如，工程款1000万元，甲方实际支付600万元，剩余400万元用甲供材抵顶工程款）；二是甲供材与工程款无关，甲方采购后交给建筑企业使用，并另行支付工程款（比如，工程款600万元，甲供材400万元）。按照营业税政策规定，不论采用哪一种模式，建筑企业都要按照1000万元计算缴纳营业税。从增值税的角度看，其实甲供材并没有特殊性。对第一种模式，甲方用甲供材抵顶工程款，属于有偿转让货物的所有权，应缴纳增值税；甲方征税后，建筑企业可以获得进项税额正常抵扣。第二种模式，甲供材与建筑企业无关，建筑企业仅需就实际取得的工程款600万元计提销项税额。但是，由于甲供材属于现行营业税的税基，前期行业普遍关注营改增后甲供材的处理。

焦点主要在于第二种模式下，建筑企业并未取得甲供材的相应收入，如果按照工程款和甲供材的合计金额计提销项税，与现行的增值税税制不相符。

六是增加税务机关专用发票代开点，解决建筑企业采购砂土石料抵扣不足问题。在营业税税制下，建筑企业不需要抵扣进项税额，采购砂土石料等辅材时，大多不主动索取发票，供应商借此偷逃税款，也造成了砂土石料市场的不规范运作。

增值税的征扣税链条，对提高企业管理水平、规范市场行为、堵塞偷税漏洞、保护守法经营，具有天然的促进作用，这正是营改增的积极意义和增值税的制度优势。从以前试点的情况看，试点企业对新税制都有一个逐步适应的过程。随着试点时间的延长，试点企业出于增加进项税额抵扣的需要，会逐渐地加强采购端控制，调整采购渠道，尽可能地选择可以提供专用发票的供应商，尽可能地选择一般纳税人作为供应商。这样做的结果，不仅使自身的税负有效降低，也使得供应商不得不规范纳税，以获得开具专用发票的权利，税收征管的整体水平自然也会逐步提高。如果迁就建筑市场的不规范现状给予砂土石料计算抵扣等特殊安排，仅仅是当下让建筑企业满意，长期来看，对建筑行业的发展、市场秩序的规范、税制的完善、征管水平的提高都会产生不利影响。

与此同时，各级税务机关也要进一步加强宣传辅导，利用办税大厅、新闻媒体、微信推送等渠道，通过现场培训、发放宣传视频和材料等方式，说明增值税和营业税的差异性，进项控制对企业的重要性，引导企业主动调整采购方式，加强内部管理，尽快适应增值税税制。有条件的地区，可对建筑企业进行一对一当面沟通。同时，优化纳税服务，可根据需要在建筑材料市场、大型工程项目部等地点设置专用发票代开点，为小规模的砂土石料供应商和临时经营者代开专用发票提供便利，提高建筑企业购买辅料获得抵扣凭证的比例。

2.5.3 《纳税人跨县（市、区）提供建筑服务增值税征收管理暂行办法》解读

第一条　根据《财政部　国家税务总局关于全面推开营业税改征增值税试点的通知》（财税〔2016〕36号）及现行增值税有关规定，制定本办法。

【解读】

本条明确了制定《办法》的政策依据。36号文件是本次营改增的政策主文件，《办法》的所有征收管理规定均是在36号文件相关政策规定的基础上制定的。

第二条　本办法所称跨县（市、区）提供建筑服务，是指单位和个体工商户（以下简称纳税人）在其机构所在地以外的县（市、区）提供建筑服务。

纳税人在同一直辖市、计划单列市范围内跨县（市、区）提供建筑服务的，由直辖市、计划单列市国家税务局决定是否适用本办法。

其他个人跨县（市、区）提供建筑服务，不适用本办法。

【解读】

本条是对《办法》适用范围的规定。

第一，从地域来看，“异地”提供建筑服务，适用《办法》。“异地”，是指建筑服务发生地和机构所在地不在同一县（市、区）。如果机构所在地和建筑服务发生地为同一地的，按照机构所在地纳税的基本原则申报纳税即可。只有机构所在地和建筑服务发生地非同一地，才需要实行建筑服务地预缴机构所在地申报纳税的机制。之所以将跨县（市、区）界定为“异地”，主要是从我国行政区划的层级以及财政收入支配层级的角度出发，考虑对地方财政收入的影响程度，以县（市、区）一级为宜。注意，这里的“市、区”是指与“县”平级的不设区的市和市辖区。

第二，从主体来看，单位和个体工商户适用《办法》。需要说明的是，个人分为个体工商户和其他个人（即自然人），按照现行规定，个人中的个体工商户需要办理税务登记并接受税收管理，自然人无须进行税务登记，没有机构所在地的概念，此外，对其设定过多的管理要求也会增加自然人的办税成本。因此，36 号文件中已经明确了其他个人提供建筑服务，在建筑服务发生地申报纳税，对应地，《办法》也将自然人排除出适用范围。

此外，在同一直辖市、计划单列市范围内跨县（市、区）提供建筑服务的，直辖市、计划单列市国家税务局可以自行决定是否在建筑服务发生地预缴并向机构所在地申报纳税。比如，在北京市西城区注册的一家建筑企业，在东城区提供了建筑服务，这家企业是直接在机构所在地西城区申报纳税，还是需要在东城区预缴税款回西城区申报纳税，可由北京市国家税务局根据自身情况进行确定。

第三条　纳税人跨县（市、区）提供建筑服务，应按照财税〔2016〕36 号文件规定的纳税义务发生时间和计税方法，向建筑服务发生地主管国税机关预缴税款，向机构所在地主管国税机关申报纳税。

《建筑工程施工许可证》未注明合同开工日期，但建筑工程承包合同注明的开工日期在 2016 年 4 月 30 日前的建筑工程项目，属于财税〔2016〕36 号文件规定的可以选择简易计税方法计税的建筑工程老项目。

【解读】

本条主要明确了税款缴纳的地点和与之对应的征收管理机关。第一，预缴税款的地点为建筑服务发生地，征收管理机关为建筑服务发生地主管国税机关；第二，纳税申报的地点为机构所在地，征收管理机关为机构所在地主管国税机关。需要注意的是，这里强调了无论是建筑服务发生地预缴还是机构所在地申报纳税，其征收管理机关均为国税机关。这主要是为了区别于纳税人销售不动产和其他个人出租不动产由地税机关代为征收的情况。

此外，本条第二款对36号文件中关于“建筑工程老项目”的判定标准进行了补充。36号文件中规定：“建筑工程老项目，是指：①《建筑工程施工许可证》注明的合同开工日期在2016年4月30日前的建筑工程项目；②未取得《建筑工程施工许可证》的，建筑工程承包合同注明的开工日期在2016年4月30日前的建筑工程项目。”简单来说，就是有《建筑工程施工许可证》的，看许可证上的合同开工日期，没有《建筑工程施工许可证》的，看合同注明的开工日期。但由于《建筑工程施工许可证》还存在未注明“合同开工日期”的形式，对于取得为未注明“合同开工日期”的《建筑工程施工许可证》，如何确定是否属于建筑工程老项目，36号文件并未作出明确规定。为统一执行政策口径，本条第二款补充明确，如果《建筑工程施工许可证》未注明合同开工日期的，以建筑工程承包合同注明的开工日期作为判定标准，即建筑工程承包合同注明的开工日期在2016年4月30日前的建筑工程项目属于建筑工程老项目，可以选择简易计税方法计税。

第四条　纳税人跨县（市、区）提供建筑服务，按照以下规定预缴税款：

（一）一般纳税人跨县（市、区）提供建筑服务，适用一般计税方法计税的，以取得的全部价款和价外费用扣除支付的分包款后的余额，按照2%的预征率计算应预缴税款。

（二）一般纳税人跨县（市、区）提供建筑服务，选择适用简易计税方法计税的，以取得的全部价款和价外费用扣除支付的分包款后的余额，按照3%的征收率计算应预缴税款。

（三）小规模纳税人跨县（市、区）提供建筑服务，以取得的全部价款和价外费用扣除支付的分包款后的余额，按照3%的征收率计算应预缴税款。

【解读】

本条针对一般纳税人和小规模纳税人分别说明了应如何计算预缴税款，需要注意以下事项：

一、适用一般计税方法的预征率为2%，而且是以纳税人取得的全部价款和价外费用扣除支付的分包款后的余额为计算预缴税款的基数。这一计算原则充分考虑了建筑业纳税人的税负水平。在确定预征率时，既要考虑税源尽量少转移，又要尽量避免因在建筑服务地大量预缴，造成机构所在地出现留抵税额的情况发生，以防占压纳税人的资金。

二、简易计税方法下，预缴税款是以取得的全部价款和价外费用扣除支付的分包款后的余额按照3%的征收率计算得出。对于适用简易计税方法的建筑服务来说，其预缴税额的计算和应纳税额的计算一致，也就是说，该项适用简易计税方法的建筑服务所实现的增值税其实已经全部在建筑服务发生地入库。

第五条　纳税人跨县（市、区）提供建筑服务，按照以下公式计算应预缴税款：

（一）适用一般计税方法计税的，应预缴税款=（全部价款和价外费用－支付的分包款）÷（1+11%）×2%

（二）适用简易计税方法计税的，应预缴税款=（全部价款和价外费用－支付的分包款）÷（1+3%）×3%

纳税人取得的全部价款和价外费用扣除支付的分包款后的余额为负数的，可结转下次预缴税款时继续扣除。

纳税人应按照工程项目分别计算应预缴税款，分别预缴。

【解读】

本条第一款针对一般计税方法和简易计税方法，分别列出了应预缴税款的计算公式。需要注意的是，由于增值税是价外税，取得的含税的价款和价外费用在预缴税款计算时需要将含税价格换算成不含税价格。

本条第二款明确了纳税人取得的全部价款和价外费用扣除支付的分包款后的余额为负数的，可结转下次预缴时继续扣除。保证纳税人不因收入和支出取得时间的不均衡造成多缴税款。

本条第三款明确的是纳税人应分建筑工程项目分别计算应预缴税款，分别预缴。也就是说，如果纳税人同时为多个跨县（市、区）的建筑项目提供建筑服务，需要分项目计算预缴税款。这一规定保证了所有预缴税款的实现与建筑工程项目一一对应和匹配，减少对建筑服务发生地收入实现的交叉影响。

案例2.5-1：A省某建筑公司在B省分别提供了两项建筑服务（适用一般计税方法），2016年5月，项目1当月取得建筑服务收入555万元，支付分包款1555万元（取得了增值税专用发票），项目2当月取得建筑服务收入1665万元，支付分包款555万元（取得了增值税专用发票），该建筑公司应如何预缴税款？

分析：该建筑公司应当在B省就两项建筑服务分别计算并预缴税款：

1. 项目1由于当月收入555万元扣除当月分包款支出1555万元后为负数（－1000万元），因此，项目1当月计算的预缴税款为0，且剩余的1000万元可结转下次预缴税款时继续扣除。

2. 项目2当月收入1665万元扣除分包款支出555万元后剩余1110万元，因此，应以1110万元为依据计算预缴税款。

应预缴税款＝(1665－555)÷(1＋11%)×2%＝20（万元）

案例2.5-2：A省某建筑公司在B省分别提供了两项建筑服务（适用简易计税方法），2016年5月，项目1当月取得建筑服务收入555万元，支付分包款1555万元(取得了增值税专用发票)，项目2当月取得建筑服务收入1665万元，支付分包款555万元（取得了增值税专用发票)，该建筑公司该如何预缴税款？

分析：该建筑公司应当在B省就两项建筑服务分别计算并预缴税款：

1. 项目1由于当月收入555万元扣除当月分包款支出1555万元后为负数(－1000万元)，因此，项目1当月计算的预缴税款为0，且剩余的1000万元可结转下次预缴税款时继续扣除。

2. 项目2当月收入1665万元扣除分包款支出555万元后剩余1110万元，因此，应以1110万元为依据计算预缴税款。

应预缴税款＝(1665－555)÷(1＋3%)×3%＝32.33（万元）

第六条　纳税人按照上述规定从取得的全部价款和价外费用中扣除支付的分包款，应当取得符合法律、行政法规和国家税务总局规定的合法有效凭证，否则不得扣除。

上述凭证是指：

（一）从分包方取得的2016年4月30日前开具的建筑业营业税发票。

上述建筑业营业税发票在2016年6月30日前可作为预缴税款的扣除凭证。

（二）从分包方取得的2016年5月1日后开具的，备注栏注明建筑服务发生地所在县（市、区)、项目名称的增值税发票。

（三）国家税务总局规定的其他凭证。

【解读】

本条是对允许扣除的分包款合法有效凭证的规定，包括：

一、从分包方取得的2016年4月30日前开具的建筑业营业税发票可在2016年6月30日前作为预缴税款的扣除凭证。由于营改增初期，建筑企业手里可能还有部分之前取得的营业税发票，为保证营业税发票到增值税发票的平稳过渡，给予了营业税发票两个月的过渡期，也就是说在2016年6月30日以前，允许企业在预缴税款时，以支付分包款时取得的试点前开具的营业税发票进行扣除。在6月30日以后，这一项扣除凭证也就自然废止了。

二、从分包方取得的2016年5月1日后开具的增值税发票。营改增后，提供建筑服务所开具的发票都应改为增值税发票。需要注意的是，由于需要分建筑工程项目分别计算应预缴税款、分别预缴，因此，为了保证扣除的分包款与项目一一对应，需要在增值税发票的备注栏注明建筑服务发生地所在县（市、区）以及项目名称。

三、国家税务总局规定的其他凭证。这是一个“兜底”条款，目前允许扣除的凭证就只有本条第一款和第二款，如果在后续的营改增试点过程中，还有必要再增加其他扣除凭证，将另行明确。

第七条　纳税人跨县（市、区）提供建筑服务，在向建筑服务发生地主管国税机关预缴税款时，需提交以下资料：

（一）《增值税预缴税款表》；

（二）与发包方签订的建筑合同原件及复印件；

（三）与分包方签订的分包合同原件及复印件；

（四）从分包方取得的发票原件及复印件。

【解读】

本条是对纳税人预缴税款时需要提供资料的规定。由于应分建筑工程项目分别计算应预缴税款，并分别预缴，因此，纳税人预缴税款时需要提供必要的材料。这些必要的材料包括：

一、由纳税人自行填写的《增值税预缴税款表》，该表包括纳税人的基本信息以及预缴税款相关信息。需要注意的是，如果纳税人有多个建筑工程项目同时需要预缴，应分项目填写《增值税预缴税款表》。

二、预缴税款的前提是跨县（市、区）提供了建筑服务，因此，建筑合同是预缴的基本参考依据，在预缴税款时，纳税人需要提供与发包方签订的建筑合同的原件及复印件。

三、由于计算预缴税款可以扣除分包款，因此，如果存在分包业务需要扣除分包款的话，纳税人还需要提供与分包方签订的分包合同原件和复印件，以及作为允许扣除凭证的发票，无法提供发票的不允许进行扣除。

第八条　纳税人跨县（市、区）提供建筑服务，向建筑服务发生地主管国税机关预缴的增值税税款，可以在当期增值税应纳税额中抵减，抵减不完的，结转下期继续抵减。

纳税人以预缴税款抵减应纳税额，应以完税凭证作为合法有效凭证。

【解读】

本条是关于机构所在地纳税申报的相关管理规定，包括：

一、明确了在建筑服务发生地预缴的增值税税款，可以在当期增值税应纳税额中抵减，抵减不完的，可结转下期继续抵减。

二、以预缴税款抵减应纳税额时，应以预缴税款时取得的完税凭证作为合法有效凭证。

此外，为避免纳税人在建筑服务发生地预缴税款过多，机构所在地大量留抵，占压纳税人资金的情况发生，36 号文件还作出了明确规定，一般纳税人跨省（自治区、直辖市或者计划单列市）提供建筑服务，在机构所在地申报纳税时，计算的应纳税额小于已预缴税额，且差额较大的，由国家税务总局通知建筑服务发生地省级税务机关，在一定时期内暂停预缴增值税。

案例 2.5-3：A 省某建筑企业（增值税一般纳税人）2016 年 8 月分别在 B 省和 C 省提供建筑服务（均为非简易计税项目），当月分别取得建筑服务收入（含税）1665 万元和 2997 万元，分别支付分包款 555 万元（取得增值税专用发票上注明的增值税额为 55 万元）和 777 万元（取得增值税专用发票上注明的增值税额为 77 万元），支付不动产租赁费用 111 万元（取得增值税专用发票上注明的增值税额为 11 万元），购入建筑材料花费 1170 万元（取得增值税专用发票上注明的增值税额为 170 万元）。该建筑企业在 9 月纳税申报期如何申报缴纳增值税？

分析：该建筑公司应当在 B 省和 C 省就两项建筑服务分别计算并预缴税款：

1. 就 B 省的建筑服务计算并向建筑服务发生地主管国税机关预缴增值税：

当期预缴税款 $=(1665-555)\div(1+11\%)\times2\%=20$（万元）

2. 就 C 省的建筑服务计算并预缴增值税：

当期预缴税款 $=(2997-777)\div(1+11\%)\times2\%=40$（万元）

3. 分项目预缴后，需要回到机构所在地 A 省向主管国税机关申报纳税：

当期应纳税额 $=(1665+2997)\div(1+11\%)\times11\%-55-77-11-170=149$（万元）

当期应补税额 $=149-20-40=89$（万元）

案例 2.5-4：A 省某建筑企业（增值税一般纳税人）2016 年 8 月分别在 B 省和 C 省提供建筑服务（均为简易计税项目），当月分别取得建筑服务收入（含税）1665 万元和 2997 万元，分别支付分包款 555 万元（取得增值税专用发票上注明的增值税额为 55 万元）和 777 万元（取得增值税专用发票上注明的增值税额为 77 万元），支付不动产租赁费用 111 万元（取得增值税专用发票上注明的增值税额为 11 万元），购入建筑材料花费 1170 万元（取得增值税专用发票上注明的增值税额为 170 万元）。该建筑企业在 9 月纳税申报期如何申报缴纳增值税？

分析：1. 就 B 省的建筑服务计算并向建筑服务发生地主管国税机关预缴增值税。

当期预缴税款 $=(1665-555)\div(1+3\%)\times3\%=32.33$（万元）

2. 就C省的建筑服务计算并向建筑服务发生地主管国税机关预缴增值税。

当期预缴税款=(2997−777)÷(1+3%)×3%=64.66（万元）

3. 分项目预缴后，需要回到机构所在地A省向主管国税机关申报纳税。

当期应纳税额=(1665+2997−555−777)÷(1+3%)×3%=96.99（万元）

当期应补税额=96.99−32.33−64.66=0

可以看出，如果该纳税人除了这两项建筑服务外不再发生其他增值税应税行为，那么，该纳税人回到机构所在地计算的增值税应纳税额应该为0，即所有的增值税款均已在建筑服务发生地实现。

第九条　小规模纳税人跨县（市、区）提供建筑服务，不能自行开具增值税发票的，可向建筑服务发生地主管国税机关按照其取得的全部价款和价外费用申请代开增值税发票。

【解读】

本条对小规模纳税人的发票开具问题作出了相关规定。一般纳税人可按照现行规定自行开具增值税发票，而对小规模纳税人来说，分以下两种情况：

第一种情况是可以自行开具普通发票而不能自行开具增值税专用发票的小规模纳税人，明确增值税普通发票自行开具，增值税专用发票可以向建筑服务发生地主管国税机关申请代开。

第二种情况是起征点以下的小规模纳税人，由于其既不能开具增值税专用发票，也不能自行开具增值税普通发票，因此，这一类小规模纳税人可以向建筑服务发生地主管国税机关申请代开增值税专用发票和增值税普通发票。

另外，无论自行开具发票还是有税务机关代开发票，其开票金额均为其提供建筑服务取得的全部价款和价外费用。例如，小规模纳税人提供建筑服务取得100万元收入，发生了分包业务支付了20万元的分包款。在计算税款时，是按照80万元计算缴纳增值税，但在向建筑服务接受方开具发票时，是以100万元全额开具发票。考虑到服务接受方按照全额支付价款，并需要拿到一张全额的增值税发票，因此，对纳税人提供适用简易计税方法的建筑业服务，允许其差额征税但全额开票。

第十条　对跨县（市、区）提供的建筑服务，纳税人应自行建立预缴税款台账，区分不同县（市、区）和项目逐笔登记全部收入、支付的分包款、已扣除的分包款、扣除分包款的发票号码、已预缴税款以及预缴税款的完税凭证号码等相关内容，留存备查。

【解读】

关于“台账”，参见《不动产进项税额分期抵扣暂行办法》第十三条解读。

由于纳税人跨区提供建筑服务需要分项目预缴税款并分别预缴，对纳税人的财务核算，以及税务机关的税收征管均提出了新的要求。为便于纳税人分项目核算，准确计算预缴税款以及应纳税额，本条明确，纳税人必须自行建立预缴税款台账，并要区分不同县（市、区）和项目逐笔登记基本涉税信息，如取得的收入、支付的分包款、已扣除的分包款、已预缴税款以及预缴税款的扣除分包款等。同时，还需要记录扣除分包款对应的发票号码、预缴税款取得的完税凭证号码等相关内容。

第十一条　纳税人跨县（市、区）提供建筑服务预缴税款时间，按照财税〔2016〕36号文件规定的纳税义务发生时间和纳税期限执行。

【解读】

《营业税改征增值税试点实施办法》对建筑业的纳税义务发生时间和纳税期限均作出了明确规定。就纳税义务发生时间而言，除适用增值税纳税义务发生时间的普遍原则以外，还有一项特殊的规定，即纳税人提供建筑服务采取预收款方式的，其纳税义务发生时间为收到预收款的当天。就纳税期限而言，提供建筑服务的一般纳税人普遍适用1个月的纳税期限，小规模纳税人可以选择1个季度的纳税期限。

为维持纳税人申报的统一性，本条明确了提供建筑服务的纳税人预缴税款时间和期限与纳税义务发生时间和纳税期限一致。

案例2.5-5：某建筑企业（增值税一般纳税人）在2016年8月跨县提供建筑服务取得了100万元收入，取得预收款50万元。纳税人应该如何进行申报？

分析：纳税人应该在9月纳税申报期就150万元（100+50）计算预缴税款并在建筑服务发生地进行预缴，同时，在9月纳税申报期核算进销项计算应纳税额后，向机构所在地主管国税机关申报缴纳增值税。

第十二条　纳税人跨县（市、区）提供建筑服务，按照本办法应向建筑服务发生地主管国税机关预缴税款而自应当预缴之月起超过6个月没有预缴税款的，由机构所在地主管国税机关按照《中华人民共和国税收征收管理法》及相关规定进行处理。

纳税人跨县（市、区）提供建筑服务，未按照本办法缴纳税款的，由机构所在地主管国税机关按照《中华人民共和国税收征收管理法》及相关规定进行处理。

【解读】

本条主要是对纳税人预缴税款、纳税申报、发票开票等涉税事项的处理规定。明确自应当预缴之月起超过6个月没有预缴税款的，由机构所在地主管国税机关按照《中华人民共和国税收征收管理法》及相关规定进行处理，对于其他增值税税款缴纳问题，也由机构所在地主管国税机关按照《中华人民共和国税收征收管理法》及相关规定进行处理。

2.6 《房地产开发企业销售自行开发的房地产项目增值税征收管理暂行办法》解读

2.6.1 背景和目的

经国务院批准，自2016年5月1日起，在全国范围内全面推开营改增试点，金融、建筑、房地产和生活服务业等全部纳入营改增试点范围。

对于房地产的概念，应该从两个方面来理解：房地产既是一种客观存在的物质形态，同时也是一项法律权利。作为一种客观存在的物质形态，房地产是指房产和地产的总称，包括土地和土地上永久建筑物及其所衍生的权利。房产是指建筑在土地上的各种房屋，包括住宅、厂房、仓库和商业、服务、文化、教育、卫生、体育以及办公用房等。地产是指土地及其上下一定的空间，包括地下的各种基础设施、地面道路等。房地产由于其自身的特点，即位置的固定性和不可移动性，在经济学上又被称为不动产。随着个人财产所有权的发展，房地产已经成为商业交易的主要组成部分。

房地产开发是指从事房地产开发的企业为了实现城市规划和城市建设（包括城市新区开发和旧区改建）而从事的土地开发和房屋建设等行为的总称。房地产开发与房地产开发经营是有区别的，房地产开发是指在取得国有土地使用权的土地上进行基础设施、房屋建设的行为。这是《中华人民共和国城市房地产管理法》（以下称《城市房地产管理法》）第二条第三款明确定义的。房地产开发是房地产活动中一项重要制度，属于房地产生产、流通、消费诸环节中的首要环节。而房地产开发经营是指房地产开发企业在城市规划区内国有土地上进行基础设施建设、房屋建设，并转让房地产开发项目或者销售、出租商品房的行为。这是国务院《城市房地产开发经营管理条例》第二条明确定义的。

房地产开发经营对国民经济有重要影响，资金投入量大，涉及土地资源的利用，所以国家对房地产开发经营的资格有严格要求，不具有房地产开发经营资格的企业不能从事房地产开发经营。

与其他商品的开发相比，房地产开发经营具有投资大、耗力多、周期长、高收益、高风险的特点，这也使得房地产开发经营活动在社会经济生活中占据越来越重要的地位。在我国，房地产行业的产业链条较长，涉及面广，社会关注度高，对房地产行业实施营改增，需要区分不同情况，制定有针对性的政策措施。《财政部　国家税务总局关于全面推开营业税改征增值税试点的通知》（财税〔2016〕36号，以下称36号文件）中关于“房地产开发企业销售自行开发的房地产项目”，增值税政策的要点是：

1. 房地产开发企业中的一般纳税人自行开发的房地产项目，不执行“纳税人自建不动产”进项税额分期抵扣政策，其进项税额可一次性抵扣。

2. 房地产开发企业中的一般纳税人销售试点前开工的老项目，可选择简易计税，征收率为5%；销售试点后开工的新项目，或者销售未选择简易计税的老项目，适用一般计税方法，税率为11%，但可从销售额中扣除上缴政府的土地价款。

3. 房地产开发企业中的小规模纳税人销售自行开发的房地产项目（无论新项目还是老项目），都按照5%的征收率计算应纳税额，不得从销售额中扣除上缴政府的土地价款。

4. 房地产开发企业采取预收款方式销售所开发的房地产项目，在收到预收款时按照3%的预征率预缴增值税，待纳税义务发生时，再计算应纳税款，并可扣除已预缴的增值税税款。

国家税务总局在36号文件基础上，发布了《房地产开发企业销售自行开发的房地产项目增值税征收管理暂行办法》（国家税务总局公告2016年第18号，以下称《办法》），进一步明确了房地产开发企业销售自行开发的房地产增值税政策的适用范围、计税方法、扣除土地价款的时间和方法、预缴税款的计算，以及纳税申报、发票开具等方面的内容。

2.6.2　《房地产开发企业销售自行开发的房地产项目增值税征收管理暂行办法》解读

第一章　适用范围

第一条　根据《财政部　国家税务总局关于全面推开营业税改征增值税试点的通知》（财税〔2016〕36号）及现行增值税有关规定，制定本办法。

【解读】

本条是关于制定《办法》的法律依据的规定。

《办法》作为36号文件的配套文件，目的是在现行增值税有关规定的总体框架下，在实际操作层面上，对36号文件中确立的基本原则和制度作出进一步明确和细化，区分不同情况，作出便于纳税人和税务机关更好地理解和执行的解释说明，增强政策文件的可操作性。

第二条 房地产开发企业销售自行开发的房地产项目，适用本办法。

自行开发，是指在依法取得土地使用权的土地上进行基础设施和房屋建设。

【解读】

本条要注意三个关键词：

一是“房地产开发企业”，也就是说《办法》不是对所有的纳税人都适用，而是仅适用于“房地产开发企业”。房地产开发企业是指按照《城市房地产管理法》的规定，以营利为目的，从事房地产开发和经营的企业。按房地产开发业务在企业经营范围中地位的不同，可将房地产开发企业分为房地产开发专营企业、兼营企业和项目公司。设立房地产开发企业，应当具备下列条件：

（1）有自己的名称和组织机构。

（2）有固定的经营场所。

（3）有符合国务院规定的注册资本。

房地产开发企业是资金密集型企业，其注册资金的要求较高。住房和城乡建设部按照房地产开发企业的资质等级，规定了不同的注册资本要求。这有助于遏制房地产开发领域过于严重的投机态势，降低房地产投资风险，保障交易安全。

（4）有足够的专业技术人员。

房地产开发是一项专业性很强的经营活动。开发商拥有足够的专业技术人员是保障开发项目产品的安全及开发中其他社会效益和环境效益实现的必要条件。住房和城乡建设部按照房地产开发企业的资质等级，规定了不同的专业技术人员要求。

（5）法律、行政法规规定的其他条件。

二是“自行开发”，是指在依法取得的土地使用权的土地上进行基础设施、房屋等不动产的投资建设。

三是“房地产项目”。房地产项目，是指对属于《注释》中不动产范围内的所有建筑物、构筑物等进行投资开发建设的项目。

第三条 房地产开发企业以接盘等形式购入未完工的房地产项目继续开发后，以自己的名义立项销售的，属于本办法规定的销售自行开发的房地产项目。

【解读】

本条的关键词是“以自己的名义立项销售”。比如，在房价下行的时候，经常会出现开发商资金断裂急需套现的情况，也就是俗称的“烂尾楼”，“烂尾楼”再销售后，接盘的房地产企业一般会重新办理立项手续，继续投入资金，建成后以自己的名义对外销售。《办法》规定，这种情况也属于“自行开发”。

第二章 一般纳税人征收管理

第一节 销 售 额

第四条 房地产开发企业中的一般纳税人（以下简称一般纳税人）销售自行开发的房地产项目，适用一般计税方法计税，按照取得的全部价款和价外费用，扣除当期销售房地产项目对应的土地价款后的余额计算销售额。销售额的计算公式如下：

$$销售额=(全部价款和价外费用-当期允许扣除的土地价款)\div(1+11\%)$$

【解读】

本条要注意的关键词是“对应”，包含的意思是：房地产项目对应的全部土地价款并非一次性从当期销售额中扣除，而是要随着销售额的逐期确认，逐步扣除。也就是说，土地价款要按照销售进度，在不同的纳税期分期扣除，即“卖一套房，扣一笔与之对应的土地出让金”。

此外，需要注意的是，允许扣除土地价款的仅包括新项目和选择一般计税方法的老项目，不包括适用简易计税方法的房地产项目。其中，房地产老项目如果选择适用一般计税方法，其2016年5月1日后确认的增值税销售额，可以扣除对应的土地出让价款。

第五条 当期允许扣除的土地价款按照以下公式计算：

$$\begin{matrix}当期允许扣除\\的土地价款\end{matrix}=\left(\begin{matrix}当期销售房地产\\项目建筑面积\end{matrix}\div\begin{matrix}房地产项目可供\\销售建筑面积\end{matrix}\right)\times\begin{matrix}支付的\\土地价款\end{matrix}$$

当期销售房地产项目建筑面积，是指当期进行纳税申报的增值税销售额对应的建筑面积。

房地产项目可供销售建筑面积，是指房地产项目可以出售的总建筑面积，不包括销售房地产项目时未单独作价结算的配套公共设施的建筑面积。

支付的土地价款，是指向政府、土地管理部门或受政府委托收取土地价款的单位直接支付的土地价款。

【解读】

本条是关于土地价款如何扣除的规定。一般情况下，房地产企业在开发房产项目时，还会在小区配套建设道路、花园、绿地、雕塑，或者物业用房、幼儿园、诊所等。这些配套设施的建筑面积不单独作价出售给业主，但也都包含在业主支付的房款之中。对这些建筑物、构筑物的面积，本条规定并未将其包含在“可供出售的建筑面积”中。这样可以使开发商将所有“可供”销售的面积销售完后，土地出让金全部扣除完。

第六条 在计算销售额时从全部价款和价外费用中扣除土地价款，应当取得省级以上（含省级）财政部门监（印）制的财政票据。

【解读】

本条规定，扣除土地价款时，应以省级以上（含省级）财政部门监（印）制的财政票据为扣除凭证，未取得上述扣除凭证的，不得从全部价款和价外费用中扣除土地价款。

财政票据，是指由财政部门监（印）制、发放、管理，国家机关、事业单位、具有公共管理或者公共服务职能的社会团体及其他组织（以下称行政事业单位）依法收取政府非税收入或者从事非营利性活动收取财物时，向公民、法人和其他组织开具的凭证。

财政票据的种类和适用范围如下：

一、非税收入类票据

（一）非税收入通用票据，是指行政事业单位依法收取政府非税收入时开具的通用凭证。

（二）非税收入专用票据，是指特定的行政事业单位依法收取特定的政府非税收入时开具的专用凭证。主要包括行政事业性收费票据、政府性基金票据、国有资源（资产）收入票据、罚没票据等。

（三）非税收入一般缴款书，是指实施政府非税收入收缴管理制度改革的行政事业单位收缴政府非税收入时开具的通用凭证。

二、结算类票据

资金往来结算票据，是指行政事业单位在发生暂收、代收和单位内部资金往来结算时开具的凭证。

三、其他财政票据

（一）公益事业捐赠票据，是指国家机关、公益性事业单位、公益性社会团体和其他公益性组织依法接受公益性捐赠时开具的凭证。

（二）医疗收费票据，是指非营利医疗卫生机构从事医疗服务取得医疗收入时开具的凭证。

（三）社会团体会费票据，是指依法成立的社会团体向会员收取会费时开具的凭证。

（四）其他应当由财政部门管理的票据。

土地出让金票据属于政府非税收入票据。

第七条 一般纳税人应建立台账登记土地价款的扣除情况，扣除的土地价款不得超过纳税人实际支付的土地价款。

【解读】

本条要求房地产开发企业扣除的土地价款应采取台账管理，同时规定，纳税人可以扣除的土地价款仅限于其实际支付的土地价款，且该实际支付的土地价款应取得《办法》第六条规定的财政票据。

关于“台账”，参见《不动产进项税额分期抵扣暂行办法》第十三条解读。

《办法》规定，房地产开发企业中的一般纳税人应建立台账，登记土地价款的扣除情况，扣除的土地价款不得超过纳税人实际支付的土地价款。由于现行政策规定，土地价款并非一次性从销售额中全扣，而是要随着销售额的确认，逐步扣除。因此，通过台账对各期土地价款扣除的具体情况进行记载，是非常必要的。

第八条 一般纳税人销售自行开发的房地产老项目，可以选择适用简易计税方法按照5%的征收率计税。一经选择简易计税方法计税的，36个月内不得变更为一般计税方法计税。

房地产老项目，是指：

（一）《建筑工程施工许可证》注明的合同开工日期在2016年4月30日前的房地产项目；

（二）《建筑工程施工许可证》未注明合同开工日期或者未取得《建筑工程施工许可证》但建筑工程承包合同注明的开工日期在2016年4月30日前的建筑工程项目。

【解读】

本条明确的是一般纳税人销售自行开发的房地产老项目，可以选择简易计税方法计税，征收率为5%。为加强对建筑活动的监督管理，维护建筑市场秩序，保证建筑工程的质量和安全，根据《中华人民共和国建筑法》规定，在中华人民共和国境内从事各类房屋建筑及其附属设施的建造、装修装饰和与其配套的线路、管道、设备的安装，以及城镇市政基础设施工程的施工，建设单位在开工前应当按规定，向工程所在地的县级以上人民政府建设行政主管部门申请领取《建筑工程施工许可证》。工程投资额在30万元以下或者建筑面积在300平方米以下的建筑工程，可以不申请办理《建筑工程施工许可证》。省、自治区、直辖市人民政府建设行政主管部门可以根据当地的实际情况，对限额进行调整，并报国务院建设行政主管部门备案。按照国务院规定的权限和程序批准开工报告的建筑工程，不再领取《建筑工程施工许可证》。

第九条　一般纳税人销售自行开发的房地产老项目适用简易计税方法计税的，以取得的全部价款和价外费用为销售额，不得扣除对应的土地价款。

【解读】

本条明确规定，如果房地产开发企业中的一般纳税人销售老项目选择简易计税方法，就不能扣除对应的土地价款了。而且一旦选择简易计税方法，36 个月内不能变为一般计税方法。

第二节　预缴税款

第十条　一般纳税人采取预收款方式销售自行开发的房地产项目，应在收到预收款时按照 3%的预征率预缴增值税。

【解读】

预收款是指房地产企业预售房地产项目时收到的款项。本条明确了收到预收款时需预缴增值税，预征率为 3%。

第十一条　应预缴税款按照以下公式计算：

$$应预缴税款=预收款\div(1+适用税率或征收率)\times 3\%$$

适用一般计税方法计税的，按照 11%的适用税率计算；适用简易计税方法计税的，按照 5%的征收率计算。

【解读】

房地产开发企业收到预收款以后，应区分计税方法，计算当期应预缴的税款。

第十二条　一般纳税人应在取得预收款的次月纳税申报期向主管国税机关预缴税款。

第三节　进项税额

第十三条　一般纳税人销售自行开发的房地产项目，兼有一般计税方法计税、简易计税方法计税、免征增值税的房地产项目而无法划分不得抵扣的进项税额的，应以《建筑工程施工许可证》注明的“建设规模”为依据进行划分。

$$不得抵扣的进项税额=当期无法划分的全部进项税额\times\frac{简易计税、免税房地产项目建设规模}{房地产项目总建设规模}$$

【解读】

本条是对计算不得抵扣的进项税额的有关规定，明确应以“建设规模”作为计算不得抵扣进项税额的依据。建设规模即项目建设的面积，因此，在计算简易计税方法和免税房地产项目对应的“不得抵扣的进项税额”时，应以面积为计算单位，而不能以套、层、单元、栋等作为计算依据。

第四节 纳税申报

第十四条 一般纳税人销售自行开发的房地产项目适用一般计税方法计税的，应按照《营业税改征增值税试点实施办法》（财税〔2016〕36号文件印发，以下简称《试点实施办法》）第四十五条规定的纳税义务发生时间，以当期销售额和11%的适用税率计算当期应纳税额，抵减已预缴税款后，向主管国税机关申报纳税。未抵减完的预缴税款可以结转下期继续抵减。

第十五条 一般纳税人销售自行开发的房地产项目适用简易计税方法计税的，应按照《试点实施办法》第四十五条规定的纳税义务发生时间，以当期销售额和5%的征收率计算当期应纳税额，抵减已预缴税款后，向主管国税机关申报纳税。未抵减完的预缴税款可以结转下期继续抵减。

【解读】

本条是对一般纳税人区分适用不同计税方法的房地产项目如何申报缴纳增值税的规定。根据36号文件附件1《营业税改征增值税试点实施办法》（以下称《试点实施办法》）第四十五条规定，增值税纳税义务、扣缴义务发生时间为：

（一）纳税人发生应税行为并收讫销售款项或者取得索取销售款项凭据的当天；先开具发票的，为开具发票的当天。

收讫销售款项，是指纳税人销售服务、无形资产、不动产过程中或者完成后收到款项。

取得索取销售款项凭据的当天，是指书面合同确定的付款日期；未签订书面合同或者书面合同未确定付款日期的，为服务、无形资产转让完成的当天或者不动产权属变更的当天。

（二）纳税人提供建筑服务、租赁服务采取预收款方式的，其纳税义务发生时间为收到预收款的当天。

（三）纳税人从事金融商品转让的，为金融商品所有权转移的当天。

（四）纳税人发生《试点实施办法》第十四条规定情形的，其纳税义务发生时间为服务、无形资产转让完成的当天或者不动产权属变更的当天。

（五）增值税扣缴义务发生时间为纳税人增值税纳税义务发生的当天。

第五节 发票开具

第十六条 一般纳税人销售自行开发的房地产项目，自行开具增值税发票。

第十七条　一般纳税人销售自行开发的房地产项目，其2016年4月30日前收取并已向主管地税机关申报缴纳营业税的预收款，未开具营业税发票的，可以开具增值税普通发票，不得开具增值税专用发票。

【解读】

本条解决了房地产企业试点后无法就试点前收取的预收款开具营业税发票的问题。对房地产开发企业2016年4月30日前收取的预收款，已缴纳营业税，但未开具营业税发票的，允许在营改增试点后，开具增值税普通发票。也就是说，一般纳税人开具的增值税普通发票金额中，可以同时包含已缴纳营业税但未开票的预收款金额和应缴纳增值税的售房款金额。但是，一般纳税人开具的增值税专用发票金额中，只能包含缴纳增值税的售房款金额。

第十八条　一般纳税人向其他个人销售自行开发的房地产项目，不得开具增值税专用发票。

【解读】

《试点实施办法》第五十三条规定："纳税人发生应税行为，应当向索取增值税专用发票的购买方开具增值税专用发票，并在增值税专用发票上分别注明销售额和销项税额。

属于下列情形之一的，不得开具增值税专用发票：

（一）向消费者个人销售服务、无形资产或者不动产。

（二）使用免税增值税规定的应税行为。"

因此，本条规定，一般纳税人向消费者个人（即自然人）销售自行开发的房地产项目，不得开具增值税专用发票。

案例2.6-1：某房地产企业（增值税一般纳税人）自行开发了一房地产项目（适用简易计税方法），《建筑工程施工许可证》注明的开工日期为2015年3月15日，2016年1月15日开始预售房地产。截至2016年4月30日，共取得预收款4250万元，已按照营业税规定申报缴纳营业税。该房地产企业对上述预收款开具收据，未开具营业税发票。该企业2016年5月又收到预收款5250万元。2016年6月共开具增值税普通发票9500万元（含2016年4月30日前取得的未开票预收款4250万元，以及2016年5月收到的5250万元），同时办理房产产权转移手续。该纳税人在7月申报期应申报多少增值税税款？

分析：1. 由于该房地产企业销售了自行开发的房地产老项目，纳税人按照《办法》第八条规定，可选择适用简易计税方法按照5%的征收率计税。

2. 纳税人6月开具增值税普通发票9500万元，其中4250万元属于《办法》第十七条规定的可以开具增值税普通发票的情形。

3. 纳税人按照《办法》第十一条、第十二条规定，应在6月申报期就取得的预收款5250万元预缴税款150万元。

应预缴税款＝5250÷(1+5%)×3%＝150（万元）

4. 纳税人应按照《办法》第十五条规定，在7月申报期应申报的增值税税款为100万元。

应申报的税款＝5250÷(1+5%)×5%－150＝250－150＝100（万元）

案例2.6-2：某房地产企业销售自行开发的房地产项目有关情况同案例2.6-1。2016年6月取得了建筑服务增值税专用发票价税合计1110万元（其中：注明的增值税税额为110万元），纳税人选择放弃简易计税方法，按照适用税率计算缴纳增值税。该纳税人在7月申报期应申报多少增值税税款？

分析：1. 纳税人按照《办法》第十一条、第十二条规定，应在6月申报期就取得的预收款计算应预缴税款。

应预缴税款＝5250÷(1+11%)×3%＝141.9（万元）

2. 纳税人6月开具增值税普通发票9500万元，其中4250万元属于《办法》第十七条规定的可以开具增值税普通发票的情形。

3. 纳税人应在7月申报期按照《办法》第十四条规定确定应纳税额

销项税额＝5250÷(1+11%)×11%＝520.3（万元）

进项税额＝110（万元）

应纳税额＝520.3－110－141.9＝268.4（万元）

纳税人应在7月申报期申报增值税268.4万元。

第三章 小规模纳税人征收管理

第一节 预缴税款

第十九条 房地产开发企业中的小规模纳税人（以下简称小规模纳税人）采取预收款方式销售自行开发的房地产项目，应在收到预收款时按照3%的预征率预缴增值税。

第二十条 应预缴税款按照以下公式计算：

应预缴税款＝预收款÷(1+5%)×3%

【解读】

小规模纳税人收到预收款时也需要预缴税款，预征率是3%，且需将预收款换算为不含税价款。

第二十一条 小规模纳税人应在取得预收款的次月纳税申报期或主管国税机

关核定的纳税期限向主管国税机关预缴税款。

【解读】

本条是对预收款缴纳期限的规定。明确了小规模纳税人应在其纳税申报期就其预收款预缴税款。《试点实施办法》第四十七条规定："增值税的纳税期限分别为1日、3日、5日、10日、15日、1个月或者1个季度。纳税人的具体纳税期限，由主管税务机关根据纳税人应纳税额的大小分别核定。以1个季度为纳税期限的规定适用于小规模纳税人、银行、财务公司、信托投资公司、信用社，以及财政部和国家税务总局规定的其他纳税人。不能按照固定期限纳税的，可以按次纳税。

纳税人以1个月或者1个季度为1个纳税期的，自期满之日起15日内申报纳税；以1日、3日、5日、10日或者15日为1个纳税期的，自期满之日起5日内预缴税款，于次月1日起15日内申报纳税并结清上月应纳税款。"

与一般纳税人的类似条款相比，本条增加了"主管国税机关核定的纳税期限"，也就是说，对实行按季申报的小规模纳税人，可以实行按季预缴增值税。

第二节 纳税申报

第二十二条 小规模纳税人销售自行开发的房地产项目，应按照《试点实施办法》第四十五条规定的纳税义务发生时间，以当期销售额和5%的征收率计算当期应纳税额，抵减已预缴税款后，向主管国税机关申报纳税。未抵减完的预缴税款可以结转下期继续抵减。

【解读】

本条主要需要掌握以下几点：

一、房地产企业在收到预收款时，不确认为纳税义务发生，只是预缴税款；真正的纳税义务发生时间，应根据《试点实施办法》第四十五条的相关规定确定。

根据《试点实施办法》第四十五条规定，增值税纳税义务、扣缴义务发生时间为：

（一）纳税人发生应税行为并收讫销售款项或者取得索取销售款项凭据的当天；先开具发票的，为开具发票的当天。

收讫销售款项，是指纳税人销售服务、无形资产、不动产过程中或者完成后收到款项。

取得索取销售款项凭据的当天，是指书面合同确定的付款日期；未签订书面合同或者书面合同未确定付款日期的，为服务、无形资产转让完成的当天或者不动产权属变更的当天。

（二）纳税人提供建筑服务、租赁服务采取预收款方式的，其纳税义务发生时间为收到预收款的当天。

（三）纳税人从事金融商品转让的，为金融商品所有权转移的当天。

（四）纳税人发生《试点实施办法》第十四条规定情形的，其纳税义务发生时间为服务、无形资产转让完成的当天或者不动产权属变更的当天。

（五）增值税扣缴义务发生时间为纳税人增值税纳税义务发生的当天。

二、小规模纳税人已预缴的增值税可以在当期应纳税额中抵减，抵减不完的，可结转下期继续抵减。

第三节 发票开具

第二十三条 小规模纳税人销售自行开发的房地产项目，自行开具增值税普通发票。购买方需要增值税专用发票的，小规模纳税人向主管国税机关申请代开。

【解读】

增值税专用发票一般只能由增值税一般纳税人领购使用，小规模纳税人需要使用的，需在缴纳税款后向税务机关申请代开。增值税专用发票不仅是购销双方收付款的凭证，而且可以用作购买方抵扣增值税的凭证；而增值税普通发票不具有进项抵扣功能。

第二十四条 小规模纳税人销售自行开发的房地产项目，其2016年4月30日前收取并已向主管地税机关申报缴纳营业税的预收款，未开具营业税发票的，可以开具增值税普通发票，不得申请代开增值税专用发票。

【解读】

本条解决了房地产企业试点后无法就试点前收取的预收款开具营业税发票的问题。对房地产开发企业2016年4月30日前收取的预收款，已缴纳营业税，但未开具营业税发票的，允许房地产企业在试点后，对这部分未开票预收款，开具增值税普通发票，也就是说，小规模纳税人开具的增值税普通发票金额中，可以同时包含已缴纳营业税但未开票的预收款金额和应缴纳增值税的售房款金额。但是，小规模纳税人向税务机关申请代开的增值税专用发票金额中，只能包含缴纳增值税的售房款金额。

第二十五条 小规模纳税人向其他个人销售自行开发的房地产项目，不得申请代开增值税专用发票。

【解读】

本条是关于不得代开增值税专用发票的规定。《试点实施办法》第五十三条规定：“纳税人发生应税行为，应当向索取增值税专用发票的购买方开具增值税专用发票，并在增值税专用发票上分别注明销售额和销项税额。

属于下列情形之一的，不得开具增值税专用发票：

（一）向消费者个人销售服务、无形资产或者不动产。

（二）使用免税增值税规定的应税行为。”

因此，本条规定，小规模纳税人向消费者个人（即自然人）销售自行开发的房地产项目，不得开具增值税专用发票。

代开增值税专用发票，是指主管税务机关为所辖范围内的纳税人代开增值税专用发票。上述纳税人是指已办理税务登记的小规模纳税人（包括个体经营者），以及国家税务总局确定的其他可以代开增值税专用发票的纳税人。代开专用发票统一使用增值税防伪税控代开票系统开具。纳税人申请代开专用发票时，应填写《代开增值税专用发票缴纳税款申报单》，连同税务登记证副本，到主管税务机关税款征收岗位按专用发票上注明的税额全额申报缴纳税款，然后凭《申报单》和税收完税凭证及税务登记证副本，申请代开专用发票。

案例 2.6-3：某房地产企业（增值税小规模纳税人）自行开发一房地产项目，《建筑工程施工许可证》注明的开工日期为2015年3月15日，2016年1月15日开始预售房地产。截至2016年4月30日共取得预收款300万元，已按照营业税规定申报缴纳营业税。该房地产企业对上述预收款开具收据，未开具营业税发票。该企业2016年5月又收到预收款200万元。2016年6月销售该房地产项目取得销售收入400万元，共开具了增值税普通发票900万元（含2016年4月30日取得的未开票预收款300万元，以及2016年5月收到的预收款200万元和销售房地产项目收入400万元）。该纳税人在7月征期申报时，如何纳税？

分析：1. 纳税人6月开具增值税普通发票900万元，其中300万元属于《办法》第二十四条规定的可以开具增值税普通发票的情形。

2. 纳税人按照《办法》第十九条、第二十条规定，应于6月申报期就取得的预收款计算应预缴税款。

应预缴税款 $=200\div(1+5\%)\times3\%=5.7$（万元）

3. 该房地产企业应按照《办法》第二十二条规定，以当期销售额和5%的征收率计税在7月申报期向主管税务机关申报税款13.3万元。

7月申报税款 $=400\div(1+5\%)\times5\%-5.7=13.3$（万元）

第四章　其他事项

第二十六条　房地产开发企业销售自行开发的房地产项目，按照本办法规定预缴税款时，应填报《增值税预缴税款表》。

第二十七条　房地产开发企业以预缴税款抵减应纳税额，应以完税凭证作为合法有效凭证。

【解读】

本条是对预缴税款抵减应纳税款的合法有效凭证的规定。完税凭证是税务机关征收税款时依照税法规定给纳税人开具的专用凭证。完税凭证是全面反映税收征纳情况的书面文件，既是纳税单位和个人履行纳税义务的合法凭证，又是税务机关进行税收会计和统计核算、监督的原始凭证，同时也是国库收纳国家预算收入的凭证。税务机关在征收税款的过程中向纳税人依法开具完税凭证，对于正确贯彻执行国家的税收政策，保证国家财政收入及时足额入库，维护纳税人的合法权益，都有重要意义。

《中华人民共和国税收征收管理法》（以下称《税收征管法》）规定：

"第二十四条　从事生产、经营的纳税人、扣缴义务人必须按照国务院财政、税务主管部门规定的保管期限保管账簿、记账凭证、完税凭证及其他有关资料。

账簿、记账凭证、完税凭证及其他有关资料不得伪造、变造或者擅自损毁。

……

第三十四条　税务机关征收税款时，必须给纳税人开具完税凭证。扣缴义务人代扣、代收税款时，纳税人要求扣缴义务人开具代扣、代收税款凭证的，扣缴义务人应当开具。"

第二十八条　房地产开发企业销售自行开发的房地产项目，未按本办法规定预缴或缴纳税款的，由主管国税机关按照《中华人民共和国税收征收管理法》及相关规定进行处理。

【解读】

本条规定为罚则。规定纳税人如果未按照本《办法》的有关规定预缴或缴纳税款的，主管税务机关应按照《税收征管法》及有关规定进行处理。

2.7 增值税纳税申报表解析

2.7.1 概述

1. 背景情况

为配合全面推开营改增试点工作，国家税务总局制发了《国家税务总局关于全面推开营业税改征增值税试点后增值税纳税申报有关事项的公告》（国家税务总局公告2016年第13公告，以下称13号公告），对全面实施营改增后增值税纳税申报有关事项进行了明确。

2. 公告适用范围

鉴于自2016年5月1日起，将在全国范围内全面推开营改增试点，13号公告发布的增值税纳税申报表（以下称申报表）适用于全国范围所有增值税纳税人。

3. 申报表调整思路

以实现新旧税制平稳过渡，顺利推进营改增改革为原则，兼顾习惯性和适用性。即，考虑到原增值税纳税人已形成的申报习惯和征管信息系统的既有框架，保持原申报表基本结构和栏次不变；同时考虑到政策的适用性，通过申报表局部调整和增加附表的方法，与全面推开营改增试点相关政策规定相衔接。

4. 纳税申报资料

（1）增值税一般纳税人（以下称一般纳税人）纳税申报表及其附列资料包括：

①《增值税纳税申报表（一般纳税人适用）》（以下称主表）。

②《增值税纳税申报表附列资料（一）》（本期销售情况明细，以下称《附列资料（一）》）。

③《增值税纳税申报表附列资料（二）》（本期进项税额明细，以下称《附列资料（二）》）。

④《增值税纳税申报表附列资料（三）》（服务、不动产和无形资产扣除项目明细，以下称《附列资料（三）》）。

一般纳税人销售服务、不动产和无形资产，在确定服务、不动产和无形资产销售额时，按照有关规定可以从取得的全部价款和价外费用中扣除价款的，需填报《附列资料（三）》。其他情况不填写该附列资料。

⑤《增值税纳税申报表附列资料（四）》（税额抵减情况表，以下称《附列资料（四）》）。

⑥《增值税纳税申报表附列资料（五）》（不动产分期抵扣计算表，以下称《附列资料（五）》）。

⑦《固定资产（不含不动产）进项税额抵扣情况表》（以下称《固定资产表》）。

⑧《本期抵扣进项税额结构明细表》（以下称《进项结构表》）。

⑨《增值税减免税申报明细表》（以下称《减免税明细表》）。

（2）增值税小规模纳税人（以下称小规模纳税人）纳税申报表及其附列资料包括：

①《增值税纳税申报表（小规模纳税人适用）》（以下称小规模申报主表）。

②《增值税纳税申报表（小规模纳税人适用）附列资料》（以下称小规模申报附列资料）。

小规模纳税人销售服务，在确定服务销售额时，按照有关规定可以从取得的全部价款和价外费用中扣除价款的，需填报小规模申报附列资料。其他情况不填写该附列资料。

③《增值税减免税申报明细表》。

（3）纳税申报其他资料包括：

①已开具的税控机动车销售统一发票和普通发票的存根联。

②符合抵扣条件且在本期申报抵扣的增值税专用发票（含税控机动车销售统一发票）的抵扣联。

③符合抵扣条件且在本期申报抵扣的海关进口增值税专用缴款书、购进农产品取得的普通发票的复印件。

④符合抵扣条件且在本期申报抵扣的税收完税凭证及其清单，书面合同、付款证明和境外单位的对账单或者发票。

⑤已开具的农产品收购凭证的存根联或报查联。

⑥纳税人销售服务、不动产和无形资产，在确定服务、不动产和无形资产销售额时，按照有关规定从取得的全部价款和价外费用中扣除价款的合法凭证及其清单。

⑦主管税务机关规定的其他资料。

13号公告规定，主表及其附列资料为必报资料。纳税申报其他资料的报备要求由各省、自治区、直辖市和计划单列市国家税务局确定。

（4）《增值税预缴税款表》。

13号公告规定，纳税人跨县（市）提供建筑服务、房地产开发企业预售自行开发的房地产项目、纳税人出租与机构所在地不在同一县（市）的不动产，按规定需要在项目所在地或不动产所在地主管国税机关预缴税款的，需填写《增值税预缴税款表》。

2.7.2 一般纳税人申报表

全面实施营改增后，一般纳税人纳税申报资料调整为1主表8附表，填写的整体难度有所增加。需要注意的是，自2016年6月申报期起，从事轮胎、酒精、摩托车等产品生产的一般纳税人在办理增值税纳税申报时不需要再报送《部分产品销售统计表》。

2.7.2.1 申报表主表

1. 表式及主要变化

（1）表式

增值税纳税申报表

（一般纳税人适用）

根据国家税收法律法规及增值税相关规定制定本表。纳税人不论有无销售额，均应按税务机关核定的纳税期限填写本表，并向当地税务机关申报。

税款所属时间：自　年　月　日至　年　月　日　　填表日期：　年　月　日　　金额单位：元至角分

<table>
<tr><td colspan="2">纳税人识别号</td><td colspan="3"></td><td colspan="4">所属行业：</td></tr>
<tr><td colspan="2">纳税人名称</td><td>（公章）</td><td>法定代表人姓名</td><td></td><td>注册地址</td><td></td><td>生产经营地址</td><td></td></tr>
<tr><td colspan="2">开户银行及账号</td><td colspan="2"></td><td>登记注册类型</td><td colspan="2"></td><td>电话号码</td><td></td></tr>
<tr><td colspan="3" rowspan="2">项　目</td><td rowspan="2">栏　次</td><td colspan="2">一般项目</td><td colspan="3">即征即退项目</td></tr>
<tr><td>本月数</td><td>本年累计</td><td colspan="2">本月数</td><td>本年累计</td></tr>
<tr><td rowspan="10">销售额</td><td colspan="2">（一）按适用税率计税销售额</td><td>1</td><td></td><td></td><td colspan="2"></td><td></td></tr>
<tr><td colspan="2">其中：应税货物销售额</td><td>2</td><td></td><td></td><td colspan="2"></td><td></td></tr>
<tr><td colspan="2">应税劳务销售额</td><td>3</td><td></td><td></td><td colspan="2"></td><td></td></tr>
<tr><td colspan="2">纳税检查调整的销售额</td><td>4</td><td></td><td></td><td colspan="2"></td><td></td></tr>
<tr><td colspan="2">（二）按简易办法计税销售额</td><td>5</td><td></td><td></td><td colspan="2"></td><td></td></tr>
<tr><td colspan="2">其中：纳税检查调整的销售额</td><td>6</td><td></td><td></td><td colspan="2"></td><td></td></tr>
<tr><td colspan="2">（三）免、抵、退办法出口销售额</td><td>7</td><td></td><td></td><td colspan="2">—</td><td>—</td></tr>
<tr><td colspan="2">（四）免税销售额</td><td>8</td><td></td><td></td><td colspan="2">—</td><td>—</td></tr>
<tr><td colspan="2">其中：免税货物销售额</td><td>9</td><td></td><td></td><td colspan="2">—</td><td>—</td></tr>
<tr><td colspan="2">免税劳务销售额</td><td>10</td><td></td><td></td><td colspan="2">—</td><td>—</td></tr>
</table>

续表

项目		栏次	一般项目		即征即退项目	
			本月数	本年累计	本月数	本年累计
税款计算	销项税额	11				
	进项税额	12				
	上期留抵税额	13				—
	进项税额转出	14				
	免、抵、退应退税额	15			—	—
	按适用税率计算的纳税检查应补缴税额	16			—	—
	应抵扣税额合计	17=12+13-14-15+16		—		—
	实际抵扣税额	18（如17<11，则为17，否则为11）				
	应纳税额	19=11-18				
	期末留抵税额	20=17-18				—
	简易计税办法计算的应纳税额	21				
	按简易计税办法计算的纳税检查应补缴税额	22			—	—
	应纳税额减征额	23				
	应纳税额合计	24=19+21-23				
税款缴纳	期初未缴税额（多缴为负数）	25				
	实收出口开具专用缴款书退税额	26			—	—
	本期已缴税额	27=28+29+30+31				
	①分次预缴税额	28		—		—
	②出口开具专用缴款书预缴税额	29		—	—	—
	③本期缴纳上期应纳税额	30				
	④本期缴纳欠缴税额	31				
	期末未缴税额（多缴为负数）	32=24+25+26-27				
	其中：欠缴税额（≥0）	33=25+26-27		—		—
	本期应补（退）税额	34=24-28-29		—		—
	即征即退实际退税额	35	—	—		
	期初未缴查补税额	36			—	—
	本期入库查补税额	37			—	—
	期末未缴查补税额	38=16+22+36-37			—	—

续表

授权声明	如果你已委托代理人申报，请填写下列资料： 为代理一切税务事宜，现授权 （地址）　　　　　　为本纳税人的代理申报人，任何与本申报表有关的往来文件，都可寄予此人。 授权人签字：	申报人声明	本纳税申报表是根据国家税收法律法规及相关规定填报的，我确定它是真实的、可靠的、完整的。 声明人签字：

主管税务机关：　　　　　　　　　接收人：　　　　　　　　　接收日期：

（2）主要变化

表式结构未做调整，仅对表头部分的文字表述进行了调整，即将原表中“一般货物、劳务和应税服务”“即征即退货物、劳务和应税服务”的表述，分别改为“一般项目”“即征即退项目”。具体如下：

2013年第32号公告

一般货物、劳务和应税服务		即征即退货物、劳务和应税服务	
本月数	本年累计	本月数	本年累计

2016年第13号公告

一般项目		即征即退项目	
本月数	本年累计	本月数	本年累计

2. 填写要点

挂账留抵税额的填报是主表填报的主要难点。上期留抵税额按规定须挂账的纳税人是指试点实施之日前一个税款所属期的申报表第20栏“期末留抵税额”“一般货物、劳务和应税服务”列“本月数”大于零，且兼有营改增服务、不动产和无形资产的纳税人。即在试点实施之日前，仅按照《中华人民共和国增值税暂行条例》（国务院令第538号，以下称《增值税暂行条例》）缴纳增值税的纳税人，截止到纳入营改增试点之日前的增值税期末留抵税额需要进行挂账处理。

主表中的第13栏“上期留抵税额”、第18栏“实际抵扣税额”、第20栏“期末留抵税额”的“一般项目”列“本年累计”专用于挂账留抵税额的填写。

【填写案例1】

某纳税人为增值税一般纳税人，在2016年5月1日前，仅按照《增值税暂行条例》缴纳增值税，截至2016年4月30日期末留抵税额为10万元。2016年5月，发生货物及劳务销项税额20万元（税率17%），发生服务、不动产和无形资产的销项税额30万元（税率11%），当月发生的进项税额为30万元。

2016 年 5 月（试点实施之日的税款所属期）申报表主表填报如下所示：

增值税纳税申报表

<table>
<tr><th colspan="2" rowspan="2">项　目</th><th rowspan="2">栏　次</th><th colspan="2">一般项目</th><th colspan="2">即征即退项目</th></tr>
<tr><th>本月数</th><th>本年累计</th><th>本月数</th><th>本年累计</th></tr>
<tr><td rowspan="14">税款计算</td><td>销项税额</td><td>11</td><td>500000</td><td></td><td></td><td></td></tr>
<tr><td>进项税额</td><td>12</td><td>300000</td><td></td><td></td><td></td></tr>
<tr><td>上期留抵税额</td><td>13</td><td>0</td><td>100000</td><td></td><td>—</td></tr>
<tr><td>进项税额转出</td><td>14</td><td></td><td></td><td></td><td></td></tr>
<tr><td>免、抵、退应退税额</td><td>15</td><td></td><td></td><td>—</td><td>—</td></tr>
<tr><td>按适用税率计算的纳税检查应补缴税额</td><td>16</td><td></td><td></td><td>—</td><td>—</td></tr>
<tr><td>应抵扣税额合计</td><td>17=12+13-14-15+16</td><td>300000</td><td>—</td><td></td><td>—</td></tr>
<tr><td>实际抵扣税额</td><td>18（如 17<11，则为 17，否则为 11）</td><td>300000</td><td>80000</td><td></td><td></td></tr>
<tr><td>应纳税额</td><td>19=11-18</td><td>120000</td><td></td><td></td><td></td></tr>
<tr><td>期末留抵税额</td><td>20=17-18</td><td></td><td>20000</td><td></td><td>—</td></tr>
<tr><td>简易计税办法计算的应纳税额</td><td>21</td><td></td><td></td><td></td><td></td></tr>
<tr><td>按简易计税办法计算的纳税检查应补缴税额</td><td>22</td><td></td><td></td><td>—</td><td>—</td></tr>
<tr><td>应纳税额减征额</td><td>23</td><td></td><td></td><td></td><td></td></tr>
<tr><td>应纳税额合计</td><td>24=19+21-23</td><td></td><td></td><td></td><td></td></tr>
</table>

注：为方便举例说明，在填写案例中只截取了申报表的部分栏次（下同），填写的数据可能存在不完整的情况。

1. 主表第 13 栏"上期留抵税额"：本栏"一般项目"列"本月数"填写"0"；"本年累计"填写"100000"，即将上期申报表第 20 栏"期末留抵税额""本月数"，结转到本栏。

2. 主表第 18 栏"实际抵扣税额""一般项目"列"本年累计"在填写时，需要进行计算，具体步骤如下：

第一步，计算出当期一般计税方法的应纳税额。用第 11 栏"销项税额""一般项目"列"本月数"-第 18 栏"实际抵扣税额""一般项目"列"本月数"。

应纳税额=销项税额-进项税额=500000-300000=200000（元）

第二步：计算出当期一般货物及劳务销项税额比例。要用到《附列资料（一）》中数据，如下所示：

增值税纳税申报表附列资料（一）

项目及栏次		开具增值税专用发票		开具其他发票		未开具发票		纳税检查调整		合计		
		销售额	销项（应纳）税额	销售额	销项（应纳）税额	销售额	销项（应纳）税额	销售额	销项（应纳）税额	销售额	销项（应纳）税额	价税合计
		1	2	3	4	5	6	7	8	9＝1+3+5+7	10＝2+4+6+8	11＝9+10
17%税率的货物及加工修理修配劳务	1										200000	—
17%税率的服务、不动产和无形资产	2											
13%税率	3											—
11%税率	4										300000	
6%税率	5											
即征即退货物及加工修理修配劳务	6	—	—	—	—	—	—	—	—			—
即征即退服务、不动产和无形资产	7	—	—	—	—	—	—	—	—			

一般货物及劳务销项税额比例＝(《附列资料（一）》第10列第1、3行之和－第10列第6行)÷主表第11栏“销项税额”“一般项目”列“本月数”×100%＝200000÷500000×100%＝40%

第三步：计算出当期一般计税方法的一般货物及劳务应纳税额。

一般计税方法的一般货物及劳务应纳税额＝一般计税方法的应纳税额×一般货物及劳务销项税额比例＝200000×40%＝80000（元）

第四步：将“货物和劳务挂账留抵税额本期期初余额”与“一般计税方法的一般货物及劳务应纳税额”两个数据相比较，取二者中小的数据。

经过上述计算，主表第18栏“实际抵扣税额”“一般项目”列“本年累计”应当填写80000。

3. 主表第19栏“应纳税额”“一般项目”列“本月数”＝第11栏“销项税额”“一般项目”列“本月数”－第18栏“实际抵扣税额”“一般项目”列“本月数”－第18栏“实际抵扣税额”“一般项目”列“本年累计”。

即：500000－300000－80000＝120000（元）

4. 第20栏“期末留抵税额”“一般项目”列“本年累计”＝第13栏“上期留抵税额”“一般项目”列“本年累计”－第18栏“实际抵扣税额”“一般项目”列“本年累计”。

即：100000－80000＝20000（元）

这20000元是期末尚未抵扣完的挂账留抵税额，可以结转至下期继续在货物及劳务的销项税额中抵扣。

3. 填写说明详解

（1）“税款所属时间”：指纳税人申报的增值税应纳税额的所属时间，应填写具体的起止年、月、日。

（2）“填表日期”：指纳税人填写本表的具体日期。

（3）“纳税人识别号”：填写纳税人的税务登记证件号码。

（4）“所属行业”：按照国民经济行业分类与代码中的小类行业填写。

（5）“纳税人名称”：填写纳税人单位名称全称。

（6）“法定代表人姓名”：填写纳税人法定代表人的姓名。

（7）“注册地址”：填写纳税人税务登记证件所注明的详细地址。

（8）“生产经营地址”：填写纳税人实际生产经营地的详细地址。

（9）“开户银行及账号”：填写纳税人开户银行的名称和纳税人在该银行的结算账户号码。

（10）“登记注册类型”：按纳税人税务登记证件的栏目内容填写。

（11）“电话号码”：填写可联系到纳税人的常用电话号码。

（12）“即征即退项目”列：填写纳税人按规定享受增值税即征即退政策的货物、劳务和服务、不动产、无形资产的征（退）税数据。

（13）“一般项目”列：填写除享受增值税即征即退政策以外的货物、劳务和服务、不动产、无形资产的征（免）税数据。

（14）“本年累计”列：一般填写本年度内各月“本月数”之和。其中，第13、20、25、32、36、38栏及第18栏“实际抵扣税额”“一般项目”列的“本年累计”分别按本填写说明第（27）（34）（39）（46）（50）（52）（32）条要求填写。

（15）第1栏“（一）按适用税率计税销售额”：填写纳税人本期按一般计税方法计算缴纳增值税的销售额，包含：在财务上不作销售但按税法规定应缴纳增值税的视同销售和价外费用的销售额；外贸企业作价销售进料加工复出口货物的销售额；税务、财政、审计部门检查后按一般计税方法计算调整的销售额。

营业税改征增值税的纳税人，服务、不动产和无形资产有扣除项目的，本栏应填写扣除之前的不含税销售额。

本栏“一般项目”列“本月数”=《附列资料（一）》第9列第1至5行之和-第9列第6、7行之和；本栏“即征即退项目”列“本月数”=《附列资料（一）》第9列第6、7行之和。

（16）第2栏“其中：应税货物销售额”：填写纳税人本期按适用税率计算增值

税的应税货物的销售额。包含在财务上不作销售但按税法规定应缴纳增值税的视同销售货物和价外费用销售额，以及外贸企业作价销售进料加工复出口货物的销售额。

(17) 第3栏“应税劳务销售额”：填写纳税人本期按适用税率计算增值税的应税劳务的销售额。

(18) 第4栏“纳税检查调整的销售额”：填写纳税人因税务、财政、审计部门检查，并按一般计税方法在本期计算调整的销售额。但享受增值税即征即退政策的货物、劳务和服务、不动产、无形资产，经纳税检查属于偷税的，不填入“即征即退项目”列，而应填入“一般项目”列。

营业税改征增值税的纳税人，服务、不动产和无形资产有扣除项目的，本栏应填写扣除之前的不含税销售额。

本栏“一般项目”列“本月数”=《附列资料（一）》第7列第1至5行之和。

(19) 第5栏“按简易办法计税销售额”：填写纳税人本期按简易计税方法计算增值税的销售额。包含纳税检查调整按简易计税方法计算增值税的销售额。

营业税改征增值税的纳税人，服务、不动产和无形资产有扣除项目的，本栏应填写扣除之前的不含税销售额；服务、不动产和无形资产按规定汇总计算缴纳增值税的分支机构，其当期按预征率计算缴纳增值税的销售额也填入本栏。

本栏“一般项目”列“本月数”≥《附列资料（一）》第9列第8至13b行之和-第9列第14、15行之和；本栏“即征即退项目”列“本月数”≥《附列资料（一）》第9列第14、15行之和。

(20) 第6栏“其中：纳税检查调整的销售额”：填写纳税人因税务、财政、审计部门检查，并按简易计税方法在本期计算调整的销售额。但享受增值税即征即退政策的货物、劳务和服务、不动产、无形资产，经纳税检查属于偷税的，不填入“即征即退项目”列，而应填入“一般项目”列。

营业税改征增值税的纳税人，服务、不动产和无形资产有扣除项目的，本栏应填写扣除之前的不含税销售额。

(21) 第7栏“免、抵、退办法出口销售额”：填写纳税人本期适用免、抵、退税办法的出口货物、劳务和服务、无形资产的销售额。

营业税改征增值税的纳税人，服务、无形资产有扣除项目的，本栏应填写扣除之前的销售额。

本栏“一般项目”列“本月数”=《附列资料（一）》第9列第16、17行之和。

(22) 第8栏“免税销售额”：填写纳税人本期按照税法规定免征增值税的销售额和适用零税率的销售额，但零税率的销售额中不包括适用免、抵、退税办法的销售额。

营业税改征增值税的纳税人，服务、不动产和无形资产有扣除项目的，本栏应填写扣除之前的免税销售额。

本栏“一般项目”列“本月数”=《附列资料（一）》第9列第18、19行之和。

（23）第9栏“其中：免税货物销售额”：填写纳税人本期按照税法规定免征增值税的货物销售额及适用零税率的货物销售额，但零税率的销售额中不包括适用免、抵、退税办法出口货物的销售额。

（24）第10栏“免税劳务销售额”：填写纳税人本期按照税法规定免征增值税的劳务销售额及适用零税率的劳务销售额，但零税率的销售额中不包括适用免、抵、退税办法的劳务的销售额。

（25）第11栏“销项税额”：填写纳税人本期按一般计税方法计税的货物、劳务和服务、不动产、无形资产的销项税额。

营业税改征增值税的纳税人，服务、不动产和无形资产有扣除项目的，本栏应填写扣除之后的销项税额。

本栏“一般项目”列“本月数”=《附列资料（一）》（第10列第1、3行之和-第10列第6行）+(第14列第2、4、5行之和-第14列第7行)；

本栏“即征即退项目”列“本月数”=《附列资料（一）》第10列第6行+第14列第7行。

（26）第12栏“进项税额”：填写纳税人本期申报抵扣的进项税额。

本栏“一般项目”列“本月数”+“即征即退项目”列“本月数”=《附列资料（二）》第12栏“税额”。

（27）第13栏“上期留抵税额”。

【政策链接】

根据《财政部　国家税务总局关于全面推开营业税改征增值税试点的通知》（财税〔2016〕36号，以下称36号文件）附件2《营业税改征增值税试点有关事项的规定》（以下称《试点有关事项的规定》），原增值税一般纳税人（指按照《增值税暂行条例》缴纳增值税的纳税人）兼有销售服务、无形资产或者不动产的，截止到纳入营改增试点之日前的增值税期末留抵税额，不得从销售服务、无形资产或者不动产的销项税额中抵扣。

①上期留抵税额按规定须挂账的纳税人，按以下要求填写本栏的“本月数”和“本年累计”。

上期留抵税额按规定须挂账的纳税人是指试点实施之日前一个税款所属期的申报表第20栏“期末留抵税额”“一般货物、劳务和应税服务”列“本月数”大于零，且兼有营业税改征增值税服务、不动产和无形资产的纳税人（下同）。其试点实施之日前一个税款所属期的申报表第20栏“期末留抵税额”“一般货物、劳务和应税服务”列“本月数”，以下称为货物和劳务挂账留抵税额。

(a) 本栏"一般项目"列"本月数"：试点实施之日的税款所属期填写"0"；以后各期按上期申报表第20栏"期末留抵税额""一般项目"列"本月数"填写。

(b) 本栏"一般项目"列"本年累计"：反映货物和劳务挂账留抵税额本期期初余额。试点实施之日的税款所属期按试点实施之日前一个税款所属期的申报表第20栏"期末留抵税额""一般货物、劳务和应税服务"列"本月数"填写；以后各期按上期申报表第20栏"期末留抵税额""一般项目"列"本年累计"填写。

(c) 本栏"即征即退项目"列"本月数"：按上期申报表第20栏"期末留抵税额""即征即退项目"列"本月数"填写。

②其他纳税人，按以下要求填写本栏"本月数"和"本年累计"。

其他纳税人是指除上期留抵税额按规定须挂账的纳税人之外的纳税人（下同）。

(a) 本栏"一般项目"列"本月数"：按上期申报表第20栏"期末留抵税额""一般项目"列"本月数"填写。

(b) 本栏"一般项目"列"本年累计"：填写"0"。

(c) 本栏"即征即退项目"列"本月数"：按上期申报表第20栏"期末留抵税额""即征即退项目"列"本月数"填写。

(28) 第14栏"进项税额转出"：填写纳税人已经抵扣，但按税法规定本期应转出的进项税额。

本栏"一般项目"列"本月数"+"即征即退项目"列"本月数"=《附列资料（二）》第13栏"税额"。

(29) 第15栏"免、抵、退应退税额"：反映税务机关退税部门按照出口货物、劳务和服务、无形资产免、抵、退办法审批的增值税应退税额。

(30) 第16栏"按适用税率计算的纳税检查应补缴税额"：填写税务、财政、审计部门检查，按一般计税方法计算的纳税检查应补缴的增值税税额。

本栏"一般项目"列"本月数"≤《附列资料（一）》第8列第1至5行之和+《附列资料（二）》第19栏。

(31) 第17栏"应抵扣税额合计"：填写纳税人本期应抵扣进项税额的合计数。按表中所列公式计算填写。

(32) 第18栏"实际抵扣税额"。

①上期留抵税额按规定须挂账的纳税人，按以下要求填写本栏的"本月数"和"本年累计"。

(a) 本栏"一般项目"列"本月数"：按表中所列公式计算填写。

(b) 本栏"一般项目"列"本年累计"：填写货物和劳务挂账留抵税额本期实际抵减一般货物和劳务应纳税额的数额。将"货物和劳务挂账留抵税额本期期初余额"与"一般计税方法的一般货物及劳务应纳税额"两个数据相比较，取二者中小的数据。

其中：货物和劳务挂账留抵税额本期期初余额=第13栏“上期留抵税额”“一般项目”列“本年累计”；

一般计税方法的一般货物及劳务应纳税额=(第11栏“销项税额”“一般项目”列“本月数”-第18栏“实际抵扣税额”“一般项目”列“本月数”)×一般货物及劳务销项税额比例；

一般货物及劳务销项税额比例=(《附列资料（一)》第10列第1、3行之和-第10列第6行)÷第11栏“销项税额”“一般项目”列“本月数”×100%。

(c) 本栏“即征即退项目”列“本月数”：按表中所列公式计算填写。

②其他纳税人，按以下要求填写本栏的“本月数”和“本年累计”：

(a) 本栏“一般项目”列“本月数”：按表中所列公式计算填写。

(b) 本栏“一般项目”列“本年累计”：填写“0”。

(c) 本栏“即征即退项目”列“本月数”：按表中所列公式计算填写。

(33) 第19栏“应纳税额”：反映纳税人本期按一般计税方法计算并应缴纳的增值税额。按以下公式计算填写：

①本栏“一般项目”列“本月数”=第11栏“销项税额”“一般项目”列“本月数”-第18栏“实际抵扣税额”“一般项目”列“本月数”-第18栏“实际抵扣税额”“一般项目”列“本年累计”。

②本栏“即征即退项目”列“本月数”=第11栏“销项税额”“即征即退项目”列“本月数”-第18栏“实际抵扣税额”“即征即退项目”列“本月数”。

(34) 第20栏“期末留抵税额”。

①上期留抵税额按规定须挂账的纳税人，按以下要求填写本栏的“本月数”和“本年累计”：

(a) 本栏“一般项目”列“本月数”：反映试点实施以后，货物、劳务和服务、不动产、无形资产共同形成的留抵税额。按表中所列公式计算填写。

(b) 本栏“一般项目”列“本年累计”：反映货物和劳务挂账留抵税额，在试点实施以后抵减一般货物和劳务应纳税额后的余额。按以下公式计算填写：

本栏“一般项目”列“本年累计”=第13栏“上期留抵税额”“一般项目”列“本年累计”-第18栏“实际抵扣税额”“一般项目”列“本年累计”。

(c) 本栏“即征即退项目”列“本月数”：按表中所列公式计算填写。

②其他纳税人，按以下要求填写本栏“本月数”和“本年累计”：

(a) 本栏“一般项目”列“本月数”：按表中所列公式计算填写。

(b) 本栏“一般项目”列“本年累计”：填写“0”。

(c) 本栏“即征即退项目”列“本月数”：按表中所列公式计算填写。

(35) 第21栏“简易计税办法计算的应纳税额”：反映纳税人本期按简易计税方

法计算并应缴纳的增值税额，但不包括按简易计税方法计算的纳税检查应补缴税额。按以下公式计算填写：

本栏“一般项目”列“本月数”=《附列资料（一）》（第10列第8、9a、10、11行之和-第10列第14行）+(第14列第9b、12、13a、13b行之和-第14列第15行)

本栏“即征即退项目”列“本月数”=《附列资料（一）》第10列第14行+第14列第15行。

营业税改征增值税的纳税人，服务、不动产和无形资产按规定汇总计算缴纳增值税的分支机构，应将预征增值税额填入本栏。预征增值税额=应预征增值税的销售额×预征率。

（36）第22栏“按简易计税办法计算的纳税检查应补缴税额”：填写纳税人本期因税务、财政、审计部门检查并按简易计税方法计算的纳税检查应补缴税额。

（37）第23栏“应纳税额减征额”：填写纳税人本期按照税法规定减征的增值税应纳税额。包含按照规定可在增值税应纳税额中全额抵减的增值税税控系统专用设备费用以及技术维护费。

当本期减征额小于或等于第19栏“应纳税额”与第21栏“简易计税办法计算的应纳税额”之和时，按本期减征额实际填写；当本期减征额大于第19栏“应纳税额”与第21栏“简易计税办法计算的应纳税额”之和时，按本期第19栏与第21栏之和填写。本期减征额不足抵减部分结转下期继续抵减。

（38）第24栏“应纳税额合计”：反映纳税人本期应缴增值税的合计数。按表中所列公式计算填写。

（39）第25栏“期初未缴税额（多缴为负数）”：“本月数”按上一税款所属期申报表第32栏“期末未缴税额（多缴为负数）”“本月数”填写。“本年累计”按上年度最后一个税款所属期申报表第32栏“期末未缴税额（多缴为负数）”“本年累计”填写。

（40）第26栏“实收出口开具专用缴款书退税额”：本栏不填写。

（41）第27栏“本期已缴税额”：反映纳税人本期实际缴纳的增值税额，但不包括本期入库的查补税款。按表中所列公式计算填写。

（42）第28栏“①分次预缴税额”：填写纳税人本期已缴纳的准予在本期增值税应纳税额中抵减的税额。

营业税改征增值税的纳税人，分以下几种情况填写：

①服务、不动产和无形资产按规定汇总计算缴纳增值税的总机构，其可以从本期增值税应纳税额中抵减的分支机构已缴纳的税款，按当期实际可抵减数填入本栏，不足抵减部分结转下期继续抵减。

②销售建筑服务并按规定预缴增值税的纳税人，其可以从本期增值税应纳税额中抵减

的已缴纳的税款，按当期实际可抵减数填入本栏，不足抵减部分结转下期继续抵减。

③销售不动产并按规定预缴增值税的纳税人，其可以从本期增值税应纳税额中抵减的已缴纳的税款，按当期实际可抵减数填入本栏，不足抵减部分结转下期继续抵减。

④出租不动产并按规定预缴增值税的纳税人，其可以从本期增值税应纳税额中抵减的已缴纳的税款，按当期实际可抵减数填入本栏，不足抵减部分结转下期继续抵减。

（43）第 29 栏“②出口开具专用缴款书预缴税额”：本栏不填写。

（44）第 30 栏“③本期缴纳上期应纳税额”：填写纳税人本期缴纳上一税款所属期应缴未缴的增值税额。

（45）第 31 栏“④本期缴纳欠缴税额”：反映纳税人本期实际缴纳和留抵税额抵减的增值税欠税额，但不包括缴纳入库的查补增值税额。

（46）第 32 栏“期末未缴税额（多缴为负数）”：“本月数”反映纳税人本期期末应缴未缴的增值税额，但不包括纳税检查应缴未缴的税额。按表中所列公式计算填写。“本年累计”与“本月数”相同。

（47）第 33 栏“其中：欠缴税额（≥0）”：反映纳税人按照税法规定已形成欠税的增值税额。按表中所列公式计算填写。

（48）第 34 栏“本期应补（退）税额”：反映纳税人本期应纳税额中应补缴或应退回的数额。按表中所列公式计算填写。

（49）第 35 栏“即征即退实际退税额”：反映纳税人本期因符合增值税即征即退政策规定，而实际收到的税务机关退回的增值税额。

（50）第 36 栏“期初未缴查补税额”：“本月数”按上一税款所属期申报表第 38 栏“期末未缴查补税额”“本月数”填写。“本年累计”按上年度最后一个税款所属期申报表第 38 栏“期末未缴查补税额”“本年累计”填写。

（51）第 37 栏“本期入库查补税额”：反映纳税人本期因税务、财政、审计部门检查而实际入库的增值税额，包括按一般计税方法计算并实际缴纳的查补增值税额和按简易计税方法计算并实际缴纳的查补增值税额。

（52）第 38 栏“期末未缴查补税额”：“本月数”反映纳税人接受纳税检查后应在本期期末缴纳而未缴纳的查补增值税额。按表中所列公式计算填写，“本年累计”与“本月数”相同。

2.7.2.2 《附列资料（一）》

1. 表式及主要变化

（1）表式

增值税纳税申报表附列资料(一)

(本期销售情况明细)

税款所属时间：　　年　月　日至　　年　月　日

纳税人名称:(公章)　　　　金额单位:元至角分

项目及栏次				开具增值税专用发票		开具其他发票		未开具发票		纳税检查调整		合计			服务、不动产和无形资产扣除项目本期实际扣除金额	扣除后	
				销售额	销项(应纳)税额	销售额	销项(应纳)税额	销售额	销项(应纳)税额	销售额	销项(应纳)税额	销售额	销项(应纳)税额	价税合计		含税(免税)销售额	销项(应纳)税额
				1	2	3	4	5	6	7	8	9=1+3+5+7	10=2+4+6+8	11=9+10	12	13=11-12	14=13÷(100%+税率或征收率)×税率或征收率
一、一般计税方法计税	全部征税项目	17%税率的货物及加工修理修配劳务	1											—	—	—	—
		17%税率的服务、不动产和无形资产	2														
		13%税率	3											—	—	—	—
		11%税率	4														
		6%税率	5														
	其中：即征即退项目	即征即退货物及加工修理修配劳务	6	—	—	—	—	—	—	—	—			—	—	—	—
		即征即退服务、不动产和无形资产	7	—	—	—	—	—	—	—	—						
二、简易计税方法计税	全部征税项目	6%征收率	8							—	—			—	—	—	—
		5%征收率的货物及加工修理修配劳务	9a							—	—			—	—	—	—
		5%征收率的服务、不动产和无形资产	9b							—	—						
		4%征收率	10							—	—			—	—	—	—
		3%征收率的货物及加工修理修配劳务	11							—	—			—	—	—	—
		3%征收率服务、不动产和无形资产	12							—	—						
		预征率　%	13a							—	—						
		预征率　%	13b							—	—						
		预征率　%	13c							—	—						
	其中：即征即退项目	即征即退货物及加工修理修配劳务	14	—	—	—	—	—	—	—	—			—	—	—	—
		即征即退服务、不动产和无形资产	15	—	—	—	—	—	—	—	—						
三、免抵退税	货物及加工修理修配劳务		16	—	—		—		—	—	—		—	—	—	—	—
	服务、不动产和无形资产		17	—	—		—		—	—	—		—				—
四、免税	货物及加工修理修配劳务		18				—		—	—	—		—	—	—	—	—
	服务、不动产和无形资产		19	—	—		—		—	—	—		—				—

（2）主要变化

将原表中有关“有形动产租赁服务”“应税服务”的表述，统一修改为“服务、不动产和无形资产”，共涉及6个栏次。将简易计税栏目中的第9行拆分为9a、9b，满足新增5%征收率的“服务、不动产和无形资产”的填报。

2. 填写要点

（1）在填写各行时，按照税率或征收率对当期销售额、销项（应纳）税额进行归集，同一税率或征收率的货物及加工修理修配劳务销售和服务、不动产和无形资产要分别填写在对应栏次。

（2）按规定汇总计算缴纳增值税的分支机构试点纳税人，需要将预征增值税销售额、预征增值税应纳税额填写第13a至13c行“预征率　%”的对应栏次。其中，第13a行“预征率　%”适用于所有实行汇总计算缴纳增值税的分支机构试点纳税人；第13b、13c行“预征率　%”适用于部分实行汇总计算缴纳增值税的铁路运输试点纳税人。

第13a至13c行第1至6列按照销售额和销项税额的实际发生数填写。

第13a至13c行第14列，按“应预征缴纳的增值税=应预征增值税销售额×预征率”公式计算后据实填写。

3. 填写说明详解

（1）“税款所属时间”“纳税人名称”的填写同主表。

（2）各列说明

①第1至2列“开具增值税专用发票”：反映本期开具增值税专用发票（含税控机动车销售统一发票，下同）的情况。

②第3至4列“开具其他发票”：反映除增值税专用发票以外本期开具的其他发票的情况。

③第5至6列“未开具发票”：反映本期未开具发票的销售情况。

④第7至8列“纳税检查调整”：反映经税务、财政、审计部门检查并在本期调整的销售情况。

⑤第9至11列“合计”：按照表中所列公式填写。

营业税改征增值税的纳税人，服务、不动产和无形资产有扣除项目的，第1至11列应填写扣除之前的征（免）税销售额、销项（应纳）税额和价税合计额。

⑥第12列“服务、不动产和无形资产扣除项目本期实际扣除金额”：营业税改征增值税的纳税人，服务、不动产和无形资产有扣除项目的，按《附列资料（三）》第5列对应各行次数据填写，其中本列第5栏等于《附列资料（三）》第5列第3行与第4行之和；服务、不动产和无形资产无扣除项目的，本列填写“0”。其他纳税人不填写。

营业税改征增值税的纳税人，服务、不动产和无形资产按规定汇总计算缴纳增值税的分支机构，当期服务、不动产和无形资产有扣除项目的，填入本列第13行。

⑦第13列“扣除后”“含税（免税）销售额”：营业税改征增值税的纳税人，服务、不动产和无形资产有扣除项目的，本列各行次=第11列对应各行次-第12列对应各行次。其他纳税人不填写。

⑧第14列“扣除后”“销项（应纳）税额”：营业税改征增值税的纳税人，服务、不动产和无形资产有扣除项目的，按以下要求填写本列，其他纳税人不填写。

（a）服务、不动产和无形资产按照一般计税方法计税

本列各行次=第13列÷(100%+对应行次税率)×对应行次税率

本列第7行“按一般计税方法计税的即征即退服务、不动产和无形资产”不按本列的说明填写。具体填写要求见“各行说明”第2条第（2）项第③点的说明。

（b）服务、不动产和无形资产按照简易计税方法计税

本列各行次=第13列÷(100%+对应行次征收率)×对应行次征收率

本列第13行“预征率 %”不按本列的说明填写。具体填写要求见“各行说明”第4条第（2）项。

（c）服务、不动产和无形资产实行免抵退税或免税的，本列不填写。

（3）各行说明

①第1至5行“一、一般计税方法计税”“全部征税项目”各行：按不同税率和项目分别填写按一般计税方法计算增值税的全部征税项目。有即征即退征税项目的纳税人，本部分数据中既包括即征即退征税项目，又包括不享受即征即退政策的一般征税项目。

②第6至7行“一、一般计税方法计税”“其中：即征即退项目”各行：只反映按一般计税方法计算增值税的即征即退项目。按照税法规定不享受即征即退政策的纳税人，不填写本行。即征即退项目是全部征税项目的其中数。

（a）第6行“即征即退货物及加工修理修配劳务”：反映按一般计税方法计算增值税且享受即征即退政策的货物和加工修理修配劳务。本行不包括服务、不动产和无形资产的内容。

本行第9列“合计”“销售额”栏：反映按一般计税方法计算增值税且享受即征即退政策的货物及加工修理修配劳务的不含税销售额。该栏不按第9列所列公式计算，应按照税法规定据实填写。

本行第10列“合计”“销项（应纳）税额”栏：反映按一般计税方法计算增值税且享受即征即退政策的货物及加工修理修配劳务的销项税额。该栏不按第10列所列公式计算，应按照税法规定据实填写。

（b）第7行“即征即退服务、不动产和无形资产”：反映按一般计税方法计算增

值税且享受即征即退政策的服务、不动产和无形资产。本行不包括货物及加工修理修配劳务的内容。

本行第9列“合计”“销售额”栏：反映按一般计税方法计算增值税且享受即征即退政策的服务、不动产和无形资产的不含税销售额。服务、不动产和无形资产有扣除项目的，按扣除之前的不含税销售额填写。该栏不按第9列所列公式计算，应按照税法规定据实填写。

本行第10列“合计”“销项（应纳）税额”栏：反映按一般计税方法计算增值税且享受即征即退政策的服务、不动产和无形资产的销项税额。服务、不动产和无形资产有扣除项目的，按扣除之前的销项税额填写。该栏不按第10列所列公式计算，应按照税法规定据实填写。

本行第14列“扣除后”“销项（应纳）税额”栏：反映按一般计税方法征收增值税且享受即征即退政策的服务、不动产和无形资产实际应计提的销项税额。服务、不动产和无形资产有扣除项目的，按扣除之后的销项税额填写；服务、不动产和无形资产无扣除项目的，按本行第10列填写。该栏不按第14列所列公式计算，应按照税法规定据实填写。

③第8至12行“二、简易计税方法计税”“全部征税项目”各行：按不同征收率和项目分别填写按简易计税方法计算增值税的全部征税项目。有即征即退征税项目的纳税人，本部分数据中既包括即征即退项目，也包括不享受即征即退政策的一般征税项目。

④第13a至13c行“二、简易计税方法计税”“预征率 %”：反映营业税改征增值税的纳税人，服务、不动产和无形资产按规定汇总计算缴纳增值税的分支机构，预征增值税销售额、预征增值税应纳税额。其中，第13a行“预征率 %”适用于所有实行汇总计算缴纳增值税的分支机构试点纳税人；第13b、13c行“预征率 %”适用于部分实行汇总计算缴纳增值税的铁路运输试点纳税人。

（a）第13a至13c行第1至6列按照销售额和销项税额的实际发生数填写。

（b）第13a至13c行第14列，纳税人按“应预征缴纳的增值税=应预征增值税销售额×预征率”公式计算后据实填写。

⑤第14至15行“二、简易计税方法计税”“其中：即征即退项目”各行：只反映按简易计税方法计算增值税的即征即退项目。按照税法规定不享受即征即退政策的纳税人，不填写本行。即征即退项目是全部征税项目的其中数。

（a）第14行“即征即退货物及加工修理修配劳务”：反映按简易计税方法计算增值税且享受即征即退政策的货物及加工修理修配劳务。本行不包括服务、不动产和无形资产的内容。

本行第9列“合计”“销售额”栏：反映按简易计税方法计算增值税且享受即征

即退政策的货物及加工修理修配劳务的不含税销售额。该栏不按第 9 列所列公式计算，应按照税法规定据实填写。

本行第 10 列“合计”“销项（应纳）税额”栏：反映按简易计税方法计算增值税且享受即征即退政策的货物及加工修理修配劳务的应纳税额。该栏不按第 10 列所列公式计算，应按照税法规定据实填写。

（b）第 15 行“即征即退服务、不动产和无形资产”：反映按简易计税方法计算增值税且享受即征即退政策的服务、不动产和无形资产。本行不包括货物及加工修理修配劳务的内容。

本行第 9 列“合计”“销售额”栏：反映按简易计税方法计算增值税且享受即征即退政策的服务、不动产和无形资产的不含税销售额。服务、不动产和无形资产有扣除项目的，按扣除之前的不含税销售额填写。该栏不按第 9 列所列公式计算，应按照税法规定据实填写。

本行第 10 列“合计”“销项（应纳）税额”栏：反映按简易计税方法计算增值税且享受即征即退政策的服务、不动产和无形资产的应纳税额。服务、不动产和无形资产有扣除项目的，按扣除之前的应纳税额填写。该栏不按第 10 列所列公式计算，应按照税法规定据实填写。

本行第 14 列“扣除后”“销项（应纳）税额”栏：反映按简易计税方法计算增值税且享受即征即退政策的服务、不动产和无形资产实际应计提的应纳税额。服务、不动产和无形资产有扣除项目的，按扣除之后的应纳税额填写；服务、不动产和无形资产无扣除项目的，按本行第 10 列填写。

⑥第 16 行“三、免抵退税”“货物及加工修理修配劳务”：反映适用免、抵、退税政策的出口货物、加工修理修配劳务。

⑦第 17 行“三、免抵退税”“服务、不动产和无形资产”：反映适用免、抵、退税政策的服务、不动产和无形资产。

⑧第 18 行“四、免税”“货物及加工修理修配劳务”：反映按照税法规定免征增值税的货物及劳务和适用零税率的出口货物及劳务，但零税率的销售额中不包括适用免、抵、退税办法的出口货物及劳务。

⑨第 19 行“四、免税”“服务、不动产和无形资产”：反映按照税法规定免征增值税的服务、不动产、无形资产和适用零税率的服务、不动产、无形资产，但零税率的销售额中不包括适用免、抵、退税办法的服务、不动产和无形资产。

2.7.2.3 《附列资料（二）》

1. 表式及主要变化

（1）表式

增值税纳税申报表附列资料（二）

（本期进项税额明细）

税款所属时间：　　年　月　日至　　年　月　日

纳税人名称：（公章）　　　　金额单位：元至角分

一、申报抵扣的进项税额				
项　目	栏　次	份　数	金　额	税　额
（一）认证相符的增值税专用发票	1=2+3			
其中：本期认证相符且本期申报抵扣	2			
前期认证相符且本期申报抵扣	3			
（二）其他扣税凭证	4=5+6+7+8			
其中：海关进口增值税专用缴款书	5			
农产品收购发票或者销售发票	6			
代扣代缴税收缴款凭证	7		—	
其他	8			
（三）本期用于购建不动产的扣税凭证	9			
（四）本期不动产允许抵扣进项税额	10	—	—	
（五）外贸企业进项税额抵扣证明	11	—	—	
当期申报抵扣进项税额合计	12=1+4-9+10+11			

二、进项税额转出额		
项　目	栏　次	税　额
本期进项税转出额	13=14至23之和	
其中：免税项目用	14	
集体福利、个人消费	15	
非正常损失	16	
简易计税方法征税项目用	17	
免抵退税办法不得抵扣的进项税额	18	
纳税检查调减进项税额	19	
红字专用发票信息表注明的进项税额	20	
上期留抵税额抵减欠税	21	
上期留抵税额退税	22	
其他应作进项税额转出的情形	23	

续表

三、待抵扣进项税额				
项　　目	栏　次	份　数	金　额	税　额
（一）认证相符的增值税专用发票	24	—	—	—
期初已认证相符但未申报抵扣	25			
本期认证相符且本期未申报抵扣	26			
期末已认证相符但未申报抵扣	27			
其中：按照税法规定不允许抵扣	28			
（二）其他扣税凭证	29=30至33之和			
其中：海关进口增值税专用缴款书	30			
农产品收购发票或者销售发票	31			
代扣代缴税收缴款凭证	32		—	
其他	33			
	34			
四、其他				
项　　目	栏　次	份　数	金　额	税　额
本期认证相符的增值税专用发票	35			
代扣代缴税额	36	—	—	

（2）主要变化

将原表中第8栏、第33栏的表述由“运输费用结算单据”改为“其他”；删去第15栏关于“非应税项目用”的表述；第20栏的表述由“红字专用发票通知单注明的进项税额”改为“红字专用发票信息表注明的进项税额”。启用原表中未使用的第9栏和第10栏。

2. 填写要点

（1）本表第2栏“其中：本期认证相符且本期申报抵扣”，填写本期认证相符且本期申报抵扣的增值税专用发票的情况。本栏是第1栏的其中数，本栏只填写本期认证相符且本期申报抵扣的部分。

适用取消增值税发票认证规定的纳税人，当期申报抵扣的增值税发票数据，也填报在本栏中。

（2）本表第8栏“其他”，填写按规定本期可以申报抵扣的其他扣税凭证情况。

纳税人按照规定不得抵扣且未抵扣进项税额的固定资产、无形资产、不动产，发生用途改变，用于允许抵扣进项税额的应税项目，可在用途改变的次月，将按公式计算出的可以抵扣的进项税额，填入“税额”栏。

【填写案例2】

原来不允许抵扣的不动产，发生用途变化，用于允许抵扣项目。2016 年 6 月 5 日，某纳税人购进办公楼一座，金额 1000 万元，取得增值税专用发票 1 张，并已通过认证。该大楼专用于免税项目，计入固定资产，并于次月开始计提折旧，假定分 10 年计提，无残值。2017 年 6 月，该纳税人将该大楼改变用途，用于允许抵扣项目。

分析：按照现行政策规定，纳税人不得抵扣且未抵扣进项税额的不动产，发生用途改变，用于允许抵扣进项税额的应税项目，可在用途改变的次月，将按公式计算出的可以抵扣的进项税额。

该项不动产的净值率 = [1000−1000÷(10×12)×12]÷1000 = 90%

可抵扣进项税额 = 增值税扣税凭证注明或计算的进项税额×不动产净值率 = 110×90% = 99（万元）

按照政策规定，该 99 万元进项税额中的 60% 于改变用途的次月抵扣，剩余的 40% 于改变用途的次月起，第 13 个月抵扣。

2017 年 7 月（税款所属期）可抵扣的进项税额 = 99×60% = 59.4（万元）

该项业务在 2017 年 7 月（税款所属期），申报表《附列资料（二）》的填报如下所示：

增值税纳税申报表附列资料（二）

（本期进项税额明细）

税款所属时间：　年　月　日至　年　月　日

纳税人名称：（公章）　　　　金额单位：元至角分

一、申报抵扣的进项税额				
项　　目	栏次	份数	金额	税额
（一）认证相符的增值税专用发票	1 = 2+3			
其中：本期认证相符且本期申报抵扣	2			
前期认证相符且本期申报抵扣	3			
（二）其他扣税凭证	4 = 5+6+7+8			
其中：海关进口增值税专用缴款书	5			
农产品收购发票或者销售发票	6			
代扣代缴税收缴款凭证	7		—	
其他	8			990000
（三）本期用于购建不动产的扣税凭证	9			990000
（四）本期不动产允许抵扣进项税额	10	—	—	594000
（五）外贸企业进项税额抵扣证明	11	—	—	
当期申报抵扣进项税额合计	12 = 1+4−9+10+11			594000

（3）本表第9栏“（三）本期用于购建不动产的扣税凭证”，填写按规定本期用于购建不动产并适用分2年抵扣规定的扣税凭证上注明的金额和税额。购建不动产，是指纳税人2016年5月1日后取得并在会计制度上按固定资产核算的不动产或者2016年5月1日后取得的不动产在建工程。

取得不动产，包括以直接购买、接受捐赠、接受投资入股、自建以及抵债等各种形式取得不动产，不包括房地产开发企业自行开发的房地产项目。

本栏次包括第1栏中本期用于购建不动产的增值税专用发票和第4栏中本期用于购建不动产的其他扣税凭证。

本栏“金额”“税额”<第1栏+第4栏且本栏“金额”“税额”≥0。

纳税人按照规定不得抵扣且未抵扣进项税额的不动产，发生用途改变，用于允许抵扣进项税额的应税项目，可在用途改变的次月将按公式计算出的可以抵扣的进项税额，填入“税额”栏。

本栏“税额”列=《附列资料（五）》第2列“本期不动产进项税额增加额”

【填写案例3】

2016年5月10日，某一般纳税人购进办公大楼一座，该大楼用于公司办公，计入固定资产，并于次月开始计提折旧。5月20日，该纳税人取得该大楼的增值税专用发票并认证相符，专用发票注明的金额为1000万元，增值税税额为110万元。

分析：根据不动产抵扣相关规定，110万元进项税额中的60%将在2016年5月抵扣，剩余的40%于取得扣税凭证的当月起第13个月（2017年5月）抵扣。

该项业务在2016年5月（税款所属期），申报表《附列资料（二）》的填报如下所示：

增值税纳税申报表附列资料（二）

（本期进项税额明细）

税款所属时间： 年 月 日至 年 月 日

纳税人名称：（公章） 金额单位：元至角分

一、申报抵扣的进项税额				
项　　目	栏次	份数	金额	税额
（一）认证相符的增值税专用发票	1=2+3			
其中：本期认证相符且本期申报抵扣	2	1	10000000	1100000
前期认证相符且本期申报抵扣	3			
（二）其他扣税凭证	4=5+6+7+8			
其中：海关进口增值税专用缴款书	5			
农产品收购发票或者销售发票	6			

续表

一、申报抵扣的进项税额				
项　目	栏次	份数	金额	税额
代扣代缴税收缴款凭证	7		—	
其他	8			
（三）本期用于购建不动产的扣税凭证	9	1	10000000	1100000
（四）本期不动产允许抵扣进项税额	10	—	—	660000
（五）外贸企业进项税额抵扣证明	11	—	—	
当期申报抵扣进项税额合计	12=1+4-9+10+11			660000

（4）本表第10栏“（四）本期不动产允许抵扣进项税额”，填写按规定本期实际申报抵扣的不动产进项税额。

本栏“税额”列=《附列资料（五）》第3列“本期可抵扣不动产进项税额”

（5）本表第23栏“其他应作进项税额转出的情形”，填写除上述进项税额转出情形外，其他应在本期转出的进项税额。

购进时已全额抵扣进项税额的货物和服务，转用于不动产在建工程的，其已抵扣进项税额的40%部分，应于转用的当期从进项税额中扣减，填写在本栏。

【填写案例4】

2016年9月10日，某纳税人购入一批外墙瓷砖，取得增值税专用发票并认证相符，专用发票注明的增值税税额为30万元；因纳税人购进该批瓷砖时未决定是否用于不动产（可能用于销售），因此在购进的当期全额抵扣进项税额。2016年11月20日，纳税人将该批瓷砖耗用于新建的综合办公大楼在建工程。

分析：按照政策规定，该30万元进项税额在购进的当期可全额抵扣，在后期用于不动产在建工程时，该30万元进项税额中的40%应于改变用途的当期，做进项税额转出处理，并于领用当月起第13个月，再重新计入抵扣。

当期应转出的进项税额=30×40%=12（万元）

该项业务在2016年11月（税款所属期），申报表《附列资料（二）》的填报如下所示：

二、进项税额转出额		
项　目	栏　次	税　额
本期进项税额转出额	13=14至23之和	120000
其中：免税项目用	14	
集体福利、个人消费	15	
非正常损失	16	

续表

二、进项税额转出额		
项　　目	栏　次	税　额
简易计税方法征税项目用	17	
免抵退税办法不得抵扣的进项税额	18	
纳税检查调减进项税额	19	
红字专用发票信息表注明的进项税额	20	
上期留抵税额抵减欠税	21	
上期留抵税额退税	22	
其他应作进项税额转出的情形	23	120000

3. 填写说明详解

（1）“税款所属时间”“纳税人名称”的填写同主表。

（2）第1至12栏“一、申报抵扣的进项税额”：分别反映纳税人按税法规定符合抵扣条件，在本期申报抵扣的进项税额。

【政策链接】

根据36号文件附件1《营业税改征增值税试点实施办法》（以下称《试点实施办法》）第二十五条规定，下列进项税额准予从销项税额中抵扣：

（1）从销售方取得的增值税专用发票（含税控机动车销售统一发票，下同）上注明的增值税额。

（2）从海关取得的海关进口增值税专用缴款书上注明的增值税额。

（3）购进农产品，除取得增值税专用发票或者海关进口增值税专用缴款书外，按照农产品收购发票或者销售发票上注明的农产品买价和13%的扣除率计算的进项税额。计算公式为：

进项税额=买价×扣除率

买价，是指纳税人购进农产品在农产品收购发票或者销售发票上注明的价款和按照规定缴纳的烟叶税。

购进农产品，按照《农产品增值税进项税额核定扣除试点实施办法》抵扣进项税额的除外。

（4）从境外单位或者个人购进服务、无形资产或者不动产，自税务机关或者扣缴义务人取得的解缴税款的完税凭证上注明的增值税额。

①第1栏“（一）认证相符的增值税专用发票”：反映纳税人取得的认证相符本期申报抵扣的增值税专用发票情况。该栏应等于第2栏“本期认证相符且本期申报抵扣”与第3栏“前期认证相符且本期申报抵扣”数据之和。

②第2栏“其中：本期认证相符且本期申报抵扣”：反映本期认证相符且本期申

报抵扣的增值税专用发票的情况。本栏是第 1 栏的其中数，本栏只填写本期认证相符且本期申报抵扣的部分。

适用取消增值税发票认证规定的纳税人，当期申报抵扣的增值税发票数据，也填报在本栏中。

【政策链接】

根据《国家税务总局关于纳税信用 A 级纳税人取消增值税发票认证有关问题的公告》（国家税务总局公告 2016 年第 7 号）第三条规定，纳税人填报增值税纳税申报表的方法保持不变，即当期申报抵扣的增值税发票数据，仍填报在《增值税纳税申报表附列资料（二）》第 2 栏“其中：本期认证相符且本期申报抵扣”的对应栏次中。

③第 3 栏“前期认证相符且本期申报抵扣”：反映前期认证相符且本期申报抵扣的增值税专用发票的情况。

辅导期纳税人依据税务机关告知的稽核比对结果通知书及明细清单注明的稽核相符的增值税专用发票填写本栏。本栏是第 1 栏的其中数，只填写前期认证相符且本期申报抵扣的部分。

④第 4 栏“（二）其他扣税凭证”：反映本期申报抵扣的除增值税专用发票之外的其他扣税凭证的情况。具体包括：海关进口增值税专用缴款书、农产品收购发票或者销售发票（含农产品核定扣除的进项税额）、代扣代缴税收完税凭证和其他符合政策规定的抵扣凭证。该栏应等于第 5 至 8 栏之和。

⑤第 5 栏“海关进口增值税专用缴款书”：反映本期申报抵扣的海关进口增值税专用缴款书的情况。按规定执行海关进口增值税专用缴款书先比对后抵扣的，纳税人需依据税务机关告知的稽核比对结果通知书及明细清单注明的稽核相符的海关进口增值税专用缴款书填写本栏。

⑥第 6 栏“农产品收购发票或者销售发票”：反映本期申报抵扣的农产品收购发票和农产品销售普通发票的情况。执行农产品增值税进项税额核定扣除办法的，填写当期允许抵扣的农产品增值税进项税额，不填写“份数”“金额”。

⑦第 7 栏“代扣代缴税收缴款凭证”：填写本期按规定准予抵扣的完税凭证上注明的增值税额。

⑧第 8 栏“其他”：反映按规定本期可以申报抵扣的其他扣税凭证情况。

纳税人按照规定不得抵扣且未抵扣进项税额的固定资产、无形资产、不动产，发生用途改变，用于允许抵扣进项税额的应税项目，可在用途改变的次月将按公式计算出的可以抵扣的进项税额，填入“税额”栏。

⑨第 9 栏“（三）本期用于购建不动产的扣税凭证”：反映按规定本期用于购建不动产并适用分 2 年抵扣规定的扣税凭证上注明的金额和税额。购建不动产是指纳税

人2016年5月1日后取得并在会计制度上按固定资产核算的不动产或者2016年5月1日后取得的不动产在建工程。

取得不动产，包括以直接购买、接受捐赠、接受投资入股、自建以及抵债等各种形式取得不动产，不包括房地产开发企业自行开发的房地产项目。

本栏次包括第1栏中本期用于购建不动产的增值税专用发票和第4栏中本期用于购建不动产的其他扣税凭证。

本栏“金额”“税额”<第1栏+第4栏且本栏“金额”“税额”≥0。

纳税人按照规定不得抵扣且未抵扣进项税额的不动产，发生用途改变，用于允许抵扣进项税额的应税项目，可在用途改变的次月将按公式计算出的可以抵扣的进项税额，填入“税额”栏。

本栏“税额”列=《附列资料（五）》第2列“本期不动产进项税额增加额”

⑩第10栏“（四）本期不动产允许抵扣进项税额”：反映按规定本期实际申报抵扣的不动产进项税额。

本栏“税额”列=《附列资料（五）》第3列“本期可抵扣不动产进项税额”

⑪第11栏“（五）外贸企业进项税额抵扣证明”：填写本期申报抵扣的税务机关出口退税部门开具的《出口货物转内销证明》列明允许抵扣的进项税额。

⑫第12栏“当期申报抵扣进项税额合计”：反映本期申报抵扣进项税额的合计数。按表中所列公式计算填写。

（3）第13至23栏“二、进项税额转出额”各栏：分别反映纳税人已经抵扣但按规定应在本期转出的进项税额明细情况。

①第13栏“本期进项税额转出额”：反映已经抵扣但按规定应在本期转出的进项税额合计数。按表中所列公式计算填写。

②第14栏“免税项目用”：反映用于免征增值税项目，按规定应在本期转出的进项税额。

③第15栏“集体福利、个人消费”：反映用于集体福利或者个人消费，按规定应在本期转出的进项税额。

④第16栏“非正常损失”：反映纳税人发生非正常损失，按规定应在本期转出的进项税额。

【政策链接】

根据《试点实施办法》第二十八条第三款规定，非正常损失，是指因管理不善造成货物被盗、丢失、霉烂变质，以及因违反法律法规造成货物或者不动产被依法没收、销毁、拆除的情形。

⑤第17栏“简易计税方法征税项目用”：反映用于按简易计税方法征税项目，按规定应在本期转出的进项税额。

营业税改征增值税的纳税人，服务、不动产和无形资产按规定汇总计算缴纳增值税的分支机构，当期应由总机构汇总的进项税额也填入本栏。

⑥第 18 栏“免抵退税办法不得抵扣的进项税额”：反映按照免、抵、退税办法的规定，由于征税税率与退税税率存在税率差，在本期应转出的进项税额。

⑦第 19 栏“纳税检查调减进项税额”：反映税务、财政、审计部门检查后而调减的进项税额。

⑧第 20 栏“红字专用发票信息表注明的进项税额”：填写主管税务机关开具的《开具红字增值税专用发票信息表》注明的在本期应转出的进项税额。

⑨第 21 栏“上期留抵税额抵减欠税”：填写本期经税务机关同意，使用上期留抵税额抵减欠税的数额。

⑩第 22 栏“上期留抵税额退税”：填写本期经税务机关批准的上期留抵税额退税额。

⑪第 23 栏“其他应作进项税额转出的情形”：反映除上述进项税额转出情形外，其他应在本期转出的进项税额。

【政策链接】

根据《试点实施办法》第二十七条规定，下列项目的进项税额不得从销项税额中抵扣：

（1）用于简易计税方法计税项目、免征增值税项目、集体福利或者个人消费的购进货物、加工修理修配劳务、服务、无形资产和不动产。其中涉及的固定资产、无形资产、不动产，仅指专用于上述项目的固定资产、无形资产（不包括其他权益性无形资产）、不动产。

纳税人的交际应酬消费属于个人消费。

（2）非正常损失的购进货物，以及相关的加工修理修配劳务和交通运输服务。

（3）非正常损失的在产品、产成品所耗用的购进货物（不包括固定资产）、加工修理修配劳务和交通运输服务。

（4）非正常损失的不动产，以及该不动产所耗用的购进货物、设计服务和建筑服务。

（5）非正常损失的不动产在建工程所耗用的购进货物、设计服务和建筑服务。

纳税人新建、改建、扩建、修缮、装饰不动产，均属于不动产在建工程。

（6）购进的旅客运输服务、贷款服务、餐饮服务、居民日常服务和娱乐服务。

（7）财政部和国家税务总局规定的其他情形。

（4）第 24 至 34 栏“三、待抵扣进项税额”各栏：分别反映纳税人已经取得，但按税法规定不符合抵扣条件，暂不予在本期申报抵扣的进项税额情况及按税法规定不允许抵扣的进项税额情况。

①第 24 至 28 栏均为增值税专用发票的情况。

②第 25 栏“期初已认证相符但未申报抵扣”：反映前期认证相符，但按照税法规定暂不予抵扣及不允许抵扣，结存至本期的增值税专用发票情况。辅导期纳税人填写认证相符但未收到稽核比对结果的增值税专用发票期初情况。

③第 26 栏“本期认证相符且本期未申报抵扣”：反映本期认证相符，但按税法规定暂不予抵扣及不允许抵扣，而未申报抵扣的增值税专用发票情况。辅导期纳税人填写本期认证相符但未收到稽核比对结果的增值税专用发票情况。

④第 27 栏“期末已认证相符但未申报抵扣”：反映截至本期期末，按照税法规定仍暂不予抵扣及不允许抵扣且已认证相符的增值税专用发票情况。辅导期纳税人填写截至本期期末已认证相符但未收到稽核比对结果的增值税专用发票期末情况。

⑤第 28 栏“其中：按照税法规定不允许抵扣”：反映截至本期期末已认证相符但未申报抵扣的增值税专用发票中，按照税法规定不允许抵扣的增值税专用发票情况。

⑥第 29 栏“(二) 其他扣税凭证”：反映截至本期期末仍未申报抵扣的除增值税专用发票之外的其他扣税凭证情况。具体包括：海关进口增值税专用缴款书、农产品收购发票或者销售发票、代扣代缴税收完税凭证和其他符合政策规定的抵扣凭证。该栏应等于第 30 至 33 栏之和。

⑦第 30 栏“海关进口增值税专用缴款书”：反映已取得但截至本期期末仍未申报抵扣的海关进口增值税专用缴款书情况，包括纳税人未收到稽核比对结果的海关进口增值税专用缴款书情况。

⑧第 31 栏“农产品收购发票或者销售发票”：反映已取得但截至本期期末仍未申报抵扣的农产品收购发票和农产品销售普通发票情况。

⑨第 32 栏“代扣代缴税收缴款凭证”：反映已取得但截至本期期末仍未申报抵扣的代扣代缴税收完税凭证情况。

⑩第 33 栏“其他”：反映已取得但截至本期期末仍未申报抵扣的其他扣税凭证的情况。

(5) 第 35 至 36 栏“四、其他”各栏。

①第 35 栏“本期认证相符的增值税专用发票”：反映本期认证相符的增值税专用发票的情况。

②第 36 栏“代扣代缴税额”：填写纳税人根据《中华人民共和国增值税暂行条例》第十八条扣缴的应税劳务增值税额与根据营业税改征增值税有关政策规定扣缴的服务、不动产和无形资产增值税额之和。

2.7.2.4 《附列资料（三）》

1. 表式及主要变化

（1）表式

增值税纳税申报表附列资料（三）

（服务、不动产和无形资产扣除项目明细）

税款所属时间： 年 月 日至 年 月 日

纳税人名称：（公章） 金额单位：元至角分

项目及栏次		本期服务、不动产和无形资产价税合计额（免税销售额）	服务、不动产和无形资产扣除项目				
			期初余额	本期发生额	本期应扣除金额	本期实际扣除金额	期末余额
		1	2	3	4=2+3	5(5≤1 且 5≤4)	6=4−5
17%税率的项目	1						
11%税率的项目	2						
6%税率的项目（不含金融商品转让）	3						
6%税率的金融商品转让项目	4						
5%征收率的项目	5						
3%征收率的项目	6						
免抵退税的项目	7						
免税的项目	8						

（2）主要变化

调整了部分栏次的文字表述；在表式中新增了列号；新增了第 4 行“6%税率的金融商品转让项目”。

2. 填写要点

（1）第 1 列“本期服务、不动产和无形资产价税合计额（免税销售额）”，纳税人销售服务、不动产和无形资产属于征税项目的，填写扣除之前的本期服务、不动产和无形资产价税合计额；纳税人销售服务、不动产和无形资产属于免抵退税或免税项目的，填写扣除之前的本期服务、不动产和无形资产免税销售额。本列各行次等于《附列资料（一）》第 11 列对应行次，其中本列第 3 行和第 4 行之和等于《附列资料（一）》第 11 列第 5 栏。

营业税改征增值税的纳税人，服务、不动产和无形资产按规定汇总计算缴纳增值税的分支机构，本列各行次之和等于《附列资料（一）》第 11 列第 13a、13b 行之和。

需要注意的是，本表第 3 行和第 4 行与《附列资料（一）》第 5 行相关栏次进行对应。

（2）第2列“服务、不动产和无形资产扣除项目”“期初余额”：填写服务、不动产和无形资产扣除项目上期期末结存的金额，试点实施之日的税款所属期填写“0”。本列各行次等于上期《附列资料（三）》第6列对应行次。

本列第4行“6%税率的金融商品转让项目”“期初余额”年初首期填报时应填0。

【填写案例5】

某纳税人为增值税一般纳税人，2016年12月2日，买入金融商品A，买入价为210万元，12月25日将金融商品A卖出，卖出价为200万元。纳税人2016年仅发生了这一笔金融商品转让业务。2017年1月10日，该纳税人买入金融商品B，买入价为100万元，1月28日将金融商品B卖出，卖出价为110万元。该纳税人在2017年1月仅发生了这一笔金融商品转让业务。

分析：按照政策规定，金融商品转让，按照卖出价扣除买入价后的余额为销售额。转让金融商品出现的正负差，按盈亏相抵后的余额为销售额。若相抵后出现负差，可结转下一纳税期与下期转让金融商品销售额相抵，但年末时仍出现负差的，不得转入下一个会计年度。

1. 该纳税人在2016年12月（税款所属期），申报表《附列资料（三）》的填报如下所示：

增值税纳税申报表附列资料（三）

（服务、不动产和无形资产扣除项目明细）

税款所属时间：　年　月　日至　年　月　日

纳税人名称：（公章）　　金额单位：元至角分

项目及栏次		本期服务、不动产和无形资产价税合计额（免税销售额）	服务、不动产和无形资产扣除项目				
			期初余额	本期发生额	本期应扣除金额	本期实际扣除金额	期末余额
		1	2	3	4=2+3	5(5≤1且5≤4)	6=4-5
17%税率的项目	1						
11%税率的项目	2						
6%税率的项目（不含金融商品转让）	3						
6%税率的金融商品转让项目	4	2000000	0	2100000	2100000	2000000	100000
5%征收率的项目	5						
3%征收率的项目	6						
免抵退税的项目	7						
免税的项目	8						

2. A 纳税人在 2017 年 1 月（税款所属期），申报表《附列资料（三）》的填报如下所示：

增值税纳税申报表附列资料（三）

（服务、不动产和无形资产扣除项目明细）

税款所属时间：　年　月　日至　年　月　日

纳税人名称：（公章）　　金额单位：元至角分

项目及栏次		本期服务、不动产和无形资产价税合计额（免税销售额）	服务、不动产和无形资产扣除项目				
			期初余额	本期发生额	本期应扣除金额	本期实际扣除金额	期末余额
		1	2	3	4=2+3	5（5≤1 且 5≤4）	6=4−5
17%税率的项目	1						
11%税率的项目	2						
6%税率的项目（不含金融商品转让）	3						
6%税率的金融商品转让项目	4	1100000	0	1000000	1000000	1000000	0
5%征收率的项目	5						
3%征收率的项目	6						
免抵退税的项目	7						
免税的项目	8						

金融商品转让的负差不能跨年结转。“期初余额”年初首期填报时应填“0”

3. 填写说明详解

（1）本表由服务、不动产和无形资产有扣除项目的营业税改征增值税纳税人填写。其他纳税人不填写。

（2）“税款所属时间”“纳税人名称”的填写同主表。

（3）第 1 列“本期服务、不动产和无形资产价税合计额（免税销售额）”：营业税改征增值税的服务、不动产和无形资产属于征税项目的，填写扣除之前的本期服务、不动产和无形资产价税合计额；营业税改征增值税的服务、不动产和无形资产属于免抵退税或免税项目的，填写扣除之前的本期服务、不动产和无形资产免税销售额。本列各行次等于《附列资料（一）》第 11 列对应行次，其中本列第 3 行和第 4 行之和等于《附列资料（一）》第 11 列第 5 栏。

营业税改征增值税的纳税人，服务、不动产和无形资产按规定汇总计算缴纳增值税的分支机构，本列各行次之和等于《附列资料（一）》第 11 列第 13a、13b 行之和。

（4）第 2 列“服务、不动产和无形资产扣除项目”“期初余额”：填写服务、不动产和无形资产扣除项目上期期末结存的金额，试点实施之日的税款所属期填写“0”。本列各行次等于上期《附列资料（三）》第6列对应行次。

本列第4行“6%税率的金融商品转让项目”“期初余额”年初首期填报时应填“0”。

（5）第3列“服务、不动产和无形资产扣除项目”“本期发生额”：填写本期取得的按税法规定准予扣除的服务、不动产和无形资产扣除项目金额。

（6）第4列“服务、不动产和无形资产扣除项目”“本期应扣除金额”：填写服务、不动产和无形资产扣除项目本期应扣除的金额。

本列各行次=第2列对应各行次+第3列对应各行次

（7）第5列“服务、不动产和无形资产扣除项目”“本期实际扣除金额”：填写服务、不动产和无形资产扣除项目本期实际扣除的金额。

本列各行次≤第4列对应各行次且本列各行次≤第1列对应各行次

（8）第6列“服务、不动产和无形资产扣除项目”“期末余额”：填写服务、不动产和无形资产扣除项目本期期末结存的金额。

本列各行次=第4列对应各行次-第5列对应各行次

2.7.2.5 《附列资料（四）》

1. 表式及主要变化

（1）表式

增值税纳税申报表附列资料（四）

（税额抵减情况表）

税款所属时间：　　年　　月　　日至　　年　　月　　日

纳税人名称：（公章）　　　　金额单位：元至角分

序号	抵减项目	期初余额	本期发生额	本期应抵减税额	本期实际抵减税额	期末余额
		1	2	3=1+2	4≤3	5=3-4
1	增值税税控系统专用设备费及技术维护费					
2	分支机构预征缴纳税款					
3	建筑服务预征缴纳税款					
4	销售不动产预征缴纳税款					
5	出租不动产预征缴纳税款					

（2）主要变化

启用表中原来未使用的第3、4、5行，分别用于“建筑服务预征缴纳税款”“销售不动产预征缴税款”“出租不动产预征缴纳税款”的填写。

2. 填写要点

纳税人跨县（市）提供建筑服务、房地产开发企业预售自行开发的房地产项目、纳税人出租与机构所在地不在同一县（市）的不动产，按规定需要在项目所在地或不动产所在地主管国税机关预缴税款的，在办理纳税申报时填写对应栏次。

3. 填写说明详解

本表第1行由发生增值税税控系统专用设备费用和技术维护费的纳税人填写，反映纳税人增值税税控系统专用设备费用和技术维护费按规定抵减增值税应纳税额的情况。

本表第2行由营业税改征增值税纳税人，服务、不动产和无形资产按规定汇总计算缴纳增值税的总机构填写，反映其分支机构预征缴纳税款抵减总机构应纳增值税税额的情况。

本表第3行由销售建筑服务并按规定预缴增值税的纳税人填写，反映其销售建筑服务预征缴纳税款抵减应纳增值税税额的情况。

【政策链接】

根据《国家税务总局关于发布〈纳税人跨县（市、区）提供建筑服务增值税征收管理暂行办法〉的公告》（国家税务总局公告2016年第17号）第四条规定，一般纳税人跨县（市、区）提供建筑服务，适用一般计税方法计税的，以取得的全部价款和价外费用扣除支付的分包款后的余额，按照2%的预征率计算应预缴税款；一般纳税人跨县（市、区）提供建筑服务，选择适用简易计税方法计税的，以取得的全部价款和价外费用扣除支付的分包款后的余额，按照3%的征收率计算应预缴税款。

本表第4行由销售不动产并按规定预缴增值税的纳税人填写，反映其销售不动产预征缴纳税款抵减应纳增值税税额的情况。

【政策链接】

根据《国家税务总局关于发布〈纳税人转让不动产增值税征收管理暂行办法〉的公告》（国家税务总局公告2016年第14号）规定，一般纳税人转让其2016年4月30日前取得（不含自建）的不动产，可以选择适用简易计税方法计税，以取得的全部价款和价外费用扣除不动产购置原价或者取得不动产时的作价后的余额为销售额，按照5%的征收率计算应纳税额。纳税人应按照上述计税方法向不动产所在地主管地税机关预缴税款，向机构所在地主管国税机关申报纳税。

一般纳税人转让其2016年4月30日前自建的不动产，可以选择适用简易计税方法计税，以取得的全部价款和价外费用为销售额，按照5%的征收率计算应纳税额。纳税人应按照上述计税方法向不动产所在地主管地税机关预缴税款，向机构所在地主管国税机关申报纳税。

一般纳税人转让其2016年4月30日前取得（不含自建）的不动产，选择适用一般计税方法计税的，以取得的全部价款和价外费用为销售额计算应纳税额。纳税人应以取得的全部价款和价外费用扣除不动产购置原价或者取得不动产时的作价后的余额，按照5%的预征率向不动产所在地主管地税机关预缴税款，向机构所在地主管国税机关申报纳税。

一般纳税人转让其2016年4月30日前自建的不动产，选择适用一般计税方法计税的，以取得的全部价款和价外费用为销售额计算应纳税额。纳税人应以取得的全部价款和价外费用，按照5%的预征率向不动产所在地主管地税机关预缴税款，向机构所在地主管国税机关申报纳税。

一般纳税人转让其2016年5月1日后取得（不含自建）的不动产，适用一般计税方法，以取得的全部价款和价外费用为销售额计算应纳税额。纳税人应以取得的全部价款和价外费用扣除不动产购置原价或者取得不动产时的作价后的余额，按照5%的预征率向不动产所在地主管地税机关预缴税款，向机构所在地主管国税机关申报纳税。

一般纳税人转让其2016年5月1日后自建的不动产，适用一般计税方法，以取得的全部价款和价外费用为销售额计算应纳税额。纳税人应以取得的全部价款和价外费用，按照5%的预征率向不动产所在地主管地税机关预缴税款，向机构所在地主管国税机关申报纳税。

【政策链接】

根据《国家税务总局关于发布〈房地产开发企业销售自行开发的房地产项目增值税征收管理暂行办法〉的公告》（国家税务总局公告2016年第18号）第十条规定，一般纳税人采取预收款方式销售自行开发的房地产项目，应在收到预收款时按照3%的预征率预缴增值税。

本表第5行由出租不动产并按规定预缴增值税的纳税人填写，反映其出租不动产预征缴纳税款抵减应纳增值税税额的情况。

【政策链接】

根据《国家税务总局关于发布〈纳税人提供不动产经营租赁服务增值税征收管理暂行办法〉的公告》（国家税务总局公告2016年第16号）第三条规定，一般纳税人出租其2016年4月30日前取得的不动产，可以选择适用简易计税方法，按照5%的征收率计算应纳税额。

不动产所在地与机构所在地不在同一县（市、区）的，纳税人应按照上述计税方法向不动产所在地主管国税机关预缴税款，向机构所在地主管国税机关申报纳税。

不动产所在地与机构所在地在同一县（市、区）的，纳税人向机构所在地主管国税机关申报纳税。

一般纳税人出租其2016年5月1日后取得的不动产，适用一般计税方法计税。

不动产所在地与机构所在地不在同一县（市、区）的，纳税人应按照3%的预征率向不动产所在地主管国税机关预缴税款，向机构所在地主管国税机关申报纳税。

不动产所在地与机构所在地在同一县（市、区）的，纳税人应向机构所在地主管国税机关申报纳税。

一般纳税人出租其2016年4月30日前取得的不动产适用一般计税方法计税的，按照上述规定执行。

未发生上述业务的纳税人不填写本表。

2.7.2.6 《附列资料（五)》

1. 表式

本表为本次新增附表，表式如下：

增值税纳税申报表附列资料（五）

（不动产分期抵扣计算表）

税款所属时间： 年 月 日至 年 月 日

纳税人名称：（公章） 金额单位：元至角分

期初待抵扣不动产进项税额	本期不动产进项税额增加额	本期可抵扣不动产进项税额	本期转入的待抵扣不动产进项税额	本期转出的待抵扣不动产进项税额	期末待抵扣不动产进项税额
1	2	3≤1+2+4	4	5≤1+4	6=1+2-3+4-5

2. 填写要点

（1）纳税人当期发生购建不动产的业务，按照政策规定分2年抵扣增值税进项税额的，应填写本表对应栏次。

购建不动产，是指纳税人2016年5月1日后取得并在会计制度上按固定资产核算的不动产或者2016年5月1日后取得的不动产在建工程。

【填写案例6】

2016年5月6日，某纳税人为增值税一般纳税人，购进办公大楼一座，该大楼用于公司办公，计入固定资产，并于次月开始计提折旧。2016年5月15日，该纳税人取得该大楼的增值税专用发票并认证相符，专用发票注明的金额为1000万元，增值税税额为110万元。该纳税人在2016年、2017年仅发生这一项购入不动产的业务。

分析：根据不动产抵扣相关规定，110万元进项税额中的60%将在2016年5月抵扣，剩余的40%于取得扣税凭证的当月起第13个月（2017年5月）抵扣。

1. 该项业务在2016年5月（税款所属期），申报表《附列资料（五）》的填报如下所示：

增值税纳税申报表附列资料（五）

（不动产分期抵扣计算表）

税款所属时间：　　年　　月　　日至　　年　　月　　日

纳税人名称：（公章）　　　　金额单位：元至角分

期初待抵扣不动产进项税额	本期不动产进项税额增加额	本期可抵扣不动产进项税额	本期转入的待抵扣不动产进项税额	本期转出的待抵扣不动产进项税额	期末待抵扣不动产进项税额
1	2	3≤1+2+4	4	5≤1+4	6=1+2-3+4-5
0	1100000	660000	0	0	440000

2. 该项业务在2017年5月（税款所属期），申报表《附列资料（五）》的填报如下所示：

增值税纳税申报表附列资料（五）

（不动产分期抵扣计算表）

税款所属时间：　　年　　月　　日至　　年　　月　　日

纳税人名称：（公章）　　　　金额单位：元至角分

期初待抵扣不动产进项税额	本期不动产进项税额增加额	本期可抵扣不动产进项税额	本期转入的待抵扣不动产进项税额	本期转出的待抵扣不动产进项税额	期末待抵扣不动产进项税额
1	2	3≤1+2+4	4	5≤1+4	6=1+2-3+4-5
440000	0	440000	0	0	0

（2）购进时已全额抵扣进项税额的货物和服务，转用于不动产在建工程的，其已抵扣进项税额的40%部分，填写在本表第4栏“本期转入的待抵扣不动产进项税额”。本列数≤《附列资料（二）》第23栏“税额”。

【填写案例7】

2016年9月10日，某纳税人购入一批外墙瓷砖，取得增值税专用发票并认证相符，专用发票注明的增值税税额为30万元；因纳税人购进该批瓷砖时未决定是否用于不动产（可能用于销售），因此在购进的当期全额抵扣进项税额。2016年11月20日，纳税人将该批瓷砖耗用于新建的综合办公大楼在建工程。

分析：按照政策规定，该30万元进项税额在购进的当期可全额抵扣，在后期用于不动产在建工程时，该30万元进项税额中的40%应于改变用途的当期，做进项税额转出处理，并于领用当月起第13个月，再重新计入抵扣。转出的进项税额应于当月转入待抵扣的不动产进项税额中。

本期转入的待抵扣不动产进项税额=30×40%=12（万元）

该项业务在2016年11月（税款所属期），申报表《附列资料（五）》的填报如下所示：

增值税纳税申报表附列资料（五）

（不动产分期抵扣计算表）

税款所属时间： 年 月 日至 年 月 日

纳税人名称：（公章） 金额单位：元至角分

期初待抵扣不动产进项税额	本期不动产进项税额增加额	本期可抵扣不动产进项税额	本期转入的待抵扣不动产进项税额	本期转出的待抵扣不动产进项税额	期末待抵扣不动产进项税额
1	2	3≤1+2+4	4	5≤1+4	6=1+2-3+4-5
0	0	0	120000	0	120000

（3）已抵扣进项税额的不动产，发生非正常损失，或改变用途等情形，需要扣减不动产待抵扣进项税额的，填写在本表第5栏“本期转出的待抵扣不动产进项税额”。

【填写案例8】

某纳税人为一般纳税人，2016年5月8日购买一座办公用楼，价值1000万元，进项税额110万元。2017年4月，纳税人将办公楼改造成员工食堂，用于集体福利，此时不动产的净值为800万元。

分析：按照政策规定，正常情况下，纳税人购入该项不动产，应在2016年5月抵扣66万元，2017年5月（第13个月）再抵扣剩余的44万元。由于纳税人在2017年4月将该项不动产用于集体福利，因此需要按照政策规定进行相应的处理。2017年4月，该不动产的净值为800万元，不动产净值率为80%，不得抵扣的进项税额为88万元，大于已抵扣的进项税额66万元，按照政策规定，这时应将已抵扣的66万元进项税额转出，并在待抵扣进项税额中扣减不得抵扣进项税额与已抵扣进项税额的差额22万元（88-66）。

该项业务在2017年4月（税款所属期），申报表《附列资料（五）》的填报如下所示：

增值税纳税申报表附列资料（五）

（不动产分期抵扣计算表）

税款所属时间：　　年　月　日至　年　月　日

纳税人名称：（公章）　　　　金额单位：元至角分

期初待抵扣不动产进项税额	本期不动产进项税额增加额	本期可抵扣不动产进项税额	本期转入的待抵扣不动产进项税额	本期转出的待抵扣不动产进项税额	期末待抵扣不动产进项税额
1	2	3≤1+2+4	4	5≤1+4	6=1+2−3+4−5
440000	0	0	0	220000	220000

3. 填写说明详解

（1）本表由分期抵扣不动产进项税额的纳税人填写。

（2）“税款所属时间”“纳税人名称”的填写同主表。

（3）第1列“期初待抵扣不动产进项税额”：填写纳税人上期期末待抵扣不动产进项税额。

（4）第2列“本期不动产进项税额增加额”：填写本期取得的符合税法规定的不动产进项税额。

（5）第3列“本期可抵扣不动产进项税额”：填写符合税法规定可以在本期抵扣的不动产进项税额。

（6）第4列“本期转入的待抵扣不动产进项税额”：填写按照税法规定本期应转入的待抵扣不动产进项税额。

本列数≤《附列资料（二）》第23栏“税额”。

【政策链接】

《国家税务总局关于发布〈不动产进项税额分期抵扣暂行办法〉的公告》（国家税务总局公告2016年第15号）第五条规定：“购进时已全额抵扣进项税额的货物和服务，转用于不动产在建工程的，其已抵扣进项税额的40%部分，应于转用的当期从进项税额中扣减，计入待抵扣进项税额，并于转用的当月起第13个月从销项税额中抵扣。”

（7）第5列“本期转出的待抵扣不动产进项税额”：填写按照税法规定本期应转出的待抵扣不动产进项税额。

【政策链接】

《国家税务总局关于发布〈不动产进项税额分期抵扣暂行办法〉的公告》（国家税务总局公告2016年第15号）第七条规定：“已抵扣进项税额的不动产，发生非正常损失，或者改变用途，专用于简易计税方法计税项目、免征增值税项目、集体福利或者个人消费的，按照下列公式计算不得抵扣的进项税额：

不得抵扣的进项税额=(已抵扣进项税额+待抵扣进项税额)×不动产净值率

不动产净值率=(不动产净值÷不动产原值)×100%

不得抵扣的进项税额小于或等于该不动产已抵扣进项税额的，应于该不动产改变用途的当期，将不得抵扣的进项税额从进项税额中扣减。

不得抵扣的进项税额大于该不动产已抵扣进项税额的，应于该不动产改变用途的当期，将已抵扣进项税额从进项税额中扣减，并从该不动产待抵扣进项税额中扣减不得抵扣进项税额与已抵扣进项税额的差额。”

（8）第6列“期末待抵扣不动产进项税额”：填写本期期末尚未抵扣的不动产进项税额，按表中公式填写。

2.7.2.7 《固定资产表》

1. 表式及主要变化

（1）表式

固定资产（不含不动产）进项税额抵扣情况表

纳税人名称（公章）： 填表日期： 年 月 日 金额单位：元至角分

项 目	当期申报抵扣的固定资产进项税额	申报抵扣的固定资产进项税额累计
增值税专用发票		
海关进口增值税专用缴款书		
合 计		

（2）主要变化

表式内容未做调整，仅将附表名称修改为“固定资产（不含不动产）进项税额抵扣情况表”。

2. 填写要点

本表中数据不包括纳税人按固定资产核算的不动产的进项税额。

3. 填写说明详解

本表反映纳税人在《附列资料（二）》“一、申报抵扣的进项税额”中固定资产的进项税额。本表按增值税专用发票、海关进口增值税专用缴款书分别填写。

2.7.2.8 《进项结构表》

1. 表式

本表为本次新增附表，表式如下：

本期抵扣进项税额结构明细表

税款所属时间： 年 月 日至 年 月 日

纳税人名称：（公章） 金额单位：元至角分

项　目	栏　次	金额	税额
合计	1=2+4+5+10+13+15+17+18+19		
17%税率的进项	2		
其中：有形动产租赁的进项	3		
13%税率的进项	4		
11%税率的进项	5		
其中：货物运输服务的进项	6		
建筑安装服务的进项	7		
不动产租赁服务的进项	8		
购入不动产的进项	9		
6%税率的进项	10		
其中：直接收费金融服务的进项	11		
财产保险的进项	12		
5%征收率的进项	13		
其中：购入不动产的进项	14		
3%征收率的进项	15		
其中：建筑安装服务的进项	16		
1.5%征收率的进项	17		
农产品核定扣除进项	18		
外贸企业进项税额抵扣证明注明的进项	19		
	20		
	21		

2. 填写要点

（1）纳税人应根据当期取得的增值税抵扣凭证，按照税率或征收率对当期进项税额进行归集。

本表第1栏“税额”=《附列资料（二)》第12栏“税额”列

（2）在每个税率或征收率项下的其中数，应根据实际业务进行归集。

3. 填写说明详解

（1）“税款所属时间”“纳税人名称”的填写同主表。

（2）第1栏反映本期申报抵扣进项税额的合计数。按表中所列公式计算填写。

本栏“税额”列=《附列资料（二）》第12栏“税额”列

（3）第2至17栏分别反映纳税人按税法规定符合抵扣条件，在本期申报抵扣的不同税率（或征收率）的进项税额。其中，用于购建不动产的进项税额按照本期实际抵扣的进项税额填写。

（4）第18栏反映纳税人按照农产品增值税进项税额核定扣除办法计算抵扣的进项税额。

（5）第19栏反映纳税人按照外贸企业进项税额抵扣证明注明的进项税额。

（6）本表内各栏间逻辑关系如下：

第1栏表内公式为1=2+4+5+10+13+15+17+18+19；

第2栏≥第3栏；

第5栏≥第6栏+第7栏+第8栏+第9栏；

第10栏≥第11栏+第12栏；

第13栏≥第14栏；

第15栏≥第16栏。

2.7.2.9 《减免税明细表》

1. 表式及主要变化

（1）表式

增值税减免税申报明细表

税款所属时间：自 年 月 日至 年 月 日

纳税人名称（公章）： 金额单位：元至角分

一、减税项目						
减税性质代码及名称	栏次	期初余额	本期发生额	本期应抵减税额	本期实际抵减税额	期末余额
		1	2	3=1+2	4≤3	5=3-4
合计	1					
	2					
	3					
	4					
	5					
	6					

续表

二、免税项目						
免税性质代码及名称	栏次	免征增值税项目销售额	免税销售额扣除项目本期实际扣除金额	扣除后免税销售额	免税销售额对应的进项税额	免税额
		1	2	3=1-2	4	5
合计	7					
出口免税	8		—	—	—	—
其中：跨境服务	9		—	—	—	—
	10					
	11					
	12					
	13					
	14					
	15					
	16					

（2）主要变化

表中第9栏调整为“其中：跨境服务”，用于填写纳税人当期提供跨境服务的销售额。

2. 填写要点

（1）本表由享受增值税减免税优惠政策的增值税一般纳税人和小规模纳税人填写。仅享受月销售额不超过3万元（按季纳税9万元）免征增值税政策或未达起征点的增值税小规模纳税人不需填报本表，即小规模纳税人当期增值税纳税申报表主表第12栏“其他免税销售额”“本期数”和第16栏“本期应纳税额减征额”“本期数”均无数据时，不需填报本表。

（2）“一、减税项目”由本期按照税收法律、法规及国家有关税收规定享受减征（包含税额式减征、税率式减征）增值税优惠的纳税人填写。

（3）“二、免税项目”由本期按照税收法律、法规及国家有关税收规定免征增值税的纳税人填写。仅享受小微企业免征增值税政策或未达起征点的小规模纳税人不需填写，即小规模纳税人申报表主表第12栏“其他免税销售额”“本期数”无数据时，不需填写本栏。

3. 填写说明详解

（1）本表由享受增值税减免税优惠政策的增值税一般纳税人和小规模纳税人填写。仅享受月销售额不超过3万元（按季纳税9万元）免征增值税政策或未达起征点的增值税小规模纳税人不需填报本表，即小规模纳税人当期增值税纳税申报表主表第12栏“其他免税销售额”“本期数”和第16栏“本期应纳税额减征额”“本期数”均无数据时，不需填报本表。

（2）“税款所属时间”“纳税人名称”的填写同主表。

（3）“一、减税项目”由本期按照税收法律、法规及国家有关税收规定享受减征（包含税额式减征、税率式减征）增值税优惠的纳税人填写。

①“减税性质代码及名称”：根据国家税务总局最新发布的《减免性质及分类表》所列减免性质代码、项目名称填写。同时有多个减征项目的，应分别填写。

②第1列“期初余额”：填写应纳税额减征项目上期“期末余额”，为对应项目上期应抵减而不足抵减的余额。

③第2列“本期发生额”：填写本期发生的按照规定准予抵减增值税应纳税额的金额。

④第3列“本期应抵减税额”：填写本期应抵减增值税应纳税额的金额。本列按表中所列公式填写。

⑤第4列“本期实际抵减税额”：填写本期实际抵减增值税应纳税额的金额。本列各行≤第3列对应各行。

一般纳税人填写时，第1行“合计”本列数=主表第23行“一般项目”列“本月数”。

小规模纳税人填写时，第1行“合计”本列数=主表第16行“本期应纳税额减征额”“本期数”。

⑥第5列“期末余额”：按表中所列公式填写。

（4）“二、免税项目”由本期按照税收法律、法规及国家有关税收规定免征增值税的纳税人填写。仅享受小微企业免征增值税政策或未达起征点的小规模纳税人不需填写，即小规模纳税人申报表主表第12栏“其他免税销售额”“本期数”无数据时，不需填写本栏。

①“免税性质代码及名称”：根据国家税务总局最新发布的《减免性质及分类表》所列减免性质代码、项目名称填写。同时有多个免税项目的，应分别填写。

②“出口免税”填写纳税人本期按照税法规定出口免征增值税的销售额，但不包括适用免、抵、退税办法出口的销售额。小规模纳税人不填写本栏。

③第1列“免征增值税项目销售额”：填写纳税人免税项目的销售额。免税销售额按照有关规定允许从取得的全部价款和价外费用中扣除价款的，应填写扣除之前的

销售额。

一般纳税人填写时，本列“合计”等于主表第8行“一般项目”列“本月数”。

小规模纳税人填写时，本列“合计”等于主表第12行“其他免税销售额”“本期数”。

④第2列“免税销售额扣除项目本期实际扣除金额”：免税销售额按照有关规定允许从取得的全部价款和价外费用中扣除价款的，据实填写扣除金额；无扣除项目的，本列填写“0”。

⑤第3列“扣除后免税销售额”：按表中所列公式填写。

⑥第4列“免税销售额对应的进项税额”：本期用于增值税免税项目的进项税额。小规模纳税人不填写本列，一般纳税人按下列情况填写：

(a) 纳税人兼营应税和免税项目的，按当期免税销售额对应的进项税额填写；

(b) 纳税人本期销售收入全部为免税项目，且当期取得合法扣税凭证的，按当期取得的合法扣税凭证注明或计算的进项税额填写；

(c) 当期未取得合法扣税凭证的，纳税人可根据实际情况自行计算免税项目对应的进项税额；无法计算的，本栏次填“0”。

⑦第5列“免税额”：一般纳税人和小规模纳税人分别按下列公式计算填写，且本列各行数应大于或等于0。

一般纳税人公式：第5列“免税额”≤第3列“扣除后免税销售额”×适用税率-第4列“免税销售额对应的进项税额”。

小规模纳税人公式：第5列“免税额”=第3列“扣除后免税销售额”×征收率。

2.7.3　小规模纳税人申报表

全面实施营改增后，小规模纳税人的申报表调整为1主表2附表，较之前减少了1张附表，即《附列资料（四）》不再填报，有效减轻了小规模纳税人的办税负担。同时，小规模申报主表为满足营改增后申报需要，调整较大。小规模纳税人填报《增值税减免税申报明细表》详见2.7.2.9。

2.7.3.1　小规模申报表主表

1. 表式及主要变化

(1) 表式

增值税纳税申报表

（小规模纳税人适用）

纳税人识别号：□□□□□□□□□□□□□□□□□□□□□

纳税人名称（公章）： 金额单位：元至角分

税款所属期： 年 月 日至 年 月 日 填表日期： 年 月 日

	项目	栏次	本期数		本年累计	
			货物及劳务	服务、不动产和无形资产	货物及劳务	服务、不动产和无形资产
一、计税依据	（一）应征增值税不含税销售额	1				
	税务机关代开的增值税专用发票不含税销售额	2				
	税控器具开具的普通发票不含税销售额	3				
	（二）销售、出租不动产不含税销售额	4	—		—	
	税务机关代开的增值税专用发票不含税销售额	5	—		—	
	税控器具开具的普通发票不含税销售额	6	—		—	
	（三）销售使用过的固定资产不含税销售额	7（7≥8）		—		—
	其中：税控器具开具的普通发票不含税销售额	8		—		—
	（四）免税销售额	9＝10+11+12				
	其中：小微企业免税销售额	10				
	未达起征点销售额	11				
	其他免税销售额	12				
	（五）出口免税销售额	13（13≥14）				
	其中：税控器具开具的普通发票销售额	14				
二、税款计算	本期应纳税额	15				
	本期应纳税额减征额	16				
	本期免税额	17				
	其中：小微企业免税额	18				
	未达起征点免税额	19				
	应纳税额合计	20＝15−16				
	本期预缴税额	21			—	—
	本期应补（退）税额	22＝20−21			—	—

续表

<table>
<tr><td>纳税人或代理人声明：</td><td colspan="2">如纳税人填报，由纳税人填写以下各栏：</td></tr>
<tr><td rowspan="3">本纳税申报表是根据国家税收法律法规及相关规定填报的，我确定它是真实的、可靠的、完整的。</td><td>办税人员：
法定代表人：</td><td>财务负责人：
联系电话：</td></tr>
<tr><td colspan="2">如委托代理人填报，由代理人填写以下各栏：</td></tr>
<tr><td>代理人名称（公章）：</td><td>经办人：
联系电话：</td></tr>
</table>

主管税务机关： 接收人： 接收日期：

（2）主要变化

①表头文字表述调整，将原表中“应税货物及劳务”和“应税服务”表述，分别改为“货物及劳务”和“服务、不动产和无形资产”。

②表式中新增了第4栏“（二）销售、出租不动产不含税销售额”、第5栏“税务机关代开的增值税专用发票不含税销售额”、第6栏“税控器具开具的普通发票不含税销售额”。

2. 填写要点

（1）第1栏“应征增值税不含税销售额”：填写本期销售货物及劳务、服务和无形资产的不含税销售额，不包括销售、出租不动产、销售使用过的固定资产和销售旧货的不含税销售额、免税销售额、出口免税销售额、查补销售额。

服务有扣除项目的纳税人，本栏填写扣除后的不含税销售额，与当期小规模申报附列资料第8栏数据一致。

（2）第4栏“销售、出租不动产不含税销售额”：填写销售、出租不动产的不含税销售额，销售额=含税销售额÷(1+5%)。销售不动产有扣除项目的纳税人，本栏填写扣除后的不含税销售额。

【填写案例9】

2016年7月10日，某小规模纳税人转让其购进的一处不动产，取得收入30.5万元，该不动产的购置原价为20万元；2016年7月20日，该纳税人以10万元购入金融商品A，并于7月31日卖出，卖出价为11.03万元。该纳税人7月未发生其他增值税业务。

分析：按照政策规定，小规模纳税人销售其取得（不含自建）的不动产（不含个体工商户销售购买的住房和其他个人销售不动产），应以取得的全部价款和价外费用减去该项不动产购置原价或者取得不动产时的作价后的余额为销售额，按照5%的征收率计算应纳税额。

该纳税人销售不动产的不含税销售额=(30.5−20)÷(1+5%)=10（万元）

纳税人转让金融商品的，按照卖出价扣除买入价后的余额为销售额。

该纳税销售服务的不含税销售额 = (11.03−10) ÷ (1+3%) = 1（万元）

因此，纳税人在2016年7月（税款所属期），申报表主表的填报如下所示：

增值税纳税申报表

（小规模纳税人适用）

纳税人识别号：□□□□□□□□□□□□□□□□□□□□

纳税人名称（公章）： 金额单位：元至角分

税款所属期： 年 月 日至 年 月 日 填表日期： 年 月 日

	项　目	栏　次	本期数		本年累计	
			货物及劳务	服务、不动产和无形资产	货物及劳务	服务、不动产和无形资产
一、计税依据	（一）应征增值税不含税销售额	1		10000		
	税务机关代开的增值税专用发票不含税销售额	2				
	税控器具开具的普通发票不含税销售额	3				
	（二）销售、出租不动产不含税销售额	4	—	100000	—	
	税务机关代开的增值税专用发票不含税销售额	5	—		—	
	税控器具开具的普通发票不含税销售额	6	—		—	

（3）第10栏“小微企业免税销售额”、第11栏“未达起征点销售额”：根据《国家税务总局关于全面推开营业税改征增值税试点有关税收征收管理事项的公告》（国家税务总局公告2016年第23号），增值税小规模纳税人应分别核算销售货物，提供加工、修理修配劳务的销售额，销售服务、无形资产的销售额。增值税小规模纳税人销售货物，提供加工、修理修配劳务月销售额不超过3万元（按季纳税9万元），销售服务、无形资产月销售额不超过3万元（按季纳税9万元）的，自2016年5月1日起至2017年12月31日，可分别享受小微企业暂免征收增值税优惠政策。特别需注意的是，小规模纳税人销售不动产的收入不适用享受小微企业暂免征收增值税优惠政策。

【填写案例10】

某纳税人是小规模纳税人，2016年5月发生以下业务：转让自建的不动产取得收入5万元，销售一批货物取得收入3万元，出租不动产取得月租金收入0.5万元，提供建筑服务取得收入2万元，上述业务分别核算，且取得的收入均为不含税价款。

分析：根据政策规定，该纳税人销售货物及劳务月销售额未超过3万元、销售服务、无形资产月销售额未超过3万元，可分别享受小微企业暂免征收增值税优惠政策。

因此，纳税人2016年5月（税款所属期），申报表主表的填报方法如下：

增值税纳税申报表

（小规模纳税人适用）

纳税人识别号：□□□□□□□□□□□□□□□□□□□□□□□

纳税人名称（公章）： 金额单位：元至角分

税款所属期： 年 月 日至 年 月 日 填表日期： 年 月 日

	项目	栏次	本期数		本年累计	
			货物及劳务	服务、不动产和无形资产	货物及劳务	服务、不动产和无形资产
一、计税依据	（一）应征增值税不含税销售额	1	30000	20000		
	税务机关代开的增值税专用发票不含税销售额	2				
	税控器具开具的普通发票不含税销售额	3				
	（二）销售、出租不动产不含税销售额	4	—	55000	—	
	税务机关代开的增值税专用发票不含税销售额	5	—		—	
	税控器具开具的普通发票不含税销售额	6	—		—	
	（三）销售使用过的固定资产不含税销售额	7（7≥8）		—		—
	其中：税控器具开具的普通发票不含税销售额	8		—		—
	（四）免税销售额	9=10+11+12	30000	25000		
	其中：小微企业免税销售额	10	30000	25000		
	未达起征点销售额	11				
	其他免税销售额	12				

3. 填写说明详解

本表“货物及劳务”与“服务、不动产和无形资产”各项目应分别填写。

（1）“税款所属期”是指纳税人申报的增值税应纳税额的所属时间，应填写具体的起止年、月、日。

（2）“纳税人识别号”栏，填写纳税人的税务登记证件号码。

（3）“纳税人名称”栏，填写纳税人名称全称。

（4）第1栏“应征增值税不含税销售额”：填写本期销售货物及劳务、服务和无形资产的不含税销售额，不包括销售、出租不动产、销售使用过的固定资产和销售旧货的不含税销售额、免税销售额、出口免税销售额、查补销售额。

服务有扣除项目的纳税人，本栏填写扣除后的不含税销售额，与当期《增值税纳税申报表（小规模纳税人适用）附列资料》第8栏数据一致。

（5）第2栏“税务机关代开的增值税专用发票不含税销售额”：填写税务机关代开的增值税专用发票销售额合计。

（6）第3栏“税控器具开具的普通发票不含税销售额”：填写税控器具开具的货物及劳务、服务和无形资产的普通发票金额换算的不含税销售额。

（7）第4栏“销售、出租不动产不含税销售额”：填写销售、出租不动产的不含税销售额，销售额=含税销售额÷(1+5%)。销售不动产有扣除项目的纳税人，本栏填写扣除后的不含税销售额。

【政策链接】

《国家税务总局关于发布〈纳税人转让不动产增值税征收管理暂行办法〉的公告》（国家税务总局公告2016年第14号）：

第四条　小规模纳税人转让其取得的不动产，除个人转让其购买的住房外，按照以下规定缴纳增值税：

1. 小规模纳税人转让其取得（不含自建）的不动产，以取得的全部价款和价外费用扣除不动产购置原价或者取得不动产时的作价后的余额为销售额，按照5%的征收率计算应纳税额。

2. 小规模纳税人转让其自建的不动产，以取得的全部价款和价外费用为销售额，按照5%的征收率计算应纳税额。

除其他个人之外的小规模纳税人，应按照本条规定的计税方法向不动产所在地主管地税机关预缴税款，向机构所在地主管国税机关申报纳税；其他个人按照本条规定的计税方法向不动产所在地主管地税机关申报纳税。

第五条　个人转让其购买的住房，按照以下规定缴纳增值税：

1. 个人转让其购买的住房，按照有关规定全额缴纳增值税的，以取得的全部价款和价外费用为销售额，按照5%的征收率计算应纳税额。

2. 个人转让其购买的住房，按照有关规定差额缴纳增值税的，以取得的全部价款和价外费用扣除购买住房价款后的余额为销售额，按照5%的征收率计算应纳税额。

个体工商户应按照本条规定的计税方法向住房所在地主管地税机关预缴税款，向机构所在地主管国税机关申报纳税；其他个人应按照本条规定的计税方法向住房所在地主管地税机关申报纳税。

（8）第5栏“税务机关代开的增值税专用发票不含税销售额”：填写税务机关代开的增值税专用发票销售额合计。

（9）第6栏“税控器具开具的普通发票不含税销售额”：填写税控器具开具的销售、出租不动产的普通发票金额换算的不含税销售额。

（10）第7栏“销售使用过的固定资产不含税销售额”：填写销售自己使用过的固定资产（不含不动产，下同）和销售旧货的不含税销售额，销售额＝含税销售额/(1+3%)。

（11）第8栏“税控器具开具的普通发票不含税销售额”：填写税控器具开具的销售自己使用过的固定资产和销售旧货的普通发票金额换算的不含税销售额。

（12）第9栏“免税销售额”：填写销售免征增值税的货物及劳务、服务、不动产和无形资产的销售额，不包括出口免税销售额。

服务、不动产有扣除项目的纳税人，填写扣除之前的销售额。

（13）第10栏“小微企业免税销售额”：填写符合小微企业免征增值税政策的免税销售额，不包括符合其他增值税免税政策的销售额。个体工商户和其他个人不填写本栏次。

（14）第11栏“未达起征点销售额”：填写个体工商户和其他个人未达起征点（含支持小微企业免征增值税政策）的免税销售额，不包括符合其他增值税免税政策的销售额。本栏次由个体工商户和其他个人填写。

（15）第12栏“其他免税销售额”：填写销售免征增值税的货物及劳务、服务、不动产和无形资产的销售额，不包括符合小微企业免征增值税和未达起征点政策的免税销售额。

（16）第13栏“出口免税销售额”：填写出口免征增值税货物及劳务、出口免征增值税服务、无形资产的销售额。

服务有扣除项目的纳税人，填写扣除之前的销售额。

（17）第14栏“税控器具开具的普通发票销售额”：填写税控器具开具的出口免征增值税货物及劳务、出口免征增值税服务、无形资产的普通发票销售额。

（18）第15栏“本期应纳税额”：填写本期按征收率计算缴纳的应纳税额。

（19）第16栏“本期应纳税额减征额”：填写纳税人本期按照税法规定减征的增值税应纳税额。包含可在增值税应纳税额中全额抵减的增值税税控系统专用设备费用以及技术维护费，可在增值税应纳税额中抵免的购置税控收款机的增值税税额。

当本期减征额小于或等于第15栏“本期应纳税额”时，按本期减征额实际填写；当本期减征额大于第15栏“本期应纳税额”时，按本期第15栏填写，本期减征额不足抵减部分结转下期继续抵减。

(20) 第17栏"本期免税额":填写纳税人本期增值税免税额,免税额根据第9栏"免税销售额"和征收率计算。

(21) 第18栏"小微企业免税额":填写符合小微企业免征增值税政策的增值税免税额,免税额根据第10栏"小微企业免税销售额"和征收率计算。

(22) 第19栏"未达起征点免税额":填写个体工商户和其他个人未达起征点(含支持小微企业免征增值税政策)的增值税免税额,免税额根据第11栏"未达起征点销售额"和征收率计算。

(23) 第21栏"本期预缴税额":填写纳税人本期预缴的增值税额,但不包括查补缴纳的增值税额。

【政策链接】

《国家税务总局关于发布〈纳税人转让不动产增值税征收管理暂行办法〉的公告》(国家税务总局公告2016年第14号):

第六条 其他个人以外的纳税人转让其取得的不动产,区分以下情形计算应向不动产所在地主管地税机关预缴的税款:

(1) 以转让不动产取得的全部价款和价外费用作为预缴税款计算依据的,计算公式为:

$$\text{应预缴税款}=\text{全部价款和价外费用}\div(1+5\%)\times 5\%$$

(2) 以转让不动产取得的全部价款和价外费用扣除不动产购置原价或者取得不动产时的作价后的余额作为预缴税款计算依据的,计算公式为:

$$\begin{matrix}\text{应预}\\\text{缴税款}\end{matrix}=\left(\begin{matrix}\text{全部价款和}\\\text{价外费用}\end{matrix}-\begin{matrix}\text{不动产购置原价或者}\\\text{取得不动产时的作价}\end{matrix}\right)\div(1+5\%)\times 5\%$$

第九条 纳税人转让其取得的不动产,向不动产所在地主管地税机关预缴的增值税税款,可以在当期增值税应纳税额中抵减,抵减不完的,结转下期继续抵减。

纳税人以预缴税款抵减应纳税额,应以完税凭证作为合法有效凭证。

【政策链接】

《国家税务总局关于发布〈纳税人跨县(市、区)提供建筑服务增值税征收管理暂行办法〉的公告》(国家税务总局公告2016年第17号):

第四条

(三) 小规模纳税人跨县(市、区)提供建筑服务,以取得的全部价款和价外费用扣除支付的分包款后的余额,按照3%的征收率计算应预缴税款。

……

第八条 纳税人跨县(市、区)提供建筑服务,向建筑服务发生地主管国税机关预缴的增值税税款,可以在当期增值税应纳税额中抵减,抵减不完的,结转下期继续抵减。

纳税人以预缴税款抵减应纳税额，应以完税凭证作为合法有效凭证。

【政策链接】

《国家税务总局关于发布〈纳税人提供不动产经营租赁服务增值税征收管理暂行办法〉的公告》（国家税务总局公告2016年第16号）：

第四条　小规模纳税人出租不动产，按照以下规定缴纳增值税：

（1）单位和个体工商户出租不动产（不含个体工商户出租住房），按照5%的征收率计算应纳税额。个体工商户出租住房，按照5%的征收率减按1.5%计算应纳税额。

不动产所在地与机构所在地不在同一县（市、区）的，纳税人应按照上述计税方法向不动产所在地主管国税机关预缴税款，向机构所在地主管国税机关申报纳税。

不动产所在地与机构所在地在同一县（市、区）的，纳税人应向机构所在地主管国税机关申报纳税。

（2）其他个人出租不动产（不含住房），按照5%的征收率计算应纳税额，向不动产所在地主管地税机关申报纳税。其他个人出租住房，按照5%的征收率减按1.5%计算应纳税额，向不动产所在地主管地税机关申报纳税。

……

第十条　单位和个体工商户出租不动产，向不动产所在地主管国税机关预缴的增值税款，可以在当期增值税应纳税额中抵减，抵减不完的，结转下期继续抵减。

纳税人以预缴税款抵减应纳税额，应以完税凭证作为合法有效凭证。

2.7.3.2 《申报表附列资料》

1. 表式及主要变化

（1）表式

增值税纳税申报表（小规模纳税人适用）附列资料

税款所属期：　年　月　日至　年　月　日　　　　填表日期：　年　月　日

纳税人名称（公章）：　　　　金额单位：元至角分

服务扣除额计算			
期初余额	本期发生额	本期扣除额	期末余额
1	2	3（3≤1+2之和，且3≤5）	4=1+2-3
计税销售额计算			
全部含税收入	本期扣除额	含税销售额	不含税销售额
5	6=3	7=5-6	8=7÷1.03

（2）主要变化

将表中“应税服务扣除额计算”“应税服务计税销售额计算”的文字表述，分别修改为“服务扣除额计算”“计税销售额计算”。

2. 填写要点

（1）涉及销售不动产的差额扣除项目，不填写本表。

（2）第8栏“不含税销售额”=第7栏“含税销售额”÷1.03，与《增值税纳税申报表（小规模纳税人适用)》第1栏“应征增值税不含税销售额”“本期数”“服务、不动产和无形资产”栏数据一致。

3. 填写说明详解

本附列资料由销售服务有扣除项目的纳税人填写，各栏次均不包含免征增值税项目的金额。

（1）“税款所属期”是指纳税人申报的增值税应纳税额的所属时间，应填写具体的起止年、月、日。

（2）“纳税人名称”栏，填写纳税人名称全称。

（3）第1栏“期初余额”：填写服务扣除项目上期期末结存的金额，试点实施之日的税款所属期填写“0”。

（4）第2栏“本期发生额”：填写本期取得的按税法规定准予扣除的服务扣除项目金额。

（5）第3栏“本期扣除额”：填写服务扣除项目本期实际扣除的金额。

第3栏“本期扣除额”≤第1栏“期初余额”+第2栏“本期发生额”之和，且第3栏“本期扣除额”≤5栏“全部含税收入”

（6）第4栏“期末余额”：填写服务扣除项目本期期末结存的金额。

（7）第5栏“全部含税收入”：填写纳税人销售服务、无形资产取得的全部价款和价外费用数额。

（8）第6栏“本期扣除额”：填写本附列资料第3项“本期扣除额”栏数据。

第6栏“本期扣除额”=第3栏“本期扣除额”

（9）第7栏“含税销售额”：填写服务、无形资产的含税销售额。

第7栏“含税销售额”=第5栏“全部含税收入”−第6栏“本期扣除额”

（10）第8栏“不含税销售额”：填写服务、无形资产的不含税销售额。

第8栏“不含税销售额”=第7栏“含税销售额”÷1.03，与《增值税纳税申报表（小规模纳税人适用)》第1栏“应征增值税不含税销售额”“本期数”“服务、不动产和无形资产”栏数据一致。

2.7.4 《增值税预缴税款表》

《增值税预缴税款表》是配合全面推开营改增试点，新增加的表，由按政策规定需要预缴增值税的纳税人，在向国税机关预缴税款时填写。

1. 表式

增值税预缴税款表

税款所属时间：　年　月　日至　年　月　日

纳税人识别号：□□□□□□□□□□□□□□□□□□□□□□□□□　　　是否适用一般计税方法　是□　否□

<table>
<tr><td colspan="2">纳税人名称：（公章）</td><td></td><td></td><td colspan="2">金额单位：元（列至角分）</td></tr>
<tr><td colspan="2">项目编号</td><td></td><td>项目名称</td><td colspan="2"></td></tr>
<tr><td colspan="2">项目地址</td><td colspan="4"></td></tr>
<tr><td colspan="2" rowspan="2">预征项目和栏次</td><td>销售额</td><td>扣除金额</td><td>预征率</td><td>预征税额</td></tr>
<tr><td>1</td><td>2</td><td>3</td><td>4</td></tr>
<tr><td>建筑服务</td><td>1</td><td></td><td></td><td></td><td></td></tr>
<tr><td>销售不动产</td><td>2</td><td></td><td></td><td></td><td></td></tr>
<tr><td>出租不动产</td><td>3</td><td></td><td></td><td></td><td></td></tr>
<tr><td></td><td>4</td><td></td><td></td><td></td><td></td></tr>
<tr><td></td><td>5</td><td></td><td></td><td></td><td></td></tr>
<tr><td>合计</td><td>6</td><td></td><td></td><td></td><td></td></tr>
<tr><td>授权声明</td><td colspan="2">如果你已委托代理人填报，请填写下列资料：
为代理一切税务事宜，现授权　（地址）　为本次纳税人的代理填报人，任何与本表有关的往来文件，都可寄予此人。
授权人签字：</td><td>填表人申明</td><td colspan="2">以上内容是真实的、可靠的、完整的。
纳税人签字：</td></tr>
</table>

2. 填写要点

（1）纳税人跨县（市）提供建筑服务、房地产开发企业预售自行开发的房地产项目、纳税人出租与机构所在地不在同一县（市）的不动产，按规定需要在项目所在地或不动产所在地主管国税机关预缴税款的，需填写本表。

（2）纳税人应区分预缴税款项目适用的计税方法，并在表中勾选。

（3）"项目编号"：异地提供建筑服务的纳税人和房地产开发企业填写《建筑工

程施工许可证》上的编号，根据相关规定不需要申请《建筑工程施工许可证》的建筑服务项目或不动产开发项目，不需要填写。出租不动产业务无须填写。

（4）“销售额”：异地提供建筑服务的纳税人填写提供建筑服务取得的全部价款和价外费用（含税）；房地产开发企业填写本期收取的预收款（含税），包括在取得预收款当月或主管国税机关确定的预缴期取得的全部预收价款和价外费用；异地出租不动产的纳税人填写取得全部价款和价外费用（含税）。

（5）“扣除金额”：异地提供建筑服务的纳税人填写跨县（市）提供建筑服务项目按照规定准予从全部价款和价外费用中扣除的金额（含税）；房地产开发企业和异地出租不动产的纳税人不需要填写。

（6）“预征率”：异地提供建筑服务的纳税人和异地出租不动产的纳税人填写对应的预征率或者征收率；房地产开发企业填写3%。

（7）“预征额”：都填写按照规定计算的应预缴税额。

3. 填写说明详解

（1）本表适用于纳税人发生以下情形按规定在国税机关预缴增值税时填写。

①纳税人（不含其他个人）跨县（市）提供建筑服务。

②房地产开发企业预售自行开发的房地产项目。

③纳税人（不含其他个人）出租与机构所在地不在同一县（市）的不动产。

（2）基础信息填写说明：

①“税款所属时间”：指纳税人申报的增值税预缴税额的所属时间，应填写具体的起止年、月、日。

②“纳税人识别号”：填写纳税人的税务登记证件号码；纳税人为未办理过税务登记证的非企业性单位的，填写其组织机构代码证号码。

③“纳税人名称”：填写纳税人名称全称。

④“是否适用一般计税方法”：该项目适用一般计税方法的纳税人在该项目后的“□”中打“√”，适用简易计税方法的纳税人在该项目后的“□”中打“×”。

⑤“项目编号”：由异地提供建筑服务的纳税人和房地产开发企业填写《建筑工程施工许可证》上的编号，根据相关规定不需要申请《建筑工程施工许可证》的建筑服务项目或不动产开发项目，不需要填写。出租不动产业务无须填写。

⑥“项目名称”：填写建筑服务或者房地产项目的名称。出租不动产业务不需要填写。

⑦“项目地址”：填写建筑服务项目、房地产项目或出租不动产的具体地址。

（3）具体栏次填表说明：

①纳税人异地提供建筑服务

纳税人在“预征项目和栏次”部分的第1栏“建筑服务”行次填写相关信息：

（a）第1列“销售额”：填写纳税人跨县（市）提供建筑服务取得的全部价款和价外费用（含税）。

（b）第2列“扣除金额”：填写跨县（市）提供建筑服务项目按照规定准予从全部价款和价外费用中扣除的金额（含税）。

（c）第3列“预征率”：填写跨县（市）提供建筑服务项目对应的预征率或者征收率。

（d）第4列“预征税额”：填写按照规定计算的应预缴税额。

【政策链接】

《国家税务总局关于发布〈纳税人跨县（市、区）提供建筑服务增值税征收管理暂行办法〉的公告》（国家税务总局公告2016年第17号）：

第四条　纳税人跨县（市、区）提供建筑服务，按照以下规定预缴税款：

（1）一般纳税人跨县（市、区）提供建筑服务，适用一般计税方法计税的，以取得的全部价款和价外费用扣除支付的分包款后的余额，按照2%的预征率计算应预缴税款。

（2）一般纳税人跨县（市、区）提供建筑服务，选择适用简易计税方法计税的，以取得的全部价款和价外费用扣除支付的分包款后的余额，按照3%的征收率计算应预缴税款。

（3）小规模纳税人跨县（市、区）提供建筑服务，以取得的全部价款和价外费用扣除支付的分包款后的余额，按照3%的征收率计算应预缴税款。

第五条　纳税人跨县（市、区）提供建筑服务，按照以下公式计算应预缴税款：

（1）适用一般计税方法计税的，应预缴税款=(全部价款和价外费用−支付的分包款)÷(1+11%)×2%

（2）适用简易计税方法计税的，应预缴税款=(全部价款和价外费用−支付的分包款)÷(1+3%)×3%

纳税人取得的全部价款和价外费用扣除支付的分包款后的余额为负数的，可结转下次预缴税款时继续扣除。

纳税人应按照工程项目分别计算应预缴税款，分别预缴。

②房地产开发企业预售自行开发的房地产项目

纳税人在“预征项目和栏次”部分的第2栏“销售不动产”行次填写相关信息：

（a）第1列“销售额”：填写本期收取的预收款（含税），包括在取得预收款当月或主管国税机关确定的预缴期取得的全部预收价款和价外费用。

（b）第2列“扣除金额”：房地产开发企业不需填写。

（c）第3列“预征率”：房地产开发企业预征率为3%。

（d）第4列“预征税额”：填写按照规定计算的应预缴税额。

【政策链接】

《国家税务总局关于发布〈房地产开发企业销售自行开发的房地产项目增值税征收管理暂行办法〉的公告》(国家税务总局公告2016年第18号):

第十条 一般纳税人采取预收款方式销售自行开发的房地产项目，应在收到预收款时按照3%的预征率预缴增值税。

第十一条 应预缴税款按照以下公式计算:

应预缴税款=预收款÷(1+适用税率或征收率)×3%

适用一般计税方法计税的，按照11%的适用税率计算；适用简易计税方法计税的，按照5%的征收率计算。

③纳税人出租不动产

纳税人在“预征项目和栏次”部分的第3栏“出租不动产”行次填写相关信息:

(a) 第1列“销售额”：填写纳税人出租不动产取得全部价款和价外费用（含税);

(b) 第2列“扣除金额”无须填写;

(c) 第3列“预征率”：填写纳税人预缴增值税适用的预征率或者征收率;

(d) 第4列“预征税额”：填写按照规定计算的应预缴税额。

【政策链接】

《国家税务总局关于发布〈纳税人提供不动产经营租赁服务增值税征收管理暂行办法〉的公告》(国家税务总局公告2016年第16号):

第三条 一般纳税人出租不动产，按照以下规定缴纳增值税:

(1) 一般纳税人出租其2016年4月30日前取得的不动产，可以选择适用简易计税方法，按照5%的征收率计算应纳税额。

不动产所在地与机构所在地不在同一县（市、区）的，纳税人应按照上述计税方法向不动产所在地主管国税机关预缴税款，向机构所在地主管国税机关申报纳税。

不动产所在地与机构所在地在同一县（市、区）的，纳税人向机构所在地主管国税机关申报纳税。

(2) 一般纳税人出租其2016年5月1日后取得的不动产，适用一般计税方法计税。

不动产所在地与机构所在地不在同一县（市、区）的，纳税人应按照3%的预征率向不动产所在地主管国税机关预缴税款，向机构所在地主管国税机关申报纳税。

不动产所在地与机构所在地在同一县（市、区）的，纳税人应向机构所在地主管国税机关申报纳税。

一般纳税人出租其2016年4月30日前取得的不动产适用一般计税方法计税的，按照上述规定执行。

第四条 小规模纳税人出租不动产，按照以下规定缴纳增值税：

(1) 单位和个体工商户出租不动产（不含个体工商户出租住房），按照5%的征收率计算应纳税额。个体工商户出租住房，按照5%的征收率减按1.5%计算应纳税额。

不动产所在地与机构所在地不在同一县（市、区）的，纳税人应按照上述计税方法向不动产所在地主管国税机关预缴税款，向机构所在地主管国税机关申报纳税。

不动产所在地与机构所在地在同一县（市、区）的，纳税人应向机构所在地主管国税机关申报纳税。

(2) 其他个人出租不动产（不含住房），按照5%的征收率计算应纳税额，向不动产所在地主管地税机关申报纳税。其他个人出租住房，按照5%的征收率减按1.5%计算应纳税额，向不动产所在地主管地税机关申报纳税。

……

第七条 预缴税款的计算

(1) 纳税人出租不动产适用一般计税方法计税的，按照以下公式计算应预缴税款：

应预缴税款=含税销售额÷(1+11%)×3%

(2) 纳税人出租不动产适用简易计税方法计税的，除个人出租住房外，按照以下公式计算应预缴税款：

应预缴税款=含税销售额÷(1+5%)×5%

(3) 个体工商户出租住房，按照以下公式计算应预缴税款：

应预缴税款=含税销售额÷(1+5%)×1.5%

2.8 增值税发票使用和开具有关问题解析

本次纳入营改增范围的建筑业、房地产业、金融业、生活服务业，涉及纳税人户数多、行业广、业态复杂，税收制度设计上，既要考虑遵循规范的增值税税制原则，也要兼顾原有营业税政策的过渡；既要保证所有营改增行业税负只减不增，又要兼顾财政体制；既要方便纳税人操作遵从，又要便于税务机关执行。在方方面面兼顾的前提下，税收制度上安排了许多过渡性政策，同时也有一些制度上的尝试和创新。税收征管是落实税收政策制度的基础和保障，发票管理是税务机关重要的工作内容，是税收征收管理的重要抓手，无论是国家税务局还是地方税务局都采用了信息化手段“以票控税”的措施。为配合营改增各项税收制度的执行，保障全面推开营改增试点如期顺利实施，本次在发票使用和开具等方面作出了许多新的规定和新的变化，甚至是突破，既涉及纳税人自开发票，也涉及税务机关代开发票；既涉及机构所在地国家税务局，也涉及项目所在地国家税务局；既涉及国家税务局，也涉及地方税务局。国家税务总局针对不同的行业、不同的纳税人类型，明确了发票使用的种类、范围和开具规定。为保障营改增顺利实施，减轻纳税人和基层税务机关负担，还扩大了取消增值税发票认证的纳税人范围。

2.8.1 背景和目的

1994 年我国确立了新的增值税制度，加上近几年推行的营业税改征增值税试点，共同构成了我国现行的增值税制度。与大部分开征增值税的国家相同，我国的增值税也实行“凭票扣税制”，即纳税人凭从销售方取得的扣税凭证（增值税专用发票为主）注明的增值税额抵扣税款。这一制度不仅是国际通行做法，更重要的是方便纳税人和税务机关进行税款核算，符合我国的国情、便于实施，客观上还有增值税链条购销双方通过发票相互制约维护税基的优点。因此，增值税专用发票的重要性是不言而喻的。税制改革实施初期，不法分子铤而走险，从事倒卖、虚开专用发票的犯罪活动非常猖獗，国家税款流失严重，大案要案频发，严重破坏了市场经济秩序，甚至威胁到新税制的实施。因此，实行增值税制度必须依靠强大、有效的税收征管手段作支撑，加强增值税专用发票的管理成为强化增值税征收管理的关键所在。为了有效遏制利用专用发票进行的涉税犯罪势头，保证国家税收不受侵害，国务院领导同志曾亲自指导和协调增值税专用发票管理事宜，并对发票造假以偷骗国家税收的行为采取严厉惩治措施，同时要求利用信息化手段加强专用发票的管理。从1994年开始，以加强专用发票管理为主要目标的金税工程开始着手建设，2003年7月底，增值税防伪税控系统全面覆盖全国所有增值税一般纳税人。金税工程二期的建立，对防范和打击利用专用发票进行的违法犯罪起到了积极作用，取得了显著效果，依托该系统实现了增值税“以票控税，网络比对，税源监控，综合管理”的闭环管理，有力地打击了利用增值税专用发票的违法犯罪，保障了增值税税制的顺利实施。

随着经济社会的发展，现行增值税发票管理存在的不足逐渐显现，主要体现在两个方面：一是未能将增值税普通发票纳入管理系统；二是未能对增值税专用发票的票面全部信息进行采集和管理（技术上只能采集数字，不能采集汉字如购销单位名称、货物品名等），并且按月采集数据的时效性也难以满足管理的需要。这使得不法分子利用发票管理漏洞进行各种不法活动，甚至铤而走险的问题日益突出。最主要的表现形式就是买卖真发票，填写假内容，骗取抵扣款。例如，个别加油站利用个人消费者不索取发票的机会，与其他企业或通过中介交易，对外开具销售铁矿石或其他货物的发票，用于骗抵国家税款。这类问题，仅靠税务人员进行人工核对堵漏，特别是异地人工核对堵漏是很难解决的。随着营改增试点的全面推开，营业税以及营业税发票将终结使命，纳税人将全部使用增值税发票（包括增值税专用发票和增值税普通发票）。由于大量生活类服务业下游受众一般是个人，而个人往往又不索取发票，这一方面会进一步加剧真票假开等违法犯罪行为的发生；但另一方面，也为利用信息化手段彻底解决“发票乱象”提供了机遇。

随着国家经济结构重大战略性调整，营改增改革的逐步推进，增值税纳税人户数急剧增加，国税机关征管工作量及大厅办税压力激增，对税务机关税收管理水平和纳税服务水平提出了更高的要求。随着近年来现代信息技术的飞速发展，尤其是互联网技术的普遍应用，广大纳税人提出了更高的办税需求。这些变化使得现有的系统难以完全适应和满足基层税务机关和纳税人的需要，有必要与时俱进，对现有增值税发票系统进行升级，打造覆盖所有增值税纳税人以及所有发票的增值税发票管理新系统。

国家税务总局针对发票管理面临的新形势，抓住营改增全覆盖的重要机遇，经反复研究论证，提出了对增值税发票管理系统进行技术改造和全面升级，建设推广增值税发票管理新系统的工作方案。国家税务总局决定着眼税制改革的长远规划和增值税统一规范管理的要求，借助现代信息技术，升级现有增值税发票系统，将一般纳税人使用的增值税专用发票系统和在部分小规模纳税人中推行的增值税发票系统整合升级为所有增值税纳税人使用的增值税发票管理系统，形成

“一个系统两个覆盖”的增值税一体化管理架构。“一个系统”，即增值税发票管理新系统；“两个覆盖”，即覆盖所有增值税纳税人（包括一般纳税人、小规模纳税人和临时散户），覆盖所有发票（包括增值税专用发票和普通发票）。由此，税务机关以完整、准确、及时的发票数据为抓手，强化税源管理、风险控制，为宏观分析决策提供依据，为税制改革保驾护航，通过便民办税减轻纳税人负担，提升税收现代化水平。

建设推广增值税发票管理新系统意义深远，是利国利民利税的大事好事，是国税机关的重点工作之一，使增值税的信息化管理工作取得了革命性的变化，为构建现代税收征管体系奠定了坚实的基础，并将为基本实现税收现代化提供有力的支撑。主要体现在以下几个方面：系统推行到位后将使假发票难以立足；基层税务机关和纳税人两个减负明显；实施营改增扩围将更为顺利；有利于净化社会风气和反腐败工作开展；税务部门可以更好地服务宏观决策和经济社会发展。

增值税发票管理新系统是对增值税防伪税控系统、货物运输业增值税专用发票税控系统、稽核系统以及税务数字证书系统等进行整合升级完善。实现纳税人经过税务数字证书安全认证、加密开具的发票数据，通过互联网实时上传税务机关，生成增值税发票电子底账，作为纳税申报、发票数据查验以及税源管理、数据分析利用的依据。

增值税发票管理新系统纳税人端税控设备包括金税盘和税控盘（以下统称专用设备）。专用设备均可开具增值税专用发票、货物运输业增值税专用发票、增值税普通发票和机动车销售统一发票、增值税电子普通发票。除门票、定额发票、客运发票和二手车销售统一发票，一般纳税人和小规模纳税人发生增值税业务对外开具发票应当使用专用设备开具。

增值税纳税人购买增值税税控系统专用设备支付的费用以及缴纳的技术维护费可按照《财政部　国家税务总局关于增值税税控系统专用设备和技术维护费用抵减增值税税额有关政策的通知》（财税〔2012〕15号）规定，在增值税应纳税额中全额抵减。

为适应税收现代化建设需要，满足增值税一体化管理要求，切实减轻基层税务机关和纳税人负担，国家税务总局决定自2015年起，在全国范围分步全面推行增值税发票管理新系统。

纳税人应在互联网连接状态下在线使用增值税发票管理新系统开具发票。增值税发票管理新系统可自动上传已开具的发票明细数据。纳税人因网络故障等原因无法在线开票的，在税务机关设定的离线开票时限和离线开具发票总金额范围内仍可开票，超限将无法开具发票。纳税人开具发票次月仍未连通网络上传已开具发票明细数据的，也将无法开具发票。纳税人需连通网络上传发票数据后方可开票，若仍无法连通网络的需携带专用设备到税务机关进行征期报税或非征期报税后方可开票。

纳税人已开具未上传的增值税发票为离线发票。离线开票时限是指自第一份离线发票开具时间起开始计算可离线开具的最长时限。离线开票总金额是指可开具离线发票的累计不含税总金额，离线开票总金额按不同票种分别计算。纳税人离线开票时限和离线开票总金额的设定标准及方法由各省、自治区、直辖市和计划单列市国家税务局确定。

按照有关规定不使用网络办税或不具备网络条件的特定纳税人，以离线方式开具发票，不受离线开票时限和离线开具发票总金额限制。特定纳税人的相关信息由主管税务机关在综合征管系统中设定，并同步至增值税发票管理新系统。纳税人应在纳税申报期内将上月开具发票汇总情况通过增值税发票管理新系统进行网络报税。特定纳税人不使用网络报税，需携带专用设备和相关资料到税务机关进行报税。除特定纳税人外，使用增值税发票管理新系统的纳税人，不再需要到税务机关进行报税，原使用的网上报税方式停止使用。

一般纳税人和小规模纳税人可自愿选择使用增值税税控主机共享服务系统开具增值税发票，任何税务机关和税务人员不得强制纳税人使用。

目前新系统已开发完成的主要功能及创新亮点如下。

1. 一个系统两个覆盖

增值税发票管理新系统覆盖所有增值税纳税人及所有增值税发票。将所有增值税纳税人纳入全国统一的一体化系统管理，建立了全国统一的增值税纳税人档案库，覆盖包括一般纳税人、小规模纳税人在内的所有增值税纳税人。新系统实现了增值税一般纳税人和小规模纳税人均可通过一个系统开具增值税专用发票、货物运输业专用发票（2016 年 6 月底前停止使用）、增值税普通发票、机动车销售统一发票和增值税电子普通发票等 5 种增值税发票。新系统彻底解决了增值税管理中税务机关掌握的发票数据不完整不及时、对小规模纳税人税收管理不到位以及不法分子篡改发票信息、虚开发票等税收征管难题。

2. 全程网络化办税

增值税发票管理新系统推行后，纳税人发票申领、开具、验旧、缴销、报税、查验、办理红字发票手续、系统升级以及纳税申报等大部分办税事项均可通过网络实现，可避免到办税服务厅排长队、来回跑的麻烦，大大减轻了纳税人的办税负担，提高办税效率。新系统的推行也是国家税务总局“便民办税春风行动”的重要内容之一。本次营改增将使国税部门管理的纳税人户数增加 1000 多万户。尤其是考虑到办税服务厅的容量不可能在短时间内成倍扩展，改为网络运行后，可较好解决工作量激增与税务机关人手、场地紧张的矛盾，助推营改增扩围顺利实施。

3. 建立发票电子底账库

增值税发票管理新系统的核心就是建立了及时、完整、准确的发票电子底账库，即开具发票信息库。纳税人开具的发票全票面信息（包括所有汉字和数字内容）实时加密上传税务机关，生成发票电子底账库，作为纳税申报、发票数据查验以及税源管理、数据分析利用的依据。开票数据实时跨省异地推送，实现增值税纳税人纳税申报“一窗式”票票比对、票表比对管理。可有效解决不法分子虚开发票、篡改发票汉字信息等问题，全面提升税收管理的质量和效率。

4. 为税收征收管理提供了快速有效的手段

增值税发票管理新系统插上了互联网的翅膀，为税务机关加强税收征收管理提供了快速有效的征管手段。税务机关可实时采集、监控纳税人发票开具情况，及时分析发现开票异常、申报异常的疑点纳税人，并调整其离线开票参数控制，通过网络远程控制纳税人端税控系统，暂停其发票开具，快速处理，防范税收风险。

5. 全国统一的发票真伪查验平台

增值税发票管理新系统建立全国统一的发票真伪查验平台，向一般纳税人提供进项税额专用发票数据，向受票方及相关第三方提供普通发票数据查验服务，实现发票“真票真开”，有效解决虚假发票泛滥问题，极大地压缩了虚假发票的空间，净化社会环境，促进社会诚信体系建设。目前系统已经在北京、上海等部分地区试点，将全国推广。下一步，会计人员、审计人员、纪检人员可通过计算机、手机进入查验系统，实时便捷地对每一张发票信息进行查询、查验和核对。

6. 大数据分析应用

增值税发票管理新系统涵盖全部增值税纳税人的增值税专用发票和普通发票信息，税务部门可实时采集包括交易双方名称、交易商品名称、交易金额、数量、单位等内容信息。及时完整准确的全票面信息，能够客观、快捷、方便、真实反映地区、行业、企业经济发展和物流情况。税务机关通过增值税发票管理新系统，能够掌握大部分经济活动的基本数据及动向，从而强化税源管理、风险控制。通过大数据分析应用，可为宏观经济决策提供更为真实、全面、详细的数据支持。

7. 数据安全可靠

增值税发票管理新系统实现了纳税人网上办税税务数字证书安全认证和发票数据加密验签，税务机关采集传输的发票数据、申报数据均为加密安全数据，可保障纳税人网上办税数据的安全性，防止数据被篡改、盗取；同时可防范税务机关内部人为篡改、删除数据的内控风险，满足税务机关内控机制建设的要求，强化廉政建设。

8. 为推进发票无纸化应用打下坚实的基础

增值税发票管理新系统的推行为推进发票无纸化应用创造了条件，打下了坚实的基础。

国家税务总局自2015年1月1日起，对新认定的增值税一般纳税人和新办小规模纳税人推行了增值税发票管理新系统，自2015年4月1日起新系统在全国范围分步全面推行。本着“积极稳妥，先易后难”的推行工作原则，按照先一般纳税人后小规模纳税人的顺序进行推行，推行工作稳步推进，扎实有序。增值税一般纳税人的推行工作已全部完成，实现了新系统对一般纳税人的全覆盖。全国起征点以上小规模纳税人增值税普通发票新系统的推行工作也已全部完成，推行工作取得阶段性胜利。

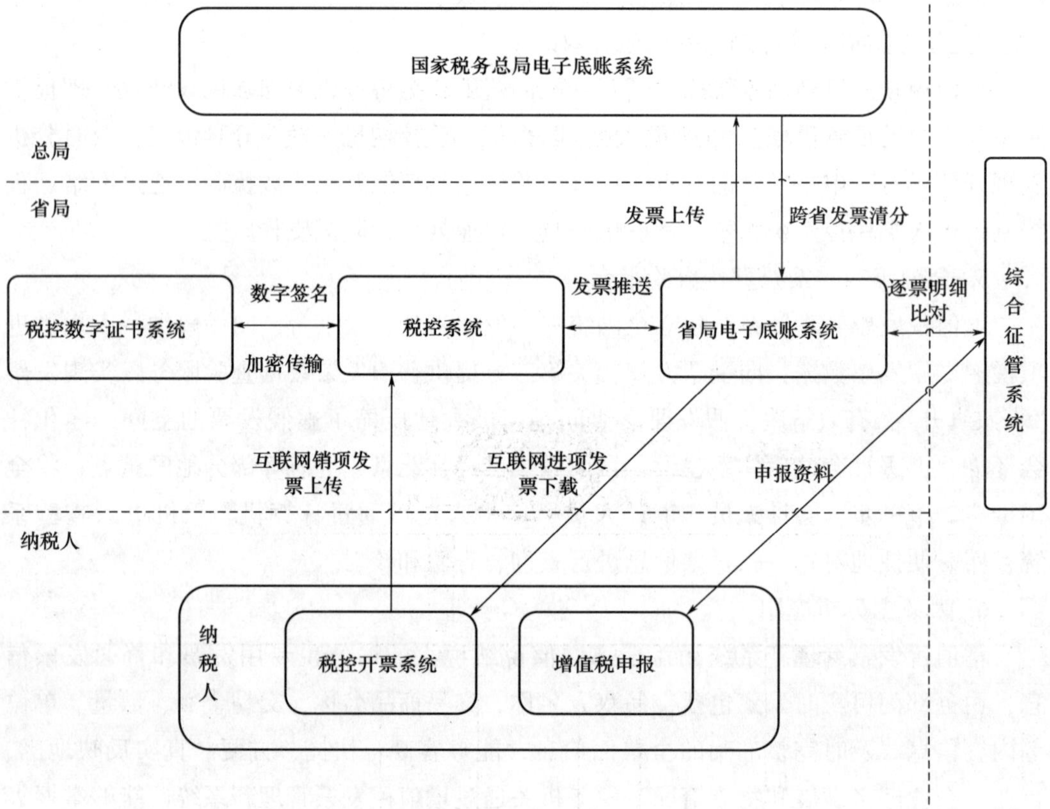

增值税发票管理新系统流程图

2.8.2 增值税发票的使用

《中华人民共和国发票管理办法》及其实施细则规定：发票，是指在购销商品、提供或者接受服务以及从事其他经营活动中，开具、收取的收付款凭证。国务院税务主管部门统一负责全国的发票管理工作。省、自治区、直辖市国家税务局和地方税务局依据各自的职责，共同做好本行政区域内的发票管理工作。发票的种类、联次、内容以及使用范围由国家税务总局规定。在全国范围内统一式样的发票，由国家税务总局确定。在省、自治区、直辖市范围内统一式样的发票，由省、自治区、直辖市国家税务局、地方税务局确定。

全面推开营改增试点后，营业税发票将停止使用，所有发票都属于增值税发票。增值税发票既是商事凭证，也是计税凭证，承载了方方面面的功能。增值税发票分为增值税专用发票和普通发票，两者的主要区别就在于增值税专用发票具有税款抵扣功能。

《增值税专用发票使用规定》明确：增值税专用发票，是增值税一般纳税人销售货物或者提供应税劳务开具的发票，是购买方支付增值税额并可按照增值税有关规定据以抵扣增值税进项税额的凭证。

1. 增值税发票管理新系统具有一个系统开具多种增值税发票功能，方便从事兼营多种应税、免税项目的纳税人发票开具，可以满足营改增纳税人的不同开票需求。

增值税一般纳税人销售货物、服务、无形资产、不动产和提供应税劳务，使用增值税发票管理新系统开具增值税专用发票、增值税普通发票、机动车销售统一发票、增值税电子普通发票。

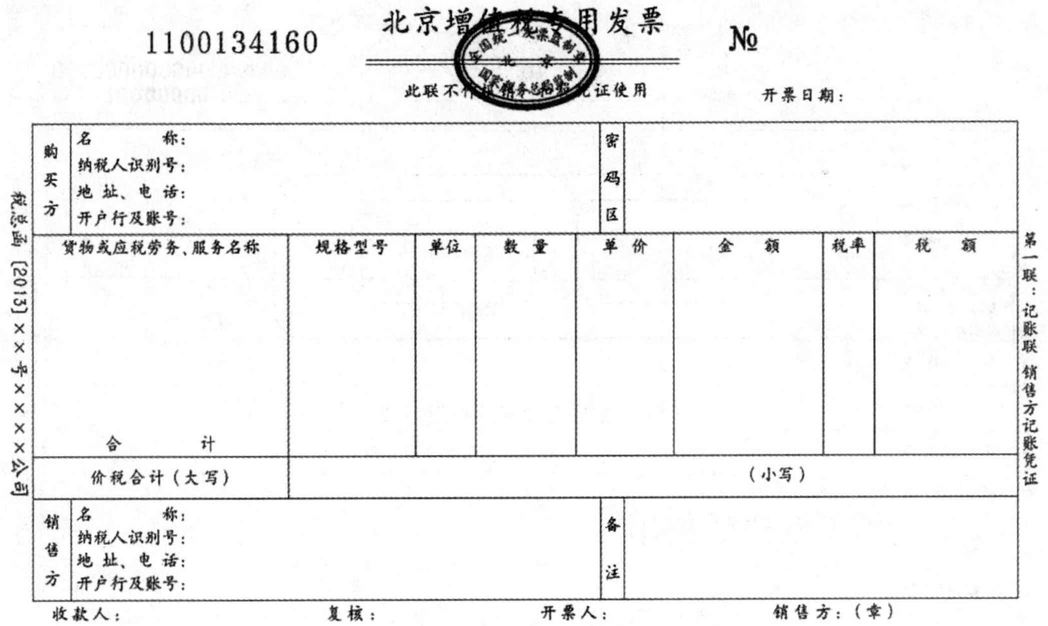
北京增值税专用发票

1100134160 №

此联不作报销、扣税凭证使用 开票日期：

税总函〔2013〕××号×××公司

购买方	名称： 纳税人识别号： 地址、电话： 开户行及账号：				密码区			
货物或应税劳务、服务名称		规格型号	单位	数量	单价	金额	税率	税额
合计								
价税合计（大写）		（小写）						
销售方	名称： 纳税人识别号： 地址、电话： 开户行及账号：				备注			

收款人： 复核： 开票人： 销售方：（章）

第一联：记账联 销售方记账凭证

增值税专用发票票样

1100123320 **北京增值税普通发票** №

全国统一发票监制章 北京 国家税务总局监制

开票日期：

购买方	名称： 纳税人识别号： 地址、电话： 开户行及账号：				密码区		
货物或应税劳务、服务名称	规格型号	单位	数量	单价	金额	税率	税额
合计							
价税合计（大写）				（小写）			
销售方	名称： 纳税人识别号： 地址、电话： 开户行及账号：				备注		

税总函〔2013〕××号××××公司

第一联：记账联 销售方记账凭证

收款人：　复核：　开票人：　销售方：（章）

增值税普通发票票样

机动车销售统一发票

存根联

发票代码 000000000000

发票号码 00000006

开票日期

机打代码 机打号码 机器编号		税控码					
购买方名称及身份证号码/组织机构代码			纳税人识别号				
车辆类型		厂牌型号			产地		
合格证号		进口证明书号			商检单号		
发动机号码			车辆识别代号/车架号码				
价税合计				小写			
销货单位名称				电话			
纳税人识别号				账号			
地址			开户银行				
增值税税率或征收率		增值税税额		主管税务机关及代码			
不含税价	小写	完税凭证号码		吨位		限乘人数	

第六联 存根联（销货单位留存）

（手开无效）

销货单位盖章　开票人　备注：一车一票

机动车销售统一发票票样

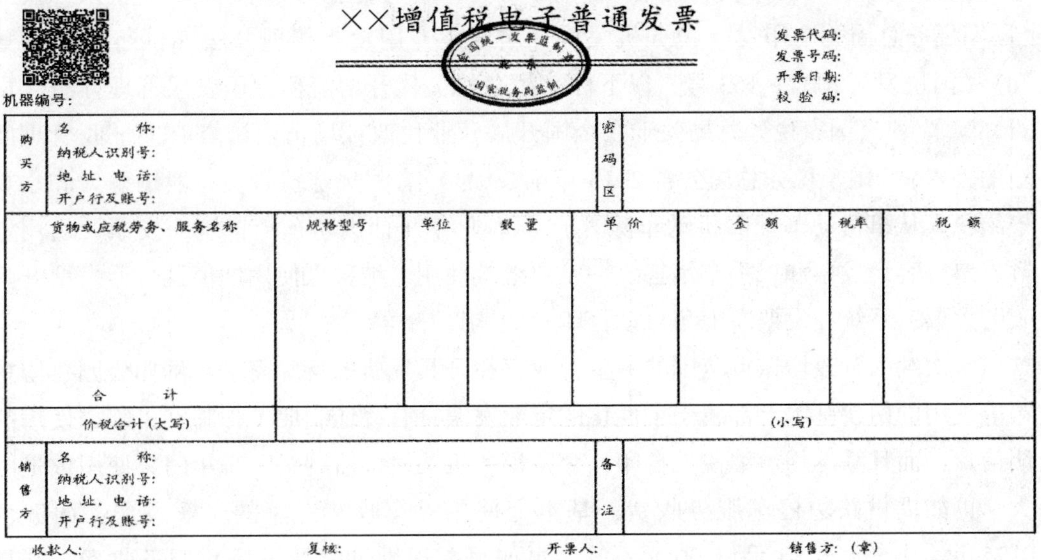

××增值税电子普通发票

发票代码：
发票号码：
开票日期：
校 验 码：

机器编号：

购买方	名　　称： 纳税人识别号： 地址、电话： 开户行及账号：	密码区					
货物或应税劳务、服务名称	规格型号	单位	数量	单价	金额	税率	税额
合　　计							
价税合计（大写）					（小写）		
销售方	名　　称： 纳税人识别号： 地址、电话： 开户行及账号：	备注					

收款人：　　复核：　　开票人：　　销售方：（章）

增值税电子普通发票票样

2. 增值税小规模纳税人销售货物、提供加工修理修配劳务月销售额超过 3 万元（按季纳税 9 万元），或者销售服务、无形资产月销售额超过 3 万元（按季纳税 9 万元），使用新系统开具增值税普通发票、机动车销售统一发票、增值税电子普通发票。

增值税纳税人购买增值税税控系统专用设备支付的费用以及缴纳的技术维护费可按照《财政部　国家税务总局关于增值税税控系统专用设备和技术维护费用抵减增值税税额有关政策的通知》（财税〔2012〕15 号）规定，在增值税应纳税额中全额抵减。但由于不达增值税起征点的小规模纳税人购买增值税税控系统专用设备支付的费用以及缴纳的技术维护费暂无法抵减税款，需日后发生应纳增值税后才能享受国家优惠政策。为保障系统推行工作平稳有序，2015 年国家税务总局发布《关于再次明确不得将不达增值税起征点的小规模纳税人纳入增值税发票系统升级版推行范围的通知》（税总函〔2015〕199 号），明确不达增值税起征点的小规模纳税人当前暂不纳入增值税发票管理新系统推行范围，暂可继续使用现有方式开票。要求各地国税机关认真做好纳税人的宣传解释工作，加强小规模纳税人代开发票等纳税服务工作，同时做好服务单位的监督管理工作。

3. 为满足纳税人使用增值税发票管理新系统开具卷式普通发票的需要，新系统增加了开具增值税普通发票（卷式）功能。因此为保障营改增如期顺利实施，明确增值税普通发票（卷式）启用前，纳税人可通过新系统使用现有国税机关发放的卷式发票。

4. 2015 年 3 月发布的《国家税务总局关于全面推行增值税发票系统升级版有关问题的公告》（国家税务总局公告 2015 年第 19 号）规定：一般纳税人销售货物、提供应税劳务和应税服务开具增值税专用发票、货物运输业增值税专用发票和增值税普通发票。小规模纳税人销售货物、提供应税劳务和应税服务开具增值税普通发票。税务机关为小规模纳税人代开增值税专用发票和货物运输业增值税专用发票，按照《国家税务总局关于印发〈税务机关代开增值税专用发票管理办法（试行）〉的通知》（国税发〔2004〕153号，以下称《税务机关代开增值税专用发票管理办法（试行）》）和《国家税务总局关于在全国开展营业税改征增值税试点有关征收管理问题的公告》（国家税务总局公告2013年第39号）有关规定执行。一般纳税人和小规模纳税人从事机动车（旧机动车除外）零售业务开具机动车销售统一发票。通用定额发票、客运发票和二手车销售统一发票继续使用。纳税人使用增值税普通发票开具收购发票，系统在发票左上角自动打印“收购”字样。

本次纳入营改增试点范围的一些行业存在开具发票的特殊需求：例如公园、博物馆等现用的门票基本上都属于个性化的定额发票，有些还制成了含邮资可邮寄使用的明信片，而且基本均由纳税人自印，套印税务机关发票监制章，每年门票使用数量巨大。再如提供路边停车服务收费，基本上使用停车收费专用的定额发票，面额从0.25元、0.5元至50元、100元不等。再如目前提供过路（过桥）服务收费，开具的发票有定额发票和机打发票两种。过路（过桥）服务收费开具发票在效率上有很高的要求，必须保证车辆快速通行，避免因开具发票时间过长造成车辆拥堵现象；而且高速公路运营企业经营模式各有不同，税收管理水平参差不齐，高速公路通行费发票普遍不记名、无税控。

针对纳入营改增试点范围的一些行业存在开具发票的特殊需求，在《国家税务总局关于全面推行增值税发票系统升级版有关问题的公告》（国家税务总局公告2015年第19号）规定可继续使用的普通发票基础上，进一步明确：门票、过路（过桥）费发票、定额发票、客运发票和二手车销售统一发票继续使用。

5.《税务机关代开增值税专用发票管理办法（试行）》规定：代开专用发票是指主管税务机关为所辖范围内的增值税纳税人（是指已办理税务登记的小规模纳税人，包括个体经营者以及国家税务总局确定的其他可予代开增值税专用发票的纳税人）代开专用发票，其他单位和个人不得代开。主管税务机关应设立代开专用发票岗位和税款征收岗位，并分别确定专人负责代开专用发票和税款征收工作。代开专用发票统一使用增值税防伪税控代开票系统开具。非防伪税控代开票系统开具的代开专用发票不得作为增值税进项税额抵扣凭证。增值税纳税人发生增值税应税行为、需要开具专用发票时，可向其主管税务机关申请代开。为增值税纳税人代开的专用发票应统一使用六联专用发票，第五联代开发票岗位留存，以备发票的扫描补录，第六联交税款征收岗位，用于代开发票税额与征收税款的定期核对，其他联次交增值税纳税人。

随着增值税发票管理新系统的推广应用，国税机关代开发票（包括代开增值税专用发票和增值税普通发票），均通过新系统开具，新系统开具的发票可以及时完整采集所有开票信息。《国家税务总局关于营业税改征增值税委托地税机关代征税款和代开增值税发票的公告》（国家税务总局公告2016年第19号）以及《国家税务总局关于营业税改征增值税委托地税局代征税款和代开增值税发票的通知》（税总函〔2016〕145号）、《国家税务总局关于全面推开营业税改征增值税试点有关税收征收管理事项的公告》（国家税务总局公告2016年第23号）规定，地税机关使用新系统代开增值税专用发票和增值税普通发票。代开增值税专用发票使用六联票，代开增值税普通发票使用五联票。

6. 关于营改增税制转换过程中，普通发票衔接问题，各地国家税务局、地方税务局以及广大纳税人都很关心。国家税务总局综合考虑各方面因素，制定了普通发票衔接方案，《国家税务总局关于全面推开营业税改征增值税试点有关税收征收管理事项的公告》规定：自2016年5月1日起，地税机关不再向试点纳税人发放发票。试点纳税人已领取地税机关印制的发票以及印有本单位名称的发票，可继续使用至2016年6月30日，特殊情况经省国家税务局确定，可适当延长使用期限，最迟不超过2016年8月31日。

营改增税制转换过程中，还有一些发票使用的特殊情况，比如纳税人在地税机关已申报营业税但因种种原因未开具发票，2016年5月1日以后需要补开发票的处理问题。对此，《国家税务总局关于全面推开营业税改征增值税试点有关税收征收管理事项的公告》规定：纳税人在地税机关已申报营业税未开具发票，2016年5月1日以后需要补开发票的，可于2016年12月31日前开具增值税普通发票。国家税务总局另有规定的除外，如《国家税务总局关于发布〈房地产开发企业销售自行开发的房地产项目增值税征收管理暂行办法〉的公告》（国家税务总局公告2016年第18号）第二十四条规定：小规模纳税人销售自行开发的房地产项目，其2016年4月30日前收取并已向主管地税机关申报缴纳营业税的预收款，未开具营业税发票的，可以开具增值税普通发票，不得申请代开增值税专用发票。本条规定并没有可以开具增值税普通发票的时间期限要求。

7. 电子发票是现代信息社会的产物，是在购销商品、提供或者接受服务以及从事其他经营活动中，开具、收取的数据电文形式的收付款凭证。电子发票与传统发票的区别主要有两点：一是从传统的物理介质发展为数据电文形式；二是打破了纸质发票作为会计记账凭证的传统，具备了发票会计档案电子记账的条件。推行增值税电子发票系统不仅可节约财政资金而且有利于促进社会进步，节约社会资源，降低纳税人经营成本，方便消费者保存使用发票，便于税务管理和大数据应用，营造健康公平的税收环境，是税务机关推进税收现代化建设，实现“互联网+税务”的重要举措。与传统纸质发票相比，纳税人申领、开具、流转、查验电子发票等都可以通过税务机关统一的电子发票管理系统在互联网上进行，发票开具更快捷、查询更方便。具体来看，主要体现在以下三方面：一是有利于企业节约经营成本。电子发票不需要纸质载体，没有印制、打印、存储和邮寄等成本，企业可以节约相关费用，大大降低经营成本。二是有利于消费者保存使用发票。消费者可以在发生交易的同时收取电子发票，并可以在税务机关网站查询验证发票信息。在凭电子发票进行相关售后维修服务时，可以对电子发票进行下载或打印，解决了纸质发票查询和保存不便的缺陷。三是有利于税务部门规范管理和数据应用。企业通过增值税发票管理新系统开具电子发票后，税务机关可以及时对纳税人开票数据进行查询、统计、分析，及时发现涉税违法违规问题，有利于提高工作效率，降低管理成本。

为进一步适应经济社会发展和税收现代化建设需要，国家税务总局在增值税发票管理新系统基础上，组织开发了增值税电子普通发票开具功能，经过前期试点，系统运行平稳，具备了全国推行的条件。为了满足纳税人开具增值税电子普通发票的需求，《国家税务总局关于推行通过增值税电子发票系统开具的增值税电子普通发票有关问题的公告》（国家税务总局公告 2015 年第 84 号）明确，自 2015 年 12 月起全面推行通过增值税电子发票系统开具的增值税电子普通发票。公告还明确：增值税电子普通发票的开票方和受票方需要纸质发票的，可以自行打印增值税电子普通发票的版式文件，其法律效力、基本用途、基本使用规定等与税务机关监制的增值税普通发票相同。

2.8.3 增值税发票开具的基本规定

《中华人民共和国发票管理办法》规定：销售商品、提供服务以及从事其他经营活动的单位和个人，对外发生经营业务收取款项，收款方应当向付款方开具发票；特殊情况下，由付款方向收款方开具发票。所有单位和从事生产、经营活动的个人在购买商品、接受服务以及从事其他经营活动支付款项，应当向收款方取得发票。取得发票时，不得要求变更品名和金额。开具发票应当按照规定的时限、顺序、栏目，全部联次一次性如实开具，并加盖发票专用章。

任何单位和个人不得有下列虚开发票行为：为他人、为自己开具与实际经营业务情况不符的发票；让他人为自己开具与实际经营业务情况不符的发票；介绍他人开具与实际经营业务情况不符的发票。

任何单位和个人应当按照发票管理规定使用发票，不得有下列行为：转借、转让、介绍他人转让发票、发票监制章和发票防伪专用品；知道或者应当知道是私自印制、伪造、变造、非法取得或者废止的发票而受让、开具、存放、携带、邮寄、运输；拆本使用发票；扩大发票使用范围；以其他凭证代替发票使用。

除国务院税务主管部门规定的特殊情形外，发票限于领购单位和个人在本省、自治区、直辖市内开具。省、自治区、直辖市税务机关可以规定跨市、县开具发票的办法。

除国务院税务主管部门规定的特殊情形外，任何单位和个人不得跨规定的使用区域携带、邮寄、运输空白发票。禁止携带、邮寄或者运输空白发票出入境。开具发票的单位和个人应当按照税务机关的规定存放和保管发票，不得擅自损毁。已经开具的发票存根联和发票登记簿应当保存5年。保存期满，报经税务机关查验后销毁。

《增值税专用发票使用规定》规定：增值税一般纳税人有下列情形之一的，不得领购开具专用发票：

1. 会计核算不健全，不能向税务机关准确提供增值税销项税额、进项税额、应纳税额数据及其他有关增值税税务资料的。其他有关增值税税务资料的内容，由省、自治区、直辖市和计划单列市国家税务局确定。

2. 有《中华人民共和国税收征收管理法》规定的税收违法行为，拒不接受税务机关处理的。

3. 有下列行为之一，经税务机关责令限期改正而仍未改正的：

①虚开增值税专用发票；

②私自印制专用发票；

③向税务机关以外的单位和个人买取专用发票；

④借用他人专用发票；

⑤未按《增值税专用发票使用规定》第十一条开具专用发票；

⑥未按规定保管专用发票和专用设备；

⑦未按规定申请办理防伪税控系统变更发行；

⑧未按规定接受税务机关检查。

有上列情形的，如已领购专用发票，主管税务机关应暂扣其结存的专用发票和IC卡。

一般纳税人销售货物或者提供应税劳务，应向购买方开具专用发票。

增值税小规模纳税人需要开具专用发票的，可向主管税务机关申请代开。销售免税货物或劳务、服务不得开具专用发票，法律、法规及国家税务总局另有规定的除外。

专用发票应按下列要求开具：

1. 项目齐全，与实际交易相符；

2. 字迹清楚，不得压线、错格；

3. 发票联和抵扣联加盖发票专用章；

4. 按照增值税纳税义务的发生时间开具。

对不符合上列要求的专用发票，购买方有权拒收。

2.8.4　增值税发票开具有关问题

2.8.4.1　商品和服务税收分类与编码

为加快税收现代化建设，方便纳税人便捷、规范开具增值税发票，有利于税务机关加强增值税征收管理，国家税务总局编写了《商品和服务税收分类与编码（试行)》，并在增值税发票管理新系统中增加了编码相关功能。自 2016 年 2 月起在北京市、上海市、江苏省和广东省进行编码推广的试点工作，试点工作平稳顺利。国家税务总局决定，自 2016 年 5 月 1 日起，纳入新系统推行范围的营改增纳税人及新办纳税人，按照编码开具增值税发票。带有税收编码的增值税发票票面不作调整，票面中不打印税收编码，税收编码随开票信息一并上传税务机关。

自 2016 年 5 月 1 日起，纳入新系统推行范围的营改增纳税人及新办增值税纳税人，应使用新系统选择相应的编码开具增值税发票。北京市、上海市、江苏省和广东省编码试点纳税人，应于 5 月 1 日前完成系统升级。5 月 1 日前已使用新系统的纳税人，应于 8 月 1 日前分批完成系统升级。

税收编码分为税收分类编码和企业自定义代码。企业自定义代码由 10 层 20 位数字构成。税收分类编码以统计部门的产品代码和国民经济行业代码为基础。涵盖包括本次营改增试点征收品目在内的所有增值税征收范围。兼顾现行有关增值税、消费税的相关政策：适用税率、简易征收、增值税优惠政策、消费税、其他特殊管理政策。编码由 19 位数字构成，分篇、类、章、节、条、款、项、目、子目、细目 10 层，共计 4140 项。

1. 5 大类：按货物、劳务、销售服务、无形资产和不动产归类；

2. 4140 项：3487 个明细开票项，653 个汇总项；

3. 829 个增值税优惠政策及特殊管理要求；

4. 76 个消费税管理政策；

5. 对应 2.8 万个统计局的产品和劳务。

货物和劳务分类编码表由国家税务总局统一维护，未经同意，任何人不得变动。纳税人不得修改目前国家税务总局已有的编码，允许纳税人自行修改的编码，只能是在现有商品和服务分类再细分的情况下，在已有编码基础上增加下一层编码，纳税人自行增加的编码为系统自动赋码，如：包装饮用水（1 03 03 07 04)，纳税人可以在这个基础增加为 1 03 03 07 04 01 代表农夫山泉，1 03 03 07 04 02 代表雀巢纯净水。税务机关做后期开票量统计分析时，按照“纳税人识别号+总局编码+纳税人增加编码”为要素采集并统计数据。

除特殊纳税人可以按汇总项开票外，其他纳税人在开票时均不允许按上一级代码开具发票。

目前只有电信服务及国家税务总局明确的其他服务，开具发票时可以选择上级节点开票，具体要求：开具专用发票时，项目名称可按照“基础电信服务”“增值电信服务”汇总项开具；开具普通发票时，可以按照“电信服务”汇总项开具。

货物和劳务分类编码由 19 位代码组成，分 10 级，第 1 层为货物和劳务分类代码，1 位数字；第 2—19 位每 2 位为一级。格式如下表所示：

货物和劳务分类编码格式

序号	编码										商品和服务名称	说明	增值税税率	增值税特殊管理	增值税政策依据	增值税特殊内容代码	消费税管理	消费税政策依据	消费税特殊内容代码	关键字	是否汇总项	对应统计局编码（2011年版）或国民行业代码	海关进出口商品品目
	篇	类	章	节	条	款	项	目	子目	细目													
1	1										货物										是		
2	1	01									农、林、牧、渔业类产品										是	01、02、03、04	
3	1	01	01								农业产品										是	01	
4	1	01	01	01							谷物										是	0101	
5	1	01	01	01	01						稻谷	包括早籼稻、晚籼稻、中籼稻、粳稻、糯稻、其他稻谷	13%	免税	（财税字〔1999〕198号）	0001011606				稻谷、早籼稻	否	010101	10061091【税则品名】其他籼米稻谷
6	1	01	01	01	02						小麦	包括硬质小麦、软质小麦、其他小麦	13%	免税	（财税字〔1999〕198号）	0001011606				硬质小麦	否	010102	10011900【税则品名】其他硬粒小麦

2.8.4.2　差额征税开票

《财政部　国家税务总局关于全面推开营业税改征增值税试点的通知》（财税〔2016〕36号）附件2《营业税改征增值税试点有关事项的规定》规定：试点纳税人提供有形动产融资性售后回租服务，向承租方收取的有形动产价款本金，不得开具增值税专用发票，可以开具普通发票。试点纳税人提供旅游服务，可以选择以取得的全部价款和价外费用，扣除向旅游服务购买方收取并支付给其他单位或者个人的住宿费、餐饮费、交通费、签证费、门票费和支付给其他接团旅游企业的旅游费用后的余额为销售额。选择上述办法计算销售额的试点纳税人，向旅游服务购买方收取并支付的上述费用，不得开具增值税专用发票，可以开具普通发票。

《国家税务总局关于全面推开营业税改征增值税试点有关税收征收管理事项的公告》规定：按照现行政策规定适用差额征税办法缴纳增值税，且不得全额开具增值税发票的（财政部、国家税务总局另有规定的除外），纳税人自行开具或者税务机关代开增值税发票时，通过新系统中差额征税开票功能，录入含税销售额（或含税评估额）和扣除额，系统自动计算税额和不含税金额，备注栏自动打印“差额征税”字样，发票开具不应与其他应税行为混开。

案例2.8-1：某纳税人销售商品房适用差额征税。含税销售额100万元，扣除额80万元，征收率5%。

原营业税税制下，应纳营业税税额=（1000000-800000）×5%=10000（元）

现增值税税制下，应纳增值税税额=（1000000-800000）÷（1+5%）×5%

=9523.81（元）

金额=1000000-9523.81=990476.19（元）

（注：上述“金额”为不含税金额，即发票“金额”栏中填写的数，下同）

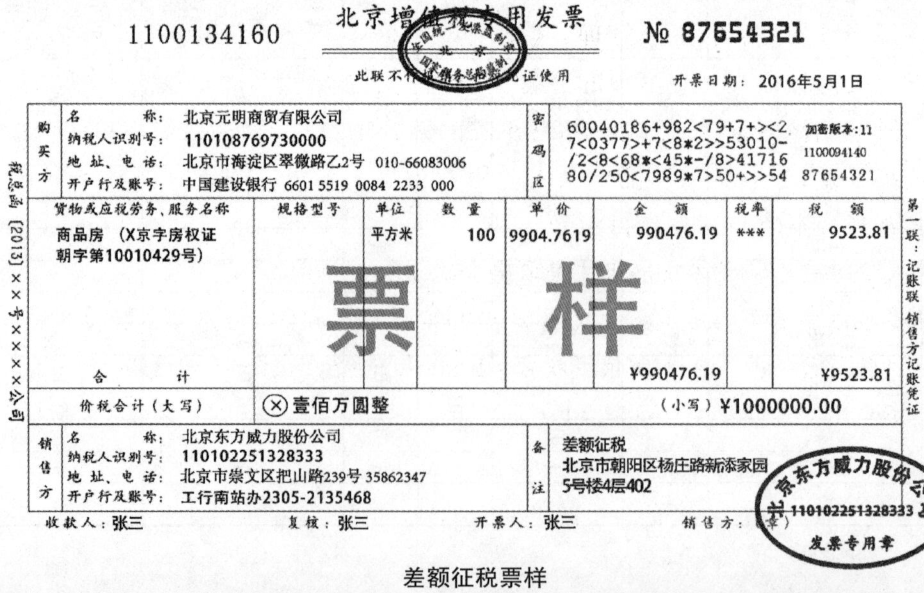
1100134160　北京增值税专用发票　№ 87654321

此联不作报销、扣税凭证使用　开票日期：2016年5月1日

购买方　名称：北京元明商贸有限公司
纳税人识别号：110108769730000
地址、电话：北京市海淀区翠微路乙2号 010-66083006
开户行及账号：中国建设银行 6601 5519 0084 2233 000

密码区：60040186+982<79+7+><2 7<0377>+7<8*2>>53010- /2<8<68*<45*-/8>41716 80/250<7989*7>50+>>54　加密版本：11　1100094140　87654321

货物或应税劳务、服务名称	规格型号	单位	数量	单价	金额	税率	税额
商品房（X京字房权证朝字第10010429号）		平方米	100	9904.7619	990476.19	***	9523.81
合计					¥990476.19		¥9523.81
价税合计（大写）	⊗壹佰万圆整				（小写）¥1000000.00		

票样

销售方　名称：北京东方威力股份公司
纳税人识别号：110102251328333
地址、电话：北京市崇文区把山路239号 35862347
开户行及账号：工行南站办2305-2135468

备注：差额征税　北京市朝阳区杨庄路新添家园5号楼4层402

收款人：张三　复核：张三　开票人：张三　销售方：（章）

第一联：记账联　销售方记账凭证

税总函〔2013〕××号××××公司

差额征税票样

2.8.4.3 提供建筑服务和转让、出租不动产业务开票的相关规定

1. 按照《国家税务总局关于发布〈纳税人跨县（市、区）提供建筑服务增值税征收管理暂行办法〉的公告》（国家税务总局公告2016年第17号）有关规定，为加强税收征收管理，《国家税务总局关于全面推开营业税改征增值税试点有关税收征收管理事项的公告》明确：提供建筑服务，纳税人自行开具或者税务机关代开增值税发票时，应在发票的备注栏注明建筑服务发生地县（市、区）名称及项目名称。

《纳税人跨县（市、区）提供建筑服务增值税征收管理暂行办法》规定：纳税人从取得的全部价款和价外费用中扣除支付的分包款，应当取得符合法律、行政法规和国家税务总局规定的合法有效凭证，否则不得扣除。从分包方取得的2016年5月1日后开具的，备注栏注明建筑服务发生地所在县（市、区）、项目名称的增值税发票。

2. 按照《纳税人转让不动产增值税征收管理暂行办法》的有关规定，进一步加强税收征收管理，《国家税务总局关于全面推开营业税改征增值税试点有关税收征收管理事项的公告》明确：销售不动产，纳税人自行开具或者税务机关代开增值税发票时，应在发票“货物或应税劳务、服务名称”栏填写不动产名称及房屋产权证书号码（无房屋产权证书的可不填写），“单位”栏填写面积单位，备注栏注明不动产的详细地址。

3. 按照《国家税务总局关于全面发布〈纳税人提供不动产经营租赁服务增值税征收管理暂行办法〉的公告》（国家税务总局公告2016年第16号）有关规定，进一步加强税收征收管理，《国家税务总局关于全面推开营业税改征增值税试点有关税收征收管理事项的公告》明确：出租不动产，纳税人自行开具或者税务机关代开增值税发票时，应在备注栏注明不动产的详细地址。

4. 按照《纳税人提供不动产经营租赁服务增值税征收管理暂行办法》有关规定，进一步加强税收征收管理，《国家税务总局关于全面推开营业税改征增值税试点有关税收征收管理事项的公告》明确：个人出租不动产适用优惠政策减按1.5%征收，纳税人自行开具或者税务机关代开增值税发票时，通过新系统中征收率减按1.5%征收开票功能，录入含税销售额，系统自动计算税额和不含税金额。发票开具不应与其他项目混开。

案例2.8-2：某个体户出租住房取得含税租金1万元。

原营业税税制下，应纳营业税税额＝10000×1.5%＝150（元）

现增值税税制下，应纳增值税税额＝10000÷（1+5%）×1.5%＝142.86（元）

金额＝10000－142.86＝9857.14（元）

代开 1100134160 北京增值税专用发票 № 87654321

此联不作报销、扣税凭证使用 开票日期：2016年5月1日

购买方	名称：北京元明商贸有限公司 纳税人识别号：110108769730000 地址、电话：北京市海淀区翠微路乙2号 010-66083006 开户行及账号：中国建设银行 6601 5519 0084 2233 000			密码区	60040186+982<79+7+><2 7<0377>+7<8*2>>53010- /2<8<68*<45*-/8>41716 80/250<7989*7>50+>>54		加密版本：11 1100094140 87654321
货物或应税劳务、服务名称	规格型号	单位	数量	单价	金额	税率	税额
出租住房（2016年5月份租金）					9857.14	***	142.86
合计					¥9857.14		¥142.86
价税合计（大写）	⊗ 壹万圆整				（小写）¥10000.00		
销售方	名称：北京市石景山区国家税务局第三税务所 纳税人识别号：11010700DK04191 地址、电话：北京市朝阳区杨庄路甲1号 开户行及账号：（161）京国银11010781			备注	李四 110103198006063200 北京市朝阳区杨庄路新添家园5号楼4层402		

收款人：张三 复核：张三 开票人：张三 销售方：（章）

票样

税总函〔2013〕××号××××公司

第一联：记账联 销售方记账凭证

北京市石景山国税局三所 11010700DK04191 代开发票专用章

1.5%征税票样

5. 按照《税务机关代开增值税专用发票管理办法（试行）》规定，税务机关代开增值税发票时，“销售方开户行及账号”栏填写税收完税凭证字轨及号码（免税代开增值税普通发票可不填写）。

6. 按照《纳税人提供不动产经营租赁服务增值税征收管理暂行办法》有关规定，进一步加强税收征收管理，《国家税务总局关于全面推开营业税改征增值税试点有关税收征收管理事项的公告》明确：国税机关为跨县（市、区）提供不动产经营租赁服务、建筑服务的小规模纳税人（不包括其他个人），代开增值税发票时，在发票备注栏中自动打印“YD”字样。

2.8.5 税务机关代开发票的变化

为配合营改增相关政策制度的执行，在原有发票管理制度基础上，税务机关代开发票的规定相应发生了较大的变化。

2.8.5.1 代开机关的变化

1. 按照《国家税务总局关于营业税改征增值税委托地税机关代征税款和代开增值税发票的公告》《国家税务总局关于营业税改征增值税委托地税局代征税款和代开增值税发票的通知》有关规定，为保证营改增工作平稳顺利，方便纳税人办税，明确部分业务由地税机关负责代开增值税发票。小规模纳税人销售取得的不动产以及其

他个人出租不动产，购买方或承租方不属于其他个人，纳税人缴纳增值税后，可以申请地方税务局代开增值税专用发票。不能自开增值税普通发票的小规模纳税人销售取得的不动产，以及其他个人出租不动产，可以申请地方税务局代开增值税普通发票。

2. 按照《纳税人跨县（市、区）提供建筑服务增值税征收管理暂行办法》有关规定：小规模纳税人跨县（市、区）提供建筑服务，不能自行开具增值税发票的，可向建筑服务发生地主管国税机关按照其取得的全部价款和价外费用申请代开增值税发票。

按照《纳税人提供不动产经营租赁服务增值税征收管理暂行办法》有关规定，小规模纳税人中的单位和个体工商户出租不动产，不能自行开具增值税发票的，可向不动产所在地主管国税机关申请代开增值税发票。

2.8.5.2 代开对象的变化

《税务机关代开增值税专用发票管理办法（试行)》规定：代开专用发票是指主管税务机关为所辖范围内的增值税纳税人（是指已办理税务登记的小规模纳税人，包括个体经营者以及国家税务总局确定的其他可予代开增值税专用发票的纳税人）代开专用发票，其他单位和个人不得代开。

为保障增值税抵扣链条完整，减轻纳税人税收负担，《国家税务总局关于营业税改征增值税委托地税局代征税款和代开增值税发票的通知》规定：其他个人销售取得的不动产以及其他个人出租不动产，购买方或承租方不属于其他个人，纳税人缴纳增值税后，可以申请地税局代开增值税专用发票。

《纳税人跨县（市、区）提供建筑服务增值税征收管理暂行办法》规定：小规模纳税人跨县（市、区）提供建筑服务，不能自行开具增值税发票的，可向建筑服务发生地主管国税机关按照其取得的全部价款和价外费用申请代开增值税发票。

2.8.5.3 代开发票票种的变化

国税机关、地税机关全部使用增值税发票管理新系统代开增值税专用发票和增值税普通发票。税务机关代开普通发票使用的通用机打发票、不动产销售统一发票、建筑业统一发票等票种不再使用。

2.8.5.4 代开发票增加特殊的计税方法

1. 按照《纳税人提供不动产经营租赁服务增值税征收管理暂行办法》有关规定，个人出租住房适用优惠政策减按 1.5%征收。

个人出租不动产适用优惠政策减按 1.5%征收税额计算公式如下：

$$税额=含税销售额\div(1+5\%)\times1.5\%$$

$$金额=价税合计-税额$$

2. 按照现行政策规定适用差额征税办法缴纳增值税，且不得全额开具增值税发票的（财政部、国家税务总局另有规定的除外），纳税人自行开具或者税务机关代开增值税发票时，通过新系统中差额征税开票功能，录入含税销售额（或含税评估额）

和扣除额，系统自动计算税额和不含税金额，备注栏自动打印“差额征税”字样，发票开具不应与其他项目混开。

差额征税计算公式如下：

税额=(含税销售额-扣除额)÷(1+税率或征收率)×税率或征收率

金额=含税销售额-税额

2.8.5.5 小规模纳税人跨县（市、区）提供建筑服务实际预缴税款可能会不等于发票票面注明的税款

《纳税人跨县（市、区）提供建筑服务增值税征收管理暂行办法》规定：

1. 小规模纳税人跨县（市、区）提供建筑服务，以取得的全部价款和价外费用扣除支付的分包款后的余额，按照3%的征收率计算应预缴税款。

2. 小规模纳税人跨县（市、区）提供建筑服务，不能自行开具增值税发票的，可向建筑服务发生地主管国税机关按照其取得的全部价款和价外费用申请代开增值税发票。

案例 2.8-3：某小规模纳税人跨县（市、区）提供建筑服务，取得的全部价款和价外费用为100万元，分包款为40万元。

其在项目所在地预缴税款=(1000000-400000)÷(1+3%)×3%=17475.73(元)

其向项目所在地国税机关申请代开增值税专用发票，专用发票注明的税款=1000000÷(1+3%)×3%=29126.21（元）

2.8.6 扩大取消增值税发票认证的纳税人范围

2.8.6.1 增值税发票认证

增值税发票认证是指通过增值税发票税控系统对增值税发票所包含的数据进行识别、确认。纳税人通过增值税发票税控系统开具发票时，系统会自动将发票上的开票日期、发票号码、发票代码、购买方纳税人识别号、销售方纳税人识别号、金额、税额等要素，经过加密形成防伪电子密文打印在发票上。认证时，税务机关利用扫描仪采集发票上的密文和明文图像，或由纳税人自行采集发票电子信息传送至税务机关，通过认证系统对密文解密还原，再与发票明文进行比对，比对一致则通过认证。发票认证是税务机关进行纳税申报管理、出口退税审核、发票稽核比对、异常发票核查以及税务稽查的重要依据，在推行“以票控税”、加强税收征管中发挥着重要作用。一是识别专用发票信息真伪。发票是纳税人开展经营活动的主要记录凭证，承载着商业活动的基本信息。经过专用发票认证，税务部门通过信息比对可以有效识别假发票，防范和打击专用发票违法犯罪。二是采集纳税人用于申报抵扣税款或出口退税的专用发票信息。增值税专用发票由于可以抵扣税款，具有金钱符号的性质。很多不法分子

铤而走险，倒卖、虚开专用发票，导致国家税款流失，严重破坏市场经济秩序。实施发票认证后，纳税人必须将从销售方获取的进项发票拿到税务局进行认证，认证相符后才能用于抵扣增值税或办理出口退税。增值税发票认证是防范发票违法犯罪的重要环节，也是办税的"难点""痛点"和"堵点"。全国认证增值税专用发票几亿份，发票认证已成为基层税务机关最繁重的工作之一，同时纳税人往返税务局，要花大量时间、精力进行发票认证后才能准确申报纳税，由于要逐张发票确认，工作量大，往往在申报期造成办税服务厅排队和拥挤。税务部门也在不断简化办税流程，提供自助办税设施，提高税收管理服务信息化水平，方便纳税人办税。

2.8.6.2 取消增值税发票认证的相关规定

为认真落实《深化国税、地税征管体制改革方案》有关要求，进一步优化纳税服务，完善税收分类管理，国家税务总局发布《国家税务总局关于纳税信用 A 级纳税人取消增值税发票认证有关问题的公告》(国家税务总局公告 2016 年第 7 号)，决定自 2016 年 3 月 1 日起对纳税信用 A 级增值税一般纳税人取消增值税发票认证，纳税人取得销售方使用增值税发票系统升级版开具的增值税发票（包括增值税专用发票、货物运输业增值税专用发票、机动车销售统一发票，下同)，可以不再进行扫描认证，通过增值税发票税控开票软件登录本省增值税发票查询平台，查询、选择用于申报抵扣或者出口退税的增值税发票信息。增值税发票查询平台的登录地址由各省国家税务局确定并公布。纳税人取得增值税发票，通过增值税发票查询平台未查询到对应发票信息的，仍可进行扫描认证。

为保障营改增顺利实施，有效缓解大厅压力，减轻纳税人负担，《国家税务总局关于全面推开营业税改征增值税试点有关税收征收管理事项的公告》明确：纳税信用 B 级增值税一般纳税人取得销售方使用新系统开具的增值税发票（包括增值税专用发票、货物运输业增值税专用发票、机动车销售统一发票，下同)，可以不再进行扫描认证，登录本省增值税发票查询平台，查询、选择用于申报抵扣或者出口退税的增值税发票信息，未查询到对应发票信息的，仍可进行扫描认证。

2016 年 5 月 1 日新纳入营改增试点的增值税一般纳税人，2016 年 5 月至 7 月期间不需进行增值税发票认证，登录本省增值税发票查询平台，查询、选择用于申报抵扣或者出口退税的增值税发票信息，未查询到对应发票信息的，可进行扫描认证。2016 年 8 月起按照纳税信用级别分别适用发票认证的有关规定。

2.8.6.3 取消增值税发票认证的意义

取消增值税发票认证是落实《深化国税、地税征管体制改革方案》要求推进办税便利化改革的重要任务。该方案提出，要创新纳税服务机制，推进办税便利化改革，让纳税人少跑腿、少费时、少花费。国家税务总局细化改革措施，深入开展新一轮“便民办税春风行动”，以纳税人关心关注的问题为焦点，推出10类31项便民办税举措，逐步取消增值税专用发票认证就是其中重要一项改革措施。

增值税发票管理新系统的推行为取消发票认证提供了条件。增值税发票管理新系统将包括增值税普通发票在内的所有增值税发票纳入管理范围，实现购销单位、货物品名等发票全要素信息自动实时采集，形成所有发票的电子底账库。用于申报抵扣或办理出口退税的发票只需与电子底账自动比对，便可确认发票信息的真实性，免去了以往纸质发票必须逐张扫描后解密认证的烦琐程序，特别是解决了有些发票由于票面污损、扫描设备分辨率过低等原因导致密文无法识别的难题。目前增值税发票管理新系统已覆盖全部一般纳税人，具备了取消专用发票认证的基础条件。

试点的顺利推行确立了取消发票认证的可行性。2015年12月，国家税务总局在浙江省宁波市试点取消增值税专用发票认证，纳税人无须配备扫描仪，只需登录税务局官网的“发票免认证”系统，即可申报抵扣，还可以实现多张发票批量确认。

取消增值税发票认证后，税务机关会将所有使用增值税发票管理新系统开具的增值税发票进行清分并推送至纳税人，纳税人只需登录本省增值税发票查询平台，销售方开具给纳税人的所有发票信息就一目了然，只要查询、选择用于申报抵扣或出口退税的增值税发票信息，即可申报抵扣或办理出口退税，有利于征纳双方减负增效。

一是减轻纳税人办税负担。以往办理发票认证，纳税人需要往返税务局进行认证，即使购买扫描仪等设备，也要逐张扫描，一些大企业每月需要认证的发票多达几万张，需要专人承担此项工作，工作量巨大，费时费力，遇到票面污损、扫描设备分辨率过低导致密文无法识别的，仍需前往税务局排队识别。取消认证后，纳税人不仅节省了购置扫描设备的费用，也节省了大量的时间和精力，办税更轻松、更便捷。

二是保护纳税人合法权益，避免造成损失。一方面，发票在邮寄、传送过程中容易造成票面毁损，影响发票正常扫描，甚至无法认证，给纳税人带来麻烦；另一方面，由于发生自然灾害、经济纠纷、办税人员生病等特殊情况，会造成纳税人未按期认证发票，无法抵扣税款或办理出口退税。取消认证后，进项税发票无须扫描，实时比对，避免了客观原因造成的漏抵问题，避免了因无法扫描认证给纳税人造成损失。

三是减少基层税务机关窗口办税工作量。认证高峰时办税服务厅的拥挤排队现象将成为历史。

2.9 地税机关代开增值税发票有关问题解析

2.9.1 背景

为平稳推进营业税改征增值税后国税、地税有关工作的顺利衔接，方便纳税人办税，根据《中华人民共和国税收征收管理法》《财政部 国家税务总局关于全面推开营业税改征增值税试点的通知》（财税〔2016〕36号）、《国家税务总局关于发布〈纳税人转让不动产增值税征收管理暂行办法〉的公告》（国家税务总局公告2016年第14号，以下简称《纳税人转让不动产增值税征收管理暂行办法》）、《国家税务总局关于发布〈纳税人提供不动产经营租赁服务增值税征收管理暂行办法〉的公告》（国家税务总局公告2016年第16号，以下称《纳税人提供不动产经营租赁服务增值税征收管理暂行办法》）、《国家税务总局关于营业税改征增值税委托地税机关代征税款和代开增值税发票的公告》（国家税务总局公告2016年第19号）、《国家税务总局关于加强国家税务局、地方税务局互相委托代征税收的通知》（税总函〔2016〕145号）等有关文件规定，营业税改征增值税后由地税机关继续受理纳税人销售其取得的不动产以及其他个人出租不动产的申报缴税以及代开增值税发票业务。

2.9.2 代开发票部门

纳税人销售其取得的不动产和其他个人出租不动产，申请代开发票的，由代征税款的地税局代开增值税专用发票或者增值税普通发票（以下简称增值税发票）。对于具备增值税发票安全保管条件、可连通网络、地税局可有效监控代征税款及代开发票情况的政府部门等单位，县（区）以上地税局经评估后认为风险可控的，可以同意其代征税款并代开增值税发票。

【解读】

按照《纳税人转让不动产增值税征收管理暂行办法》《纳税人提供不动产经营租赁服务增值税征收管理暂行办法》《国家税务总局关于营业税改征增值税委托地税机关代征税款和代开增值税发票的公告》《国家税务总局关于营业税改征增值税委托地

税局代征税款和代开增值税发票的通知》有关规定，为保证营改增工作平稳顺利，方便纳税人办税，明确部分业务由地税机关负责代开增值税发票。小规模纳税人销售取得的不动产以及其他个人出租不动产，购买方或承租方不属于其他个人，纳税人缴纳增值税后，可以申请地方税务局代开增值税专用发票。不能自开增值税普通发票的小规模纳税人销售取得的不动产，以及其他个人出租不动产，可以申请地方税务局代开增值税普通发票。

目前部分地区地方税务局委托住建部门、房管部门、街道办事处等部门代征营业税并代开营业税发票。为保障营改增平稳顺利实施，对明确具备增值税发票安全保管条件，可连通网络，地税机关可有效监控代征税款及代开发票情况的政府部门等单位，县（区）以上地方税务局评估后认为风险可控的，可以同意其代征税款并代开增值税发票。

2.9.3 代开发票流程

在国税局代开增值税发票流程基础上，地税局按照纳税人销售其取得的不动产和其他个人出租不动产增值税征收管理办法有关规定，为纳税人代开增值税发票。原地税营业税发票停止使用。

【解读】

按照《国家税务总局关于印发〈税务机关代开增值税专用发票管理办法（试行）〉的通知》（国税发〔2004〕153 号）等有关规定，国税机关代开专用发票的基本流程是：

一是税务机关在综合征管软件或金税三期系统中，登记维护国家税务局代开发票部门信息。

二是代开发票部门登记信息同步至增值税发票管理新系统，发行代开增值税发票税控专用设备并加载税务数字证书。

三是通过代开窗口领取增值税发票。

四是纳税人申请代开发票向征收岗申报缴纳税款。

五是综合征管软件或金税三期系统将纳税人税款缴纳信息及申请开票信息同步至增值税税控系统，代开岗代开专用发票。

六是代开发票岗将开票信息回写综合征管软件或金税三期系统，自动发票验旧，可再次领取发票。

七是代开发票岗通过内网实时向电子底账系统上传已代开增值税发票信息。

代开发票部门登记：比照国税局现有代开增值税发票模式，在国税综合征管软件或金税三期系统中登记维护地税局代开发票部门信息。地税局代开发票部门编码为15位，第11位为“D”，其他编码规则按照《国家税务总局关于增值税防伪税控代开专用发票系统设备及软件配备的通知》（国税发〔2004〕139号）规定编制

【解读】

比照国家税务局现有代开增值税发票模式，在国税综合征管软件或金税三期系统中，登记维护地方税务局代开发票部门信息。地方税务局代开发票部门编码为15位，第11位为“D”，其他编码规则按照《国家税务总局关于增值税防伪税控代开专用发票系统设备及软件配备的通知》（国税发〔2004〕139号）规定编制。该文件规定：代开税务机关代码为15位，打印在增值税发票的销方纳税人识别号位置上。由各省级国家税务局信息中心负责统一编制，并保证编码在本省范围内的唯一性。前八位为代开单位税务机关代码（按照信便函〔2004〕136号文件要求统一编制）的第2—9位码，第九位、第十位固定为“D”“K”（代开发票标志，大写字母），第十一位至第十四位以地市为单位按顺序编制，第十五位使用《代开税务机关15位代码校验位算法程序》计算得出。

税控专用设备发行：地税局代开发票部门登记信息同步至增值税发票管理新系统，比照现有代开增值税发票税控专用设备发行流程，国税局为同级地税局代开发票部门，发行税控专用设备并加载税务数字证书。

【解读】

《增值税专用发票使用规定》等文件规定：税控专用设备发行是指，税务机关将开票人的名称、编码、开票种类、开票限额、购票限量、离线开票参数等信息载入税控专用设备，发生信息变化的还需要作变更发行，注销设备时需要作注销发行。专用发票实行最高开票限额管理。最高开票限额，是指单份专用发票开具的销售额合计数不得达到的上限额度。国家税务局发行时要充分考虑地方税务局代开发票实际情况，设定最高开票限额和离线开票参数。同时还要考虑网络等情况，设定一定的离线开票金额和离线开票时间。

发票提供：国税局向同级地税局代开发票部门提供六联增值税专用发票和五联增值税普通发票。

【解读】

国家税务局、地方税务局代开发票统一使用六联增值税专用发票和五联增值税普通发票。国家税务局向地方税务局代开发票部门提供发票。

发票开具：小规模纳税人销售取得的不动产以及其他个人出租不动产，购买方或承租方不属于其他个人，纳税人缴纳增值税后，可以申请地税局代开增值税专用发票。不能自开增值税普通发票的小规模纳税人销售取得的不动产，以及其他个人出租不动产，可以申请地税局代开增值税普通发票。地税局代开发票部门通过增值税发票管理新系统代开增值税发票，系统自动在发票上打印“代开”字样。

【解读】

《营业税改征增值税试点实施办法》规定：纳税人发生应税行为，应当向索取增值税专用发票的购买方开具增值税专用发票，并在增值税专用发票上分别注明销售额和销项税额。属于下列情形之一的，不得开具增值税专用发票：

1. 向消费者个人销售服务、无形资产或者不动产。
2. 适用免征增值税规定的应税行为。

地税局代开发票部门为纳税人代开的增值税发票，统一使用六联增值税专用发票和五联增值税普通发票。第四联由代开发票岗位留存，以备发票扫描补录；第五联交征收岗位留存，用于代开发票与征收税款的定期核对；其他联次交纳税人。

【解读】

《增值税专用发票使用规定》规定：增值税专用发票由基本联次或者基本联次附加其他联次构成，基本联次为三联：发票联、抵扣联和记账联。发票联，作为购买方核算采购成本和增值税进项税额的记账凭证；抵扣联，作为购买方报送主管税务机关认证和留存备查的凭证；记账联，作为销售方核算销售收入和增值税销项税额的记账凭证。其他联次用途由一般纳税人自行确定。增值税普通发票无抵扣联。

《税务机关代开增值税专用发票管理办法（试行）》规定：代开发票岗位确认税款征收岗位传来的征税电子信息与《申报单》和税收完税凭证上的金额、税额相符后，按照《申报单》、完税凭证和专用发票一一对应，即“一单一证一票”原则，为增值税纳税人代开专用发票。

代开发票岗位应按下列要求填写增值税发票：

1. “税率”栏填写增值税征收率。免税、其他个人出租不动产适用优惠政策减按 1.5%征收、差额征税的，“税率”栏自动打印“＊＊＊”；

【解读】

《纳税人提供不动产经营租赁服务增值税征收管理暂行办法》规定：其他个人出租不动产，按照以下公式计算应纳税款：

出租住房：

$$应纳税款=含税销售额\div(1+5\%)\times1.5\%$$

出租非住房：

$$应纳税款=含税销售额\div(1+5\%)\times5\%$$

个人出租住房适用优惠政策减按1.5%征收税额计算公式如下：税额=含税销售额÷(1+5%)×1.5%

$$金额=价税合计-税额$$

代开　1100134160　北京增值税专用发票　№ 87654321

（全国统一发票监制章 北京 国家税务总局监制）

此联不作报销、扣税凭证使用

开票日期：2016年5月1日

购买方	名称：北京元明商贸有限公司 纳税人识别号：110108769730000 地址、电话：北京市海淀区翠微路乙2号 010-66083006 开户行及账号：中国建设银行 6601 5519 0084 2233 000	密码区	60040186+982<79+7+><2 7<0377>+7<8*2>>53010- /2<8<68*<45*-/8>41716 80/250<7989*7>50+>>54 加密版本：11 1100094140 87654321

货物或应税劳务、服务名称	规格型号	单位	数量	单价	金额	税率	税额
出租住房（2016年5月份租金）					9857.14	***	142.86
合计					¥9857.14		¥142.86
价税合计（大写）	⊗壹万圆整				（小写）¥10000.00		

票样

销售方	名称：北京市石景山区地方税务局第一税务所 纳税人识别号：11010700DKD4191 地址、电话：北京市朝阳区杨庄路甲1号 开户行及账号：（161）京地银11010781	备注	李四 110103198006063200 北京市朝阳区杨庄路新添家园5号楼4层402

收款人：张三　复核：张三　开票人：张三　销售方：（章）

（北京市石景山地税局一所 11010700DKD4191 代开发票专用章）

税总函[2013]××号××××公司

第一联：记账联 销售方记账凭证

减按1.5%征税票样

2. “销售方名称”栏填写代开地税机关名称；

3. “销售方纳税人识别号”栏填写代开发票地税机关代码；

4. “销售方开户行及账号”栏填写税收完税凭证字轨及号码或系统税票号码（免税代开增值税普通发票可不填写）。

【解读】

税收完税凭证字轨及号码举例：（161）京地银11010781。系统税票号码是指综合征管软件或金税三期系统自动赋予的税票号码。

5. 备注栏填写销售或出租不动产纳税人的名称、纳税人识别号（或者组织机构代码）、不动产的详细地址。

【解读】

按照《纳税人转让不动产增值税征收管理暂行办法》《纳税人提供不动产经营租赁服务增值税征收管理暂行办法》有关规定，为加强税收征收管理，发票备注栏应填写销售或出租不动产纳税人的名称、纳税人识别号（或者组织机构代码）、不动产的详细地址。

6. 差额征税代开发票，通过系统中差额征税开票功能，录入含税销售额（或含税评估额）和扣除额，系统自动计算税额和金额，备注栏自动打印“差额征税”字样。

【解读】

《纳税人转让不动产增值税征收管理暂行办法》规定：小规模纳税人转让其取得的不动产，除个人转让其购买的住房外，按照以下规定缴纳增值税：

1. 小规模纳税人转让其取得（不含自建）的不动产，以取得的全部价款和价外费用扣除不动产购置原价或者取得不动产时的作价后的余额为销售额，按照5%的征收率计算应纳税额。

2. 小规模纳税人转让其自建的不动产，以取得的全部价款和价外费用为销售额，按照5%的征收率计算应纳税额。

除其他个人之外的小规模纳税人，应按照该计税方法向不动产所在地主管地税机关预缴税款，向机构所在地主管国税机关申报纳税；其他个人按照该计税方法向不动产所在地主管地税机关申报纳税。

个人转让其购买的住房，按照以下规定缴纳增值税：

1. 个人转让其购买的住房，按照有关规定全额缴纳增值税的，以取得的全部价款和价外费用为销售额，按照5%的征收率计算应纳税额。

2. 个人转让其购买的住房，按照有关规定差额缴纳增值税的，以取得的全部价款和价外费用扣除购买住房价款后的余额为销售额，按照5%的征收率计算应纳税额。

个体工商户应按照本条规定的计税方法向住房所在地主管地税机关预缴税款，向机构所在地主管国税机关申报纳税；其他个人应按照本条规定的计税方法向住房所在地主管地税机关申报纳税。

7. 纳税人销售取得的不动产代开发票，“货物或应税劳务、服务名称”栏填写不动产名称及房屋产权证书号码，“单位”栏填写面积单位。

代开 1100134160 **北京增值税专用发票** № 87654321

此联不作报销、扣税凭证使用

开票日期：2016年5月1日

税总函〔2013〕××号×××××公司

购买方	
名 称：	北京元明商贸有限公司
纳税人识别号：	110108769730000
地 址、电 话：	北京市海淀区翠微路乙2号 010-66083006
开户行及账号：	中国建设银行 6601 5519 0084 2233 000

密码区：60040186+982<79+7+><2 7<0377>+7<8*2>>53010- /2<8<68*<45*-/8>41716 80/250<7989*7>50+>>54 加密版本：11 1100094140 87654321

货物或应税劳务、服务名称	规格型号	单位	数量	单价	金额	税率	税额
商品房 （X京字房权证朝字第10010429号）		平方米	100	9904.7619	990476.19	***	9523.81
合 计					¥990476.19		¥9523.81
价税合计（大写）	⊗壹佰万圆整				（小写）¥1000000.00		

票样

销售方	
名 称：	北京市石景山区地方税务局第一税务所
纳税人识别号：	11010700DKD4191
地 址、电 话：	北京市朝阳区杨庄路甲1号
开户行及账号：	（161）京地银11010781

备注：差额征税 李四 110103198006063200 北京市朝阳区杨庄路新添家园5号楼4层402

收款人：张三 复核：张三 开票人：张三 销售方：（章）

北京市石景山地税局一所 11010700DKD4191 代开发票专用章

第一联：记账联 销售方记账凭证

适用差额征税票样

代开 1100134160 **北京增值税专用发票** № 87654321

此联不作报销、扣税凭证使用

开票日期：2016年5月1日

税总函〔2013〕××号×××××公司

购买方	
名 称：	北京元明商贸有限公司
纳税人识别号：	110108769730000
地 址、电 话：	北京市海淀区翠微路乙2号 010-66083006
开户行及账号：	中国建设银行 6601 5519 0084 2233 000

密码区：60040186+982<79+7+><2 7<0377>+7<8*2>>53010- /2<8<68*<45*-/8>41716 80/250<7989*7>50+>>54 加密版本：11 1100094140 87654321

货物或应税劳务、服务名称	规格型号	单位	数量	单价	金额	税率	税额
商品房 （X京字房权证朝字第10010429号）		平方米	100	9523.8095	952380.95	5%	47619.05
合 计					¥ 952380.95		47619.05
价税合计（大写）	⊗壹佰万圆整				（小写）¥1000000.00		

票样

销售方	
名 称：	北京市石景山区地方税务局第一税务所
纳税人识别号：	11010700DKD4191
地 址、电 话：	北京市朝阳区杨庄路甲1号
开户行及账号：	（161）京地银11010781

备注：核定计税价格，实际成交含税金额80万元 李四 110103198006063200 北京市朝阳区杨庄路新添家园5号楼4层402

收款人：张三 复核：张三 开票人：张三 销售方：（章）

北京市石景山地税局一所 11010700DKD4191 代开发票专用章

第一联：记账联 销售方记账凭证

核定计税价格票样

8. 按照核定计税价格征税的，“金额”栏填写不含税计税价格，备注栏注明“核定计税价格，实际成交含税金额××元”。

【解读】

案例 2.9-1：某个人销售商品房含税销售额 80 万元，核定计税价格 100 万元，征收率 5%。

原营业税税制下，应纳营业税税额 = 1000000×5% = 50000（元）

现增值税税制下，应纳增值税税额 = 1000000÷（1+5%）×5% = 47619.05（元）

金额 = 1000000−47619.05 = 952380.95（元）

填写增值税发票时的注意事项：

1. 其他项目按照增值税发票填开的有关规定填写；

2. 地税局代开发票部门应在代开增值税发票的备注栏上，加盖地税代开发票专用章；

3. 单价、数量、金额项目，填写其中任意两个数值，开票系统会自动计算第三项的数值；

4. 特殊情况，可以不填写单价和数量，只填写金额即可开票；

5. 增值税专用发票和增值税普通发票填开界面中各项信息可输入最大字符数如下。

项　　目	输入、预览和打印位数
购（销）方名称、地址 电话、开户行及账号	100 个字符或 50 个汉字（含空格）
规格型号	40 个字符或 20 个汉字
备注	230 个字符或 115 个汉字
收款、复核、开票人	8 个字符或 4 个汉字
商品名称	1. 不可为空 2. 可输入 1—92 个字符 3. 全数字，最多可输入 74 个字符 4. 全汉字，最多可输入 46 个汉字（92 个字符）
计量单位	1. 可输入 0—22 个字符 2. 全字符，最大可输入 18 个字符 3. 全汉字，最多可输入 10 个汉字（20 个字符）

开票数据上传：地税局代开发票部门通过网络实时或定期上传已代开增值税发票信息。

发票再次领取：地税局代开发票部门需再次领取增值税发票的，发票抄报税后，国税局通过系统验旧缴销，再次提供发票。

2.9.4 风险管理

（一）专用发票安全管理

按照国税局现有增值税发票管理有关规定，地税局应加强安全保卫，采取有效措施，保障增值税发票的安全。

（二）日常信息比对

地税局应加强内部管理，每周将代开发票岗代开发票信息与征收岗税款征收信息进行比对，发现问题的要按有关规定及时处理。

（三）事后信息比对

税务总局将根据有关工作安排，提取地税局征收税款信息与代开发票信息进行比对，防范不征税代开增值税专用发票，以及少征税多开票等风险。

【解读】

“先税后票”是代开专用发票的重要原则，即小规模纳税人缴纳税款后税务机关才能为其代开专用发票。税务机关要加强内部管理，完善代开发票制度，采取信息化手段与人工核对相结合的方式，防范不征税代开增值税专用发票，以及少征税多开票等风险。

3　全面推开营改增相关业务支持与保障

3.1　全力优化纳税服务　确保改革平稳落地
——全面推开营改增纳税服务有关业务要求

纳税服务工作处于落实营改增的“前沿阵地”，任务艰巨、责任重大、使命光荣。各地税务机关要认真借鉴此前营改增试点工作的成功经验，提前谋划、精心安排、周密部署、狠抓落实。各地要以“一切为了营改增、一切服从营改增、一切服务营改增”为原则，全程做好税前、税中、税后“三点一线”的纳税服务工作，确保宣传咨询精准到位、办税服务井然有序、权益保护及时有效，努力确保改革平稳落地，切实增强纳税人的获得感。

3.1.1　扎实开展宣传培训，确保宣传咨询精准到位

1. 全面做好营改增宣传工作

各地税务机关要制定营改增宣传方案，充分利用各种媒介主动向纳税人宣传营改增的政策。同时，可通过办税服务厅、税务网站、官方微信等渠道加大宣传解读力度，力求做到宣传工作全覆盖。

2. 认真做好面向纳税人和税务人的培训工作

一是各地税务机关要结合当地纳税人结构特点和实际需求，通过纳税人学堂、专题培训会等形式，有组织、有计划地对辖区内营改增纳税人开展培训。也可通过税务网站、手机 APP 等多种渠道，主动开展面向纳税人的培训和政策推送。各地税务机关对纳税人开展培训不得收取任何费用。

二是各地税务机关要切实加强内部培训，确保税务人员准确掌握营改增的意义、政策规定和征管流程，熟练操作相关办税系统。各地要优先加强对办税服务厅人员和12366 纳税服务热线座席人员的知识更新培训，不仅要做好政策业务培训，还要对操

作流程进行培训和反复演练，保证一线工作人员学得精、懂得透、讲得清、办得好。

培训中要注意以下两点：一是要结合纳税人的咨询需求进行有针对性的内部培训。近几年纳税人对税收新政的敏感性不断增强、问题难度不断加深，因此，要提高培训的及时性和培训内容的针对性，确保一线人员能及时、准确地解答问题。二是要合理安排培训时间和科学排班，既要及时将文件精神和政策内容传达到每一位一线人员，又要保证热线的接通率和办税厅的服务质量，不能因为培训影响了日常工作。

3. 扎实做好营改增纳税咨询工作

（1）挖潜提效，确保热线接通率。各地税务机关应采取有效措施，确保热线畅通。对于电话线路已经饱和的单位，要尽快联系运营商增加中继线路；对于线路尚有富余的单位，要在精准测算的基础上配足坐席，特别是在咨询高峰期可以采取增加临时坐席的方式进行调剂；减少通话时长，对重复率高的问题可以预先准备好相关答复，在接到这类问题的同时用短信将详细答案发送到其手机上；减少记录小结时长，话务高峰期可先暂存记录，空闲时再补录，或预先制作记录模板，以减少话后整理时长；加强现场管理和科学排班，并以考核促提升。

（2）自 2016 年 4 月 21 日起，各级 12366 纳税服务中心要每 2 个工作日（必要时每日）梳理一次营改增疑难问题，通过《12366 热线疑难问题提交单》于 1 个工作日内报送同级业务部门，并要求业务部门在 1 个工作日内进行反馈。

（3）及时更新 12366 税收知识库。各地 12366 纳税服务中心要在地方适用政策发布之日起 4 个工作日内完成知识点梳理、业务部门审核和本级知识库维护。

（4）做到 12366 热线和办税服务厅解答一个口径、征管一个流程、服务一个标准。无论是 12366 热线人员还是办税服务厅窗口人员，都要学会利用 12366 知识库既有资源，根据政策文件解答纳税人疑问，依法依规办理涉税事项。

（5）及时补充“二维码”一次性告知内容。北京中心要根据营改增相关政策调整和纳税服务规范变化情况，适时更新全国通行事项“二维码”一次性告知措施的文本和图标；各地 12366 纳税服务中心要及时收集整理地方性规定，并据以制作更新地方适用事项“二维码”一次性告知措施的文本和图标，并报国家税务总局（纳税服务司）备案。

3.1.2 落实各项工作措施，确保办税服务井然有序

办税服务厅是确保营改增顺利实施的“主阵地”。各级税务机关要紧紧围绕营改增工作总体部署和安排，按照“合作、挖潜、创新、提效”的总体思路，有力有序有效地开展好“税中”的服务工作。核心是围绕办税服务厅“清堵保畅”，提高办税质效，真正做到消除纳税人办税的“痛点”“难点”和“堵点”问题。

1. 提前做好准备工作

（1）一次性业务集中办理。各地税务机关可以采取临时租、腾、借等多种方式，设立临时办税服务场所，实现一次性业务集中办理。如果办税服务厅能够承载新户一次性业务办理，可以结合实际情况自行安排。

（2）做好各项测试。提前做好办税服务厅系统测试、压力测试、应急测试等工作。做好业务预判和衔接，对本办税服务厅接收的纳税人户数、类型做到心中有数。对办税中突发事件的处置要进行事先演练，如对电力中断、系统瘫痪等制定相应预案，采取疏导分流纳税人到相近的办税服务厅办理，或采取先收取资料、事后加班办理等方式及时处理。

（3）按时点及时做好办税提醒。此次营改增涉及多个重要时点，包括5月1日要能够开具增值税发票、6月首个申报期、7月简并征期纳税人首次申报等，各级税务机关尤其是主管税务机关要通过网站、电话、短信等多种方式及时告知、提醒试点纳税人在规定时间履行好纳税申报义务。

2. 确保办税顺畅有序

（1）发挥同城通办优势。各地要充分发挥同城通办的优势，分散繁忙办税服务厅办税集中程度。各地税务机关要在国家税务总局《关于加快推行办税事项同城通办的通知》明确的通办业务范围基础上，制定细化方案，进一步扩大同城通办的地域和业务范围。同时，为了发挥同城通办的效力，各地要对办税服务厅等候状况进行实时发布，让纳税人可以实时查询到办税服务厅排队等候信息，有助于纳税人自行选择合适的时间、地点办理业务。可通过网站、手机APP、微信、短信等多种渠道，实时向纳税人发布区域内各办税服务厅排队信息。已安装排队叫号系统的办税服务厅，实时发布本厅排队信息；未安装排队系统的办税服务厅，可通过人工统计方式，在每日不少于两次的高峰时段向纳税服务部门报送本厅排队信息并通过适当方式告知纳税人。

（2）地税机关要做好部分增值税委托代征工作。要把握绝对不能让纳税人国税、地税两家跑、往返跑的原则，加强国税、地税的合作。地税机关要提前对操作系统进行演练，国税机关要及时对地税机关增值税开票业务进行有效辅导，对于地税机关委托房产、街道等其他机关征收的，地税机关要切实负起责任来，确保纳税人在5月1日顺利开票。

（3）有效调度共建办税服务厅窗口资源。合作共建的办税服务厅，要根据业务量实时做好窗口调度工作，均衡各窗口业务量，坚决避免共建办税服务厅内出现各窗口业务量畸轻畸重的情况，最大限度发挥好窗口资源的效能，减少纳税人办税等候时间。在地税办税服务厅设置的国税窗口，至少应能够办理申报、发票发放等事项。互设窗口的办税服务厅、共建的办税服务厅要实行统一管理，明确职责。

（4）做好政策落实工作。各地要坚决落实好有关减轻纳税人办税负担、减少纳税人往返办税厅次数的规定要求。2016年2月1日，国家税务总局下发了《国家税务总局关于合理简并纳税人申报缴税次数的公告》，将小规模纳税人、小微企业申报次数从12次降为4次，减少了纳税人申报次数，为营改增纳税人预留办税服务厅空间。国家税务总局在取消纳税信用A级纳税人增值税专用发票的认证之后，决定从5月1日起取消纳税信用B级纳税人增值税专用发票认证。各地税务机关一定要通过各种渠道积极宣传，通过微信、短信、QQ群等方式点对点通知，尽最大努力让所有信用等级B级的纳税人知晓、享用好这条便利化新政，真正减少纳税人往返办税服务厅次数。

（5）全面落实各项服务制度。各办税服务厅必须坚决、全面落实好首问责任、限时办结、预约办税、延时服务以及导税服务、提醒服务等各项办税服务制度，严格执行局领导值班制度。2016年5月至7月，各地办税服务厅主管局的局领导班子成员必须在办税服务厅轮流带队值班。局领导作为维持办税服务厅有序运行的第一责任人，要统筹协调各项办税服务工作，及时、有效处理办税服务厅发生的突发事件，确保服务制度落实，纳税人办税有序。

3. 有效防范涉税舆情

各地税务机关要以高度负责的态度，切实加强相关事项的事前管理，消除负面舆情苗头，做到防患于未然。改革过程中，尤其要处理好以下3个方面的问题：

（1）收费问题。在营改增期间，各地不得增加营改增纳税人办税负担，不得新设收费项目，更不得“搭车收费”。纳税人使用的各类办税软件，2016年5月1日前免费的，应继续免费；2016年5月1日前收费的，国税机关与地税机关应做好衔接，督促服务商之间合理分割相关收费，绝不允许重复收费。对地方政府推行的数字证书，按地方要求执行，税务机关应积极向政府争取免费供纳税人使用，同时加大税务数字证书推广力度，对使用增值税发票新系统（已将数字证书嵌入新系统）以外的纳税人，按需提供、免费使用。各地国税机关、地税机关应加强合作，尽快实现所有涉税软件数字证书的互认。

（2）督促第三方服务单位全面支持服务营改增工作。近年来，纳税人对涉税技术服务单位的服务投诉日渐增多，主要涉及技术服务单位服务电话接通率低，长时间占线或无人接听；技术服务单位搭售、强买强卖通用设备行为，收费标准不合理、乱收费情况时有发生；涉税软件运行稳定性不高，时常出现掉线现象，造成使用网上办税功能不便利；技术服务单位服务态度差、服务响应慢等四类问题。这些问题直接影响税务机关对纳税人的服务质量和效果。各地税务机关对于纳税人反映的问题，要及时向第三方服务单位提出，严格要求其有效整改。对于进驻办税服务厅的技术服务单位人员，办税服务厅主任要切实负起责任，特别是对其服务态度、水平、质量等要进行严格要求，做到规范统一。应要求相关服务单位配备足够的技术人员，确保软、硬件问题及时有效得到解决。

（3）落实好服务“兜底”制度。实施营改增改革后，纳税人数量激增给税务机关办税服务带来了极大的压力，但决不能因工作量的增加而降低服务质量。只要在服务中做到“问题有人答、事项有人办、疑难有人解”，就能基本上满足纳税人需求，持续优化就能让纳税人满意。问题回答要耐心细致，用纳税人能够听得懂的语言说出税收专业的知识和要求。涉税业务事项办理要快捷、迅速，对于因系统故障或流程操作等客观原因导致的办税不畅等问题，要向纳税人及时解释并及时协调解决。对于疑难问题，能够回答的必须回答，如果回答不了，要给纳税人有效的指引，或者留下联系方式，事后向纳税人回应。

3.1.3 认真响应纳税人诉求，确保权益保障及时有效

各地税务机关在推行营改增各项工作措施的同时，要积极响应纳税人诉求，从落实《纳税服务投诉管理办法》入手，以畅通纳税人诉求表达渠道为抓手，以投诉风险点防控为先导，早谋划、早准备，筑牢纳税人权益保护网，确保改革稳步落地。

1. 明确部门职责，做好投诉推送

各地税务机关要指派专人负责营改增相关投诉处理工作，有条件的办税服务厅可在显著位置设置投诉受理席位。投诉处理人员要发挥好承上启下作用，及时将投诉信息推送至相关部门。属于纳税服务投诉，即服务态度、服务质效、纳税人权益等 3 个类别 15 项的，纳税服务部门要主动担责，迅速跟进，认真处理和落实。如投诉产生舆情问题的，要及时与办公室沟通处理；涉及政策口径问题的，要及时反馈到税政部门解决；属于软件问题的，如遇到软件运行稳定问题，尽快与电税中心等部门协调，属于软件服务商乱收费问题，要与征管科技或货物劳物税部门等协调。

2. 建立快速响应机制，提高投诉办理效率

各地税务机关接到营改增相关纳税服务投诉要进行快速响应，在原有处理时限基础上，进一步压缩响应时间：当场投诉的，要即时处理；事后投诉的，在原来规定时间基础上，要压缩到 3 个工作日内办结；时限内不能办结的，要及时告知纳税人。

3. 加强引导，降低风险

各地税务机关向纳税人宣传营改增相关政策时，应同时告知纳税人诉求表达渠道，纳税人可以在办税服务厅进行投诉，也可通过 12366 热线、税务网站、微信平台、投诉专线电话等渠道进行投诉。此外，要加强预防，防患于未然，认真分析纳税人诉求，寻找问题成因，全面排查隐患，梳理投诉易发风险点，提出有针对性的预防和处理措施，从源头上化解矛盾。

4. 认真做好营改增工作，持续提升纳税人满意度

部分省市对 2016 年纳税人满意度调查存有担心，认为 2016 年扩大营改增试点时间紧、任务重，纳税人因自身税负变化、对新税制的适应等多方面原因，可能会影响

满意度调查结果。营改增是税务机关当前乃至2016年全年的重大改革工作任务，《国家税务总局关于扎实做好全面推开营业税改征增值税改革试点工作的通知》（税总发〔2016〕32号）明确将营改增工作纳入督办及绩效考评范围。鉴于此，该指标已纳入2016年纳税人满意度调查问卷，各地落实此项工作的好坏将直接通过调查结果反映和显现。各地税务机关要高度重视，认真落实，确保顺利完成营改增工作。2016年的满意度调查结果，将体现各地在落实重点工作方面的真实情况，也将反映纳税人在营改增过程中的获得感，是对各地纳税服务部门的真正考验。

5. 加强统计分析，落实营改增报告制度

（1）做好咨询需求动态跟踪反馈工作。自2016年5月1日起至6月征期结束期间，实行12366接听营改增相关咨询情况日报制度，即各12366纳税服务中心每天上午8点前要将前一天本单位热线接通率、营改增问题咨询数量以及咨询热点通过12366热线系统的“热点问题”模块报送到北京中心，由北京中心按日进行汇总。其中，热点问题要按照此次营改增涉及的4个行业分别汇总，整理出每个行业的咨询热点前3位及其咨询量。各12366纳税服务中心也要适时将相关情况反馈同级业务部门，为相关部门提供决策参考。

（2）做好投诉事项统计分析报告工作。各地税务机关要加强营改增相关投诉事项统计，市以下税务机关（含市本级）每周向省税务机关上报营改增投诉事项。各省税务机关要加强分析，掌握纳税人关注点，每月形成分析报告，通报处理情况，为业务部门改进工作提供参考。同时，各省税务机关在月底将营改增投诉分析报告向国家税务总局报送。各地税务机关要及时总结、宣传投诉处理方法好、效果佳、纳税人满意的案例；对纳税人投诉问题严重、影响恶劣的相关单位和个人，要严肃追责并通报批评。

（3）做好办税服务厅运行情况报告。各地税务机关要按照《国家税务总局关于营业税改征增值税纳税服务工作的通知》（税总发〔2016〕43号）的要求，严格执行办税服务厅运行情况报告制度。为及时掌握二手房交易代征税款情况，各省地税机关务必将2016年5月3日发生的二手房交易代征税款情况（交易笔数、代征总税款数、代开发票份数、问题建议等）于5月4日中午12时前报送至国家税务总局（纳税服务司）。从2016年5月9日起，上述情况实行按周报告。

3.2 委托代征业务相关政策分析与系统升级要求

3.2.1 关于委托代征税款和代开增值税发票制度安排问题

纳税人销售其取得的不动产和其他个人出租不动产营改增涉及大量自然人，市场敏感度高，社会舆论关注度也高。为确保相关办税业务平稳过渡、无缝衔接，国家税务总局决定，纳税人销售其取得的不动产和个人出租不动产暂由地方税务局代征增值税并代开发票。《国家税务总局关于营业税改征增值税委托地税机关代征税款和代开增值税发票的公告》（国家税务总局公告2016年第19号）和《国家税务总局关于营业税改征增值税委托地税局代征税款和代开增值税发票的通知》（税总函〔2016〕145号），是为最大限度方便纳税人、最大限度保障税制顺利转换作出的特殊征管制度安排。

1. 地方税务局的主要征管职责

（1）营改增后，纳税人销售其取得的不动产和其他个人出租不动产的税收征管继续维持“三不变”。一是征收单位不变。仍由地方税务局负责纳税人的申报、计税价格评估、税款征收、税收优惠备案以及代开发票等相关业务。二是收入归属不变。该部分税收收入计入地方税务局收入，并由地方税务局负责组织收入对账、会计核算以及汇总上报等计统工作，负责办理征缴、退库业务。三是税收票证不变。继续使用地方税务局税收票证，但代开需要使用增值税发票。

（2）为了更大程度方便纳税人，允许地方税务局在经过严格的风险评估后，继续委托第三方单位代征税款并代开增值税发票。其中风险评估主要考虑几个因素：一是增值税发票保管安全条件是否具备；二是能否实现与税务部门办税网络联通；三是地方税务局能否对代征税款及代开发票情况实施有效监控。在此，提醒各地税务机关在进行转委托的过程中，一定要对第三方单位进行全面彻底的考察评估，务必确保其符合税务机关对增值税发票安全管理的严格要求。

2. 国家税务局的主要征管职责

国家税务局是增值税的主管税务机关，要切实做好有关管理服务工作。

（1）国家税务局负责协调增值税税控系统服务单位做好地方税务局代开增值税专用发票系统的安装及维护工作。按照国家税务总局货物和劳务税司的工作安排，2016年4月5日前，各省地方税务局需将代开增值税发票需要使用的税控专用设备数量告知省国家税务局。4 月 8 日前，各省国家税务局需将初始化的专用设备数量通过可控 FTP 报国家税务总局货物和劳务税司。4 月 20 日前，各省国家税务局要完成向地方税务局提供税控专用设备的工作。

（2）国家税务局要做好对同级地方税务局代开增值税发票操作及相关政策的培训工作。

（3）考虑到不动产交易涉及数量众多的自然人纳税人，国家税务局要实时跟踪地方税务局的业务需求，及时足额提供其所需的增值税发票，保证满足纳税人的代开需求。

3. 注意事项

（1）注意树立主动防范税收征管风险意识

目前全国地税系统的组织状态、征管流程、信息化水平差异很大。《国家税务总局关于营业税改征增值税委托地税机关代征税款和代开增值税发票的公告》和《国家税务总局关于营业税改征增值税委托地税局代征税款和代开增值税发票的通知》制定了双委托业务的大框架，在各地实际操作中需要应对好两个风险：一个是地方税务局委托第三方开展代开业务的风险；另一个是避免纳税人来回折腾的风险。如何采取控制风险的措施，需要各个省局根据本省的实际情况分别处理。

（2）进一步强化发票安全管理

对于开票数据传输、日常信息比对以及事后信息比对，各地应根据业务需求和工作开展情况进一步细化相关责任管理的问题，比如代开票征管系统的对接、代开发票的比对，单笔或者累计到多大金额就需要比对，等等，建议各地根据业务开展实际需要进一步细化。

3.2.2 关于委托代征税款和代开增值税发票系统升级问题

营改增后，纳税人销售其取得的不动产特别是二手房交易、其他个人出租不动产委托地税代征、代开发票政策是征管系统调整的焦点。系统调整涉及金税三期系统、CATIS 以及使用自有征管系统的国税、地税机关。为确保全面推开营改增平稳实施，最大限度便利纳税人办税，根据不动产特别是二手房交易、个人出租不动产营业税改征增值税的征管需要，国家税务总局印发了《国家税务总局办公厅关于下发二手房交易营业税改征增值税委托地税代征业务需求的通知》《国家税务总局办公厅关于下发其他个人出租不动产营改增委托地方税务局代征业务需求的通知》，提供了系统调整的参考业务需求。对于委托代征、代开发票业务，各地要按照“一个窗口、一台电脑、一个系统、一人操作”的总体原则，按照“既能管得住、又能便利纳税人”的总体要求，做好相关系统的开发升级工作。

1. 金税三期已上线单位

金税三期已上线的20个省（市、区），国家税务总局负责调整金税三期系统，各单位应按照国家税务总局的工作任务分解表及时间要求做好相关工作。一是配合应用系统做好数据迁移、户数交接、数据核实及相应的初始设置等准备工作。二是做好本地特色软件及纳税人端软件的配套改造、升级。三是地税代开增值税发票的，做好地税特定征收单位的设定、税控设备的发行、发票的领取、纳税人的辅导等前期配合工作。四是在应用系统上线后按照相关文件要求，熟悉业务管理规定，掌握操作内容。

2. 金税三期未上线单位

未上线使用金税三期系统的16个省市，使用CTAIS的国家税务局，由国家税务总局负责升级。使用自有征管系统的地方税务局，一是按照国家税务总局下发的二手房交易、其他个人出租不动产委托代征、发票代开参考业务需求，以及相关政策文件，研究编写自有征管信息系统的开发需求。二是及时做好相关信息系统的开发、测试，系统间的联调、部署及培训等。三是务必按时完成相应功能的上线运行，请于4月25日前完成代开发票业务升级，4月28日前完成委托代征业务的系统开发、联调测试、安装部署及培训等升级的各项相关工作。

3. 注意事项

国税机关、地税机关要密切合作，及时做好营改增纳税人相关资料的交接工作，特别是要区别对待营业税的非正常户。对于地税机关移交的非正常户，国税机关正常接收管户数据信息，暂时存储在中间库。试点过程中，如果非正常户恢复经营，国税机关按新办户身份为其办理登记；如果事后发现涉及此类非正常户的其他违法违规事项，按相应流程处理。

各地在工作中遇到的系统方面问题要及时向国家税务总局反映。

3.2.3 关于金税三期有关任务安排和进展情况

国家税务总局对营改增涉及金税三期的工作进行了关键任务分解，主要分为总局层面落实的任务和省局层面落实的任务。

1. 税务总局层面

就金税三期而言，营改增工作在税务总局层面主要是分析税务总局政策和各类相关法律法规文件，编写完善具体营改增相关的业务需求文档，下发税务系统落地实现，确保营改增业务需求在金税三期各系统平稳升级。主要任务包括5大项：

（1）已完成的工作

一是营改增政策、业务流程及业务规则等的细化分析以及业务需求文档的编写。截至2016年4月1日，总局已基本完成营改增所有相关10条业务流程和25个底层业务的需求分析，完成了业务需求文档基线的定版，为后续系统落地实现和上线实施工作按计划开展提供了强有力保障。（此次营改增需求变化范围，按业务域划分主要涉及管理服务、发票和申报征收等方面，主要变化的明细项目有税（费）种认定、发票票种核定、增值税专用发票代开、二手房交易申报、一般纳税人申报、小规模纳税人和增值税预缴税款申报等。）

二是营改增标准代码集的编写和发布。营改增涉及的代码变化包括征收品目、优惠事项、简易办法征收增值税类型代码、跨境应税服务名称代码、营改增纳税人类型代码，以及各类新旧代码标准的对照表制作等。目前，该项工作已完成。

三是数据迁移和信息确认补采工作。包括数据迁移分析，基本代码对照，迁移脚本开发、迁移脚本测试、迁移脚本的发布等工作。目前，国税、地税纳税人数据迁移脚本和前台确认及补采功能已经完成并提交各省使用。各地要严格按照有关要求抓好落实。

（2）后续重点推进的工作

一是系统功能开发工作。2016 年 3 月底，纳税人管理服务部分已全部完成，具体包括税（费）种认定、一般纳税人简易办法征收认定、跨境应税服务免征增值税备案、文化事业建设费缴费信息登记。4 月 28 日之前，需要完成二手房交易申报和代开发票业务有关工作，包括房产交易营改增相关申报，目前，已完成 80%的开发；发票代开工作，其中，发票票种核定已开发完成，增值税专票代开、增值税普通发票代开、通用机打发票代开申请正在开发中。5 月 28 日之前，需要完成的日常申报所用到功能模块的开发，包括一般纳税人申报、小规模纳税人和增值税预缴税款申报等业务，目前已完成 25%，总体计划执行进度正常。

二是用户验收测试的组织和生产环境版本的发布。对 4 月底和 5 月底两阶段开发的系统功能，分两个批次，在上线前组织典型省份进行用户验收测试；同时对各地的生产环境版本发布过程和日常运维工作进行相应的管控，确保系统平稳上线、正常运转。该项工作于 4 月 20 日开始实施。

2. 省局层面

各省级国家税务局、地方税务局的主要工作任务包括数据迁移的实施，以及纳税人各类数据补录和数据准备等。

（1）地方税务局工作

地税机关先提交营改增纳税人清册给国税机关，并配合国税机关做好数据移交、代码对照以及营改增后的数据处理工作。可分为三个阶段。

第一阶段：3 月份，从数据库中抽取满足营改增条件的数据清册提交国税机关，并配合国税机关做好数据移交确认和代码对照，以及国税、地税共享户确认工作，保证数据移交的准确性。目前，第一阶段的工作已经顺利完成。

第二阶段：4 月底前，对与营业税相关的数据进行处理：如税费种认定中营业税终止时间、定期定额营业税数据终止、营业税减免优惠批件终止工作，并做好各类营改增后继业务的处理工作。这是目前需要重点推进的工作。

第三阶段：5 月份开始，对纳税人的二手房交易、不动产出租等进行增值税委托代征申报、税款缴纳，并为纳税人代开增值税发票等。

（2）国家税务局工作

各省国税机关的主要工作包括数据迁移、信息确认及补采、代开发票和营改增纳税人申报等。总体也分为三个阶段。

第一阶段：数据迁移、信息确认及补采工作

接收地税机关提交的纳税人清册，做好数据迁移的准备工作、国税地税代码表对照、国税地税共管户的确认、数据迁移测试、数据迁移实施，并在迁移之后做好各类数据的补录工作，如税费种认定、纳税人银行存款账户报告、优惠信息等初始工作。并做好金税三期数据参数配置，如会统校验公式配置、定期定额项目维护。目前，第一阶段的工作已经步入了正常的轨道，本项工作在 5 月 1 日前必须完成。

第二阶段：纳税人发票代开和自开相关的前期准备工作

在数据迁移并完成数据确认后，为了确保 5 月征期发票相关业务的正常开展，需要做金税三期优化版和税务总局发票升级版系统的数据衔接工作，同时要做好营改增纳税人税控盘的提前发行工作，确保从 5 月开始对营改增纳税人增值税发票发售、发票代开等工作的有序开展。目前，第二阶段的工作也在按计划向前推进。

第三阶段：做好营改增纳税人申报相关的配套准备工作

组织本地特色软件同步进行相应的改造升级，确保 6 月征期营改增纳税人通过各种渠道，都能顺利进行国税一般纳税人或小规模纳税人等申报。第三阶段工作还在筹备过程中。

3. 数据迁移方面需要各省重点关注的两个问题

（1）纳税人三方协议数据迁移。纳税人从地税系统迁移进入国税系统后，原三方协议中的地方税务局需变更为对应的国家税务局，其中的三方协议签订机关，需要各省国家税务局、国库、银行按照统一的规则协同处理后台数据，以保障数据的准确无误。

（2）部分地税的税费种认定。其中无预算科目、预算分配比例，需要各省国家税务局明确转换生成规则或组织进行前台补录。

3.3　关于委托代征政策和系统问题的补充说明

3.3.1　关于委托代征相关政策问题

1. 关于"税总函〔2016〕145号文件规定，营改增后代征税款和代开发票业务，地方税务局可继续委托第三方进行。但《国家税务总局关于发布〈委托代征管理办法〉的公告》（国家税务总局公告2013年24号公告）规定代征人不得将其受托代征税款事项再进行委托其他单位、组织和人员办理。两者似乎存在相冲突问题"。

纳税人销售不动产和个人出租不动产，涉及大量自然人纳税人申报、缴税问题。为方便纳税人，提高征管效率，税总函〔2016〕145号文件规定，地方税务局全面负责营改增后纳税人销售其取得的不动产和其他个人出租不动产增值税的纳税申报受理、计税价格评估、税款征收、税收优惠备案发票代开等有关事项，负责办理征缴、退库业务，使用地方税务局税收票证，负责收入对账、会计核算、汇总上报工作等。

这是一种特殊的委托形式，不同于一般意义上的税务机关委托第三方进行的委托代征税款和代开发票。在形式上，类似于税务机关委托海关代征的方式（增值税本来应该由国家税务局征收，但在海关进口货物时，由海关一并征收相应关税、增值税和消费税等，同时海关负责后续的管理、稽核等事项）。因此，关于此项业务，地税机关委托第三方部门代征税款及代开发票的情形，不属于"再委托"的范畴。

2. 关于营改增后的有关政策衔接问题。在日常征管中，地税代征部门遇到增值税税政问题，以及涉及二手房计税价格评估、征缴、退库等营改增前相关税政问题时，省以下税务机关，请示上级地税机关，省级税务机关请示国家税务总局。

3.3.2　关于信息系统升级问题

1. 上线金税三期工程的国家税务局、地方税务局，要重点做好以下几方面工作：

（1）根据信息系统升级进展情况，尽早开展培训、演练。国家税务总局已要求开发商将营改增工作涉及的应用软件升级工作，按快速补丁方式，成熟一个模块下发一个模块的方式进行。各地可以尽快开展培训和演练，熟悉征纳操作流程。

信息系统升级进展情况为：

全国大集中版本。现在已发布功能有，特定征收部门登记、发票发售等模块。4月22日，二手房委托代征申报、地税机关代开增值税普通发票和专用发票、国税机关发票代开等模块，发布到用户测试环境，测试通过后马上发补丁升级。

优化版本。4月25日之前完成的功能，除增值税预缴纳税申报外（正在开发，已完成70%），已经全部开发完毕。二手房交易委托代征申报等内容，目前已经提交各省进行测试。国税、地税代开增值税发票等内容，于4月20日提交各省进行测试。

（2）积极配合国家税务总局做好软件测试工作。由于营改增各项工作时间紧、任务重，开发商要采取各种措施加快软件开发进度。为保证软件质量，对已提交用户测试的版本，各地务必严格测试。测试场景需考虑全面，尤其是涉及跨部门、跨系统的场景，不要出现任何遗漏。

（3）尽快搭建测试环境。目前尚未搭建测试环境的地方税务局，请尽快安排搭建，以开展涉及多个系统的联调测试工作。在此之前，可暂用国家税务总局测试环境开展测试工作。

（4）积极反馈问题和建议。4月17日，国家税务总局已将《营改增业务整体说明》发给了各地接口人，从应用软件层面描述了营改增业务操作步骤，国税地税衔接，以及调整模块的关键描述等。请认真组织研读，及时反馈意见，以便国家税务总局及时修改软件，符合各地实际需要。

2. 未上线金税三期工程的地方税务局，请根据国家税务总局下发的参考需求自行开发二手房交易、个人出租不动产委托代征、代开发票系统，并于4月25日前完成开发和联调测试。各省根据实际情况尽可能提前，预留出时间对委托代征、代开发票相关业务功能进行全流程的测试和模拟操作，确保系统上线后纳税人能够顺利缴税、代开发票。

3. 必须提出预警的是，各省开发进度差别较大。截至4月14日，湖北地税相关应用软件已经开发完毕，15日已开始进行测试、联调等工作。进度较慢的单位，应加快开发进度。

国家税务总局于4月21日与未上线金税三期工程的地方税务局进行视频会议，进行工作交流和督办。请各单位汇报二手房交易、个人出租不动产委托代征、代开发票相关信息系统开发、测试、联调以及部署情况，并提出存在的问题。相关通知随后正式发到各单位。

3.4 全面推开营改增信息技术保障工作要求

营改增技术保障工作涉及国家税务总局、各省国税地税机关等多个层面，涉及应用系统、基础设施、网络安全等诸多方面。要在2016年3月、4月、5月的月底三个关键时间节点，完成系统升级工作，6月开始持续做好系统运行维护与安全保障工作。有关情况和工作要求如下。

3.4.1 CTAIS综合征管系统升级到位

为使用CTAIS综合征管系统的各省国家税务局提供升级保障，国家税务总局负责系统的升级开发和升级补丁打包下发。升级工作分三阶段进行，升级补丁分三次下发。

第一阶段升级补丁（管理服务部分）于3月30日下发，主要内容是：增加和调整部分征收品目，增加征收品目与行业明细及预算科目的对照关系，增加各类优惠事项备案功能，实现增值税一般纳税人批量登记功能等。升级完成后，各省可开展国税、地税纳税人信息交接、登记核定、发票发放等基础工作。

第二阶段升级补丁（预缴税款表、代开发票部分）于4月25日下发，主要内容是：调整代开发票相关模块，增加5%和1.5%的征收率选项和异地纳税人标识；增加《增值税预缴税款表》填报及相应查询功能，增加相关电子申报接口。升级完成后，各省可从5月1日起开展预缴税款和代开发票等工作。

第三阶段升级补丁（申报征收、会计核算等部分）于5月25日下发，主要内容是：增加新版《增值税纳税申报表（一般纳税人适用）》、《增值税纳税申报表（小规模纳税人适用）》填报、查询及会计核算功能，增加相关电子申报接口，调整部分会统报表等功能。升级完成后，各省可从6月1日起开展申报、缴税、核算等工作。

使用CTAIS综合征管系统的各省国家税务局，按国家税务总局通知要求，做好系统升级、测试、自有软件升级和应用系统运行监控等保障工作。

1. 做好各阶段测试工作。

妥善完整的业务测试是系统升级后稳定运行的基础，各单位务必高度重视，一定按照国家税务总局测试通知要求，在收到补丁后，及时做好综合征管系统各阶段补丁测试工作，确保系统在计划时间内完成升级。国家税务总局指定的用户测试单位，局领导要统筹协调，合理安排相关处室组织承担各项测试工作，要组织熟悉系统和营改增需求的业务和技术骨干人员开展集中测试，做好测试组织、测试问题沟通反馈、测试报告整理上报等各项工作。其他单位也应根据自身情况和征管特点，有针对性地组织安排测试工作，对测试中出现的问题要积极探索解决办法，并及时与国家税务总局沟通反馈。

2. 做好电子申报等自有软件的开发和衔接工作。

增值税预缴税款表接口规范于 3 月 25 日下发，增值税纳税申报表接口规范，于 4 月 15 日下发。各单位应密切关注国家税务总局接口规范调整情况，及时下载最新版的接口规范，按照国家税务总局相关测试和补丁下发计划，做好自有软件修改完善、联调测试和同步升级工作，确保能够与 CTAIS 综合征管系统有序衔接。

3. 做好系统运行监控工作。

本次营改增工作，系统功能调整范围广，纳税人新增数量多，系统运行压力预计会有较大增幅。各单位应从 4 月开始，密切监控系统的运行情况和资源使用情况，加强对相关业务系统的主机、内存、存储、数据库空间等资源利用率和变化趋势的监控分析，发现异常情况应及时处理和上报。

3.4.2 增值税发票管理新系统升级到位

为全国增值税发票管理新系统提供升级保障，国家税务总局负责系统的升级开发和升级补丁打包下发，工作分两阶段进行。

第一阶段升级补丁于 4 月 8 日下发。软件补丁分为税务局端和企业端两个部分。其中，税务局端实现按新征收率为纳税人发行税控装置、发放发票，支持商品和服务税收分类编码，优化“三证合一”功能，实现一体化变更等功能；企业端增加按新征收率开具发票，支持使用商品和服务税收分类编码开具发票等功能。

第二阶段补丁于 4 月 24 日下发。重点解决地税机关二手房交易和个人出租不动产代开增值税发票问题。

截至 4 月初，已组织完成 400 多万套税控装置的初始化，并及时分发到各地。

各省国家税务局应按国家税务总局通知要求，做好系统升级、测试、税控装置发行安装等工作。

1. 做好两个阶段补丁的升级、测试。

本次升级涉及增值税发票网上统一受理平台、防伪税控系统（税务局端）、货运发票税控系统（税务局端）、税控发票开票软件（金税盘版和税控盘版）、电子底账系统等多个系统，各省国家税务局应精心准备测试方案和用例、考虑各种应用场景，对升级系统进行全面测试。

2. 合理安排税控装置发行计划。

要做到纳税人培训到位、税控设备发放到位、税控软件安装到位。第一阶段系统升级完成后，各省国家税务局应立即开展面向营改增纳税人发放税控设备、辅导培训等工作，及时督促技术服务单位为纳税人安装开票软件，确保纳税人能按时开票。

3.4.3 地税代开增值税发票软件和税控装置安装部署到位

根据《国家税务总局关于营业税改征增值税委托地税局代征税款和代开增值税发票的通知》（税总函〔2016〕145号）规定，二手房交易和个人出租不动产增值税由地税机关代征，增值税发票同时由地税机关代开。为解决地税代开增值税发票问题，国家税务总局决定，按照互联网模式，将现有国税代开票软件延伸部署到地税代征部门。国税代开票软件是增值税发票管理新系统的一个组成部分，增值税发票管理新系统基本情况如下。

2014年下半年，国家税务总局利用互联网技术，对增值税纳税人使用的税控开票系统进行整合，从单机开票升级到网络开票，同时建立电子底账系统，形成了覆盖所有增值税纳税人以及所有发票的增值税发票管理新系统。主要功能概括为：一是“税控开票，实时抄报”，将税控技术与互联网技术紧密结合，实现纳税人开具发票即时上传至国税机关；二是“数字证书，安全可靠”，将数字证书内置在税控装置（金税盘和税控盘）内，实现纳税人身份认证、发票数字签名、数据加密传输的安全要求；三是“票面信息、全部采集”，原系统只采集发票票面7要素电子信息，新系统采集发票全票面信息；四是“电子底账、流程再造”，将原系统通过纸质发票扫描认证采集抵扣发票信息，改造为直接将开票信息通过税务专网推送至购方主管国税机关，形成电子底账；五是“发票勾选、便捷服务”，利用增值税发票查询平台提供发票查询、勾选、确认服务，方便纳税人申报抵扣。此次地税代开增值税发票使用了前三项功能。

各省国家税务局、地方税务局应通力协作，做好以下工作：

1. 做好软件测试和安装工作。

地税代开增值税发票软件于4月24日下发。各地国税机关应及时下载代开软件包，指导技术服务单位为地税代征部门安装代开软件，并保证软件技术支持工作到位。

2. 做好地税代征准备工作。

各地国税机关应及时为地税代征部门发行税控装置，根据要求进行票种核定、发票申领等信息的初始化设置；

地税机关应明确相应的代开部门、代开流程等内容，相关责任落实到人，国税机关要帮助地税机关做好各项准备工作。

3. 搞好软件操作培训。

国税机关负责对地税代征人员的操作培训，使地税代征人员能够尽快熟悉软件操作流程。在地税代开票软件下发前，可先使用国税机关现用的代开票软件开展培训。

4. 实际开票测试。

在软件安装培训到位之后，地税代征部门应于 4 月 28 日前使用代开票软件模拟开出发票，并且要清理模拟数据，确保 5 月 1 日能够正常开具发票。

5. 二手房交易和个人出租不动产地税机关代开增值税发票系统部署问题。

4 月 24 日下发的发票代开软件，可在税务专网使用，也可在互联网使用。

按照《国家税务局　地方税务局办税服务厅联合办税网络接入与安全管理技术方案》（税总办发〔2016〕57 号），参照《大连市国家税务局　地方税务局联合办税信息安全管理规范》（税总电税便函〔2016〕106 号），在具备国税、地税办税服务厅联合办税网络接入与安全管理要求的前提下，地税机关代开增值发票可通过税务专网进行。

3.4.4　取消增值税专用发票认证工作技术保障到位

自 2016 年 3 月 1 日起，对纳税信用 A 级增值税一般纳税人取消增值税专用发票认证。根据国家税务总局规定，还将增加纳税人取消专用发票认证的范围。目前已通过 4008112366 呼叫系统为税务系统人员提供增值税发票查询平台的远程技术支持，同时将增值税发票查询平台的运维手册、纳税人常见问题解答等文档放置在电子税务网站营改增专栏中，提供下载学习使用。

各省国家税务局要认真完成以下工作：

1. 发布增值税发票查询平台登录地址，公告操作办法。取消认证纳税人需登录本省增值税发票查询平台，查询、选择和确认本期可用于申报抵扣（或退税）的增值税发票（包括增值税专用发票、货物运输业增值税专用发票、机动车统一销售发票）。各省级国家税务局应通过网站、办税服务厅张贴等多种渠道发布增值税发票查询平台登录地址，并且要公告操作办法。

2. 尽快进行各省系统优化调整。为保证营改增纳税人通过发票查询平台选择确认当期抵扣的发票，国家税务总局对发票管理新系统、发票查询平台运行环境进行了梳理，总结归纳出了环境优化参数配置建议，详见税总办发〔2016〕67 号文件。各地要结合实际情况，尽快调整优化系统。

3. 取消认证纳税人信息的初始化和调整。增值税发票查询平台仅对各地已导入电子底账系统的纳税人开放抵扣发票勾选确认权限，各地要根据国家税务总局确定的时间节点和工作要求，做好电子底账系统中取消认证纳税人信息的初始化和调整工作。

4. 技术支持。各地可通过国家税务总局呼叫系统获取增值税发票查询平台的远程技术支持，要组织办税服务厅人员和税控技术服务单位认真学习（电子税务网站营改增专栏中下载的）增值税发票查询平台的运维手册、纳税人常见问题解答等文档，加强对纳税人辅导，确保取消增值税专用发票认证的纳税人会操作。

3.4.5 面向纳税人系统的升级服务到位

面向纳税人系统的升级服务涉及三类内容，一是自助办税终端管理系统升级，二是电子申报软件升级，三是12366纳税服务热线系统升级。

1. 自助办税终端管理系统升级工作。

国家税务总局负责统一的自助办税终端管理系统升级，预计5月25日与CTAIS综合征管系统同步下发补丁。主要涉及申报纳税功能，营改增申报表调整等需求。自助办税系统申报纳税接口规范于4月20日更新并发布，已安装部署国家税务总局统一系统的单位要按照新版接口规范，按时完成系统升级、联调和测试工作。

没有完成国家税务总局自助办税终端管理系统部署的单位，要按照调整后的综合征管系统和金税三期核心征管系统接口规范，按时完成对自助办税终端设备和后台系统的同步升级，保障纳税人6月1日正常办理申报业务。各单位安装部署国家税务总局自助办税终端管理系统的过程中，如有问题，可通过热线及时获取技术支持。

2. 电子申报软件升级。

国家税务总局组织开发的电子申报软件分为衔接CTAIS综合征管系统和金税三期核心征管系统两个版本，适用于一般纳税人申报和小规模纳税人简易申报，实现了申报表填写、校验、导出等功能。本次营改增新版本5月25日与后台CTAIS综合征管系统同步完成版本升级，在国家税务总局门户网站“互联网+税务”应用广场栏目发布，免费提供给纳税人使用。

3. 12366纳税服务热线系统升级。

为应对营改增政策咨询量剧增的情况，国家税务总局已完成12366纳税服务热线系统的升级开发，4月15日前完成各地系统升级。国家税务总局已专门发文要求各省税务局信息技术部门按照《12366纳税服务热线系统运行维护管理办法》，加强12366系统运维管理，做好本省12366系统的技术支持和保障。

国家税务总局已于4月初开始对国税系统12366系统进行巡检，各地要做好配合，并结合话务量情况，定期（一般为每半个月）检查文件服务器录音存储空间和数据库运行状态，及时对录音文件进行迁移，保证系统正常运转。

12366系统已运行近5年，部分单位暴露出服务器硬件设备老化、配置低、存储资源不足、存在单点故障等风险。为保障“营改增”工作，各地应评估12366系统面临的风险，结合巡检分析系统隐患，制定应急预案和解决方案，保障系统稳定运转。各省国家税务局12366系统媒体资源板等专用设备如有资源缺口，可上报国家税务总局申请，总局将在12366系统备品备件库可供范围内予以支持解决。

3.4.6 基础环境部署到位

设备平台等基础环境是信息系统和数据的重要载体。为做好全面营改增试点的基础环境保障工作，3月对各省资源配置和使用情况进行了调查，并发文督促各省根据新增业务要求及时梳理和排查存在的问题。

各省国、地税机关继续做好以下工作：

1. 做好基础环境资源的调整优化工作。

根据本次营改增的业务变化情况，依据前期的基础资源梳理和优化调整方案，4月底前完成包括计算存储资源在内的基础环境调整优化工作。

2. 及时补充资源弥补设备缺口。

对于确实存在的资源不足情况，各省应及时补充相关设备，确保4月底前部署安装到位，满足应用系统平稳运行的需要。

3. 重视联合办税网络接入和安全保障。

为保障国、地联合办税，支撑营改增委托代征业务，国家税务总局下发了《国家税务局、地方税务局办税服务厅联合办税网络接入与安全管理技术方案》（税总办发〔2016〕57号），各单位要结合实际开展工作，既要保障网络高效联通，还要保证安全管理责任清晰，特别要加强终端设备的安全防护工作。

3.4.7 网络安全保障措施落实到位

网络安全保障工作涉及面广，任务艰巨，责任重大。各单位要高度重视，按照“谁主管谁负责、谁运行谁负责、谁使用谁负责”的原则，强化网络安全规章制度的执行，发挥网络安全技术手段的作用，切实做到领导到位、人员到位、责任到位、措施到位。各单位要结合年度工作要点，关注网络安全风险，重点开展以下各项网络安全保障工作：

1. 树立底线思维，保障数据安全。

王军局长曾批示“网络信息安全无小事。网上办税系统涉及海量数据信息，一头关乎纳税人权益和纳税服务，一头关乎税收征管和税收收入，一旦泄露后果严重，必须慎之又慎”。各单位要认真落实国家税务总局下发的《税务电子数据安全保护总体技术框架》等有关文件的要求，围绕电子数据创建、使用、传输、存储和销毁等全生命周期，开展数据的分级分类保护，初步实现电子数据的防攻击、防越权、防泄露、防篡改和防抵赖。

2. 严格建设管理，整改系统漏洞。

各单位要认真落实网络安全管理各项要求，一要建立应用安全审核机制，做到信息系统开发与安全防护同步规划、同步建设、同步运行；二要及时通过国家税务总局“税务网络安全保障网”和“税务网络安全”微信号，了解漏洞预警情况，及时整改漏洞；三要全面梳理互联网应用，对于长期不用的“僵尸”系统必须立即关闭，对互联网的测试环境要标识并落实责任主体，对生产系统要动态监管。

3. 明确安全责任，加强人员管理。

针对规范人员网络安全行为、提高安全意识，保护税收信息系统业务连续和数据安全，规范网络、终端和存储介质的使用，国家税务总局下发了《国家税务总局办公厅关于印发〈税务工作人员网络安全管理规定〉的通知》（税总办发〔2016〕10号）。请各单位认真落实国家和税务系统网络安全制度规范，严格网络安全管理，明确网络安全责任，牢固树立网络安全观。

4. 关注税务移动互联网安全管理。

近年来，各地税务机关围绕优化纳税服务工作，积极探索移动互联网办税服务应用，极大地方便了纳税人。但税务移动办税的技术实现、数据保护、安全防护等方面各具特点，差异较大，安全保障不足。国家税务总局制定了《税务移动应用安全开发和评估规范》，发布了《国家税务总局办公厅关于加强移动互联网应用安全管理的通知》（税总办发〔2016〕60号），各单位要遵照执行。

5. 加强日常监测，提升应急处置能力。

各单位要加强网上办税系统安全监测，针对互联网在线服务大规模DDoS、钓鱼网站等网络攻击，制定应急预案，健全应急保障措施，开展应急演练，及时处置安全事件并上报。

3.4.8 上下沟通、横向协调到位

此次营改增工作，时间紧、行业多、数量大，技术保障任务艰巨，需要在国家税务总局统一部署下，上下一致行动，国税、地税协调联动。必须畅通沟通渠道，有力有序推进各项工作。

电子税务中心在沟通渠道方面，一是以正式文件、电子税务动态、电子税务网站等方式，将总局营改增技术保障工作的计划安排、实施进度和各地经验做法发给各省国税、地税机关。二是加强了4008112366热线技术支持力量，增设了CTAIS综合征管系统服务专线电话010-63952738、13264285500，在周六、周日，工作日下班后等非工作时间都能够提供服务。三是建立了CTAIS综合征管系统和增值税发票新系统的微信、QQ运维群等互联网渠道，以满足紧急情况下快速沟通的需求。

请各省及时获取信息、迅速反映问题，确保省、地（市）、办税服务厅沟通高效，技术保障工作联动顺畅。

4　全面推开营改增文件汇编

4.1　财政部　国家税务总局
关于全面推开营业税改征增值税试点的通知

2016 年 3 月 23 日　财税〔2016〕36 号

各省、自治区、直辖市、计划单列市财政厅（局）、国家税务局、地方税务局，新疆生产建设兵团财务局：

经国务院批准，自 2016 年 5 月 1 日起，在全国范围内全面推开营业税改征增值税（以下称营改增）试点，建筑业、房地产业、金融业、生活服务业等全部营业税纳税人，纳入试点范围，由缴纳营业税改为缴纳增值税。现将《营业税改征增值税试点实施办法》、《营业税改征增值税试点有关事项的规定》、《营业税改征增值税试点过渡政策的规定》和《跨境应税行为适用增值税零税率和免税政策的规定》印发你们，请遵照执行。

本通知附件规定的内容，除另有规定执行时间外，自 2016 年 5 月 1 日起执行。《财政部　国家税务总局关于将铁路运输和邮政业纳入营业税改征增值税试点的通知》（财税〔2013〕106 号）、《财政部　国家税务总局关于铁路运输和邮政业营业税改征增值税试点有关政策的补充通知》（财税〔2013〕121 号）、《财政部　国家税务总局关于将电信业纳入营业税改征增值税试点的通知》（财税〔2014〕43 号）、《财政部　国家税务总局关于国际水路运输增值税零税率政策的补充通知》（财税〔2014〕50 号）和《财政部　国家税务总局关于影视等出口服务适用增值税零税率政策的通知》（财税〔2015〕118 号），除另有规定的条款外，相应废止。

各地要高度重视营改增试点工作，切实加强试点工作的组织领导，周密安排，明确责任，采取各种有效措施，做好试点前的各项准备以及试点过程中的监测分析和宣传解释等工作，确保改革的平稳、有序、顺利进行。遇到问题请及时向财政部和国家税务总局反映。

附件：1. 营业税改征增值税试点实施办法

2. 营业税改征增值税试点有关事项的规定

3. 营业税改征增值税试点过渡政策的规定

4. 跨境应税行为适用增值税零税率和免税政策的规定

附件1：

营业税改征增值税试点实施办法

第一章 纳税人和扣缴义务人

第一条 在中华人民共和国境内（以下称境内）销售服务、无形资产或者不动产（以下称应税行为）的单位和个人，为增值税纳税人，应当按照本办法缴纳增值税，不缴纳营业税。

单位，是指企业、行政单位、事业单位、军事单位、社会团体及其他单位。

个人，是指个体工商户和其他个人。

第二条 单位以承包、承租、挂靠方式经营的，承包人、承租人、挂靠人（以下统称承包人）以发包人、出租人、被挂靠人（以下统称发包人）名义对外经营并由发包人承担相关法律责任的，以该发包人为纳税人。否则，以承包人为纳税人。

第三条 纳税人分为一般纳税人和小规模纳税人。

应税行为的年应征增值税销售额（以下称应税销售额）超过财政部和国家税务总局规定标准的纳税人为一般纳税人，未超过规定标准的纳税人为小规模纳税人。

年应税销售额超过规定标准的其他个人不属于一般纳税人。年应税销售额超过规定标准但不经常发生应税行为的单位和个体工商户可选择按照小规模纳税人纳税。

第四条 年应税销售额未超过规定标准的纳税人，会计核算健全，能够提供准确税务资料的，可以向主管税务机关办理一般纳税人资格登记，成为一般纳税人。

会计核算健全，是指能够按照国家统一的会计制度规定设置账簿，根据合法、有效凭证核算。

第五条 符合一般纳税人条件的纳税人应当向主管税务机关办理一般纳税人资格登记。具体登记办法由国家税务总局制定。

除国家税务总局另有规定外，一经登记为一般纳税人后，不得转为小规模纳税人。

第六条 中华人民共和国境外（以下称境外）单位或者个人在境内发生应税行为，在境内未设有经营机构的，以购买方为增值税扣缴义务人。财政部和国家税务总局另有规定的除外。

第七条 两个或者两个以上的纳税人，经财政部和国家税务总局批准可以视为一个纳税人合并纳税。具体办法由财政部和国家税务总局另行制定。

第八条 纳税人应当按照国家统一的会计制度进行增值税会计核算。

第二章 征税范围

第九条 应税行为的具体范围，按照本办法所附的《销售服务、无形资产、不动产注释》执行。

第十条 销售服务、无形资产或者不动产，是指有偿提供服务、有偿转让无形资产或者不动产，但属于下列非经营活动的情形除外：

（一）行政单位收取的同时满足以下条件的政府性基金或者行政事业性收费。

1. 由国务院或者财政部批准设立的政府性基金，由国务院或者省级人民政府及其财政、价格主管部门批准设立的行政事业性收费；

2. 收取时开具省级以上（含省级）财政部门监（印）制的财政票据；

3. 所收款项全额上缴财政。

（二）单位或者个体工商户聘用的员工为本单位或者雇主提供取得工资的服务。

（三）单位或者个体工商户为聘用的员工提供服务。

（四）财政部和国家税务总局规定的其他情形。

第十一条 有偿，是指取得货币、货物或者其他经济利益。

第十二条 在境内销售服务、无形资产或者不动产，是指：

（一）服务（租赁不动产除外）或者无形资产（自然资源使用权除外）的销售方或者购买方在境内；

（二）所销售或者租赁的不动产在境内；

（三）所销售自然资源使用权的自然资源在境内；

（四）财政部和国家税务总局规定的其他情形。

第十三条 下列情形不属于在境内销售服务或者无形资产：

（一）境外单位或者个人向境内单位或者个人销售完全在境外发生的服务。

（二）境外单位或者个人向境内单位或者个人销售完全在境外使用的无形资产。

（三）境外单位或者个人向境内单位或者个人出租完全在境外使用的有形动产。

（四）财政部和国家税务总局规定的其他情形。

第十四条 下列情形视同销售服务、无形资产或者不动产：

（一）单位或者个体工商户向其他单位或者个人无偿提供服务，但用于公益事业或者以社会公众为对象的除外。

（二）单位或者个人向其他单位或者个人无偿转让无形资产或者不动产，但用于公益事业或者以社会公众为对象的除外。

（三）财政部和国家税务总局规定的其他情形。

第三章　税率和征收率

第十五条　增值税税率：

（一）纳税人发生应税行为，除本条第（二）项、第（三）项、第（四）项规定外，税率为6%。

（二）提供交通运输、邮政、基础电信、建筑、不动产租赁服务，销售不动产，转让土地使用权，税率为11%。

（三）提供有形动产租赁服务，税率为17%。

（四）境内单位和个人发生的跨境应税行为，税率为零。具体范围由财政部和国家税务总局另行规定。

第十六条　增值税征收率为3%，财政部和国家税务总局另有规定的除外。

第四章　应纳税额的计算

第一节　一般性规定

第十七条　增值税的计税方法，包括一般计税方法和简易计税方法。

第十八条　一般纳税人发生应税行为适用一般计税方法计税。

一般纳税人发生财政部和国家税务总局规定的特定应税行为，可以选择适用简易计税方法计税，但一经选择，36个月内不得变更。

第十九条　小规模纳税人发生应税行为适用简易计税方法计税。

第二十条　境外单位或者个人在境内发生应税行为，在境内未设有经营机构的，扣缴义务人按照下列公式计算应扣缴税额：

应扣缴税额=购买方支付的价款÷(1+税率)×税率

第二节　一般计税方法

第二十一条　一般计税方法的应纳税额，是指当期销项税额抵扣当期进项税额后的余额。应纳税额计算公式：

应纳税额=当期销项税额-当期进项税额

当期销项税额小于当期进项税额不足抵扣时，其不足部分可以结转下期继续抵扣。

第二十二条　销项税额，是指纳税人发生应税行为按照销售额和增值税税率计算并收取的增值税额。销项税额计算公式：

销项税额=销售额×税率

第二十三条 一般计税方法的销售额不包括销项税额，纳税人采用销售额和销项税额合并定价方法的，按照下列公式计算销售额：

销售额=含税销售额÷(1+税率)

第二十四条 进项税额，是指纳税人购进货物、加工修理修配劳务、服务、无形资产或者不动产，支付或者负担的增值税额。

第二十五条 下列进项税额准予从销项税额中抵扣：

（一）从销售方取得的增值税专用发票（含税控机动车销售统一发票，下同）上注明的增值税额。

（二）从海关取得的海关进口增值税专用缴款书上注明的增值税额。

（三）购进农产品，除取得增值税专用发票或者海关进口增值税专用缴款书外，按照农产品收购发票或者销售发票上注明的农产品买价和13%的扣除率计算的进项税额。计算公式为：

进项税额=买价×扣除率

买价，是指纳税人购进农产品在农产品收购发票或者销售发票上注明的价款和按照规定缴纳的烟叶税。

购进农产品，按照《农产品增值税进项税额核定扣除试点实施办法》抵扣进项税额的除外。

（四）从境外单位或者个人购进服务、无形资产或者不动产，自税务机关或者扣缴义务人取得的解缴税款的完税凭证上注明的增值税额。

第二十六条 纳税人取得的增值税扣税凭证不符合法律、行政法规或者国家税务总局有关规定的，其进项税额不得从销项税额中抵扣。

增值税扣税凭证，是指增值税专用发票、海关进口增值税专用缴款书、农产品收购发票、农产品销售发票和完税凭证。

纳税人凭完税凭证抵扣进项税额的，应当具备书面合同、付款证明和境外单位的对账单或者发票。资料不全的，其进项税额不得从销项税额中抵扣。

第二十七条 下列项目的进项税额不得从销项税额中抵扣：

（一）用于简易计税方法计税项目、免征增值税项目、集体福利或者个人消费的购进货物、加工修理修配劳务、服务、无形资产和不动产。其中涉及的固定资产、无形资产、不动产，仅指专用于上述项目的固定资产、无形资产（不包括其他权益性无形资产）、不动产。

纳税人的交际应酬消费属于个人消费。

（二）非正常损失的购进货物，以及相关的加工修理修配劳务和交通运输服务。

（三）非正常损失的在产品、产成品所耗用的购进货物（不包括固定资产）、加工修理修配劳务和交通运输服务。

（四）非正常损失的不动产，以及该不动产所耗用的购进货物、设计服务和建筑服务。

（五）非正常损失的不动产在建工程所耗用的购进货物、设计服务和建筑服务。

纳税人新建、改建、扩建、修缮、装饰不动产，均属于不动产在建工程。

（六）购进的旅客运输服务、贷款服务、餐饮服务、居民日常服务和娱乐服务。

（七）财政部和国家税务总局规定的其他情形。

本条第（四）项、第（五）项所称货物，是指构成不动产实体的材料和设备，包括建筑装饰材料和给排水、采暖、卫生、通风、照明、通讯、煤气、消防、中央空调、电梯、电气、智能化楼宇设备及配套设施。

第二十八条 不动产、无形资产的具体范围，按照本办法所附的《销售服务、无形资产或者不动产注释》执行。

固定资产，是指使用期限超过12个月的机器、机械、运输工具以及其他与生产经营有关的设备、工具、器具等有形动产。

非正常损失，是指因管理不善造成货物被盗、丢失、霉烂变质，以及因违反法律法规造成货物或者不动产被依法没收、销毁、拆除的情形。

第二十九条 适用一般计税方法的纳税人，兼营简易计税方法计税项目、免征增值税项目而无法划分不得抵扣的进项税额，按照下列公式计算不得抵扣的进项税额：

不得抵扣的进项税额=当期无法划分的全部进项税额×（当期简易计税方法计税项目销售额+免征增值税项目销售额）÷当期全部销售额

主管税务机关可以按照上述公式依据年度数据对不得抵扣的进项税额进行清算。

第三十条 已抵扣进项税额的购进货物（不含固定资产）、劳务、服务，发生本办法第二十七条规定情形（简易计税方法计税项目、免征增值税项目除外）的，应当将该进项税额从当期进项税额中扣减；无法确定该进项税额的，按照当期实际成本计算应扣减的进项税额。

第三十一条 已抵扣进项税额的固定资产、无形资产或者不动产，发生本办法第二十七条规定情形的，按照下列公式计算不得抵扣的进项税额：

不得抵扣的进项税额=固定资产、无形资产或者不动产净值×适用税率

固定资产、无形资产或者不动产净值，是指纳税人根据财务会计制度计提折旧或摊销后的余额。

第三十二条 纳税人适用一般计税方法计税的，因销售折让、中止或者退回而退还给购买方的增值税额，应当从当期的销项税额中扣减；因销售折让、中止或者退回而收回的增值税额，应当从当期的进项税额中扣减。

第三十三条 有下列情形之一者，应当按照销售额和增值税税率计算应纳税额，不得抵扣进项税额，也不得使用增值税专用发票：

（一）一般纳税人会计核算不健全，或者不能够提供准确税务资料的。

（二）应当办理一般纳税人资格登记而未办理的。

第三节 简易计税方法

第三十四条 简易计税方法的应纳税额，是指按照销售额和增值税征收率计算的增值税额，不得抵扣进项税额。应纳税额计算公式：

应纳税额=销售额×征收率

第三十五条 简易计税方法的销售额不包括其应纳税额，纳税人采用销售额和应纳税额合并定价方法的，按照下列公式计算销售额：

销售额=含税销售额÷(1+征收率)

第三十六条 纳税人适用简易计税方法计税的，因销售折让、中止或者退回而退还给购买方的销售额，应当从当期销售额中扣减。扣减当期销售额后仍有余额造成多缴的税款，可以从以后的应纳税额中扣减。

第四节 销售额的确定

第三十七条 销售额，是指纳税人发生应税行为取得的全部价款和价外费用，财政部和国家税务总局另有规定的除外。

价外费用，是指价外收取的各种性质的收费，但不包括以下项目：

（一）代为收取并符合本办法第十条规定的政府性基金或者行政事业性收费。

（二）以委托方名义开具发票代委托方收取的款项。

第三十八条 销售额以人民币计算。

纳税人按照人民币以外的货币结算销售额的，应当折合成人民币计算，折合率可以选择销售额发生的当天或者当月 1 日的人民币汇率中间价。纳税人应当在事先确定采用何种折合率，确定后 12 个月内不得变更。

第三十九条 纳税人兼营销售货物、劳务、服务、无形资产或者不动产，适用不同税率或者征收率的，应当分别核算适用不同税率或者征收率的销售额；未分别核算的，从高适用税率。

第四十条 一项销售行为如果既涉及服务又涉及货物，为混合销售。从事货物的生产、批发或者零售的单位和个体工商户的混合销售行为，按照销售货物缴纳增值税；其他单位和个体工商户的混合销售行为，按照销售服务缴纳增值税。

本条所称从事货物的生产、批发或者零售的单位和个体工商户，包括以从事货物的生产、批发或者零售为主，并兼营销售服务的单位和个体工商户在内。

第四十一条 纳税人兼营免税、减税项目的，应当分别核算免税、减税项目的销售额；未分别核算的，不得免税、减税。

第四十二条 纳税人发生应税行为，开具增值税专用发票后，发生开票有误或者销售折让、中止、退回等情形的，应当按照国家税务总局的规定开具红字增值税专用发票；未按照规定开具红字增值税专用发票的，不得按照本办法第三十二条和第三十六条的规定扣减销项税额或者销售额。

第四十三条 纳税人发生应税行为，将价款和折扣额在同一张发票上分别注明的，以折扣后的价款为销售额；未在同一张发票上分别注明的，以价款为销售额，不得扣减折扣额。

第四十四条 纳税人发生应税行为价格明显偏低或者偏高且不具有合理商业目的的，或者发生本办法第十四条所列行为而无销售额的，主管税务机关有权按照下列顺序确定销售额：

（一）按照纳税人最近时期销售同类服务、无形资产或者不动产的平均价格确定。

（二）按照其他纳税人最近时期销售同类服务、无形资产或者不动产的平均价格确定。

（三）按照组成计税价格确定。组成计税价格的公式为：

组成计税价格＝成本×（1+成本利润率）

成本利润率由国家税务总局确定。

不具有合理商业目的，是指以谋取税收利益为主要目的，通过人为安排，减少、免除、推迟缴纳增值税税款，或者增加退还增值税税款。

第五章 纳税义务、扣缴义务发生时间和纳税地点

第四十五条 增值税纳税义务、扣缴义务发生时间为：

（一）纳税人发生应税行为并收讫销售款项或者取得索取销售款项凭据的当天；先开具发票的，为开具发票的当天。

收讫销售款项，是指纳税人销售服务、无形资产、不动产过程中或者完成后收到款项。

取得索取销售款项凭据的当天，是指书面合同确定的付款日期；未签订书面合同或者书面合同未确定付款日期的，为服务、无形资产转让完成的当天或者不动产权属变更的当天。

（二）纳税人提供建筑服务、租赁服务采取预收款方式的，其纳税义务发生时间为收到预收款的当天。

（三）纳税人从事金融商品转让的，为金融商品所有权转移的当天。

（四）纳税人发生本办法第十四条规定情形的，其纳税义务发生时间为服务、无形资产转让完成的当天或者不动产权属变更的当天。

（五）增值税扣缴义务发生时间为纳税人增值税纳税义务发生的当天。

第四十六条　增值税纳税地点为：

（一）固定业户应当向其机构所在地或者居住地主管税务机关申报纳税。总机构和分支机构不在同一县（市）的，应当分别向各自所在地的主管税务机关申报纳税；经财政部和国家税务总局或者其授权的财政和税务机关批准，可以由总机构汇总向总机构所在地的主管税务机关申报纳税。

（二）非固定业户应当向应税行为发生地主管税务机关申报纳税；未申报纳税的，由其机构所在地或者居住地主管税务机关补征税款。

（三）其他个人提供建筑服务，销售或者租赁不动产，转让自然资源使用权，应向建筑服务发生地、不动产所在地、自然资源所在地主管税务机关申报纳税。

（四）扣缴义务人应当向其机构所在地或者居住地主管税务机关申报缴纳扣缴的税款。

第四十七条　增值税的纳税期限分别为 1 日、3 日、5 日、10 日、15 日、1 个月或者 1 个季度。纳税人的具体纳税期限，由主管税务机关根据纳税人应纳税额的大小分别核定。以 1 个季度为纳税期限的规定适用于小规模纳税人、银行、财务公司、信托投资公司、信用社，以及财政部和国家税务总局规定的其他纳税人。不能按照固定期限纳税的，可以按次纳税。

纳税人以 1 个月或者 1 个季度为 1 个纳税期的，自期满之日起 15 日内申报纳税；以 1 日、3 日、5 日、10 日或者 15 日为 1 个纳税期的，自期满之日起 5 日内预缴税款，于次月 1 日起 15 日内申报纳税并结清上月应纳税款。

扣缴义务人解缴税款的期限，按照前两款规定执行。

第六章　税收减免的处理

第四十八条　纳税人发生应税行为适用免税、减税规定的，可以放弃免税、减税，依照本办法的规定缴纳增值税。放弃免税、减税后，36 个月内不得再申请免税、减税。

纳税人发生应税行为同时适用免税和零税率规定的，纳税人可以选择适用免税或者零税率。

第四十九条　个人发生应税行为的销售额未达到增值税起征点的，免征增值税；达到起征点的，全额计算缴纳增值税。

增值税起征点不适用于登记为一般纳税人的个体工商户。

第五十条 增值税起征点幅度如下：

（一）按期纳税的，为月销售额5000-20000元（含本数）。

（二）按次纳税的，为每次（日）销售额300-500元（含本数）。

起征点的调整由财政部和国家税务总局规定。省、自治区、直辖市财政厅（局）和国家税务局应当在规定的幅度内，根据实际情况确定本地区适用的起征点，并报财政部和国家税务总局备案。

对增值税小规模纳税人中月销售额未达到2万元的企业或非企业性单位，免征增值税。2017年12月31日前，对月销售额2万元（含本数）至3万元的增值税小规模纳税人，免征增值税。

第七章 征收管理

第五十一条 营业税改征的增值税，由国家税务局负责征收。纳税人销售取得的不动产和其他个人出租不动产的增值税，国家税务局暂委托地方税务局代为征收。

第五十二条 纳税人发生适用零税率的应税行为，应当按期向主管税务机关申报办理退（免）税，具体办法由财政部和国家税务总局制定。

第五十三条 纳税人发生应税行为，应当向索取增值税专用发票的购买方开具增值税专用发票，并在增值税专用发票上分别注明销售额和销项税额。

属于下列情形之一的，不得开具增值税专用发票：

（一）向消费者个人销售服务、无形资产或者不动产。

（二）适用免征增值税规定的应税行为。

第五十四条 小规模纳税人发生应税行为，购买方索取增值税专用发票的，可以向主管税务机关申请代开。

第五十五条 纳税人增值税的征收管理，按照本办法和《中华人民共和国税收征收管理法》及现行增值税征收管理有关规定执行。

附：销售服务、无形资产、不动产注释

附：

销售服务、无形资产、不动产注释

一、销售服务

销售服务，是指提供交通运输服务、邮政服务、电信服务、建筑服务、金融服务、现代服务、生活服务。

（一）交通运输服务。

交通运输服务，是指利用运输工具将货物或者旅客送达目的地，使其空间位置得到转移的业务活动。包括陆路运输服务、水路运输服务、航空运输服务和管道运输服务。

1. 陆路运输服务。

陆路运输服务，是指通过陆路（地上或者地下）运送货物或者旅客的运输业务活动，包括铁路运输服务和其他陆路运输服务。

（1）铁路运输服务，是指通过铁路运送货物或者旅客的运输业务活动。

（2）其他陆路运输服务，是指铁路运输以外的陆路运输业务活动。包括公路运输、缆车运输、索道运输、地铁运输、城市轻轨运输等。

出租车公司向使用本公司自有出租车的出租车司机收取的管理费用，按照陆路运输服务缴纳增值税。

2. 水路运输服务。

水路运输服务，是指通过江、河、湖、川等天然、人工水道或者海洋航道运送货物或者旅客的运输业务活动。

水路运输的程租、期租业务，属于水路运输服务。

程租业务，是指运输企业为租船人完成某一特定航次的运输任务并收取租赁费的业务。

期租业务，是指运输企业将配备有操作人员的船舶承租给他人使用一定期限，承租期内听候承租方调遣，不论是否经营，均按天向承租方收取租赁费，发生的固定费用均由船东负担的业务。

3. 航空运输服务。

航空运输服务，是指通过空中航线运送货物或者旅客的运输业务活动。

航空运输的湿租业务，属于航空运输服务。

湿租业务，是指航空运输企业将配备有机组人员的飞机承租给他人使用一定期限，承租期内听候承租方调遣，不论是否经营，均按一定标准向承租方收取租赁费，发生的固定费用均由承租方承担的业务。

航天运输服务，按照航空运输服务缴纳增值税。

航天运输服务，是指利用火箭等载体将卫星、空间探测器等空间飞行器发射到空间轨道的业务活动。

4. 管道运输服务。

管道运输服务，是指通过管道设施输送气体、液体、固体物质的运输业务活动。

无运输工具承运业务，按照交通运输服务缴纳增值税。

无运输工具承运业务，是指经营者以承运人身份与托运人签订运输服务合同，收取运费并承担承运人责任，然后委托实际承运人完成运输服务的经营活动。

（二）邮政服务。

邮政服务，是指中国邮政集团公司及其所属邮政企业提供邮件寄递、邮政汇兑和机要通信等邮政基本服务的业务活动。包括邮政普遍服务、邮政特殊服务和其他邮政服务。

1. 邮政普遍服务。

邮政普遍服务，是指函件、包裹等邮件寄递，以及邮票发行、报刊发行和邮政汇兑等业务活动。

函件，是指信函、印刷品、邮资封片卡、无名址函件和邮政小包等。

包裹，是指按照封装上的名址递送给特定个人或者单位的独立封装的物品，其重量不超过五十千克，任何一边的尺寸不超过一百五十厘米，长、宽、高合计不超过三百厘米。

2. 邮政特殊服务。

邮政特殊服务，是指义务兵平常信函、机要通信、盲人读物和革命烈士遗物的寄递等业务活动。

3. 其他邮政服务。

其他邮政服务，是指邮册等邮品销售、邮政代理等业务活动。

（三）电信服务。

电信服务，是指利用有线、无线的电磁系统或者光电系统等各种通信网络资源，提供语音通话服务，传送、发射、接收或者应用图像、短信等电子数据和信息的业务活动。包括基础电信服务和增值电信服务。

1. 基础电信服务。

基础电信服务，是指利用固网、移动网、卫星、互联网，提供语音通话服务的业务活动，以及出租或者出售带宽、波长等网络元素的业务活动。

2. 增值电信服务。

增值电信服务，是指利用固网、移动网、卫星、互联网、有线电视网络，提供短信和彩信服务、电子数据和信息的传输及应用服务、互联网接入服务等业务活动。

卫星电视信号落地转接服务，按照增值电信服务缴纳增值税。

（四）建筑服务。

建筑服务，是指各类建筑物、构筑物及其附属设施的建造、修缮、装饰，线路、管道、设备、设施等的安装以及其他工程作业的业务活动。包括工程服务、安装服务、修缮服务、装饰服务和其他建筑服务。

1. 工程服务。

工程服务，是指新建、改建各种建筑物、构筑物的工程作业，包括与建筑物相连的各种设备或者支柱、操作平台的安装或者装设工程作业，以及各种窑炉和金属结构工程作业。

2. 安装服务。

安装服务，是指生产设备、动力设备、起重设备、运输设备、传动设备、医疗实验设备以及其他各种设备、设施的装配、安置工程作业，包括与被安装设备相连的工作台、梯子、栏杆的装设工程作业，以及被安装设备的绝缘、防腐、保温、油漆等工程作业。

固定电话、有线电视、宽带、水、电、燃气、暖气等经营者向用户收取的安装费、初装费、开户费、扩容费以及类似收费，按照安装服务缴纳增值税。

3. 修缮服务。

修缮服务，是指对建筑物、构筑物进行修补、加固、养护、改善，使之恢复原来的使用价值或者延长其使用期限的工程作业。

4. 装饰服务。

装饰服务，是指对建筑物、构筑物进行修饰装修，使之美观或者具有特定用途的工程作业。

5. 其他建筑服务。

其他建筑服务，是指上列工程作业之外的各种工程作业服务，如钻井（打井）、拆除建筑物或者构筑物、平整土地、园林绿化、疏浚（不包括航道疏浚）、建筑物平移、搭脚手架、爆破、矿山穿孔、表面附着物（包括岩层、土层、沙层等）剥离和清理等工程作业。

（五）金融服务。

金融服务，是指经营金融保险的业务活动。包括贷款服务、直接收费金融服务、保险服务和金融商品转让。

1. 贷款服务。

贷款，是指将资金贷与他人使用而取得利息收入的业务活动。

各种占用、拆借资金取得的收入，包括金融商品持有期间（含到期）利息（保本收益、报酬、资金占用费、补偿金等）收入、信用卡透支利息收入、买入返售金融商品利息收入、融资融券收取的利息收入，以及融资性售后回租、押汇、罚息、票据贴现、转贷等业务取得的利息及利息性质的收入，按照贷款服务缴纳增值税。

融资性售后回租，是指承租方以融资为目的，将资产出售给从事融资性售后回租业务的企业后，从事融资性售后回租业务的企业将该资产出租给承租方的业务活动。

以货币资金投资收取的固定利润或者保底利润，按照贷款服务缴纳增值税。

2. 直接收费金融服务。

直接收费金融服务，是指为货币资金融通及其他金融业务提供相关服务并且收取费用的业务活动。包括提供货币兑换、账户管理、电子银行、信用卡、信用证、财务担保、资产管理、信托管理、基金管理、金融交易场所（平台）管理、资金结算、资金清算、金融支付等服务。

3. 保险服务。

保险服务，是指投保人根据合同约定，向保险人支付保险费，保险人对于合同约定的可能发生的事故因其发生所造成的财产损失承担赔偿保险金责任，或者当被保险人死亡、伤残、疾病或者达到合同约定的年龄、期限等条件时承担给付保险金责任的商业保险行为。包括人身保险服务和财产保险服务。

人身保险服务，是指以人的寿命和身体为保险标的的保险业务活动。

财产保险服务，是指以财产及其有关利益为保险标的的保险业务活动。

4. 金融商品转让。

金融商品转让，是指转让外汇、有价证券、非货物期货和其他金融商品所有权的业务活动。

其他金融商品转让包括基金、信托、理财产品等各类资产管理产品和各种金融衍生品的转让。

（六）现代服务。

现代服务，是指围绕制造业、文化产业、现代物流产业等提供技术性、知识性服务的业务活动。包括研发和技术服务、信息技术服务、文化创意服务、物流辅助服务、租赁服务、鉴证咨询服务、广播影视服务、商务辅助服务和其他现代服务。

1. 研发和技术服务。

研发和技术服务，包括研发服务、合同能源管理服务、工程勘察勘探服务、专业技术服务。

（1）研发服务，也称技术开发服务，是指就新技术、新产品、新工艺或者新材料及其系统进行研究与试验开发的业务活动。

（2）合同能源管理服务，是指节能服务公司与用能单位以契约形式约定节能目标，节能服务公司提供必要的服务，用能单位以节能效果支付节能服务公司投入及其合理报酬的业务活动。

（3）工程勘察勘探服务，是指在采矿、工程施工前后，对地形、地质构造、地下资源蕴藏情况进行实地调查的业务活动。

（4）专业技术服务，是指气象服务、地震服务、海洋服务、测绘服务、城市规划、环境与生态监测服务等专项技术服务。

2. 信息技术服务。

信息技术服务，是指利用计算机、通信网络等技术对信息进行生产、收集、处理、加工、存储、运输、检索和利用，并提供信息服务的业务活动。包括软件服务、电路设计及测试服务、信息系统服务、业务流程管理服务和信息系统增值服务。

（1）软件服务，是指提供软件开发服务、软件维护服务、软件测试服务的业务活动。

（2）电路设计及测试服务，是指提供集成电路和电子电路产品设计、测试及相关技术支持服务的业务活动。

（3）信息系统服务，是指提供信息系统集成、网络管理、网站内容维护、桌面管理与维护、信息系统应用、基础信息技术管理平台整合、信息技术基础设施管理、数据中心、托管中心、信息安全服务、在线杀毒、虚拟主机等业务活动。包括网站对非自有的网络游戏提供的网络运营服务。

（4）业务流程管理服务，是指依托信息技术提供的人力资源管理、财务经济管理、审计管理、税务管理、物流信息管理、经营信息管理和呼叫中心等服务的活动。

（5）信息系统增值服务，是指利用信息系统资源为用户附加提供的信息技术服务。包括数据处理、分析和整合、数据库管理、数据备份、数据存储、容灾服务、电子商务平台等。

3. 文化创意服务。

文化创意服务，包括设计服务、知识产权服务、广告服务和会议展览服务。

（1）设计服务，是指把计划、规划、设想通过文字、语言、图画、声音、视觉等形式传递出来的业务活动。包括工业设计、内部管理设计、业务运作设计、供应链设计、造型设计、服装设计、环境设计、平面设计、包装设计、动漫设计、网游设计、展示设计、网站设计、机械设计、工程设计、广告设计、创意策划、文印晒图等。

（2）知识产权服务，是指处理知识产权事务的业务活动。包括对专利、商标、著作权、软件、集成电路布图设计的登记、鉴定、评估、认证、检索服务。

（3）广告服务，是指利用图书、报纸、杂志、广播、电视、电影、幻灯、路牌、招贴、橱窗、霓虹灯、灯箱、互联网等各种形式为客户的商品、经营服务项目、文体节目或者通告、声明等委托事项进行宣传和提供相关服务的业务活动。包括广告代理和广告的发布、播映、宣传、展示等。

（4）会议展览服务，是指为商品流通、促销、展示、经贸洽谈、民间交流、企业沟通、国际往来等举办或者组织安排的各类展览和会议的业务活动。

4. 物流辅助服务。

物流辅助服务，包括航空服务、港口码头服务、货运客运场站服务、打捞救助服务、装卸搬运服务、仓储服务和收派服务。

（1）航空服务，包括航空地面服务和通用航空服务。

航空地面服务，是指航空公司、飞机场、民航管理局、航站等向在境内航行或者在境内机场停留的境内外飞机或者其他飞行器提供的导航等劳务性地面服务的业务活动。包括旅客安全检查服务、停机坪管理服务、机场候机厅管理服务、飞机清洗消毒服务、空中飞行管理服务、飞机起降服务、飞行通讯服务、地面信号服务、飞机安全服务、飞机跑道管理服务、空中交通管理服务等。

通用航空服务，是指为专业工作提供飞行服务的业务活动，包括航空摄影、航空培训、航空测量、航空勘探、航空护林、航空吊挂播洒、航空降雨、航空气象探测、航空海洋监测、航空科学实验等。

（2）港口码头服务，是指港务船舶调度服务、船舶通讯服务、航道管理服务、航道疏浚服务、灯塔管理服务、航标管理服务、船舶引航服务、理货服务、系解缆服务、停泊和移泊服务、海上船舶溢油清除服务、水上交通管理服务、船只专业清洗消毒检测服务和防止船只漏油服务等为船只提供服务的业务活动。

港口设施经营人收取的港口设施保安费按照港口码头服务缴纳增值税。

（3）货运客运场站服务，是指货运客运场站提供货物配载服务、运输组织服务、中转换乘服务、车辆调度服务、票务服务、货物打包整理、铁路线路使用服务、加挂铁路客车服务、铁路行包专列发送服务、铁路到达和中转服务、铁路车辆编解服务、车辆挂运服务、铁路接触网服务、铁路机车牵引服务等业务活动。

（4）打捞救助服务，是指提供船舶人员救助、船舶财产救助、水上救助和沉船沉物打捞服务的业务活动。

（5）装卸搬运服务，是指使用装卸搬运工具或者人力、畜力将货物在运输工具之间、装卸现场之间或者运输工具与装卸现场之间进行装卸和搬运的业务活动。

（6）仓储服务，是指利用仓库、货场或者其他场所代客贮放、保管货物的业务活动。

（7）收派服务，是指接受寄件人委托，在承诺的时限内完成函件和包裹的收件、分拣、派送服务的业务活动。

收件服务，是指从寄件人收取函件和包裹，并运送到服务提供方同城的集散中心的业务活动。

分拣服务，是指服务提供方在其集散中心对函件和包裹进行归类、分发的业务活动。

派送服务，是指服务提供方从其集散中心将函件和包裹送达同城的收件人的业务活动。

5. 租赁服务。

租赁服务，包括融资租赁服务和经营租赁服务。

（1）融资租赁服务，是指具有融资性质和所有权转移特点的租赁活动。即出租人根据承租人所要求的规格、型号、性能等条件购入有形动产或者不动产租赁给承租人，合同期内租赁物所有权属于出租人，承租人只拥有使用权，合同期满付清租金后，承租人有权按照残值购入租赁物，以拥有其所有权。不论出租人是否将租赁物销售给承租人，均属于融资租赁。

按照标的物的不同，融资租赁服务可分为有形动产融资租赁服务和不动产融资租赁服务。

融资性售后回租不按照本税目缴纳增值税。

（2）经营租赁服务，是指在约定时间内将有形动产或者不动产转让他人使用且租赁物所有权不变更的业务活动。

按照标的物的不同，经营租赁服务可分为有形动产经营租赁服务和不动产经营租赁服务。

将建筑物、构筑物等不动产或者飞机、车辆等有形动产的广告位出租给其他单位或者个人用于发布广告，按照经营租赁服务缴纳增值税。

车辆停放服务、道路通行服务（包括过路费、过桥费、过闸费等）等按照不动产经营租赁服务缴纳增值税。

水路运输的光租业务、航空运输的干租业务，属于经营租赁。

光租业务，是指运输企业将船舶在约定的时间内出租给他人使用，不配备操作人员，不承担运输过程中发生的各项费用，只收取固定租赁费的业务活动。

干租业务，是指航空运输企业将飞机在约定的时间内出租给他人使用，不配备机组人员，不承担运输过程中发生的各项费用，只收取固定租赁费的业务活动。

6. 鉴证咨询服务。

鉴证咨询服务，包括认证服务、鉴证服务和咨询服务。

（1）认证服务，是指具有专业资质的单位利用检测、检验、计量等技术，证明产品、服务、管理体系符合相关技术规范、相关技术规范的强制性要求或者标准的业务活动。

（2）鉴证服务，是指具有专业资质的单位受托对相关事项进行鉴证，发表具有证明力的意见的业务活动。包括会计鉴证、税务鉴证、法律鉴证、职业技能鉴定、工程造价鉴证、工程监理、资产评估、环境评估、房地产土地评估、建筑图纸审核、医疗事故鉴定等。

（3）咨询服务，是指提供信息、建议、策划、顾问等服务的活动。包括金融、软件、技术、财务、税收、法律、内部管理、业务运作、流程管理、健康等方面的咨询。

翻译服务和市场调查服务按照咨询服务缴纳增值税。

7. 广播影视服务。

广播影视服务，包括广播影视节目（作品）的制作服务、发行服务和播映（含放映，下同）服务。

（1）广播影视节目（作品）制作服务，是指进行专题（特别节目）、专栏、综艺、体育、动画片、广播剧、电视剧、电影等广播影视节目和作品制作的服务。具体包括与广播影视节目和作品相关的策划、采编、拍摄、录音、音视频文字图片素材制作、场景布置、后期的剪辑、翻译（编译）、字幕制作、片头、片尾、片花制作、特效制作、影片修复、编目和确权等业务活动。

（2）广播影视节目（作品）发行服务，是指以分账、买断、委托等方式，向影院、电台、电视台、网站等单位和个人发行广播影视节目（作品）以及转让体育赛事等活动的报道及播映权的业务活动。

（3）广播影视节目（作品）播映服务，是指在影院、剧院、录像厅及其他场所播映广播影视节目（作品），以及通过电台、电视台、卫星通信、互联网、有线电视等无线或者有线装置播映广播影视节目（作品）的业务活动。

8. 商务辅助服务。

商务辅助服务，包括企业管理服务、经纪代理服务、人力资源服务、安全保护服务。

（1）企业管理服务，是指提供总部管理、投资与资产管理、市场管理、物业管理、日常综合管理等服务的业务活动。

（2）经纪代理服务，是指各类经纪、中介、代理服务。包括金融代理、知识产权代理、货物运输代理、代理报关、法律代理、房地产中介、职业中介、婚姻中介、代理记账、拍卖等。

货物运输代理服务，是指接受货物收货人、发货人、船舶所有人、船舶承租人或者船舶经营人的委托，以委托人的名义，为委托人办理货物运输、装卸、仓储和船舶进出港口、引航、靠泊等相关手续的业务活动。

代理报关服务，是指接受进出口货物的收、发货人委托，代为办理报关手续的业务活动。

（3）人力资源服务，是指提供公共就业、劳务派遣、人才委托招聘、劳动力外包等服务的业务活动。

(4) 安全保护服务，是指提供保护人身安全和财产安全，维护社会治安等的业务活动。包括场所住宅保安、特种保安、安全系统监控以及其他安保服务。

9. 其他现代服务。

其他现代服务，是指除研发和技术服务、信息技术服务、文化创意服务、物流辅助服务、租赁服务、鉴证咨询服务、广播影视服务和商务辅助服务以外的现代服务。

(七) 生活服务。

生活服务，是指为满足城乡居民日常生活需求提供的各类服务活动。包括文化体育服务、教育医疗服务、旅游娱乐服务、餐饮住宿服务、居民日常服务和其他生活服务。

1. 文化体育服务。

文化体育服务，包括文化服务和体育服务。

(1) 文化服务，是指为满足社会公众文化生活需求提供的各种服务。包括：文艺创作、文艺表演、文化比赛，图书馆的图书和资料借阅，档案馆的档案管理，文物及非物质遗产保护，组织举办宗教活动、科技活动、文化活动，提供游览场所。

(2) 体育服务，是指组织举办体育比赛、体育表演、体育活动，以及提供体育训练、体育指导、体育管理的业务活动。

2. 教育医疗服务。

教育医疗服务，包括教育服务和医疗服务。

(1) 教育服务，是指提供学历教育服务、非学历教育服务、教育辅助服务的业务活动。

学历教育服务，是指根据教育行政管理部门确定或者认可的招生和教学计划组织教学，并颁发相应学历证书的业务活动。包括初等教育、初级中等教育、高级中等教育、高等教育等。

非学历教育服务，包括学前教育、各类培训、演讲、讲座、报告会等。

教育辅助服务，包括教育测评、考试、招生等服务。

(2) 医疗服务，是指提供医学检查、诊断、治疗、康复、预防、保健、接生、计划生育、防疫服务等方面的服务，以及与这些服务有关的提供药品、医用材料器具、救护车、病房住宿和伙食的业务。

3. 旅游娱乐服务。

旅游娱乐服务，包括旅游服务和娱乐服务。

(1) 旅游服务，是指根据旅游者的要求，组织安排交通、游览、住宿、餐饮、购物、文娱、商务等服务的业务活动。

(2) 娱乐服务，是指为娱乐活动同时提供场所和服务的业务。

具体包括：歌厅、舞厅、夜总会、酒吧、台球、高尔夫球、保龄球、游艺（包括射击、狩猎、跑马、游戏机、蹦极、卡丁车、热气球、动力伞、射箭、飞镖）。

4. 餐饮住宿服务。

餐饮住宿服务，包括餐饮服务和住宿服务。

（1）餐饮服务，是指通过同时提供饮食和饮食场所的方式为消费者提供饮食消费服务的业务活动。

（2）住宿服务，是指提供住宿场所及配套服务等的活动。包括宾馆、旅馆、旅社、度假村和其他经营性住宿场所提供的住宿服务。

5. 居民日常服务。

居民日常服务，是指主要为满足居民个人及其家庭日常生活需求提供的服务，包括市容市政管理、家政、婚庆、养老、殡葬、照料和护理、救助救济、美容美发、按摩、桑拿、氧吧、足疗、沐浴、洗染、摄影扩印等服务。

6. 其他生活服务。

其他生活服务，是指除文化体育服务、教育医疗服务、旅游娱乐服务、餐饮住宿服务和居民日常服务之外的生活服务。

二、销售无形资产

销售无形资产，是指转让无形资产所有权或者使用权的业务活动。无形资产，是指不具实物形态，但能带来经济利益的资产，包括技术、商标、著作权、商誉、自然资源使用权和其他权益性无形资产。

技术，包括专利技术和非专利技术。

自然资源使用权，包括土地使用权、海域使用权、探矿权、采矿权、取水权和其他自然资源使用权。

其他权益性无形资产，包括基础设施资产经营权、公共事业特许权、配额、经营权（包括特许经营权、连锁经营权、其他经营权）、经销权、分销权、代理权、会员权、席位权、网络游戏虚拟道具、域名、名称权、肖像权、冠名权、转会费等。

三、销售不动产

销售不动产，是指转让不动产所有权的业务活动。不动产，是指不能移动或者移动后会引起性质、形状改变的财产，包括建筑物、构筑物等。

建筑物，包括住宅、商业营业用房、办公楼等可供居住、工作或者进行其他活动的建造物。

构筑物，包括道路、桥梁、隧道、水坝等建造物。

转让建筑物有限产权或者永久使用权的，转让在建的建筑物或者构筑物所有权的，以及在转让建筑物或者构筑物时一并转让其所占土地的使用权的，按照销售不动产缴纳增值税。

附件2：

营业税改征增值税试点有关事项的规定

一、营改增试点期间，试点纳税人［指按照《营业税改征增值税试点实施办法》（以下称《试点实施办法》）缴纳增值税的纳税人］有关政策

（一）兼营。

试点纳税人销售货物、加工修理修配劳务、服务、无形资产或者不动产适用不同税率或者征收率的，应当分别核算适用不同税率或者征收率的销售额，未分别核算销售额的，按照以下方法适用税率或者征收率：

1. 兼有不同税率的销售货物、加工修理修配劳务、服务、无形资产或者不动产，从高适用税率。

2. 兼有不同征收率的销售货物、加工修理修配劳务、服务、无形资产或者不动产，从高适用征收率。

3. 兼有不同税率和征收率的销售货物、加工修理修配劳务、服务、无形资产或者不动产，从高适用税率。

（二）不征收增值税项目。

1. 根据国家指令无偿提供的铁路运输服务、航空运输服务，属于《试点实施办法》第十四条规定的用于公益事业的服务。

2. 存款利息。

3. 被保险人获得的保险赔付。

4. 房地产主管部门或者其指定机构、公积金管理中心、开发企业以及物业管理单位代收的住宅专项维修资金。

5. 在资产重组过程中，通过合并、分立、出售、置换等方式，将全部或者部分实物资产以及与其相关联的债权、负债和劳动力一并转让给其他单位和个人，其中涉及的不动产、土地使用权转让行为。

（三）销售额。

1. 贷款服务，以提供贷款服务取得的全部利息及利息性质的收入为销售额。

2. 直接收费金融服务，以提供直接收费金融服务收取的手续费、佣金、酬金、管理费、服务费、经手费、开户费、过户费、结算费、转托管费等各类费用为销售额。

3. 金融商品转让，按照卖出价扣除买入价后的余额为销售额。

转让金融商品出现的正负差，按盈亏相抵后的余额为销售额。若相抵后出现负

差，可结转下一纳税期与下期转让金融商品销售额相抵，但年末时仍出现负差的，不得转入下一个会计年度。

金融商品的买入价，可以选择按照加权平均法或者移动加权平均法进行核算，选择后 36 个月内不得变更。

金融商品转让，不得开具增值税专用发票。

4. 经纪代理服务，以取得的全部价款和价外费用，扣除向委托方收取并代为支付的政府性基金或者行政事业性收费后的余额为销售额。向委托方收取的政府性基金或者行政事业性收费，不得开具增值税专用发票。

5. 融资租赁和融资性售后回租业务。

（1）经人民银行、银监会或者商务部批准从事融资租赁业务的试点纳税人，提供融资租赁服务，以取得的全部价款和价外费用，扣除支付的借款利息（包括外汇借款和人民币借款利息）、发行债券利息和车辆购置税后的余额为销售额。

（2）经人民银行、银监会或者商务部批准从事融资租赁业务的试点纳税人，提供融资性售后回租服务，以取得的全部价款和价外费用（不含本金），扣除对外支付的借款利息（包括外汇借款和人民币借款利息）、发行债券利息后的余额作为销售额。

（3）试点纳税人根据 2016 年 4 月 30 日前签订的有形动产融资性售后回租合同，在合同到期前提供的有形动产融资性售后回租服务，可继续按照有形动产融资租赁服务缴纳增值税。

继续按照有形动产融资租赁服务缴纳增值税的试点纳税人，经人民银行、银监会或者商务部批准从事融资租赁业务的，根据 2016 年 4 月 30 日前签订的有形动产融资性售后回租合同，在合同到期前提供的有形动产融资性售后回租服务，可以选择以下方法之一计算销售额：

①以向承租方收取的全部价款和价外费用，扣除向承租方收取的价款本金，以及对外支付的借款利息（包括外汇借款和人民币借款利息）、发行债券利息后的余额为销售额。

纳税人提供有形动产融资性售后回租服务，计算当期销售额时可以扣除的价款本金，为书面合同约定的当期应当收取的本金。无书面合同或者书面合同没有约定的，为当期实际收取的本金。

试点纳税人提供有形动产融资性售后回租服务，向承租方收取的有形动产价款本金，不得开具增值税专用发票，可以开具普通发票。

②以向承租方收取的全部价款和价外费用，扣除支付的借款利息（包括外汇借款和人民币借款利息）、发行债券利息后的余额为销售额。

（4）经商务部授权的省级商务主管部门和国家经济技术开发区批准的从事融资

租赁业务的试点纳税人，2016年5月1日后实收资本达到1.7亿元的，从达到标准的当月起按照上述第（1）、（2）、（3）点规定执行；2016年5月1日后实收资本未达到1.7亿元但注册资本达到1.7亿元的，在2016年7月31日前仍可按照上述第（1）、（2）、（3）点规定执行，2016年8月1日后开展的融资租赁业务和融资性售后回租业务不得按照上述第（1）、（2）、（3）点规定执行。

6. 航空运输企业的销售额，不包括代收的机场建设费和代售其他航空运输企业客票而代收转付的价款。

7. 试点纳税人中的一般纳税人（以下称一般纳税人）提供客运场站服务，以其取得的全部价款和价外费用，扣除支付给承运方运费后的余额为销售额。

8. 试点纳税人提供旅游服务，可以选择以取得的全部价款和价外费用，扣除向旅游服务购买方收取并支付给其他单位或者个人的住宿费、餐饮费、交通费、签证费、门票费和支付给其他接团旅游企业的旅游费用后的余额为销售额。

选择上述办法计算销售额的试点纳税人，向旅游服务购买方收取并支付的上述费用，不得开具增值税专用发票，可以开具普通发票。

9. 试点纳税人提供建筑服务适用简易计税方法的，以取得的全部价款和价外费用扣除支付的分包款后的余额为销售额。

10. 房地产开发企业中的一般纳税人销售其开发的房地产项目（选择简易计税方法的房地产老项目除外），以取得的全部价款和价外费用，扣除受让土地时向政府部门支付的土地价款后的余额为销售额。

房地产老项目，是指《建筑工程施工许可证》注明的合同开工日期在2016年4月30日前的房地产项目。

11. 试点纳税人按照上述4—10款的规定从全部价款和价外费用中扣除的价款，应当取得符合法律、行政法规和国家税务总局规定的有效凭证。否则，不得扣除。

上述凭证是指：

（1）支付给境内单位或者个人的款项，以发票为合法有效凭证。

（2）支付给境外单位或者个人的款项，以该单位或者个人的签收单据为合法有效凭证，税务机关对签收单据有疑议的，可以要求其提供境外公证机构的确认证明。

（3）缴纳的税款，以完税凭证为合法有效凭证。

（4）扣除的政府性基金、行政事业性收费或者向政府支付的土地价款，以省级以上（含省级）财政部门监（印）制的财政票据为合法有效凭证。

（5）国家税务总局规定的其他凭证。

纳税人取得的上述凭证属于增值税扣税凭证的，其进项税额不得从销项税额中抵扣。

（四）进项税额。

1. 适用一般计税方法的试点纳税人，2016 年 5 月 1 日后取得并在会计制度上按固定资产核算的不动产或者 2016 年 5 月 1 日后取得的不动产在建工程，其进项税额应自取得之日起分 2 年从销项税额中抵扣，第一年抵扣比例为 60%，第二年抵扣比例为 40%。

取得不动产，包括以直接购买、接受捐赠、接受投资入股、自建以及抵债等各种形式取得不动产，不包括房地产开发企业自行开发的房地产项目。

融资租入的不动产以及在施工现场修建的临时建筑物、构筑物，其进项税额不适用上述分 2 年抵扣的规定。

2. 按照《试点实施办法》第二十七条第（一）项规定不得抵扣且未抵扣进项税额的固定资产、无形资产、不动产，发生用途改变，用于允许抵扣进项税额的应税项目，可在用途改变的次月按照下列公式计算可以抵扣的进项税额：

可以抵扣的进项税额=固定资产、无形资产、不动产净值/(1+适用税率)×适用税率

上述可以抵扣的进项税额应取得合法有效的增值税扣税凭证。

3. 纳税人接受贷款服务向贷款方支付的与该笔贷款直接相关的投融资顾问费、手续费、咨询费等费用，其进项税额不得从销项税额中抵扣。

（五）一般纳税人资格登记。

《试点实施办法》第三条规定的年应税销售额标准为 500 万元（含本数）。财政部和国家税务总局可以对年应税销售额标准进行调整。

（六）计税方法。

一般纳税人发生下列应税行为可以选择适用简易计税方法计税：

1. 公共交通运输服务。

公共交通运输服务，包括轮客渡、公交客运、地铁、城市轻轨、出租车、长途客运、班车。

班车，是指按固定路线、固定时间运营并在固定站点停靠的运送旅客的陆路运输服务。

2. 经认定的动漫企业为开发动漫产品提供的动漫脚本编撰、形象设计、背景设计、动画设计、分镜、动画制作、摄制、描线、上色、画面合成、配音、配乐、音效合成、剪辑、字幕制作、压缩转码（面向网络动漫、手机动漫格式适配）服务，以及在境内转让动漫版权（包括动漫品牌、形象或者内容的授权及再授权）。

动漫企业和自主开发、生产动漫产品的认定标准和认定程序，按照《文化部 财政部 国家税务总局关于印发〈动漫企业认定管理办法（试行）〉的通知》（文市发〔2008〕51 号）的规定执行。

3. 电影放映服务、仓储服务、装卸搬运服务、收派服务和文化体育服务。

4. 以纳入营改增试点之日前取得的有形动产为标的物提供的经营租赁服务。

5. 在纳入营改增试点之日前签订的尚未执行完毕的有形动产租赁合同。

（七）建筑服务。

1. 一般纳税人以清包工方式提供的建筑服务，可以选择适用简易计税方法计税。

以清包工方式提供建筑服务，是指施工方不采购建筑工程所需的材料或只采购辅助材料，并收取人工费、管理费或者其他费用的建筑服务。

2. 一般纳税人为甲供工程提供的建筑服务，可以选择适用简易计税方法计税。

甲供工程，是指全部或部分设备、材料、动力由工程发包方自行采购的建筑工程。

3. 一般纳税人为建筑工程老项目提供的建筑服务，可以选择适用简易计税方法计税。

建筑工程老项目，是指：

（1）《建筑工程施工许可证》注明的合同开工日期在 2016 年 4 月 30 日前的建筑工程项目；

（2）未取得《建筑工程施工许可证》的，建筑工程承包合同注明的开工日期在 2016 年 4 月 30 日前的建筑工程项目。

4. 一般纳税人跨县（市）提供建筑服务，适用一般计税方法计税的，应以取得的全部价款和价外费用为销售额计算应纳税额。纳税人应以取得的全部价款和价外费用扣除支付的分包款后的余额，按照 2%的预征率在建筑服务发生地预缴税款后，向机构所在地主管税务机关进行纳税申报。

5. 一般纳税人跨县（市）提供建筑服务，选择适用简易计税方法计税的，应以取得的全部价款和价外费用扣除支付的分包款后的余额为销售额，按照 3%的征收率计算应纳税额。纳税人应按照上述计税方法在建筑服务发生地预缴税款后，向机构所在地主管税务机关进行纳税申报。

6. 试点纳税人中的小规模纳税人（以下称小规模纳税人）跨县（市）提供建筑服务，应以取得的全部价款和价外费用扣除支付的分包款后的余额为销售额，按照 3%的征收率计算应纳税额。纳税人应按照上述计税方法在建筑服务发生地预缴税款后，向机构所在地主管税务机关进行纳税申报。

（八）销售不动产。

1. 一般纳税人销售其 2016 年 4 月 30 日前取得（不含自建）的不动产，可以选择适用简易计税方法，以取得的全部价款和价外费用减去该项不动产购置原价或者取得不动产时的作价后的余额为销售额，按照 5%的征收率计算应纳税额。纳税人应按照上述计税方法在不动产所在地预缴税款后，向机构所在地主管税务机关进行纳税申报。

2. 一般纳税人销售其2016年4月30日前自建的不动产，可以选择适用简易计税方法，以取得的全部价款和价外费用为销售额，按照5%的征收率计算应纳税额。纳税人应按照上述计税方法在不动产所在地预缴税款后，向机构所在地主管税务机关进行纳税申报。

3. 一般纳税人销售其2016年5月1日后取得（不含自建）的不动产，应适用一般计税方法，以取得的全部价款和价外费用为销售额计算应纳税额。纳税人应以取得的全部价款和价外费用减去该项不动产购置原价或者取得不动产时的作价后的余额，按照5%的预征率在不动产所在地预缴税款后，向机构所在地主管税务机关进行纳税申报。

4. 一般纳税人销售其2016年5月1日后自建的不动产，应适用一般计税方法，以取得的全部价款和价外费用为销售额计算应纳税额。纳税人应以取得的全部价款和价外费用，按照5%的预征率在不动产所在地预缴税款后，向机构所在地主管税务机关进行纳税申报。

5. 小规模纳税人销售其取得（不含自建）的不动产（不含个体工商户销售购买的住房和其他个人销售不动产），应以取得的全部价款和价外费用减去该项不动产购置原价或者取得不动产时的作价后的余额为销售额，按照5%的征收率计算应纳税额。纳税人应按照上述计税方法在不动产所在地预缴税款后，向机构所在地主管税务机关进行纳税申报。

6. 小规模纳税人销售其自建的不动产，应以取得的全部价款和价外费用为销售额，按照5%的征收率计算应纳税额。纳税人应按照上述计税方法在不动产所在地预缴税款后，向机构所在地主管税务机关进行纳税申报。

7. 房地产开发企业中的一般纳税人，销售自行开发的房地产老项目，可以选择适用简易计税方法按照5%的征收率计税。

8. 房地产开发企业中的小规模纳税人，销售自行开发的房地产项目，按照5%的征收率计税。

9. 房地产开发企业采取预收款方式销售所开发的房地产项目，在收到预收款时按照3%的预征率预缴增值税。

10. 个体工商户销售购买的住房，应按照附件3《营业税改征增值税试点过渡政策的规定》第五条的规定征免增值税。纳税人应按照上述计税方法在不动产所在地预缴税款后，向机构所在地主管税务机关进行纳税申报。

11. 其他个人销售其取得（不含自建）的不动产（不含其购买的住房），应以取得的全部价款和价外费用减去该项不动产购置原价或者取得不动产时的作价后的余额为销售额，按照5%的征收率计算应纳税额。

（九）不动产经营租赁服务。

1. 一般纳税人出租其2016年4月30日前取得的不动产，可以选择适用简易计税方法，按照5%的征收率计算应纳税额。纳税人出租其2016年4月30日前取得的与机构所在地不在同一县（市）的不动产，应按照上述计税方法在不动产所在地预缴税款后，向机构所在地主管税务机关进行纳税申报。

2. 公路经营企业中的一般纳税人收取试点前开工的高速公路的车辆通行费，可以选择适用简易计税方法，减按3%的征收率计算应纳税额。

试点前开工的高速公路，是指相关施工许可证明上注明的合同开工日期在2016年4月30日前的高速公路。

3. 一般纳税人出租其2016年5月1日后取得的、与机构所在地不在同一县（市）的不动产，应按照3%的预征率在不动产所在地预缴税款后，向机构所在地主管税务机关进行纳税申报。

4. 小规模纳税人出租其取得的不动产（不含个人出租住房），应按照5%的征收率计算应纳税额。纳税人出租与机构所在地不在同一县（市）的不动产，应按照上述计税方法在不动产所在地预缴税款后，向机构所在地主管税务机关进行纳税申报。

5. 其他个人出租其取得的不动产（不含住房），应按照5%的征收率计算应纳税额。

6. 个人出租住房，应按照5%的征收率减按1.5%计算应纳税额。

（十）一般纳税人销售其2016年4月30日前取得的不动产（不含自建），适用一般计税方法计税的，以取得的全部价款和价外费用为销售额计算应纳税额。上述纳税人应以取得的全部价款和价外费用减去该项不动产购置原价或者取得不动产时的作价后的余额，按照5%的预征率在不动产所在地预缴税款后，向机构所在地主管税务机关进行纳税申报。

房地产开发企业中的一般纳税人销售房地产老项目，以及一般纳税人出租其2016年4月30日前取得的不动产，适用一般计税方法计税的，应以取得的全部价款和价外费用，按照3%的预征率在不动产所在地预缴税款后，向机构所在地主管税务机关进行纳税申报。

一般纳税人销售其2016年4月30日前自建的不动产，适用一般计税方法计税的，应以取得的全部价款和价外费用为销售额计算应纳税额。纳税人应以取得的全部价款和价外费用，按照5%的预征率在不动产所在地预缴税款后，向机构所在地主管税务机关进行纳税申报。

（十一）一般纳税人跨省（自治区、直辖市或者计划单列市）提供建筑服务或者销售、出租取得的与机构所在地不在同一省（自治区、直辖市或者计划单列市）的不动产，在机构所在地申报纳税时，计算的应纳税额小于已预缴税额，且差额较大的，由国家税务总局通知建筑服务发生地或者不动产所在地省级税务机关，在一定时期内暂停预缴增值税。

（十二）纳税地点。

属于固定业户的试点纳税人，总分支机构不在同一县（市），但在同一省（自治区、直辖市、计划单列市）范围内的，经省（自治区、直辖市、计划单列市）财政厅（局）和国家税务局批准，可以由总机构汇总向总机构所在地的主管税务机关申报缴纳增值税。

（十三）试点前发生的业务。

1. 试点纳税人发生应税行为，按照国家有关营业税政策规定差额征收营业税的，因取得的全部价款和价外费用不足以抵减允许扣除项目金额，截至纳入营改增试点之日前尚未扣除的部分，不得在计算试点纳税人增值税应税销售额时抵减，应当向原主管地税机关申请退还营业税。

2. 试点纳税人发生应税行为，在纳入营改增试点之日前已缴纳营业税，营改增试点后因发生退款减除营业额的，应当向原主管地税机关申请退还已缴纳的营业税。

3. 试点纳税人纳入营改增试点之日前发生的应税行为，因税收检查等原因需要补缴税款的，应按照营业税政策规定补缴营业税。

（十四）销售使用过的固定资产。

一般纳税人销售自己使用过的、纳入营改增试点之日前取得的固定资产，按照现行旧货相关增值税政策执行。

使用过的固定资产，是指纳税人符合《试点实施办法》第二十八条规定并根据财务会计制度已经计提折旧的固定资产。

（十五）扣缴增值税适用税率。

境内的购买方为境外单位和个人扣缴增值税的，按照适用税率扣缴增值税。

（十六）其他规定。

1. 试点纳税人销售电信服务时，附带赠送用户识别卡、电信终端等货物或者电信服务的，应将其取得的全部价款和价外费用进行分别核算，按各自适用的税率计算缴纳增值税。

2. 油气田企业发生应税行为，适用《试点实施办法》规定的增值税税率，不再适用《财政部 国家税务总局关于印发〈油气田企业增值税管理办法〉的通知》（财税〔2009〕8号）规定的增值税税率。

二、原增值税纳税人［指按照《中华人民共和国增值税暂行条例》（国务院令第538号）（以下称《增值税暂行条例》）缴纳增值税的纳税人］有关政策

（一）进项税额。

1. 原增值税一般纳税人购进服务、无形资产或者不动产，取得的增值税专用发

票上注明的增值税额为进项税额，准予从销项税额中抵扣。

2016 年 5 月 1 日后取得并在会计制度上按固定资产核算的不动产或者 2016 年 5 月 1 日后取得的不动产在建工程，其进项税额应自取得之日起分 2 年从销项税额中抵扣，第一年抵扣比例为 60%，第二年抵扣比例为 40%。

融资租入的不动产以及在施工现场修建的临时建筑物、构筑物，其进项税额不适用上述分 2 年抵扣的规定。

2. 原增值税一般纳税人自用的应征消费税的摩托车、汽车、游艇，其进项税额准予从销项税额中抵扣。

3. 原增值税一般纳税人从境外单位或者个人购进服务、无形资产或者不动产，按照规定应当扣缴增值税的，准予从销项税额中抵扣的进项税额为自税务机关或者扣缴义务人取得的解缴税款的完税凭证上注明的增值税额。

纳税人凭完税凭证抵扣进项税额的，应当具备书面合同、付款证明和境外单位的对账单或者发票。资料不全的，其进项税额不得从销项税额中抵扣。

4. 原增值税一般纳税人购进货物或者接受加工修理修配劳务，用于《销售服务、无形资产或者不动产注释》所列项目的，不属于《增值税暂行条例》第十条所称的用于非增值税应税项目，其进项税额准予从销项税额中抵扣。

5. 原增值税一般纳税人购进服务、无形资产或者不动产，下列项目的进项税额不得从销项税额中抵扣：

（1）用于简易计税方法计税项目、免征增值税项目、集体福利或者个人消费。其中涉及的无形资产、不动产，仅指专用于上述项目的无形资产（不包括其他权益性无形资产）、不动产。

纳税人的交际应酬消费属于个人消费。

（2）非正常损失的购进货物，以及相关的加工修理修配劳务和交通运输服务。

（3）非正常损失的在产品、产成品所耗用的购进货物（不包括固定资产）、加工修理修配劳务和交通运输服务。

（4）非正常损失的不动产，以及该不动产所耗用的购进货物、设计服务和建筑服务。

（5）非正常损失的不动产在建工程所耗用的购进货物、设计服务和建筑服务。

纳税人新建、改建、扩建、修缮、装饰不动产，均属于不动产在建工程。

（6）购进的旅客运输服务、贷款服务、餐饮服务、居民日常服务和娱乐服务。

（7）财政部和国家税务总局规定的其他情形。

上述第（4）点、第（5）点所称货物，是指构成不动产实体的材料和设备，包括建筑装饰材料和给排水、采暖、卫生、通风、照明、通讯、煤气、消防、中央空调、电梯、电气、智能化楼宇设备及配套设施。

纳税人接受贷款服务向贷款方支付的与该笔贷款直接相关的投融资顾问费、手续费、咨询费等费用，其进项税额不得从销项税额中抵扣。

6. 已抵扣进项税额的购进服务，发生上述第 5 点规定情形（简易计税方法计税项目、免征增值税项目除外）的，应当将该进项税额从当期进项税额中扣减；无法确定该进项税额的，按照当期实际成本计算应扣减的进项税额。

7. 已抵扣进项税额的无形资产或者不动产，发生上述第 5 点规定情形的，按照下列公式计算不得抵扣的进项税额：

不得抵扣的进项税额=无形资产或者不动产净值×适用税率

8. 按照《增值税暂行条例》第十条和上述第 5 点不得抵扣且未抵扣进项税额的固定资产、无形资产、不动产，发生用途改变，用于允许抵扣进项税额的应税项目，可在用途改变的次月按照下列公式，依据合法有效的增值税扣税凭证，计算可以抵扣的进项税额：

可以抵扣的进项税额=固定资产、无形资产、不动产净值/（1+适用税率）×适用税率

上述可以抵扣的进项税额应取得合法有效的增值税扣税凭证。

（二）增值税期末留抵税额。

原增值税一般纳税人兼有销售服务、无形资产或者不动产的，截止到纳入营改增试点之日前的增值税期末留抵税额，不得从销售服务、无形资产或者不动产的销项税额中抵扣。

（三）混合销售。

一项销售行为如果既涉及货物又涉及服务，为混合销售。从事货物的生产、批发或者零售的单位和个体工商户的混合销售行为，按照销售货物缴纳增值税；其他单位和个体工商户的混合销售行为，按照销售服务缴纳增值税。

上述从事货物的生产、批发或者零售的单位和个体工商户，包括以从事货物的生产、批发或者零售为主，并兼营销售服务的单位和个体工商户在内。

附件3：

营业税改征增值税试点过渡政策的规定

一、下列项目免征增值税

（一）托儿所、幼儿园提供的保育和教育服务。

托儿所、幼儿园，是指经县级以上教育部门审批成立、取得办园许可证的实施0-6岁学前教育的机构，包括公办和民办的托儿所、幼儿园、学前班、幼儿班、保育院、幼儿院。

公办托儿所、幼儿园免征增值税的收入是指，在省级财政部门和价格主管部门审核报省级人民政府批准的收费标准以内收取的教育费、保育费。

民办托儿所、幼儿园免征增值税的收入是指，在报经当地有关部门备案并公示的收费标准范围内收取的教育费、保育费。

超过规定收费标准的收费，以开办实验班、特色班和兴趣班等为由另外收取的费用以及与幼儿入园挂钩的赞助费、支教费等超过规定范围的收入，不属于免征增值税的收入。

（二）养老机构提供的养老服务。

养老机构，是指依照民政部《养老机构设立许可办法》（民政部令第48号）设立并依法办理登记的为老年人提供集中居住和照料服务的各类养老机构；养老服务，是指上述养老机构按照民政部《养老机构管理办法》（民政部令第49号）的规定，为收住的老年人提供的生活照料、康复护理、精神慰藉、文化娱乐等服务。

（三）残疾人福利机构提供的育养服务。

（四）婚姻介绍服务。

（五）殡葬服务。

殡葬服务，是指收费标准由各地价格主管部门会同有关部门核定，或者实行政府指导价管理的遗体接运（含抬尸、消毒）、遗体整容、遗体防腐、存放（含冷藏）、火化、骨灰寄存、吊唁设施设备租赁、墓穴租赁及管理等服务。

（六）残疾人员本人为社会提供的服务。

（七）医疗机构提供的医疗服务。

医疗机构，是指依据国务院《医疗机构管理条例》（国务院令第149号）及卫生部《医疗机构管理条例实施细则》（卫生部令第35号）的规定，经登记取得《医疗机构执业许可证》的机构，以及军队、武警部队各级各类医疗机构。具体包括：各级各类医院、门诊部（所）、社区卫生服务中心（站）、急救中心（站）、城乡卫生院、护理院（所）、疗养院、临床检验中心，各级政府及有关部门举办的卫生防疫站（疾病控制中心）、各种专科疾病防治站（所），各级政府举办的妇幼保健所（站）、母婴保健机构、儿童保健机构，各级政府举办的血站（血液中心）等医疗机构。

本项所称的医疗服务，是指医疗机构按照不高于地（市）级以上价格主管部门会同同级卫生主管部门及其他相关部门制定的医疗服务指导价格（包括政府指导价和按照规定由供需双方协商确定的价格等）为就医者提供《全国医疗服务价格项目规范》所列的各项服务，以及医疗机构向社会提供卫生防疫、卫生检疫的服务。

（八）从事学历教育的学校提供的教育服务。

1. 学历教育，是指受教育者经过国家教育考试或者国家规定的其他入学方式，进入国家有关部门批准的学校或者其他教育机构学习，获得国家承认的学历证书的教育形式。具体包括：

（1）初等教育：普通小学、成人小学。

（2）初级中等教育：普通初中、职业初中、成人初中。

（3）高级中等教育：普通高中、成人高中和中等职业学校（包括普通中专、成人中专、职业高中、技工学校）。

（4）高等教育：普通本专科、成人本专科、网络本专科、研究生（博士、硕士）、高等教育自学考试、高等教育学历文凭考试。

2. 从事学历教育的学校，是指：

（1）普通学校。

（2）经地（市）级以上人民政府或者同级政府的教育行政部门批准成立、国家承认其学员学历的各类学校。

（3）经省级及以上人力资源社会保障行政部门批准成立的技工学校、高级技工学校。

（4）经省级人民政府批准成立的技师学院。

上述学校均包括符合规定的从事学历教育的民办学校，但不包括职业培训机构等国家不承认学历的教育机构。

3. 提供教育服务免征增值税的收入，是指对列入规定招生计划的在籍学生提供学历教育服务取得的收入，具体包括：经有关部门审核批准并按规定标准收取的学费、住宿费、课本费、作业本费、考试报名费收入，以及学校食堂提供餐饮服务取得的伙食费收入。除此之外的收入，包括学校以各种名义收取的赞助费、择校费等，不属于免征增值税的范围。

学校食堂是指依照《学校食堂与学生集体用餐卫生管理规定》（教育部令第 14

号）管理的学校食堂。

（九）学生勤工俭学提供的服务。

（十）农业机耕、排灌、病虫害防治、植物保护、农牧保险以及相关技术培训业务，家禽、牲畜、水生动物的配种和疾病防治。

农业机耕，是指在农业、林业、牧业中使用农业机械进行耕作（包括耕耘、种植、收割、脱粒、植物保护等）的业务；排灌，是指对农田进行灌溉或者排涝的业务；病虫害防治，是指从事农业、林业、牧业、渔业的病虫害测报和防治的业务；农牧保险，是指为种植业、养殖业、牧业种植和饲养的动植物提供保险的业务；相关技术培训，是指与农业机耕、排灌、病虫害防治、植物保护业务相关以及为使农民获得农牧保险知识的技术培训业务；家禽、牲畜、水生动物的配种和疾病防治业务的免税范围，包括与该项服务有关的提供药品和医疗用具的业务。

（十一）纪念馆、博物馆、文化馆、文物保护单位管理机构、美术馆、展览馆、书画院、图书馆在自己的场所提供文化体育服务取得的第一道门票收入。

（十二）寺院、宫观、清真寺和教堂举办文化、宗教活动的门票收入。

（十三）行政单位之外的其他单位收取的符合《试点实施办法》第十条规定条件的政府性基金和行政事业性收费。

（十四）个人转让著作权。

（十五）个人销售自建自用住房。

（十六）2018 年 12 月 31 日前，公共租赁住房经营管理单位出租公共租赁住房。

公共租赁住房，是指纳入省、自治区、直辖市、计划单列市人民政府及新疆生产建设兵团批准的公共租赁住房发展规划和年度计划，并按照《关于加快发展公共租赁住房的指导意见》（建保〔2010〕87 号）和市、县人民政府制定的具体管理办法进行管理的公共租赁住房。

（十七）台湾航运公司、航空公司从事海峡两岸海上直航、空中直航业务在大陆取得的运输收入。

台湾航运公司，是指取得交通运输部颁发的“台湾海峡两岸间水路运输许可证”且该许可证上注明的公司登记地址在台湾的航运公司。

台湾航空公司，是指取得中国民用航空局颁发的“经营许可”或者依据《海峡两岸空运协议》和《海峡两岸空运补充协议》规定，批准经营两岸旅客、货物和邮件不定期（包机）运输业务，且公司登记地址在台湾的航空公司。

（十八）纳税人提供的直接或者间接国际货物运输代理服务。

1. 纳税人提供直接或者间接国际货物运输代理服务，向委托方收取的全部国际货物运输代理服务收入，以及向国际运输承运人支付的国际运输费用，必须通过金融机构进行结算。

2. 纳税人为大陆与香港、澳门、台湾地区之间的货物运输提供的货物运输代理服务参照国际货物运输代理服务有关规定执行。

3. 委托方索取发票的，纳税人应当就国际货物运输代理服务收入向委托方全额开具增值税普通发票。

（十九）以下利息收入。

1. 2016年12月31日前，金融机构农户小额贷款。

小额贷款，是指单笔且该农户贷款余额总额在10万元（含本数）以下的贷款。

所称农户，是指长期（一年以上）居住在乡镇（不包括城关镇）行政管理区域内的住户，还包括长期居住在城关镇所辖行政村范围内的住户和户口不在本地而在本地居住一年以上的住户，国有农场的职工和农村个体工商户。位于乡镇（不包括城关镇）行政管理区域内和在城关镇所辖行政村范围内的国有经济的机关、团体、学校、企事业单位的集体户；有本地户口，但举家外出谋生一年以上的住户，无论是否保留承包耕地均不属于农户。农户以户为统计单位，既可以从事农业生产经营，也可以从事非农业生产经营。农户贷款的判定应以贷款发放时的承贷主体是否属于农户为准。

2. 国家助学贷款。

3. 国债、地方政府债。

4. 人民银行对金融机构的贷款。

5. 住房公积金管理中心用住房公积金在指定的委托银行发放的个人住房贷款。

6. 外汇管理部门在从事国家外汇储备经营过程中，委托金融机构发放的外汇贷款。

7. 统借统还业务中，企业集团或企业集团中的核心企业以及集团所属财务公司按不高于支付给金融机构的借款利率水平或者支付的债券票面利率水平，向企业集团或者集团内下属单位收取的利息。

统借方向资金使用单位收取的利息，高于支付给金融机构借款利率水平或者支付的债券票面利率水平的，应全额缴纳增值税。

统借统还业务，是指：

（1）企业集团或者企业集团中的核心企业向金融机构借款或对外发行债券取得资金后，将所借资金分拨给下属单位（包括独立核算单位和非独立核算单位，下同），并向下属单位收取用于归还金融机构或债券购买方本息的业务。

（2）企业集团向金融机构借款或对外发行债券取得资金后，由集团所属财务公司与企业集团或者集团内下属单位签订统借统还贷款合同并分拨资金，并向企业集团或者集团内下属单位收取本息，再转付企业集团，由企业集团统一归还金融机构或债券购买方的业务。

（二十）被撤销金融机构以货物、不动产、无形资产、有价证券、票据等财产清偿债务。

被撤销金融机构，是指经人民银行、银监会依法决定撤销的金融机构及其分设于各地的分支机构，包括被依法撤销的商业银行、信托投资公司、财务公司、金融租赁公司、城市信用社和农村信用社。除另有规定外，被撤销金融机构所属、附属企业，不享受被撤销金融机构增值税免税政策。

（二十一）保险公司开办的一年期以上人身保险产品取得的保费收入。

一年期以上人身保险，是指保险期间为一年期及以上返还本利的人寿保险、养老年金保险，以及保险期间为一年期及以上的健康保险。

人寿保险，是指以人的寿命为保险标的的人身保险。

养老年金保险，是指以养老保障为目的，以被保险人生存为给付保险金条件，并按约定的时间间隔分期给付生存保险金的人身保险。养老年金保险应当同时符合下列条件：

1. 保险合同约定给付被保险人生存保险金的年龄不得小于国家规定的退休年龄。

2. 相邻两次给付的时间间隔不得超过一年。

健康保险，是指以因健康原因导致损失为给付保险金条件的人身保险。

上述免税政策实行备案管理，具体备案管理办法按照《国家税务总局关于一年期以上返还性人身保险产品免征营业税审批事项取消后有关管理问题的公告》（国家税务总局公告2015年第65号）规定执行。

（二十二）下列金融商品转让收入。

1. 合格境外投资者（QFII）委托境内公司在我国从事证券买卖业务。

2. 香港市场投资者（包括单位和个人）通过沪港通买卖上海证券交易所上市A股。

3. 对香港市场投资者（包括单位和个人）通过基金互认买卖内地基金份额。

4. 证券投资基金（封闭式证券投资基金，开放式证券投资基金）管理人运用基金买卖股票、债券。

5. 个人从事金融商品转让业务。

（二十三）金融同业往来利息收入。

1. 金融机构与人民银行所发生的资金往来业务。包括人民银行对一般金融机构贷款，以及人民银行对商业银行的再贴现等。

2. 银行联行往来业务。同一银行系统内部不同行、处之间所发生的资金账务往来业务。

3. 金融机构间的资金往来业务。是指经人民银行批准，进入全国银行间同业拆借市场的金融机构之间通过全国统一的同业拆借网络进行的短期（一年以下含一年）

无担保资金融通行为。

4. 金融机构之间开展的转贴现业务。

金融机构是指：

(1) 银行：包括人民银行、商业银行、政策性银行。

(2) 信用合作社。

(3) 证券公司。

(4) 金融租赁公司、证券基金管理公司、财务公司、信托投资公司、证券投资基金。

(5) 保险公司。

(6) 其他经人民银行、银监会、证监会、保监会批准成立且经营金融保险业务的机构等。

(二十四) 同时符合下列条件的担保机构从事中小企业信用担保或者再担保业务取得的收入（不含信用评级、咨询、培训等收入）3 年内免征增值税：

1. 已取得监管部门颁发的融资性担保机构经营许可证，依法登记注册为企（事）业法人，实收资本超过 2000 万元。

2. 平均年担保费率不超过银行同期贷款基准利率的 50%。平均年担保费率 = 本期担保费收入/（期初担保余额+本期增加担保金额）×100%。

3. 连续合规经营 2 年以上，资金主要用于担保业务，具备健全的内部管理制度和为中小企业提供担保的能力，经营业绩突出，对受保项目具有完善的事前评估、事中监控、事后追偿与处置机制。

4. 为中小企业提供的累计担保贷款额占其两年累计担保业务总额的 80%以上，单笔 800 万元以下的累计担保贷款额占其累计担保业务总额的 50%以上。

5. 对单个受保企业提供的担保余额不超过担保机构实收资本总额的 10%，且平均单笔担保责任金额最多不超过 3000 万元人民币。

6. 担保责任余额不低于其净资产的 3 倍，且代偿率不超过 2%。

担保机构免征增值税政策采取备案管理方式。符合条件的担保机构应到所在地县（市）主管税务机关和同级中小企业管理部门履行规定的备案手续，自完成备案手续之日起，享受 3 年免征增值税政策。3 年免税期满后，符合条件的担保机构可按规定程序办理备案手续后继续享受该项政策。

具体备案管理办法按照《国家税务总局关于中小企业信用担保机构免征营业税审批事项取消后有关管理问题的公告》（国家税务总局公告 2015 年第 69 号）规定执行，其中税务机关的备案管理部门统一调整为县（市）级国家税务局。

(二十五) 国家商品储备管理单位及其直属企业承担商品储备任务，从中央或者地方财政取得的利息补贴收入和价差补贴收入。

国家商品储备管理单位及其直属企业，是指接受中央、省、市、县四级政府有关部门（或者政府指定管理单位）委托，承担粮（含大豆）、食用油、棉、糖、肉、盐（限于中央储备）等6种商品储备任务，并按有关政策收储、销售上述6种储备商品，取得财政储备经费或者补贴的商品储备企业。利息补贴收入，是指国家商品储备管理单位及其直属企业因承担上述商品储备任务从金融机构贷款，并从中央或者地方财政取得的用于偿还贷款利息的贴息收入。价差补贴收入包括销售价差补贴收入和轮换价差补贴收入。销售价差补贴收入，是指按照中央或者地方政府指令销售上述储备商品时，由于销售收入小于库存成本而从中央或者地方财政获得的全额价差补贴收入。轮换价差补贴收入，是指根据要求定期组织政策性储备商品轮换而从中央或者地方财政取得的商品新陈品质价差补贴收入。

（二十六）纳税人提供技术转让、技术开发和与之相关的技术咨询、技术服务。

1. 技术转让、技术开发，是指《销售服务、无形资产、不动产注释》中“转让技术”、“研发服务”范围内的业务活动。技术咨询，是指就特定技术项目提供可行性论证、技术预测、专题技术调查、分析评价报告等业务活动。

与技术转让、技术开发相关的技术咨询、技术服务，是指转让方（或者受托方）根据技术转让或者开发合同的规定，为帮助受让方（或者委托方）掌握所转让（或者委托开发）的技术，而提供的技术咨询、技术服务业务，且这部分技术咨询、技术服务的价款与技术转让或者技术开发的价款应当在同一张发票上开具。

2. 备案程序。试点纳税人申请免征增值税时，须持技术转让、开发的书面合同，到纳税人所在地省级科技主管部门进行认定，并持有关的书面合同和科技主管部门审核意见证明文件报主管税务机关备查。

（二十七）同时符合下列条件的合同能源管理服务：

1. 节能服务公司实施合同能源管理项目相关技术，应当符合国家质量监督检验检疫总局和国家标准化管理委员会发布的《合同能源管理技术通则》（GB/T 24915—2010）规定的技术要求。

2. 节能服务公司与用能企业签订节能效益分享型合同，其合同格式和内容，符合《中华人民共和国合同法》和《合同能源管理技术通则》（GB/T 24915—2010）等规定。

（二十八）2017年12月31日前，科普单位的门票收入，以及县级及以上党政部门和科协开展科普活动的门票收入。

科普单位，是指科技馆、自然博物馆，对公众开放的天文馆（站、台）、气象台（站）、地震台（站），以及高等院校、科研机构对公众开放的科普基地。

科普活动，是指利用各种传媒以浅显的、让公众易于理解、接受和参与的方式，向普通大众介绍自然科学和社会科学知识，推广科学技术的应用，倡导科学方法，传播科学思想，弘扬科学精神的活动。

（二十九）政府举办的从事学历教育的高等、中等和初等学校（不含下属单位），举办进修班、培训班取得的全部归该学校所有的收入。

全部归该学校所有，是指举办进修班、培训班取得的全部收入进入该学校统一账户，并纳入预算全额上缴财政专户管理，同时由该学校对有关票据进行统一管理和开具。

举办进修班、培训班取得的收入进入该学校下属部门自行开设账户的，不予免征增值税。

（三十）政府举办的职业学校设立的主要为在校学生提供实习场所、并由学校出资自办、由学校负责经营管理、经营收入归学校所有的企业，从事《销售服务、无形资产或者不动产注释》中"现代服务"（不含融资租赁服务、广告服务和其他现代服务）、"生活服务"（不含文化体育服务、其他生活服务和桑拿、氧吧）业务活动取得的收入。

（三十一）家政服务企业由员工制家政服务员提供家政服务取得的收入。

家政服务企业，是指在企业营业执照的规定经营范围中包括家政服务内容的企业。

员工制家政服务员，是指同时符合下列 3 个条件的家政服务员：

1. 依法与家政服务企业签订半年及半年以上的劳动合同或者服务协议，且在该企业实际上岗工作。

2. 家政服务企业为其按月足额缴纳了企业所在地人民政府根据国家政策规定的基本养老保险、基本医疗保险、工伤保险、失业保险等社会保险。对已享受新型农村养老保险和新型农村合作医疗等社会保险或者下岗职工原单位继续为其缴纳社会保险的家政服务员，如果本人书面提出不再缴纳企业所在地人民政府根据国家政策规定的相应的社会保险，并出具其所在乡镇或者原单位开具的已缴纳相关保险的证明，可视同家政服务企业已为其按月足额缴纳了相应的社会保险。

3. 家政服务企业通过金融机构向其实际支付不低于企业所在地适用的经省级人民政府批准的最低工资标准的工资。

（三十二）福利彩票、体育彩票的发行收入。

（三十三）军队空余房产租赁收入。

（三十四）为了配合国家住房制度改革，企业、行政事业单位按房改成本价、标准价出售住房取得的收入。

（三十五）将土地使用权转让给农业生产者用于农业生产。

（三十六）涉及家庭财产分割的个人无偿转让不动产、土地使用权。

家庭财产分割，包括下列情形：离婚财产分割；无偿赠与配偶、父母、子女、祖父母、外祖父母、孙子女、外孙子女、兄弟姐妹；无偿赠与对其承担直接抚养或者赡养义务的抚养人或者赡养人；房屋产权所有人死亡，法定继承人、遗嘱继承人或者受遗赠人依法取得房屋产权。

（三十七）土地所有者出让土地使用权和土地使用者将土地使用权归还给土地所有者。

（三十八）县级以上地方人民政府或自然资源行政主管部门出让、转让或收回自然资源使用权（不含土地使用权）。

（三十九）随军家属就业。

1. 为安置随军家属就业而新开办的企业，自领取税务登记证之日起，其提供的应税服务3年内免征增值税。

享受税收优惠政策的企业，随军家属必须占企业总人数的60%（含）以上，并有军（含）以上政治和后勤机关出具的证明。

2. 从事个体经营的随军家属，自办理税务登记事项之日起，其提供的应税服务3年内免征增值税。

随军家属必须有师以上政治机关出具的可以表明其身份的证明。

按照上述规定，每一名随军家属可以享受一次免税政策。

（四十）军队转业干部就业。

1. 从事个体经营的军队转业干部，自领取税务登记证之日起，其提供的应税服务3年内免征增值税。

2. 为安置自主择业的军队转业干部就业而新开办的企业，凡安置自主择业的军队转业干部占企业总人数60%（含）以上的，自领取税务登记证之日起，其提供的应税服务3年内免征增值税。

享受上述优惠政策的自主择业的军队转业干部必须持有师以上部队颁发的转业证件。

二、增值税即征即退

（一）一般纳税人提供管道运输服务，对其增值税实际税负超过3%的部分实行增值税即征即退政策。

（二）经人民银行、银监会或者商务部批准从事融资租赁业务的试点纳税人中的一般纳税人，提供有形动产融资租赁服务和有形动产融资性售后回租服务，对其增值税实际税负超过3%的部分实行增值税即征即退政策。商务部授权的省级商务主管部门和国家经济技术开发区批准的从事融资租赁业务和融资性售后回租业务的试点纳税人中的一般纳税人，2016年5月1日后实收资本达到1.7亿元的，从达到标准的当月起按照上述规定执行；2016年5月1日后实收资本未达到1.7亿元但注册资本达到1.7亿元的，在2016年7月31日前仍可按照上述规定执行，2016年8月1日后开展的有形动产融资租赁业务和有形动产融资性售后回租业务不得按照上述规定执行。

（三）本规定所称增值税实际税负，是指纳税人当期提供应税服务实际缴纳的增值税额占纳税人当期提供应税服务取得的全部价款和价外费用的比例。

三、扣减增值税规定

（一）退役士兵创业就业。

1. 对自主就业退役士兵从事个体经营的，在3年内按每户每年8000元为限额依次扣减其当年实际应缴纳的增值税、城市维护建设税、教育费附加、地方教育附加和个人所得税。限额标准最高可上浮20%，各省、自治区、直辖市人民政府可根据本地区实际情况在此幅度内确定具体限额标准，并报财政部和国家税务总局备案。

纳税人年度应缴纳税款小于上述扣减限额的，以其实际缴纳的税款为限；大于上述扣减限额的，应以上述扣减限额为限。纳税人的实际经营期不足一年的，应当以实际月份换算其减免税限额。换算公式为：减免税限额=年度减免税限额÷12×实际经营月数。

纳税人在享受税收优惠政策的当月，持《中国人民解放军义务兵退出现役证》或《中国人民解放军士官退出现役证》以及税务机关要求的相关材料向主管税务机关备案。

2. 对商贸企业、服务型企业、劳动就业服务企业中的加工型企业和街道社区具有加工性质的小型企业实体，在新增加的岗位中，当年新招用自主就业退役士兵，与其签订1年以上期限劳动合同并依法缴纳社会保险费的，在3年内按实际招用人数予以定额依次扣减增值税、城市维护建设税、教育费附加、地方教育附加和企业所得税优惠。定额标准为每人每年4000元，最高可上浮50%，各省、自治区、直辖市人民政府可根据本地区实际情况在此幅度内确定具体定额标准，并报财政部和国家税务总局备案。

本条所称服务型企业是指从事《销售服务、无形资产、不动产注释》中“不动产租赁服务”、“商务辅助服务”（不含货物运输代理和代理报关服务）、“生活服务”（不含文化体育服务）范围内业务活动的企业以及按照《民办非企业单位登记管理暂行条例》（国务院令第251号）登记成立的民办非企业单位。

纳税人按企业招用人数和签订的劳动合同时间核定企业减免税总额，在核定减免税总额内每月依次扣减增值税、城市维护建设税、教育费附加和地方教育附加。纳税人实际应缴纳的增值税、城市维护建设税、教育费附加和地方教育附加小于核定减免税总额的，以实际应缴纳的增值税、城市维护建设税、教育费附加和地方教育附加为限；实际应缴纳的增值税、城市维护建设税、教育费附加和地方教育附加大于核定减免税总额的，以核定减免税总额为限。

纳税年度终了，如果企业实际减免的增值税、城市维护建设税、教育费附加和地方教育附加小于核定的减免税总额，企业在企业所得税汇算清缴时扣减企业所得税。

当年扣减不足的，不再结转以后年度扣减。

计算公式为：企业减免税总额＝∑每名自主就业退役士兵本年度在本企业工作月份÷12×定额标准。

企业自招用自主就业退役士兵的次月起享受税收优惠政策，并于享受税收优惠政策的当月，持下列材料向主管税务机关备案：

（1）新招用自主就业退役士兵的《中国人民解放军义务兵退出现役证》或《中国人民解放军士官退出现役证》。

（2）企业与新招用自主就业退役士兵签订的劳动合同（副本），企业为职工缴纳的社会保险费记录。

（3）自主就业退役士兵本年度在企业工作时间表。

（4）主管税务机关要求的其他相关材料。

3. 上述所称自主就业退役士兵是指依照《退役士兵安置条例》（国务院、中央军委令第608号）的规定退出现役并按自主就业方式安置的退役士兵。

4. 上述税收优惠政策的执行期限为2016年5月1日至2016年12月31日，纳税人在2016年12月31日未享受满3年的，可继续享受至3年期满为止。

按照《财政部　国家税务总局　民政部关于调整完善扶持自主就业退役士兵创业就业有关税收政策的通知》（财税〔2014〕42号）规定享受营业税优惠政策的纳税人，自2016年5月1日起按照上述规定享受增值税优惠政策，在2016年12月31日未享受满3年的，可继续享受至3年期满为止。

《财政部　国家税务总局关于将铁路运输和邮政业纳入营业税改征增值税试点的通知》（财税〔2013〕106号）附件3第一条第（十二）项城镇退役士兵就业免征增值税政策，自2014年7月1日起停止执行。在2014年6月30日未享受满3年的，可继续享受至3年期满为止。

（二）重点群体创业就业。

1. 对持《就业创业证》（注明“自主创业税收政策”或“毕业年度内自主创业税收政策”）或2015年1月27日前取得的《就业失业登记证》（注明“自主创业税收政策”或附着《高校毕业生自主创业证》）的人员从事个体经营的，在3年内按每户每年8000元为限额依次扣减其当年实际应缴纳的增值税、城市维护建设税、教育费附加、地方教育附加和个人所得税。限额标准最高可上浮20%，各省、自治区、直辖市人民政府可根据本地区实际情况在此幅度内确定具体限额标准，并报财政部和国家税务总局备案。

纳税人年度应缴纳税款小于上述扣减限额的，以其实际缴纳的税款为限；大于上述扣减限额的，应以上述扣减限额为限。

上述人员是指：

（1）在人力资源社会保障部门公共就业服务机构登记失业半年以上的人员。

（2）零就业家庭、享受城市居民最低生活保障家庭劳动年龄内的登记失业人员。

（3）毕业年度内高校毕业生。高校毕业生是指实施高等学历教育的普通高等学校、成人高等学校毕业的学生；毕业年度是指毕业所在自然年，即1月1日至12月31日。

2. 对商贸企业、服务型企业、劳动就业服务企业中的加工型企业和街道社区具有加工性质的小型企业实体，在新增加的岗位中，当年新招用在人力资源社会保障部门公共就业服务机构登记失业半年以上且持《就业创业证》或2015年1月27日前取得的《就业失业登记证》（注明“企业吸纳税收政策”）人员，与其签订1年以上期限劳动合同并依法缴纳社会保险费的，在3年内按实际招用人数予以定额依次扣减增值税、城市维护建设税、教育费附加、地方教育附加和企业所得税优惠。定额标准为每人每年4000元，最高可上浮30%，各省、自治区、直辖市人民政府可根据本地区实际情况在此幅度内确定具体定额标准，并报财政部和国家税务总局备案。

按上述标准计算的税收扣减额应在企业当年实际应缴纳的增值税、城市维护建设税、教育费附加、地方教育附加和企业所得税税额中扣减，当年扣减不足的，不得结转下年使用。

本条所称服务型企业是指从事《销售服务、无形资产、不动产注释》中“不动产租赁服务”、“商务辅助服务”（不含货物运输代理和代理报关服务）、“生活服务”（不含文化体育服务）范围内业务活动的企业以及按照《民办非企业单位登记管理暂行条例》（国务院令第251号）登记成立的民办非企业单位。

3. 享受上述优惠政策的人员按以下规定申领《就业创业证》：

（1）按照《就业服务与就业管理规定》（劳动和社会保障部令第28号）第六十三条的规定，在法定劳动年龄内，有劳动能力，有就业要求，处于无业状态的城镇常住人员，在公共就业服务机构进行失业登记，申领《就业创业证》。其中，农村进城务工人员和其他非本地户籍人员在常住地稳定就业满6个月的，失业后可以在常住地登记。

（2）零就业家庭凭社区出具的证明，城镇低保家庭凭低保证明，在公共就业服务机构登记失业，申领《就业创业证》。

（3）毕业年度内高校毕业生在校期间凭学生证向公共就业服务机构按规定申领《就业创业证》，或委托所在高校就业指导中心向公共就业服务机构按规定代为其申领《就业创业证》；毕业年度内高校毕业生离校后直接向公共就业服务机构按规定申领《就业创业证》。

（4）上述人员申领相关凭证后，由就业和创业地人力资源社会保障部门对人员范围、就业失业状态、已享受政策情况进行核实，在《就业创业证》上注明“自主创业税收政策”、“毕业年度内自主创业税收政策”或“企业吸纳税收政策”字样，同时符合自主创业和企业吸纳税收政策条件的，可同时加注；主管税务机关在《就业创业证》上加盖戳记，注明减免税所属时间。

4. 上述税收优惠政策的执行期限为 2016 年 5 月 1 日至 2016 年 12 月 31 日，纳税人在 2016 年 12 月 31 日未享受满 3 年的，可继续享受至 3 年期满为止。

按照《财政部　国家税务总局　人力资源社会保障部关于继续实施支持和促进重点群体创业就业有关税收政策的通知》（财税〔2014〕39 号）规定享受营业税优惠政策的纳税人，自 2016 年 5 月 1 日起按照上述规定享受增值税优惠政策，在 2016 年 12 月 31 日未享受满 3 年的，可继续享受至 3 年期满为止。

《财政部　国家税务总局关于将铁路运输和邮政业纳入营业税改征增值税试点的通知》（财税〔2013〕106 号）附件 3 第一条第（十三）项失业人员就业增值税优惠政策，自 2014 年 1 月 1 日起停止执行。在 2013 年 12 月 31 日未享受满 3 年的，可继续享受至 3 年期满为止。

四、金融企业发放贷款后，自结息日起 90 天内发生的应收未收利息按现行规定缴纳增值税，自结息日起 90 天后发生的应收未收利息暂不缴纳增值税，待实际收到利息时按规定缴纳增值税。

上述所称金融企业，是指银行（包括国有、集体、股份制、合资、外资银行以及其他所有制形式的银行）、城市信用社、农村信用社、信托投资公司、财务公司。

五、个人将购买不足 2 年的住房对外销售的，按照 5%的征收率全额缴纳增值税；个人将购买 2 年以上（含 2 年）的住房对外销售的，免征增值税。上述政策适用于北京市、上海市、广州市和深圳市之外的地区。

个人将购买不足 2 年的住房对外销售的，按照 5%的征收率全额缴纳增值税；个人将购买 2 年以上（含 2 年）的非普通住房对外销售的，以销售收入减去购买住房价款后的差额按照 5%的征收率缴纳增值税；个人将购买 2 年以上（含 2 年）的普通住房对外销售的，免征增值税。上述政策仅适用于北京市、上海市、广州市和深圳市。

办理免税的具体程序、购买房屋的时间、开具发票、非购买形式取得住房行为及其他相关税收管理规定，按照《国务院办公厅转发建设部等部门关于做好稳定住房价格工作意见的通知》（国办发〔2005〕26 号）、《国家税务总局　财政部　建设部关于加强房地产税收管理的通知》（国税发〔2005〕89 号）和《国家税务总局关于房地产税收政策执行中几个具体问题的通知》（国税发〔2005〕172 号）的有关规定执行。

六、上述增值税优惠政策除已规定期限的项目和第五条政策外，其他均在营改增试点期间执行。如果试点纳税人在纳入营改增试点之日前已经按照有关政策规定享受了营业税税收优惠，在剩余税收优惠政策期限内，按照本规定享受有关增值税优惠。

附件4：

跨境应税行为适用增值税零税率和免税政策的规定

一、中华人民共和国境内（以下称境内）的单位和个人销售的下列服务和无形资产，适用增值税零税率：

（一）国际运输服务。

国际运输服务，是指：

1. 在境内载运旅客或者货物出境。

2. 在境外载运旅客或者货物入境。

3. 在境外载运旅客或者货物。

（二）航天运输服务。

（三）向境外单位提供的完全在境外消费的下列服务：

1. 研发服务。

2. 合同能源管理服务。

3. 设计服务。

4. 广播影视节目（作品）的制作和发行服务。

5. 软件服务。

6. 电路设计及测试服务。

7. 信息系统服务。

8. 业务流程管理服务。

9. 离岸服务外包业务。

离岸服务外包业务，包括信息技术外包服务（ITO）、技术性业务流程外包服务（BPO）、技术性知识流程外包服务（KPO），其所涉及的具体业务活动，按照《销售服务、无形资产、不动产注释》相对应的业务活动执行。

10. 转让技术。

（四）财政部和国家税务总局规定的其他服务。

二、境内的单位和个人销售的下列服务和无形资产免征增值税，但财政部和国家税务总局规定适用增值税零税率的除外：

（一）下列服务：

1. 工程项目在境外的建筑服务。

2. 工程项目在境外的工程监理服务。

3. 工程、矿产资源在境外的工程勘察勘探服务。

4. 会议展览地点在境外的会议展览服务。

5. 存储地点在境外的仓储服务。

6. 标的物在境外使用的有形动产租赁服务。

7. 在境外提供的广播影视节目（作品）的播映服务。

8. 在境外提供的文化体育服务、教育医疗服务、旅游服务。

（二）为出口货物提供的邮政服务、收派服务、保险服务。

为出口货物提供的保险服务，包括出口货物保险和出口信用保险。

（三）向境外单位提供的完全在境外消费的下列服务和无形资产：

1. 电信服务。

2. 知识产权服务。

3. 物流辅助服务（仓储服务、收派服务除外）。

4. 鉴证咨询服务。

5. 专业技术服务。

6. 商务辅助服务。

7. 广告投放地在境外的广告服务。

8. 无形资产。

（四）以无运输工具承运方式提供的国际运输服务。

（五）为境外单位之间的货币资金融通及其他金融业务提供的直接收费金融服务，且该服务与境内的货物、无形资产和不动产无关。

（六）财政部和国家税务总局规定的其他服务。

三、按照国家有关规定应取得相关资质的国际运输服务项目，纳税人取得相关资质的，适用增值税零税率政策，未取得的，适用增值税免税政策。

境内的单位或个人提供程租服务，如果租赁的交通工具用于国际运输服务和港澳台运输服务，由出租方按规定申请适用增值税零税率。

境内的单位和个人向境内单位或个人提供期租、湿租服务，如果承租方利用租赁的交通工具向其他单位或个人提供国际运输服务和港澳台运输服务，由承租方适用增值税零税率。境内的单位或个人向境外单位或个人提供期租、湿租服务，由出租方适用增值税零税率。

境内单位和个人以无运输工具承运方式提供的国际运输服务，由境内实际承运人适用增值税零税率；无运输工具承运业务的经营者适用增值税免税政策。

四、境内的单位和个人提供适用增值税零税率的服务或者无形资产，如果属于适用简易计税方法的，实行免征增值税办法。如果属于适用增值税一般计税方法的，生产企业实行免抵退税办法，外贸企业外购服务或者无形资产出口实行免退税办法，外贸企业直接将服务或自行研发的无形资产出口，视同生产企业连同其出口货物统一实行免抵退税办法。

服务和无形资产的退税率为其按照《试点实施办法》第十五条第（一）至（三）项规定适用的增值税税率。实行退（免）税办法的服务和无形资产，如果主管税务机关认定出口价格偏高的，有权按照核定的出口价格计算退（免）税，核定的出口价格低于外贸企业购进价格的，低于部分对应的进项税额不予退税，转入成本。

五、境内的单位和个人销售适用增值税零税率的服务或无形资产的，可以放弃适用增值税零税率，选择免税或按规定缴纳增值税。放弃适用增值税零税率后，36 个月内不得再申请适用增值税零税率。

六、境内的单位和个人销售适用增值税零税率的服务或无形资产，按月向主管退税的税务机关申报办理增值税退（免）税手续。具体管理办法由国家税务总局商财政部另行制定。

七、本规定所称完全在境外消费，是指：

（一）服务的实际接受方在境外，且与境内的货物和不动产无关。

（二）无形资产完全在境外使用，且与境内的货物和不动产无关。

（三）财政部和国家税务总局规定的其他情形。

八、境内单位和个人发生的与香港、澳门、台湾有关的应税行为，除本文另有规定外，参照上述规定执行。

九、2016 年 4 月 30 日前签订的合同，符合《财政部　国家税务总局关于将铁路运输和邮政业纳入营业税改征增值税试点的通知》（财税〔2013〕106 号）附件 4 和《财政部　国家税务总局关于影视等出口服务适用增值税零税率政策的通知》（财税〔2015〕118 号）规定的零税率或者免税政策条件的，在合同到期前可以继续享受零税率或者免税政策。

4.2 国家税务总局关于全面推开营业税改征增值税试点后增值税纳税申报有关事项的公告

2016 年 3 月 31 日　国家税务总局公告 2016 年第 13 号

为保障全面推开营业税改征增值税改革试点工作顺利实施，现将增值税纳税申报有关事项公告如下：

一、中华人民共和国境内增值税纳税人均应按照本公告的规定进行增值税纳税申报。

二、纳税申报资料

纳税申报资料包括纳税申报表及其附列资料和纳税申报其他资料。

（一）纳税申报表及其附列资料

1. 增值税一般纳税人（以下简称一般纳税人）纳税申报表及其附列资料包括：

（1）《增值税纳税申报表（一般纳税人适用）》。

（2）《增值税纳税申报表附列资料（一）》（本期销售情况明细）。

（3）《增值税纳税申报表附列资料（二）》（本期进项税额明细）。

（4）《增值税纳税申报表附列资料（三）》（服务、不动产和无形资产扣除项目明细）。

一般纳税人销售服务、不动产和无形资产，在确定服务、不动产和无形资产销售额时，按照有关规定可以从取得的全部价款和价外费用中扣除价款的，需填报《增值税纳税申报表附列资料（三）》。其他情况不填写该附列资料。

（5）《增值税纳税申报表附列资料（四）》（税额抵减情况表）。

（6）《增值税纳税申报表附列资料（五）》（不动产分期抵扣计算表）。

（7）《固定资产（不含不动产）进项税额抵扣情况表》。

（8）《本期抵扣进项税额结构明细表》。

（9）《增值税减免税申报明细表》。

2. 增值税小规模纳税人（以下简称小规模纳税人）纳税申报表及其附列资料包括：

（1）《增值税纳税申报表（小规模纳税人适用）》。

（2）《增值税纳税申报表（小规模纳税人适用）附列资料》。

小规模纳税人销售服务，在确定服务销售额时，按照有关规定可以从取得的全部价款和价外费用中扣除价款的，需填报《增值税纳税申报表（小规模纳税人适用）附列资料》。其他情况不填写该附列资料。

（3）《增值税减免税申报明细表》。

3. 上述纳税申报表及其附列资料表样和填写说明详见附件 1 至附件 4。

（二）纳税申报其他资料

1. 已开具的税控机动车销售统一发票和普通发票的存根联。

2. 符合抵扣条件且在本期申报抵扣的增值税专用发票（含税控机动车销售统一发票）的抵扣联。

3. 符合抵扣条件且在本期申报抵扣的海关进口增值税专用缴款书、购进农产品取得的普通发票的复印件。

4. 符合抵扣条件且在本期申报抵扣的税收完税凭证及其清单，书面合同、付款证明和境外单位的对账单或者发票。

5. 已开具的农产品收购凭证的存根联或报查联。

6. 纳税人销售服务、不动产和无形资产，在确定服务、不动产和无形资产销售额时，按照有关规定从取得的全部价款和价外费用中扣除价款的合法凭证及其清单。

7. 主管税务机关规定的其他资料。

（三）纳税申报表及其附列资料为必报资料。纳税申报其他资料的报备要求由各省、自治区、直辖市和计划单列市国家税务局确定。

三、纳税人跨县（市）提供建筑服务、房地产开发企业预售自行开发的房地产项目、纳税人出租与机构所在地不在同一县（市）的不动产，按规定需要在项目所在地或不动产所在地主管国税机关预缴税款的，需填写《增值税预缴税款表》，表样及填写说明详见附件 5 至附件 6。

四、主管税务机关应做好增值税纳税申报的宣传和辅导工作。

五、本公告自 2016 年 6 月 1 日起施行。《国家税务总局关于调整增值税纳税申报有关事项的公告》（国家税务总局公告 2012 年第 31 号）、《国家税务总局关于营业税改征增值税总分机构试点纳税人增值税纳税申报有关事项的公告》（国家税务总局公告 2013 年第 22 号）、《国家税务总局关于调整增值税纳税申报有关事项的公告》（国家税务总局公告 2013 年第 32 号）、《国家税务总局关于铁路运输和邮政业营业税改征增值税后纳税申报有关事项的公告》（国家税务总局公告 2014 年第 7 号）、《国家税务总局关于调整增值税纳税申报有关事项的公告》（国家税务总局公告 2014 年第 45 号）、《国家税务总局关于调整增值税纳税申报有关事项的公告》（国家税务总局公告 2014 年第 58 号）、《国家税务总局关于调整增值税纳税申报有关事项的公告》（国家税务总局公告 2014 年第 69 号）、《国家税务总局关于调整增值税纳税申报有关事项的公告》（国家税务总局公告 2015 年第 23 号）同时废止。

特此公告。

附件：1.《增值税纳税申报表（一般纳税人适用）》及其附列资料（编者略）

2.《增值税纳税申报表（一般纳税人适用）》及其附列资料填写说明（编者略）

3.《增值税纳税申报表（小规模纳税人适用）》及其附列资料（编者略）

4.《增值税纳税申报表（小规模纳税人适用）》及其附列资料填写说明（编者略）

5.《增值税预缴税款表》（编者略）

6.《增值税预缴税款表》填写说明（编者略）

4.3 国家税务总局关于发布《纳税人转让不动产增值税征收管理暂行办法》的公告

2016年3月31日　国家税务总局公告2016年第14号

国家税务总局制定了《纳税人转让不动产增值税征收管理暂行办法》，现予以公布，自2016年5月1日起施行。

特此公告。

纳税人转让不动产增值税征收管理暂行办法

第一条　根据《财政部　国家税务总局关于全面推开营业税改征增值税试点的通知》（财税〔2016〕36号）及现行增值税有关规定，制定本办法。

第二条　纳税人转让其取得的不动产，适用本办法。

本办法所称取得的不动产，包括以直接购买、接受捐赠、接受投资入股、自建以及抵债等各种形式取得的不动产。

房地产开发企业销售自行开发的房地产项目不适用本办法。

第三条　一般纳税人转让其取得的不动产，按照以下规定缴纳增值税：

（一）一般纳税人转让其2016年4月30日前取得（不含自建）的不动产，可以选择适用简易计税方法计税，以取得的全部价款和价外费用扣除不动产购置原价或者取得不动产时的作价后的余额为销售额，按照5%的征收率计算应纳税额。纳税人应按照上述计税方法向不动产所在地主管地税机关预缴税款，向机构所在地主管国税机关申报纳税。

（二）一般纳税人转让其2016年4月30日前自建的不动产，可以选择适用简易计税方法计税，以取得的全部价款和价外费用为销售额，按照5%的征收率计算应纳税额。纳税人应按照上述计税方法向不动产所在地主管地税机关预缴税款，向机构所在地主管国税机关申报纳税。

（三）一般纳税人转让其2016年4月30日前取得（不含自建）的不动产，选择适用一般计税方法计税的，以取得的全部价款和价外费用为销售额计算应纳税额。纳税人应以取得的全部价款和价外费用扣除不动产购置原价或者取得不动产时的作价后的余额，按照5%的预征率向不动产所在地主管地税机关预缴税款，向机构所在地主管国税机关申报纳税。

（四）一般纳税人转让其2016年4月30日前自建的不动产，选择适用一般计税方法计税的，以取得的全部价款和价外费用为销售额计算应纳税额。纳税人应以取得的全部价款和价外费用，按照5%的预征率向不动产所在地主管地税机关预缴税款，向机构所在地主管国税机关申报纳税。

（五）一般纳税人转让其2016年5月1日后取得（不含自建）的不动产，适用一般计税方法，以取得的全部价款和价外费用为销售额计算应纳税额。纳税人应以取得的全部价款和价外费用扣除不动产购置原价或者取得不动产时的作价后的余额，按照5%的预征率向不动产所在地主管地税机关预缴税款，向机构所在地主管国税机关申报纳税。

（六）一般纳税人转让其2016年5月1日后自建的不动产，适用一般计税方法，以取得的全部价款和价外费用为销售额计算应纳税额。纳税人应以取得的全部价款和价外费用，按照5%的预征率向不动产所在地主管地税机关预缴税款，向机构所在地主管国税机关申报纳税。

第四条　小规模纳税人转让其取得的不动产，除个人转让其购买的住房外，按照以下规定缴纳增值税：

（一）小规模纳税人转让其取得（不含自建）的不动产，以取得的全部价款和价外费用扣除不动产购置原价或者取得不动产时的作价后的余额为销售额，按照5%的征收率计算应纳税额。

（二）小规模纳税人转让其自建的不动产，以取得的全部价款和价外费用为销售额，按照5%的征收率计算应纳税额。

除其他个人之外的小规模纳税人，应按照本条规定的计税方法向不动产所在地主管地税机关预缴税款，向机构所在地主管国税机关申报纳税；其他个人按照本条规定的计税方法向不动产所在地主管地税机关申报纳税。

第五条　个人转让其购买的住房，按照以下规定缴纳增值税：

（一）个人转让其购买的住房，按照有关规定全额缴纳增值税的，以取得的全部价款和价外费用为销售额，按照5%的征收率计算应纳税额。

（二）个人转让其购买的住房，按照有关规定差额缴纳增值税的，以取得的全部价款和价外费用扣除购买住房价款后的余额为销售额，按照5%的征收率计算应纳税额。

个体工商户应按照本条规定的计税方法向住房所在地主管地税机关预缴税款，向机构所在地主管国税机关申报纳税；其他个人应按照本条规定的计税方法向住房所在地主管地税机关申报纳税。

第六条 其他个人以外的纳税人转让其取得的不动产，区分以下情形计算应向不动产所在地主管地税机关预缴的税款：

（一）以转让不动产取得的全部价款和价外费用作为预缴税款计算依据的，计算公式为：

应预缴税款＝全部价款和价外费用÷(1+5%)×5%

（二）以转让不动产取得的全部价款和价外费用扣除不动产购置原价或者取得不动产时的作价后的余额作为预缴税款计算依据的，计算公式为：

应预缴税款＝(全部价款和价外费用－不动产购置原价或者取得不动产时的作价)÷(1+5%)×5%

第七条 其他个人转让其取得的不动产，按照本办法第六条规定的计算方法计算应纳税额并向不动产所在地主管地税机关申报纳税。

第八条 纳税人按规定从取得的全部价款和价外费用中扣除不动产购置原价或者取得不动产时的作价的，应当取得符合法律、行政法规和国家税务总局规定的合法有效凭证。否则，不得扣除。

上述凭证是指：

（一）税务部门监制的发票。

（二）法院判决书、裁定书、调解书，以及仲裁裁决书、公证债权文书。

（三）国家税务总局规定的其他凭证。

第九条 纳税人转让其取得的不动产，向不动产所在地主管地税机关预缴的增值税税款，可以在当期增值税应纳税额中抵减，抵减不完的，结转下期继续抵减。

纳税人以预缴税款抵减应纳税额，应以完税凭证作为合法有效凭证。

第十条 小规模纳税人转让其取得的不动产，不能自行开具增值税发票的，可向不动产所在地主管地税机关申请代开。

第十一条 纳税人向其他个人转让其取得的不动产，不得开具或申请代开增值税专用发票。

第十二条 纳税人转让不动产，按照本办法规定应向不动产所在地主管地税机关预缴税款而自应当预缴之月起超过6个月没有预缴税款的，由机构所在地主管国税机关按照《中华人民共和国税收征收管理法》及相关规定进行处理。

纳税人转让不动产，未按照本办法规定缴纳税款的，由主管税务机关按照《中华人民共和国税收征收管理法》及相关规定进行处理。

4.4 国家税务总局关于发布《不动产进项税额分期抵扣暂行办法》的公告

2016年3月31日 国家税务总局公告2016年第15号

国家税务总局制定了《不动产进项税额分期抵扣暂行办法》，现予以公布，自2016年5月1日起施行。

特此公告。

不动产进项税额分期抵扣暂行办法

第一条 根据《财政部 国家税务总局关于全面推开营业税改征增值税试点的通知》(财税〔2016〕36号)及现行增值税有关规定，制定本办法。

第二条 增值税一般纳税人(以下称纳税人)2016年5月1日后取得并在会计制度上按固定资产核算的不动产，以及2016年5月1日后发生的不动产在建工程，其进项税额应按照本办法有关规定分2年从销项税额中抵扣，第一年抵扣比例为60%，第二年抵扣比例为40%。

取得的不动产，包括以直接购买、接受捐赠、接受投资入股以及抵债等各种形式取得的不动产。

纳税人新建、改建、扩建、修缮、装饰不动产，属于不动产在建工程。

房地产开发企业自行开发的房地产项目，融资租入的不动产，以及在施工现场修建的临时建筑物、构筑物，其进项税额不适用上述分2年抵扣的规定。

第三条 纳税人2016年5月1日后购进货物和设计服务、建筑服务，用于新建不动产，或者用于改建、扩建、修缮、装饰不动产并增加不动产原值超过50%的，其进项税额依照本办法有关规定分2年从销项税额中抵扣。

不动产原值，是指取得不动产时的购置原价或作价。

上述分2年从销项税额中抵扣的购进货物，是指构成不动产实体的材料和设备，包括建筑装饰材料和给排水、采暖、卫生、通风、照明、通讯、煤气、消防、中央空调、电梯、电气、智能化楼宇设备及配套设施。

第四条 纳税人按照本办法规定从销项税额中抵扣进项税额，应取得2016年5

月 1 日后开具的合法有效的增值税扣税凭证。

上述进项税额中，60%的部分于取得扣税凭证的当期从销项税额中抵扣；40%的部分为待抵扣进项税额，于取得扣税凭证的当月起第 13 个月从销项税额中抵扣。

第五条 购进时已全额抵扣进项税额的货物和服务，转用于不动产在建工程的，其已抵扣进项税额的40%部分，应于转用的当期从进项税额中扣减，计入待抵扣进项税额，并于转用的当月起第 13 个月从销项税额中抵扣。

第六条 纳税人销售其取得的不动产或者不动产在建工程时，尚未抵扣完毕的待抵扣进项税额，允许于销售的当期从销项税额中抵扣。

第七条 已抵扣进项税额的不动产，发生非正常损失，或者改变用途，专用于简易计税方法计税项目、免征增值税项目、集体福利或者个人消费的，按照下列公式计算不得抵扣的进项税额：

不得抵扣的进项税额=(已抵扣进项税额+待抵扣进项税额)×不动产净值率

不动产净值率=(不动产净值÷不动产原值)×100%

不得抵扣的进项税额小于或等于该不动产已抵扣进项税额的，应于该不动产改变用途的当期，将不得抵扣的进项税额从进项税额中扣减。

不得抵扣的进项税额大于该不动产已抵扣进项税额的，应于该不动产改变用途的当期，将已抵扣进项税额从进项税额中扣减，并从该不动产待抵扣进项税额中扣减不得抵扣进项税额与已抵扣进项税额的差额。

第八条 不动产在建工程发生非正常损失的，其所耗用的购进货物、设计服务和建筑服务已抵扣的进项税额应于当期全部转出；其待抵扣进项税额不得抵扣。

第九条 按照规定不得抵扣进项税额的不动产，发生用途改变，用于允许抵扣进项税额项目的，按照下列公式在改变用途的次月计算可抵扣进项税额。

可抵扣进项税额=增值税扣税凭证注明或计算的进项税额×不动产净值率

依照本条规定计算的可抵扣进项税额，应取得 2016 年 5 月 1 日后开具的合法有效的增值税扣税凭证。

按照本条规定计算的可抵扣进项税额，60%的部分于改变用途的次月从销项税额中抵扣，40%的部分为待抵扣进项税额，于改变用途的次月起第 13 个月从销项税额中抵扣。

第十条 纳税人注销税务登记时，其尚未抵扣完毕的待抵扣进项税额于注销清算的当期从销项税额中抵扣。

第十一条 待抵扣进项税额记入“应交税金——待抵扣进项税额”科目核算，并于可抵扣当期转入“应交税金——应交增值税（进项税额）”科目。

对不同的不动产和不动产在建工程，纳税人应分别核算其待抵扣进项税额。

第十二条　纳税人分期抵扣不动产的进项税额，应据实填报增值税纳税申报表附列资料。

第十三条　纳税人应建立不动产和不动产在建工程台账，分别记录并归集不动产和不动产在建工程的成本、费用、扣税凭证及进项税额抵扣情况，留存备查。

用于简易计税方法计税项目、免征增值税项目、集体福利或者个人消费的不动产和不动产在建工程，也应在纳税人建立的台账中记录。

第十四条　纳税人未按照本办法有关规定抵扣不动产和不动产在建工程进项税额的，主管税务机关应按照《中华人民共和国税收征收管理法》及有关规定进行处理。

4.5 国家税务总局关于发布《纳税人提供不动产经营租赁服务增值税征收管理暂行办法》的公告

2016年3月31日 国家税务总局公告2016年第16号

国家税务总局制定了《纳税人提供不动产经营租赁服务增值税征收管理暂行办法》，现予以公布，自2016年5月1日起施行。

特此公告。

纳税人提供不动产经营租赁服务增值税征收管理暂行办法

第一条 根据《财政部 国家税务总局关于全面推开营业税改征增值税试点的通知》（财税〔2016〕36号）及现行增值税有关规定，制定本办法。

第二条 纳税人以经营租赁方式出租其取得的不动产（以下简称出租不动产），适用本办法。

取得的不动产，包括以直接购买、接受捐赠、接受投资入股、自建以及抵债等各种形式取得的不动产。

纳税人提供道路通行服务不适用本办法。

第三条 一般纳税人出租不动产，按照以下规定缴纳增值税：

（一）一般纳税人出租其2016年4月30日前取得的不动产，可以选择适用简易计税方法，按照5%的征收率计算应纳税额。

不动产所在地与机构所在地不在同一县（市、区）的，纳税人应按照上述计税方法向不动产所在地主管国税机关预缴税款，向机构所在地主管国税机关申报纳税。

不动产所在地与机构所在地在同一县（市、区）的，纳税人向机构所在地主管国税机关申报纳税。

（二）一般纳税人出租其2016年5月1日后取得的不动产，适用一般计税方法计税。

不动产所在地与机构所在地不在同一县（市、区）的，纳税人应按照3%的预征率向不动产所在地主管国税机关预缴税款，向机构所在地主管国税机关申报纳税。

不动产所在地与机构所在地在同一县（市、区）的，纳税人应向机构所在地主管国税机关申报纳税。

一般纳税人出租其2016年4月30日前取得的不动产适用一般计税方法计税的，按照上述规定执行。

第四条　小规模纳税人出租不动产，按照以下规定缴纳增值税：

（一）单位和个体工商户出租不动产（不含个体工商户出租住房），按照5%的征收率计算应纳税额。个体工商户出租住房，按照5%的征收率减按1.5%计算应纳税额。

不动产所在地与机构所在地不在同一县（市、区）的，纳税人应按照上述计税方法向不动产所在地主管国税机关预缴税款，向机构所在地主管国税机关申报纳税。

不动产所在地与机构所在地在同一县（市、区）的，纳税人应向机构所在地主管国税机关申报纳税。

（二）其他个人出租不动产（不含住房），按照5%的征收率计算应纳税额，向不动产所在地主管地税机关申报纳税。其他个人出租住房，按照5%的征收率减按1.5%计算应纳税额，向不动产所在地主管地税机关申报纳税。

第五条　纳税人出租的不动产所在地与其机构所在地在同一直辖市或计划单列市但不在同一县（市、区）的，由直辖市或计划单列市国家税务局决定是否在不动产所在地预缴税款。

第六条　纳税人出租不动产，按照本办法规定需要预缴税款的，应在取得租金的次月纳税申报期或不动产所在地主管国税机关核定的纳税期限预缴税款。

第七条　预缴税款的计算

（一）纳税人出租不动产适用一般计税方法计税的，按照以下公式计算应预缴税款：

$$应预缴税款=含税销售额\div(1+11\%)\times3\%$$

（二）纳税人出租不动产适用简易计税方法计税的，除个人出租住房外，按照以下公式计算应预缴税款：

$$应预缴税款=含税销售额\div(1+5\%)\times5\%$$

（三）个体工商户出租住房，按照以下公式计算应预缴税款：

$$应预缴税款=含税销售额\div(1+5\%)\times1.5\%$$

第八条　其他个人出租不动产，按照以下公式计算应纳税款：

（一）出租住房：

$$应纳税款=含税销售额\div(1+5\%)\times1.5\%$$

（二）出租非住房：

$$应纳税款=含税销售额\div(1+5\%)\times5\%$$

第九条　单位和个体工商户出租不动产，按照本办法规定向不动产所在地主管国税机关预缴税款时，应填写《增值税预缴税款表》。

第十条 单位和个体工商户出租不动产，向不动产所在地主管国税机关预缴的增值税款，可以在当期增值税应纳税额中抵减，抵减不完的，结转下期继续抵减。

纳税人以预缴税款抵减应纳税额，应以完税凭证作为合法有效凭证。

第十一条 小规模纳税人中的单位和个体工商户出租不动产，不能自行开具增值税发票的，可向不动产所在地主管国税机关申请代开增值税发票。

其他个人出租不动产，可向不动产所在地主管地税机关申请代开增值税发票。

第十二条 纳税人向其他个人出租不动产，不得开具或申请代开增值税专用发票。

第十三条 纳税人出租不动产，按照本办法规定应向不动产所在地主管国税机关预缴税款而自应当预缴之月起超过6个月没有预缴税款的，由机构所在地主管国税机关按照《中华人民共和国税收征收管理法》及相关规定进行处理。

纳税人出租不动产，未按照本办法规定缴纳税款的，由主管税务机关按照《中华人民共和国税收征收管理法》及相关规定进行处理。

4.6 国家税务总局关于发布《纳税人跨县（市、区）提供建筑服务增值税征收管理暂行办法》的公告

2016年3月31日 国家税务总局公告2016年第17号

国家税务总局制定了《跨县（市、区）提供建筑服务增值税征收管理暂行办法》，现予以公布，自2016年5月1日起施行。

特此公告。

纳税人跨县（市、区）提供建筑服务增值税征收管理暂行办法

第一条 根据《财政部 国家税务总局关于全面推开营业税改征增值税试点的通知》（财税〔2016〕36号）及现行增值税有关规定，制定本办法。

第二条 本办法所称跨县（市、区）提供建筑服务，是指单位和个体工商户（以下简称纳税人）在其机构所在地以外的县（市、区）提供建筑服务。

纳税人在同一直辖市、计划单列市范围内跨县（市、区）提供建筑服务的，由直辖市、计划单列市国家税务局决定是否适用本办法。

其他个人跨县（市、区）提供建筑服务，不适用本办法。

第三条 纳税人跨县（市、区）提供建筑服务，应按照财税〔2016〕36号文件规定的纳税义务发生时间和计税方法，向建筑服务发生地主管国税机关预缴税款，向机构所在地主管国税机关申报纳税。

《建筑工程施工许可证》未注明合同开工日期，但建筑工程承包合同注明的开工日期在2016年4月30日前的建筑工程项目，属于财税〔2016〕36号文件规定的可以选择简易计税方法计税的建筑工程老项目。

第四条 纳税人跨县（市、区）提供建筑服务，按照以下规定预缴税款：

（一）一般纳税人跨县（市、区）提供建筑服务，适用一般计税方法计税的，以取得的全部价款和价外费用扣除支付的分包款后的余额，按照2%的预征率计算应预缴税款。

（二）一般纳税人跨县（市、区）提供建筑服务，选择适用简易计税方法计税

的，以取得的全部价款和价外费用扣除支付的分包款后的余额，按照3%的征收率计算应预缴税款。

（三）小规模纳税人跨县（市、区）提供建筑服务，以取得的全部价款和价外费用扣除支付的分包款后的余额，按照3%的征收率计算应预缴税款。

第五条 纳税人跨县（市、区）提供建筑服务，按照以下公式计算应预缴税款：

（一）适用一般计税方法计税的，应预缴税款=（全部价款和价外费用-支付的分包款）÷（1+11%）×2%

（二）适用简易计税方法计税的，应预缴税款=（全部价款和价外费用-支付的分包款）÷（1+3%）×3%

纳税人取得的全部价款和价外费用扣除支付的分包款后的余额为负数的，可结转下次预缴税款时继续扣除。

纳税人应按照工程项目分别计算应预缴税款，分别预缴。

第六条 纳税人按照上述规定从取得的全部价款和价外费用中扣除支付的分包款，应当取得符合法律、行政法规和国家税务总局规定的合法有效凭证，否则不得扣除。

上述凭证是指：

（一）从分包方取得的2016年4月30日前开具的建筑业营业税发票。

上述建筑业营业税发票在2016年6月30日前可作为预缴税款的扣除凭证。

（二）从分包方取得的2016年5月1日后开具的，备注栏注明建筑服务发生地所在县（市、区）、项目名称的增值税发票。

（三）国家税务总局规定的其他凭证。

第七条 纳税人跨县（市、区）提供建筑服务，在向建筑服务发生地主管国税机关预缴税款时，需提交以下资料：

（一）《增值税预缴税款表》；

（二）与发包方签订的建筑合同原件及复印件；

（三）与分包方签订的分包合同原件及复印件；

（四）从分包方取得的发票原件及复印件。

第八条 纳税人跨县（市、区）提供建筑服务，向建筑服务发生地主管国税机关预缴的增值税税款，可以在当期增值税应纳税额中抵减，抵减不完的，结转下期继续抵减。

纳税人以预缴税款抵减应纳税额，应以完税凭证作为合法有效凭证。

第九条 小规模纳税人跨县（市、区）提供建筑服务，不能自行开具增值税发票的，可向建筑服务发生地主管国税机关按照其取得的全部价款和价外费用申请代开增值税发票。

第十条 对跨县（市、区）提供的建筑服务，纳税人应自行建立预缴税款台账，区分不同县（市、区）和项目逐笔登记全部收入、支付的分包款、已扣除的分包款、扣除分包款的发票号码、已预缴税款以及预缴税款的完税凭证号码等相关内容，留存备查。

第十一条 纳税人跨县（市、区）提供建筑服务预缴税款时间，按照财税〔2016〕36号文件规定的纳税义务发生时间和纳税期限执行。

第十二条 纳税人跨县（市、区）提供建筑服务，按照本办法应向建筑服务发生地主管国税机关预缴税款而自应当预缴之月起超过6个月没有预缴税款的，由机构所在地主管国税机关按照《中华人民共和国税收征收管理法》及相关规定进行处理。

纳税人跨县（市、区）提供建筑服务，未按照本办法缴纳税款的，由机构所在地主管国税机关按照《中华人民共和国税收征收管理法》及相关规定进行处理。

4.7 国家税务总局关于发布《房地产开发企业销售自行开发的房地产项目增值税征收管理暂行办法》的公告

2016年3月31日 国家税务总局公告2016年第18号

国家税务总局制定了《房地产开发企业销售自行开发的房地产项目增值税征收管理暂行办法》，现予以公布，自2016年5月1日起施行。

特此公告。

房地产开发企业销售自行开发的房地产项目增值税征收管理暂行办法

第一章 适用范围

第一条 根据《财政部 国家税务总局关于全面推开营业税改征增值税试点的通知》（财税〔2016〕36号）及现行增值税有关规定，制定本办法。

第二条 房地产开发企业销售自行开发的房地产项目，适用本办法。

自行开发，是指在依法取得土地使用权的土地上进行基础设施和房屋建设。

第三条 房地产开发企业以接盘等形式购入未完工的房地产项目继续开发后，以自己的名义立项销售的，属于本办法规定的销售自行开发的房地产项目。

第二章 一般纳税人征收管理

第一节 销售额

第四条 房地产开发企业中的一般纳税人（以下简称一般纳税人）销售自行开发的房地产项目，适用一般计税方法计税，按照取得的全部价款和价外费用，扣除当期销售房地产项目对应的土地价款后的余额计算销售额。销售额的计算公式如下：

销售额=（全部价款和价外费用-当期允许扣除的土地价款）÷（1+11%）

第五条 当期允许扣除的土地价款按照以下公式计算：

当期允许扣除的土地价款=(当期销售房地产项目建筑面积÷房地产项目可供销售建筑面积)×支付的土地价款

当期销售房地产项目建筑面积，是指当期进行纳税申报的增值税销售额对应的建筑面积。

房地产项目可供销售建筑面积，是指房地产项目可以出售的总建筑面积，不包括销售房地产项目时未单独作价结算的配套公共设施的建筑面积。

支付的土地价款，是指向政府、土地管理部门或受政府委托收取土地价款的单位直接支付的土地价款。

第六条 在计算销售额时从全部价款和价外费用中扣除土地价款，应当取得省级以上（含省级）财政部门监（印）制的财政票据。

第七条 一般纳税人应建立台账登记土地价款的扣除情况，扣除的土地价款不得超过纳税人实际支付的土地价款。

第八条 一般纳税人销售自行开发的房地产老项目，可以选择适用简易计税方法按照5%的征收率计税。一经选择简易计税方法计税的，36个月内不得变更为一般计税方法计税。

房地产老项目，是指：

(一)《建筑工程施工许可证》注明的合同开工日期在2016年4月30日前的房地产项目；

(二)《建筑工程施工许可证》未注明合同开工日期或者未取得《建筑工程施工许可证》但建筑工程承包合同注明的开工日期在2016年4月30日前的建筑工程项目。

第九条 一般纳税人销售自行开发的房地产老项目适用简易计税方法计税的，以取得的全部价款和价外费用为销售额，不得扣除对应的土地价款。

第二节 预缴税款

第十条 一般纳税人采取预收款方式销售自行开发的房地产项目，应在收到预收款时按照3%的预征率预缴增值税。

第十一条 应预缴税款按照以下公式计算：

应预缴税款=预收款÷(1+适用税率或征收率)×3%

适用一般计税方法计税的，按照11%的适用税率计算；适用简易计税方法计税的，按照5%的征收率计算。

第十二条 一般纳税人应在取得预收款的次月纳税申报期向主管国税机关预缴税款。

第三节 进项税额

第十三条 一般纳税人销售自行开发的房地产项目，兼有一般计税方法计税、简易计税方法计税、免征增值税的房地产项目而无法划分不得抵扣的进项税额的，应以《建筑工程施工许可证》注明的“建设规模”为依据进行划分。

不得抵扣的进项税额=当期无法划分的全部进项税额×(简易计税、免税房地产项目建设规模÷房地产项目总建设规模)

第四节 纳税申报

第十四条 一般纳税人销售自行开发的房地产项目适用一般计税方法计税的，应按照《营业税改征增值税试点实施办法》（财税〔2016〕36 号文件印发，以下简称《试点实施办法》）第四十五条规定的纳税义务发生时间，以当期销售额和11%的适用税率计算当期应纳税额，抵减已预缴税款后，向主管国税机关申报纳税。未抵减完的预缴税款可以结转下期继续抵减。

第十五条 一般纳税人销售自行开发的房地产项目适用简易计税方法计税的，应按照《试点实施办法》第四十五条规定的纳税义务发生时间，以当期销售额和5%的征收率计算当期应纳税额，抵减已预缴税款后，向主管国税机关申报纳税。未抵减完的预缴税款可以结转下期继续抵减。

第五节 发票开具

第十六条 一般纳税人销售自行开发的房地产项目，自行开具增值税发票。

第十七条 一般纳税人销售自行开发的房地产项目，其2016年4月30日前收取并已向主管地税机关申报缴纳营业税的预收款，未开具营业税发票的，可以开具增值税普通发票，不得开具增值税专用发票。

第十八条 一般纳税人向其他个人销售自行开发的房地产项目，不得开具增值税专用发票。

第三章 小规模纳税人征收管理

第一节 预缴税款

第十九条 房地产开发企业中的小规模纳税人（以下简称小规模纳税人）采取预收款方式销售自行开发的房地产项目，应在收到预收款时按照3%的预征率预缴增值税。

第二十条　应预缴税款按照以下公式计算：

应预缴税款＝预收款÷(1+5%)×3%

第二十一条　小规模纳税人应在取得预收款的次月纳税申报期或主管国税机关核定的纳税期限向主管国税机关预缴税款。

第二节　纳税申报

第二十二条　小规模纳税人销售自行开发的房地产项目，应按照《试点实施办法》第四十五条规定的纳税义务发生时间，以当期销售额和5%的征收率计算当期应纳税额，抵减已预缴税款后，向主管国税机关申报纳税。未抵减完的预缴税款可以结转下期继续抵减。

第三节　发票开具

第二十三条　小规模纳税人销售自行开发的房地产项目，自行开具增值税普通发票。购买方需要增值税专用发票的，小规模纳税人向主管国税机关申请代开。

第二十四条　小规模纳税人销售自行开发的房地产项目，其2016年4月30日前收取并已向主管地税机关申报缴纳营业税的预收款，未开具营业税发票的，可以开具增值税普通发票，不得申请代开增值税专用发票。

第二十五条　小规模纳税人向其他个人销售自行开发的房地产项目，不得申请代开增值税专用发票。

第四章　其他事项

第二十六条　房地产开发企业销售自行开发的房地产项目，按照本办法规定预缴税款时，应填报《增值税预缴税款表》。

第二十七条　房地产开发企业以预缴税款抵减应纳税额，应以完税凭证作为合法有效凭证。

第二十八条　房地产开发企业销售自行开发的房地产项目，未按本办法规定预缴或缴纳税款的，由主管国税机关按照《中华人民共和国税收征收管理法》及相关规定进行处理。

4.8 国家税务总局关于营业税改征增值税委托地税机关代征税款和代开增值税发票的公告

2016 年 3 月 31 日　国家税务总局公告 2016 年第 19 号

根据《中华人民共和国税收征收管理法》、《财政部　国家税务总局关于全面推开营业税改征增值税试点的通知》（财税〔2016〕36 号）和《国家税务总局关于加强国家税务局、地方税务局互相委托代征税收的通知》（税总发〔2015〕155 号）等有关规定，税务总局决定，营业税改征增值税后由地税机关继续受理纳税人销售其取得的不动产和其他个人出租不动产的申报缴税和代开增值税发票业务，以方便纳税人办税。

本公告自 2016 年 5 月 1 日起施行。

特此公告。

4.9 国家税务总局关于全面推开营业税改征增值税试点有关税收征收管理事项的公告

2016年4月19日 国家税务总局公告2016年第23号

为保障全面推开营业税改征增值税（以下简称营改增）试点工作顺利实施，现将有关税收征收管理事项公告如下：

一、纳税申报期

（一）2016年5月1日新纳入营改增试点范围的纳税人（以下简称试点纳税人），2016年6月份增值税纳税申报期延长至2016年6月27日。

（二）根据工作实际情况，省、自治区、直辖市和计划单列市国家税务局（以下简称省国税局）可以适当延长2015年度企业所得税汇算清缴时间，但最长不得超过2016年6月30日。

（三）实行按季申报的原营业税纳税人，2016年5月申报期内，向主管地税机关申报税款所属期为4月份的营业税；2016年7月申报期内，向主管国税机关申报税款所属期为5、6月份的增值税。

二、增值税一般纳税人资格登记

（一）试点纳税人应按照本公告规定办理增值税一般纳税人资格登记。

（二）除本公告第二条第（三）项规定的情形外，营改增试点实施前（以下简称试点实施前）销售服务、无形资产或者不动产（以下简称应税行为）的年应税销售额超过500万元的试点纳税人，应向主管国税机关办理增值税一般纳税人资格登记手续。

试点纳税人试点实施前的应税行为年应税销售额按以下公式换算：

应税行为年应税销售额=连续不超过12个月应税行为营业额合计÷(1+3%)

按照现行营业税规定差额征收营业税的试点纳税人，其应税行为营业额按未扣除之前的营业额计算。

试点实施前，试点纳税人偶然发生的转让不动产的营业额，不计入应税行为年应税销售额。

（三）试点实施前已取得增值税一般纳税人资格并兼有应税行为的试点纳税人，不需要重新办理增值税一般纳税人资格登记手续，由主管国税机关制作、送达《税务事项通知书》，告知纳税人。

（四）试点实施前应税行为年应税销售额未超过500万元的试点纳税人，会计核算健全，能够提供准确税务资料的，也可以向主管国税机关办理增值税一般纳税人资格登记。

（五）试点实施前，试点纳税人增值税一般纳税人资格登记可由省国税局按照本公告及相关规定采取预登记措施。

（六）试点实施后，符合条件的试点纳税人应当按照《增值税一般纳税人资格认定管理办法》（国家税务总局令第22号）、《国家税务总局关于调整增值税一般纳税人管理有关事项的公告》（国家税务总局公告2015年第18号）及相关规定，办理增值税一般纳税人资格登记。按照营改增有关规定，应税行为有扣除项目的试点纳税人，其应税行为年应税销售额按未扣除之前的销售额计算。

增值税小规模纳税人偶然发生的转让不动产的销售额，不计入应税行为年应税销售额。

（七）试点纳税人兼有销售货物、提供加工修理修配劳务和应税行为的，应税货物及劳务销售额与应税行为销售额分别计算，分别适用增值税一般纳税人资格登记标准。

兼有销售货物、提供加工修理修配劳务和应税行为，年应税销售额超过财政部、国家税务总局规定标准且不经常发生销售货物、提供加工修理修配劳务和应税行为的单位和个体工商户可选择按照小规模纳税人纳税。

（八）试点纳税人在办理增值税一般纳税人资格登记后，发生增值税偷税、骗取出口退税和虚开增值税扣税凭证等行为的，主管国税机关可以对其实行6个月的纳税辅导期管理。

三、发票使用

（一）增值税一般纳税人销售货物、提供加工修理修配劳务和应税行为，使用增值税发票管理新系统（以下简称新系统）开具增值税专用发票、增值税普通发票、机动车销售统一发票、增值税电子普通发票。

（二）增值税小规模纳税人销售货物、提供加工修理修配劳务月销售额超过3万元（按季纳税9万元），或者销售服务、无形资产月销售额超过3万元（按季纳税9万元），使用新系统开具增值税普通发票、机动车销售统一发票、增值税电子普通发票。

（三）增值税普通发票（卷式）启用前，纳税人可通过新系统使用国税机关发放的现有卷式发票。

（四）门票、过路（过桥）费发票、定额发票、客运发票和二手车销售统一发票继续使用。

（五）采取汇总纳税的金融机构，省、自治区所辖地市以下分支机构可以使用地市级机构统一领取的增值税专用发票、增值税普通发票、增值税电子普通发票；直辖市、计划单列市所辖区县及以下分支机构可以使用直辖市、计划单列市机构统一领取的增值税专用发票、增值税普通发票、增值税电子普通发票。

（六）国税机关、地税机关使用新系统代开增值税专用发票和增值税普通发票。代开增值税专用发票使用六联票，代开增值税普通发票使用五联票。

（七）自2016年5月1日起，地税机关不再向试点纳税人发放发票。试点纳税人已领取地税机关印制的发票以及印有本单位名称的发票，可继续使用至2016年6月30日，特殊情况经省国税局确定，可适当延长使用期限，最迟不超过2016年8月31日。

纳税人在地税机关已申报营业税未开具发票，2016年5月1日以后需要补开发票的，可于2016年12月31日前开具增值税普通发票（税务总局另有规定的除外）。

四、增值税发票开具

（一）税务总局编写了《商品和服务税收分类与编码（试行）》（以下简称编码，见附件），并在新系统中增加了编码相关功能。自2016年5月1日起，纳入新系统推行范围的试点纳税人及新办增值税纳税人，应使用新系统选择相应的编码开具增值税发票。北京市、上海市、江苏省和广东省已使用编码的纳税人，应于5月1日前完成开票软件升级。5月1日前已使用新系统的纳税人，应于8月1日前完成开票软件升级。

（二）按照现行政策规定适用差额征税办法缴纳增值税，且不得全额开具增值税发票的（财政部、税务总局另有规定的除外），纳税人自行开具或者税务机关代开增值税发票时，通过新系统中差额征税开票功能，录入含税销售额（或含税评估额）和扣除额，系统自动计算税额和不含税金额，备注栏自动打印“差额征税”字样，发票开具不应与其他应税行为混开。

（三）提供建筑服务，纳税人自行开具或者税务机关代开增值税发票时，应在发票的备注栏注明建筑服务发生地县（市、区）名称及项目名称。

（四）销售不动产，纳税人自行开具或者税务机关代开增值税发票时，应在发票“货物或应税劳务、服务名称”栏填写不动产名称及房屋产权证书号码（无房屋产权证书的可不填写），“单位”栏填写面积单位，备注栏注明不动产的详细地址。

（五）出租不动产，纳税人自行开具或者税务机关代开增值税发票时，应在备注栏注明不动产的详细地址。

（六）个人出租住房适用优惠政策减按1.5%征收，纳税人自行开具或者税务机关代开增值税发票时，通过新系统中征收率减按1.5%征收开票功能，录入含税销售额，系统自动计算税额和不含税金额，发票开具不应与其他应税行为混开。

（七）税务机关代开增值税发票时，“销售方开户行及账号”栏填写税收完税凭证字轨及号码或系统税票号码（免税代开增值税普通发票可不填写）。

（八）国税机关为跨县（市、区）提供不动产经营租赁服务、建筑服务的小规模纳税人（不包括其他个人），代开增值税发票时，在发票备注栏中自动打印“YD”字样。

五、扩大取消增值税发票认证的纳税人范围

（一）纳税信用B级增值税一般纳税人取得销售方使用新系统开具的增值税发票（包括增值税专用发票、货物运输业增值税专用发票、机动车销售统一发票，下同），可以不再进行扫描认证，登录本省增值税发票查询平台，查询、选择用于申报抵扣或者出口退税的增值税发票信息，未查询到对应发票信息的，仍可进行扫描认证。

（二）2016年5月1日新纳入营改增试点的增值税一般纳税人，2016年5月至7月期间不需进行增值税发票认证，登录本省增值税发票查询平台，查询、选择用于申报抵扣或者出口退税的增值税发票信息，未查询到对应发票信息的，可进行扫描认证。2016年8月起按照纳税信用级别分别适用发票认证的有关规定。

六、其他纳税事项

（一）原以地市一级机构汇总缴纳营业税的金融机构，营改增后继续以地市一级机构汇总缴纳增值税。

同一省（自治区、直辖市、计划单列市）范围内的金融机构，经省（自治区、直辖市、计划单列市）国家税务局和财政厅（局）批准，可以由总机构汇总向总机构所在地的主管国税机关申报缴纳增值税。

（二）增值税小规模纳税人应分别核算销售货物，提供加工、修理修配劳务的销售额，和销售服务、无形资产的销售额。增值税小规模纳税人销售货物，提供加工、修理修配劳务月销售额不超过3万元（按季纳税9万元），销售服务、无形资产月销售额不超过3万元（按季纳税9万元）的，自2016年5月1日起至2017年12月31日，可分别享受小微企业暂免征收增值税优惠政策。

（三）按季纳税申报的增值税小规模纳税人，实际经营期不足一个季度的，以实际经营月份计算当期可享受小微企业免征增值税政策的销售额度。

按照本公告第一条第（三）项规定，按季纳税的试点增值税小规模纳税人，2016年7月纳税申报时，申报的2016年5月、6月增值税应税销售额中，销售货物，提供加工、修理修配劳务的销售额不超过6万元，销售服务、无形资产的销售额不超过6万元的，可分别享受小微企业暂免征收增值税优惠政策。

（四）其他个人采取预收款形式出租不动产，取得的预收租金收入，可在预收款对应的租赁期内平均分摊，分摊后的月租金收入不超过3万元的，可享受小微企业免征增值税优惠政策。

七、本公告自 2016 年 5 月 1 日起施行,《国家税务总局关于使用新版不动产销售统一发票和新版建筑业统一发票有关问题的通知》(国税发〔2006〕173 号)、《国家税务总局关于营业税改征增值税试点增值税一般纳税人资格认定有关事项的公告》(国家税务总局公告 2013 年第 75 号)、《国家税务总局关于开展商品和服务税收分类与编码试点工作的通知》(税总函〔2016〕56 号)同时废止。

特此公告。

附件:商品和服务税收分类与编码(试行)(电子件,编者略)

4.10 国家税务总局关于完善办税服务相关制度的通知

2016年3月23日 税总发〔2016〕41号

各省、自治区、直辖市和计划单列市国家税务局、地方税务局：

为落实《深化国税、地税征管体制改革方案》，进一步优化纳税服务，税务总局对首问责任、限时办结、预约办税、延时服务和24小时自助办税5项办税服务制度进行了完善。现将有关事项通知如下：

一、首问责任制度

根据《税务机关首问责任制度（试行）》（税总发〔2014〕59号文件印发）规定，首问责任制度是指纳税人到税务机关或通过电话等方式办理涉税事项或寻求涉税帮助时，首位接洽的税务工作人员为纳税人办理或有效指引纳税人完成办理涉税事项的制度。税务机关在落实首问责任制时，应做好以下工作：

（一）建立登记台账和收件回执制度

首问责任人对不能现场办理的涉税事项应建立登记台账和收件回执。登记内容包括：接洽时间、纳税人名称、联系方式、首问事项、首问责任人、承办人和办理答复时间等相关信息。回执内容包括：首问责任人姓名、联系方式、承诺办理或答复时限、监督投诉电话等。

（二）实行过程监控

税务机关应积极探索运用信息化手段，加强对首问责任事项办理过程的监控，实行痕迹管理，实现首问事项受理、转办、承办、反馈的闭环式管理。

二、限时办结制度

限时办结制度是指税务机关对纳税人发起的非即办事项，应在规定的时限内办结或答复的制度。税务机关在落实限时办结制度时，应做好以下工作：

（一）公开办理时限

税务机关应通过税务网站，办税服务厅电子显示屏或者触摸屏、公告栏等渠道公开相关事项的办理时限。税务人员在受理非即办事项时，应告知纳税人办理时限。

（二）延期办理情况

因客观原因，不能按期办结需要延期的事项，应当由受理部门分管领导批准后，在办理时限到期之前告知纳税人，并明确延期办理时限。

（三）限时办理监控

税务机关应运用信息化手段，加强对非即办事项的管理和监控，对临近办理时限的涉税事项进行预警提醒。对无合理原因超时办结的事项，应明确延误环节和责任人，并进行责任追究。

三、预约服务制度

预约服务制度是指税务机关与纳税人约定在适当的工作时间办理涉税事项的制度。预约服务内容包括涉税事项办理、税收政策咨询以及省税务机关确定的其他事项。预约服务可以由纳税人发起，也可以由税务机关发起，服务时间由双方协商约定。税务机关在落实预约服务制度时，应做好以下工作：

（一）拓宽预约服务渠道

税务机关应完善办税服务厅、官方网站、12366 纳税服务热线以及移动办税平台的预约功能，为纳税人提供线上、线下多元化的预约服务渠道，方便纳税人预约。

（二）推行错峰预约服务

错峰预约服务是指由税务机关发起，错峰为纳税人办理涉税事项的预约服务。税务机关可以根据申报期办税业务量峰值高低、办税事项集中度等情况向纳税人提出错峰预约。税务机关不得强制要求纳税人接受错峰预约。纳税人接受错峰预约办税时，税务机关应安排绿色通道快速为纳税人办理涉税事宜。

（三）预约服务变更

对已受理的预约事项，税务机关不得单方面解除。因特殊情况确需解除预约的，税务机关应当与纳税人协商并重新安排预约时间。对超过预约时间而未到场的，视为纳税人主动放弃预约服务。

四、延时服务制度

延时服务制度是指税务机关对已到下班时间正在办理涉税事宜或已在办税服务场所等候办理涉税事项的纳税人提供延时办税的服务制度。税务机关在落实延时服务制度时，应做好以下工作：

（一）延时服务提示

临近下班时间，税务机关应根据办税服务场所纳税人等候情况，预测纳税人需要等候时间，并在纳税人等候或取号时，及时提醒纳税人预计办理时间，由纳税人自愿选择是否继续等候办理。

（二）延时服务特例

延时服务中，对短时间内无法办结的涉税事项，税务机关可在征得纳税人同意后，留存纳税人涉税资料及联系方式，待业务办理完结后，通知纳税人领取办理结果。

（三）延时服务权益

税务机关应建立延时服务登记台账，记录提供延时服务工作人员的工作时长。对提供延时服务累计超过一定时长的，应合理安排相关人员调休。调休时间应避开办税高峰期。

五、24 小时自助办税制度

24 小时自助办税制度是指税务机关通过网上办税平台、移动办税平台、12366 纳税服务热线、自助办税终端等渠道向纳税人提供 24 小时自助办理涉税事项的制度。税务机关在落实 24 小时自助办税制度时，应做好以下工作：

（一）完善 24 小时自助办税功能

1. 完善网上办税和移动办税平台功能。各地要按照《“互联网+税务”行动计划》（税总发〔2015〕113 号文件印发）要求和部署，根据纳税人需求，进一步完善网上办税和移动办税平台 24 小时自助办税功能，提供包括涉税事项办理、举报投诉、在线咨询、办税预约、信息查询等服务。

2. 完善 12366 纳税服务热线功能。各地要按照《12366 纳税服务升级总体方案（试行）》（税总发〔2015〕110 号文件印发）的要求，在通过“人工+自助语音”提供 24 小时热线服务的基础上，进一步拓展服务功能，打造 12366 综合服务平台，将传统线下办理的涉税事项拓展为线上线下均能办理。

3. 完善自助办税终端功能。自助办税终端一般应具备发票代开、申报缴税、完税证明打印等基本功能，各地可根据纳税人需求不断加以完善，并做好日常维护，确保自助办税终端 24 小时提供服务。

（二）自助办税终端部署

自助办税终端可部署在税务机关 24 小时自助办税厅（点），也可配置在银行、邮政等单位的 24 小时自助服务区。各地可结合本地自然条件、纳税人数量、纳税人类型以及需求偏好，合理确定 24 小时自助办税终端的配置数量。

各地税务机关可依据本通知要求，结合本地实际，进一步细化首问责任、限时办结、预约办税、延时服务、24 小时自助办税等 5 项办税服务制度，并制定切实可行的落实方案。各地在落实过程中的创新做法和出现的问题请及时向税务总局（纳税服务司）反馈。

4.11　国家税务总局关于推进国税、地税办税服务厅合作共建的指导意见

2016 年 3 月 25 日　税总发〔2016〕42 号

各省、自治区、直辖市和计划单列市国家税务局、地方税务局：

为有效整合办税服务资源、提高办税服务效能、减轻纳税人办税负担，按照《深化国税、地税征管体制改革方案》（以下简称《改革方案》）和《国家税务局地方税务局合作工作规范（2.0 版）》的要求，现就推进国税、地税办税服务厅合作共建工作提出如下指导意见，请各地结合实际，认真贯彻执行。

一、指导思想和目标

推进国税、地税办税服务厅合作共建要以转变政府职能、建设服务型税务机关为指导，以优化纳税服务、方便纳税人办税为目标，通过多种形式合作共建，整合国税、地税服务资源，优化办税流程，提高服务效率，着力解决纳税人办税“多头跑、跑多次”的问题，不断提升纳税人获得感和满意度。

按照《改革方案》的要求，2016 年底前，各地要通过合作共建，实现办税业务“前台一家受理、后台分别处理、限时办结反馈”的服务模式。

二、基本原则

（一）需求导向

以纳税人为中心，结合各地办税业务量、办税条件、办税环境等实际情况，按照纳税人的合理需求，选择适当方式开展办税服务厅合作共建。

（二）便捷高效

办税服务厅合作共建，应既有利于纳税人方便办税，又有利于适度整合国税、地税办税服务资源，实现国税、地税优势互补，降低征纳成本，提高服务质效。

（三）厉行节约

办税服务厅合作共建，应充分利用好国税、地税现有资源，重在适度整合和深度挖潜。确需新建的，应本着厉行节约原则，严格按照相关规定办理。

三、合作共建方式

国税、地税办税服务厅合作共建可以采用以下三种方式：一是国税、地税互设窗口；二是国税、地税共建办税服务厅；三是国税、地税共驻政务服务中心。合作共建

的办税服务厅应能够办理主要涉税事项。各地可结合本地实际，选择一种或多种方式实现合作共建的目标。

（一）国税、地税互设窗口

国税、地税根据现有办税服务厅的面积和窗口设置情况，经双方协商一致，可在对方的办税服务厅设置办税窗口，并派驻工作人员。

派驻窗口和工作人员负责办理派出单位的税收业务，并接受所驻办税服务厅的日常管理。

（二）国税、地税共建办税服务厅

国税、地税根据区域纳税人分布情况和办税服务发展情况，需要新建、扩建办税服务厅的，双方应相互协调，积极采取共建办税服务厅方式，实行双方共管、共用。

共建办税服务厅应努力实现国税、地税业务一窗通办。暂不具备条件的地区，也可实行国税、地税业务分别受理、分别办理。

（三）国税、地税共驻政务服务中心

国税、地税应按照地方政府要求，共同派员进驻政务服务中心。国税、地税派驻政务服务中心的办税窗口应当能够办理主要涉税业务。

派驻政务服务中心的国税、地税办税窗口，应在共同接受政务服务中心日常管理的基础上，积极创造条件，开展联合办税。

四、有关工作要求

（一）提高认识、密切合作

国税、地税办税服务厅合作共建是税务部门转变职能、提高效能的必然要求，是回应纳税人需求、优化纳税服务的重要举措，是整合服务资源、提高办税效率的具体体现。各地国税、地税机关要统一思想、密切配合、通力协作，共同做好办税服务厅合作共建工作。

（二）健全机制、规范运作

各地国税、地税机关要联合制定合作共建办税服务厅的人员管理、办理流程、岗位职责、绩效考评、应急处理等各项制度。要定期召开联席会议，建立重要情况通报制度，共同搭建合作平台、协商合作内容、拓展合作方式、解决突出问题，确保国税、地税合作共建办税服务厅的各项工作顺利开展。

（三）加强督导、确保实效

各地国税、地税机关要加强对本地区办税服务厅合作共建开展情况的督导和检查。对基层税务机关的创新做法和先进经验要认真总结、加以推广；对出现的问题要及时研究解决，对落实不到位的单位要限时整改，确保各项措施落地生效。

各地在工作开展过程中的经验做法和存在的问题请及时反馈税务总局（纳税服务司）。

4.12　国家税务总局关于做好营业税改征增值税纳税服务工作的通知

2016年3月28日　税总发〔2016〕43号

各省、自治区、直辖市和计划单列市国家税务局、地方税务局，局内各单位：

按照国务院部署，2016年5月1日起，营业税改征增值税（以下简称营改增）将全面覆盖建筑业、房地产业、金融业和生活服务业。此次改革涉及的纳税人数量众多，业务量较大，为有效应对营改增给纳税服务工作带来的挑战，确保营改增顺利推进，现就有关事项通知如下：

一、充分认识做好营改增纳税服务工作的重要性

全面推开营改增，不仅有利于优化税制结构，而且有利于促进产业和消费升级，培育经济增长新动能，深化供给侧结构性改革。各级税务机关要充分认识全面推开营改增的重要意义，切实加强组织领导，强化部门协调配合，确保营改增全面落实到位。由于改革涉及的纳税人数量众多，在优化纳税服务方面，各地要认真借鉴此前营改增试点工作的成功经验，提前谋划，精心安排，通过对本地区纳税服务工作量增加情况和现有纳税服务能力的准确分析与预判，制定科学严谨的服务保障方案，确保办税服务井然有序，改革实施平稳顺畅。

二、全面落实营改增纳税服务各项工作措施

各级税务机关要紧紧围绕营改增工作总体部署和安排，按照“合作、挖潜、创新、提效”的总体思路，全面推进纳税服务各项工作措施的落实。

（一）强化国税地税合作

1. 协同做好纳税人数据移交和一次性业务办理工作。各级国税机关要主动做好营改增纳税人征管数据的接收、整理、信息补采及确认工作。各级地税机关要密切同国税机关合作，共同处理好发票管理、定额管理、欠税管理等事项的衔接与过渡。为有效减轻办税服务厅压力，对于营改增纳税人需要办理的设立登记、税种核定、一般纳税人登记、增值税发票管理新系统发行、税银协议维护等一次性业务，各地国税机关应采取租、腾、借等多种方式，设立临时办税服务场所，实现一次性业务在办税服务厅外集中办理。

2. 有序做好委托代征工作。为方便纳税人办税，部分业务的增值税将由国税局委托地税局征收，并代开增值税专用发票。各级国税机关、地税机关要充分加强协作，共同做好向纳税人提前告知的工作，切实做好对地税部门窗口人员税收政策和系统操作的培训，保证代征税款、代开发票工作所需的各项准备如期落实到位，运行实施平稳有序。

3. 全面推进联合办税。为方便纳税人办税，各级税务机关要按照《深化国税、地税征管体制改革方案》和《国家税务局　地方税务局合作工作规范（2.0版）》的要求，大力推进联合办税。各地要结合本地实际，灵活采取国税、地税互设办税窗口、共同进驻政务服务大厅、共建新设的办税服务厅等方式，努力实现纳税人“进一家门，办两家事”。

（二）深度挖掘办税服务资源

4. 充分利用存量资源。各地国税机关要科学评估现有办税服务资源的使用状况，充分挖掘现有潜力，通过合理调配窗口设置、添置自助设备、优化窗口人员配置等方式，努力提高现有办税服务资源的使用效率。为提高办税服务厅工作效率，各地可根据实际情况，适时设立营改增纳税人绿色通道。

5. 努力开辟增量资源。各地国税机关要科学分析营改增业务量增加给本地办税服务厅带来的压力。超负荷的地区，要积极协调，抓紧开辟新的办税服务场所。同时，要确保人员、设备和信息系统支撑到位。营改增纳税人增值税发票管理新系统的推行工作可以采取另辟专门场所、流水作业、集中办理等特殊措施，扎实做好系统推行工作，不能影响办税服务厅正常秩序，确保营改增纳税人如期顺利开出发票。

6. 充分发挥同城通办优势。各地国税机关要大力推进同城通办，通过系统自动预警或人工直报方式，建立办税服务厅等候状况实时发布机制。各地可通过官方网站、手机APP、微信、短信等多种渠道，实时向纳税人发布相关信息，合理疏导分流办税人员，避免因纳税人过度集中而造成办税不畅、效率不高等问题，充分发挥同城通办给纳税人办税带来的时间、空间便利。

（三）扎实开展宣传培训工作

7. 认真做好面向纳税人的宣传解读工作。各地税务机关要制定营改增宣传方案，充分利用各种媒介主动向纳税人宣传，力求做到宣传工作全覆盖。各地可利用纳税人学堂、专题培训会等形式开展面对面培训辅导，也可通过办税服务厅、税务网站、官方微信等渠道加大宣传解读力度。各地办税服务厅要在咨询辅导岗配备业务骨干，详细解答纳税人疑问。各地12366纳税服务热线要设立营改增咨询专线，专题解答纳税人营改增涉税问题。对无法直接答复的疑难问题要及时向本级相关业务部门或上级12366管理部门沟通反馈。对于税务部门能够明确的问题，相关业务部门应在1个工作日内反馈。各地税务机关对纳税人开展培训不得收取任何费用。

8. 扎实做好面向税务人员的培训。各地税务机关要切实加强内部培训，确保税务人员准确掌握营改增的意义、政策规定和征管流程，熟练操作相关办税系统。各地要优先加强对办税服务厅人员和12366纳税服务热线坐席人员的知识更新培训，保证一线纳税服务人员学得精、懂得透、讲得清、办得好。

（四）全面推行多元化办税

9. 积极引导网上办税。各地国税机关要积极稳妥地引导存量纳税人实行网上申报和财税库银联网缴税，探索发票领用的网上申办和邮政配送，最大限度地引导存量纳税人通过网上办理涉税事宜。同时，要认真落实好取消纳税信用A级纳税人增值税专用发票认证和符合条件的纳税人简并申报缴税次数工作，减少前来办税服务厅办理业务的纳税人数量，为营改增纳税人预留办税服务厅空间。

10. 提供多元化办税渠道。各地税务机关要在充分利用好实体办税服务厅资源的同时，加快完善网上办税、移动办税和自助办税平台的功能，努力实现各类办税信息系统的稳定运行，保证多元化办税渠道顺畅高效。系统技术人员要及时解决纳税人网上办税遇到的技术问题，办税服务厅的自助办税区应安排专人辅导纳税人操作自助办税系统。

11. 切实减轻纳税人办税负担。各地不得增加营改增纳税人办税负担，不得新设收费项目，更不得搭车收费。纳税人使用的各类办税软件，此前免费的，应继续免费；此前收费的，国税机关与地税机关应做好衔接，督促服务商之间合理分割相关收费，绝不允许重复收费。对地方政府推行的数字证书，按地方要求执行，税务机关应积极向政府争取免费供纳税人使用，同时加大税务数字证书推广力度，对使用增值税发票新系统以外的纳税人，按需提供、免费使用。各地国税机关、地税机关应加强合作，尽快实现所有涉税软件数字证书的互认。

（五）严格落实各项服务制度

12. 全面落实办税便利制度。各地税务机关要采取积极有效措施，全面落实首问责任、限时办结、预约办税、延时服务以及导税服务、提醒服务等各项办税服务制度。各地要按照辖区内纳税人的办税习惯和财务核算情况，有计划性地引导纳税人实行错峰预约办税，对预约前来的纳税人优先快速办理，切实提高办税效率。

13. 严格执行领导值班制度。2016年5—7月，各地办税服务厅要严格执行局领导值班制度，领导班子成员要轮流在办税服务厅带队值班。值班领导作为维持办税服务厅有序运行的第一责任人，要统筹协调各项办税服务工作，及时、有效处理办税服务厅发生的突发事件。办税服务厅负责人要承担起服务兜底责任，要通过科学安排，确保纳税人问题有人答、事项有人办、疑难有人解。

（六）建立健全应急处理机制

14. 制定突发事件应急预案。各级税务机关应以《办税服务厅突发事件应急管理办法（试行）》为依据，以畅通、安全、平稳、有效为原则，结合本次营改增的特点，重点针对办税系统不稳定、设备故障、电力中断、自然灾害、突发冲突、涉税舆情等可能情形制定办税服务厅应急预案，并认真组织好应急演练。各地要安排专人加强对办税服务厅潜在问题和突发事件的巡查和预判工作，对可能引发矛盾冲突的苗头隐患，要及时化解和处置。

15. 坚持严管善待激发工作热情。为确保本次营改增纳税服务工作平稳有序推进，各地税务机关要细化工作职责，严明工作纪律，强化服务监督。同时，要主动关心一线税务人员的身心健康，通过心理疏导、合理安排调休和补休时间等方式，舒缓工作压力，激发工作热情。

三、切实加强营改增纳税服务工作的组织领导

（一）高度重视，形成合力

全面推开营改增是当前税务系统承担的一项重大政治任务。各级税务机关一定要以高度的责任感和使命感，讲政治，顾大局，举全系统之力，全力以赴，精心组织，充分调动和发挥税务系统上下、内外各方面的积极性，精诚合作，齐心协力，确保各项措施按照总体工作部署稳步有序推进。

（二）明确责任，加强协作

做好营改增纳税服务工作，离不开方方面面支持和协助。各级税务机关要在营改增试点工作领导小组的统一领导下，明确工作职责，加强协调配合。纳税服务部门要密切加强与办公室、税政部门、征管科技部门、信息技术部门的沟通与联系，努力确保服务一线遇到的问题，能够在第一时间得到有效解决。

（三）畅通渠道，及时报告

为确保税制转换期间办税服务厅安全有序运行，2016 年 5—7 月，税务总局将临时建立办税服务厅突发事件报告制度。办税服务厅发生突发事件后，值班局领导应立即组织应急处置，并及时向上级税务机关报告有关情况。报告内容包括突发事件发生的数量、时间、地点、起因、影响范围以及所采取的应急措施等。各省税务机关应按日汇总本地办税服务场所的运行情况，并向税务总局（纳税服务司）报告。各地税务机关应设立纳税服务工作联络员，联络员实行 AB 岗制度，确保手机 24 小时开机。各省税务机关纳税服务工作联络员名单请于 4 月 1 日前上报税务总局（纳税服务司）。

4.13　国家税务总局关于加快推行办税事项同城通办的通知

2016年3月31日　税总发〔2016〕46号

各省、自治区、直辖市和计划单列市国家税务局、地方税务局，局内各单位：

为落实《深化国税、地税征管体制改革方案》关于“加快推行同城通办”的要求，推进办税便利化改革，方便纳税人自主选择办税服务厅办理日常涉税事项，提升纳税服务水平，现将有关事项通知如下：

一、总体目标

通过数据信息互通、前台后台贯通、内部外部联通，打破纳税人涉税事项属地办理的限制，加快推行办税事项同城通办，2016年基本实现办税事项省内通办，2017年基本实现跨区域经营企业全国通办的改革目标，为纳税人提供更便捷、更经济、更规范的纳税服务。

二、基本原则

（一）依法推行

依据现行税收法律法规，立足纳税人合理需求，以便利办税为目的，积极推行同城通办。

（二）规范统一

严格按照《全国税务机关纳税服务规范》《全国税收征管规范》的要求，对纳入同城通办的服务事项，执行统一的办税流程、服务标准和资料报送要求。

（三）统筹推进

根据各地办税服务厅设置、人员配备、地域特点，以业务发生频率高的涉税事项为切入点，分事项、分阶段统筹规划，边推进边完善。

三、推行范围

同城通办是指税务机关通过办税服务厅、自助办税终端等渠道为纳税人提供不受主管税务机关区域限制的办税服务。同城通办业务范围包括但不限于以下7大类53个事项（具体事项见附件）：

（一）税务登记。纳税人或扣缴义务人申请办理变更、补充信息采集等税务登记相关事项。

（二）税务认定。纳税人申请办理增值税一般纳税人资格登记、税收优惠资格备案等相关事项。

（三）发票办理。纳税人办理发票领取、代开、认证等相关事项。

（四）申报纳税。纳税人、扣缴义务人在申报期限内办理纳税申报、税款缴纳（仅限通过财税库银横向联网电子缴税系统划缴税款的方式）等相关事项。

（五）优惠办理。符合条件的纳税人办理部分减少或全部免除纳税义务等相关事项。

（六）证明办理。纳税人办理完税证明开具，完税凭证换开、重开等相关事项。

（七）宣传咨询。为纳税人和社会公众提供宣传咨询服务、表证单书领取等相关事项。

四、工作要求

（一）细化方案，统筹协调

各省税务机关要切实加强组织领导，统筹协调，制定推进同城通办工作的具体实施方案。要明确各部门的职责分工、实施步骤和工作时限。要规范各项业务的受理、处理、转办、反馈等各环节工作，确保衔接顺畅。

（二）注重宣传，提高成效

各省税务机关要充分利用官方网站、网上办税服务厅、移动互联终端、办税服务厅公告栏等渠道，公开同城通办服务事项，便于纳税人自主选择通办业务。为避免纳税人过度集中，各地应通过网站、微信、短信等方式实时对外发布各办税服务厅排队等候情况，引导纳税人合理选择办税地点，科学分流、便利办税。

（三）积极探索，大胆创新

各省税务机关要以方便纳税人办税、降低办税成本和提高服务效率为目标，以信息技术手段为依托，逐步扩大同城通办的业务范围，不断提升业务通办的层级。有条件的地区，可结合国税、地税办税服务厅合作共建成果，探索实行国税、地税业务的同城通办，切实提高办税便利化水平。

各地同城通办推行方案应于2016年5月15日前报税务总局（纳税服务司）。

附件：同城通办业务范围

附件

同城通办业务范围

事项类别	事项名称
一、税务登记	1. 变更登记（涉及税务登记证件内容变化）
	2. 变更登记（不涉及税务登记证件内容变化）
	3. 存款账户账号报告
	4. 财务会计制度及核算软件备案报告
	5. 补充信息采集
	6. 信息变更
二、税务认定	7. 增值税一般纳税人资格登记
	8. 增值税一般纳税人选择简易办法计算缴纳增值税
	9. 安置残疾人就业增值税即征即退资格备案
	10. 软件企业增值税即征即退资格备案
	11. 资源综合利用增值税即征即退资格备案
	12. 部分地区国内货物运输服务、仓储服务和装卸搬运服务增值税即征即退资格备案
	13. 有形动产融资租赁服务增值税即征即退资格备案
三、发票办理	14. 发票领取
	15. 专用发票代开
	16. 普通发票代开
	17. 发票验旧
	18. 增值税专用发票存根联数据采集
	19. 发票认证
四、申报纳税	20. 增值税一般纳税人申报
	21. 增值税小规模纳税人（非定期定额户）申报
	22. 烟类应税消费品消费税申报
	23. 酒类应税消费品消费税申报
	24. 成品油消费税申报
	25. 小汽车消费税申报
	26. 电池消费税申报
	27. 涂料消费税申报
	28. 其他类消费税申报

续表

事项类别	事项名称
四、申报纳税	29. 居民企业所得税月（季）度预缴纳税申报（适用查账征收）
	30. 居民企业所得税月（季）度预缴纳税申报（适用核定征收）
	31. 居民企业所得税年度纳税申报（适用查账征收）
	32. 居民企业所得税年度纳税申报（适用核定征收）
	33. 自然人纳税人个人所得税自行纳税申报
	34. 生产、经营纳税人个人所得税自行纳税申报
	35. 印花税申报
	36. 车船税申报（单位纳税人）
	37. 城市维护建设税申报
	38. 废弃电器电子产品处理基金申报
	39. 文化事业建设费申报
	40. 教育费附加和地方教育费附加申报
	41. 定期定额个体工商户申报
	42. 扣缴义务人申报
	43. 扣缴个人所得税申报
	44. 财务会计报告报送
五、优惠办理	45. 增值税优惠备案
	46. 消费税优惠备案
	47. 企业所得税优惠备案
六、证明办理	48. 完税证明开具
	49. 完税凭证换开、重开
七、宣传咨询	50. 涉税信息咨询
	51. 表证单书领取
	52. 宣传资料发放
	53. 涉税违法信息查询

4.14　国家税务总局关于营业税改征增值税委托地税局代征税款和代开增值税发票的通知

2016 年 3 月 31 日　税总函〔2016〕145 号

各省、自治区、直辖市和计划单列市国家税务局、地方税务局：

为平稳推进营改增后国税、地税有关工作的顺利衔接，方便纳税人办税，根据《中华人民共和国税收征收管理法》、《财政部　国家税务总局关于全面推开营业税改征增值税试点的通知》（财税〔2016〕36 号）和《国家税务总局关于加强国家税务局、地方税务局互相委托代征税收的通知》（税总发〔2015〕155 号）等有关规定，现就营改增后纳税人销售其取得的不动产和其他个人出租不动产有关代征税款和代开增值税发票工作通知如下：

一、分工安排

国税局是增值税的主管税务机关。营改增后，为方便纳税人，暂定由地税局办理纳税人销售其取得的不动产和其他个人出租不动产增值税的纳税申报受理、计税价格评估、税款征收、税收优惠备案、发票代开等有关事项。地税局办理征缴、退库业务，使用地税局税收票证，并负责收入对账、会计核算、汇总上报工作。本代征业务国税局和地税局不需签订委托代征协议。

纳税人销售其取得的不动产和其他个人出租不动产，申请代开发票的，由代征税款的地税局代开增值税专用发票或者增值税普通发票（以下简称增值税发票）。对于具备增值税发票安全保管条件、可连通网络、地税局可有效监控代征税款及代开发票情况的政府部门等单位，县（区）以上地税局经评估后认为风险可控的，可以同意其代征税款并代开增值税发票。

2016 年 4 月 25 日前，国税局负责完成同级地税局代开增值税发票操作及相关政策培训工作。

二、代开发票流程

在国税局代开增值税发票流程基础上，地税局按照纳税人销售其取得的不动产和其他个人出租不动产增值税征收管理办法有关规定，为纳税人代开增值税发票。原地税营业税发票停止使用。

（一）代开发票部门登记

比照国税局现有代开增值税发票模式，在国税综合征管软件或金税三期系统中登记维护地税局代开发票部门信息。地税局代开发票部门编码为15位，第11位为“D”，其他编码规则按照《国家税务总局关于增值税防伪税控代开专用发票系统设备及软件配备的通知》（国税发〔2004〕139号）规定编制。

（二）税控专用设备发行

地税局代开发票部门登记信息同步至增值税发票管理新系统，比照现有代开增值税发票税控专用设备发行流程，国税局为同级地税局代开发票部门发行税控专用设备并加载税务数字证书。

（三）发票提供

国税局向同级地税局提供六联增值税专用发票和五联增值税普通发票。

（四）发票开具

增值税小规模纳税人销售其取得的不动产以及其他个人出租不动产，购买方或承租方不属于其他个人的，纳税人缴纳增值税后可以向地税局申请代开增值税专用发票。不能自开增值税普通发票的小规模纳税人销售其取得的不动产，以及其他个人出租不动产，可以向地税局申请代开增值税普通发票。地税局代开发票部门通过增值税发票管理新系统代开增值税发票，系统自动在发票上打印“代开”字样。

地税局代开发票部门为纳税人代开的增值税发票，统一使用六联增值税专用发票和五联增值税普通发票。第四联由代开发票岗位留存，以备发票扫描补录；第五联交征收岗位留存，用于代开发票与征收税款的定期核对；其他联次交纳税人。

代开发票岗位应按下列要求填写增值税发票：

1. “税率”栏填写增值税征收率。免税、其他个人出租其取得的不动产适用优惠政策减按1.5%征收、差额征税的，“税率”栏自动打印“＊＊＊”；

2. “销售方名称”栏填写代开地税局名称；

3. “销售方纳税人识别号”栏填写代开发票地税局代码；

4. “销售方开户行及账号”栏填写税收完税凭证字轨及号码（免税代开增值税普通发票可不填写）；

5. 备注栏填写销售或出租不动产纳税人的名称、纳税人识别号（或者组织机构代码）、不动产的详细地址；

6. 差额征税代开发票，通过系统中差额征税开票功能，录入含税销售额（或含税评估额）和扣除额，系统自动计算税额和金额，备注栏自动打印“差额征税”字样；

7. 纳税人销售其取得的不动产代开发票，“货物或应税劳务、服务名称”栏填写不动产名称及房屋产权证书号码，“单位”栏填写面积单位；

8. 按照核定计税价格征税的，“金额”栏填写不含税计税价格，备注栏注明“核定计税价格，实际成交含税金额×××元”。

其他项目按照增值税发票填开的有关规定填写。

地税局代开发票部门应在代开增值税发票的备注栏上，加盖地税代开发票专用章。

（五）开票数据传输

地税局代开发票部门通过网络实时或定期将已代开增值税发票信息传输至增值税发票管理新系统。

（六）发票再次领取

地税局代开发票部门需再次领取增值税发票的，发票抄报税后，国税局通过系统验旧缴销，再次提供发票。

三、发票管理

（一）专用发票安全管理

按照国税局现有增值税发票管理有关规定，地税局应加强安全保卫，采取有效措施，保障增值税发票的安全。

（二）日常信息比对

地税局应加强内部管理，每周将代开发票岗代开发票信息与征收岗税款征收信息进行比对，发现问题的要按有关规定及时处理。

（三）事后信息比对

税务总局将根据有关工作安排，提取地税局征收税款信息与代开发票信息进行比对，防范不征税代开增值税专用发票和少征税多开票等风险。

四、信息系统升级改造

2016 年 4 月 25 日前，金税三期未上线省份应由各省地税局按照税务总局有关规定及时更新升级相关信息系统，调配征管资源、规范受理申报缴税工作。金税三期已上线省份由税务总局（征管科技司）负责统一调试相关信息系统。

五、税控专用设备配备和维护

2016 年 4 月 5 日前，各省地税局将代开增值税发票需要使用的税控专用设备数量告知省国税局。4 月 8 日前，各省国税局将需要初始化的专用设备数量通过可控 FTP 报税务总局（货物劳务税司）。4 月 20 日前，各省国税局向地税局提供税控专用设备。国税局负责协调增值税税控系统服务单位，做好地税局代开增值税发票系统的安装及维护工作。

国税局委托地税局代征和代开增值税发票是深化部门合作的重要内容，各地国税局、地税局要切实履行职责，加强协调配合，形成工作合力；要对纳税人做好政策宣传和纳税辅导工作，提供优质服务和便利条件，方便纳税人申报纳税；要认真做好应急预案，切实关注纳税人反映和动态舆情，确保税制转换平稳顺利。

后　记

为贯彻落实党中央、国务院关于全面推开营业税改征增值税（以下简称营改增）的重大战略部署，确保税制转换平稳顺利，改革目标如期实现，国家税务总局成立了全面推开营改增督促落实领导小组（以下简称领导小组），负责领导组织、督促检查税务系统贯彻落实党中央、国务院相关决策部署，协调有关重要事项，以及研究解决营改增推进中出现的重大问题。领导小组由国家税务总局副局长汪康担任组长，国家税务总局副局长顾炬、总经济师任荣发、总会计师王陆进担任副组长，成员包括国家税务总局货物和劳务税司等15个相关司局的主要负责人。

为满足税务干部和纳税人系统掌握、深入学习营改增相关政策的迫切需要，领导小组办公室组织编写了《全面推开营改增业务操作指引》一书，对全面推开营改增的背景和意义进行了全面介绍，对《全面推开营业税改征增值税试点实施办法》等相关政策文件进行了细致深入的解读，并从纳税服务、征收管理、信息技术等业务支持和保障方面提出了全面指导和要求。

本书在编写过程中，得到了国家税务总局领导的关心和指导，王军局长亲自作序，领导小组多次开会研究审定相关内容，各业务司局密切支持配合，最终使得本书在短期内顺利出版。

本书是各级税务机关贯彻落实全面推开营改增各项工作的业务指导和政策依据，也是纳税人及各界人士学习营改增政策的实务操作指南。本书政策收录截至2016年4月22日，后续相关政策请持续关注国家税务总局官方网站（www. chinatax. gov. cn）营改增专栏、官方微信和国家税务总局客户端APP。

编　者

2016年4月26日